論戴震與章學誠

——清代中期學術思想史研究

余英時　著

三民書局

余英時典藏套書引言

國立臺灣大學歷史系教授
陳弱水

余英時先生（一九三〇～二〇二一）於去年八月一日離世，一年之後，三民書局要重出他原在該書局出版的六本書，邀我為這六本書寫一篇引言。我大學時代就開始研讀余先生的作品，後來在博士班成為他的學生，淵源很深，我長年閱讀他的論著，既然受邀，覺得難以推辭。不過，余先生著述宏富，學問至廣，我雖然長年接觸他的文字，又曾受教於他，要寫出恰如其分的引言，還是很不容易。本文基本上在介紹這幾本書的主要議題和余先生的若干重要看法，希望能幫助讀者進入他的學術與思想世界。此外，這幾本書雖然只構成余先生著述的一小部分，但反映不少他的一貫關心和觀點，這篇引言說不定也能增進讀者對余先生的整體認識。

這次重新出版的六本余先生著作是：《會友集——余英時序文集》（上、下兩冊，增訂版）、《中國文化與現代變遷》、《歷史人物與文化危機》、《論戴震與章學誠——清代中期學術思想史研究》、《陳寅恪晚年詩文釋證》（增訂新版）、《猶記風吹水上鱗——錢穆與現代中國學術》。這六本可以分為兩個類別。前三本是文集，裡面的文章大多是通論的性質，而非專門研究，構成一類；後三本雖然也是單篇文章的結集，但各書主題單一，有專書的實質，內容則以專門研究為主。不過，余先生的著作有個重要特色，就是通論性或評論文章往往立足於學術基礎，學術論著則常具思想意味，甚至含有時代意義。關於傳統中國的論著，通常學術性強，但在涉及近代和當代課題的文章，往往是學術、思想、評論的因子交光互影，上述兩個類別的分野並不絕對。

為了讓讀者對余先生這六本書有比較具體的認識，我這裡還是要依照類別進行介紹，兩類之中，各本書也分別討論，但在這個過程，我會儘量揭示余先生在這些書中所顯露的通盤關心，希望讀者能對各書的關聯有所了解。

我要從前三本的文集開始。首先是《會友集——余英時序文集》，就如本書副題所顯示，這是余先生為他人書籍所寫序文的結集，所以這本書包羅廣泛，沒有特定的宗旨，寫序的書主題是什麼，序文就往那個方向開展。不過正因為如此，這本序文集大幅度展現了余先生的學識和思考的問題，很適合作為介紹他的學思世界的起點。

《會友集》是現任浙江大學教授彭國翔受余先生之託所編集，初版在二〇〇八年由香港明報出版社出版，收有余先生序文三十八篇，兩年後三民出臺灣增訂版，增加了十三篇，共計五十一篇。余先生一生為人作序甚多，這五十一篇雖然不是全豹，遺漏已經不多了。在一般的印象中，序文經常是應酬文字，少有精華之作，但余先生個性認真，不願辜負他人的付託，也不想浪擲自己的時光，他寫作序文，儘量把它當作自己主動要寫的文章，戮力以赴。余先生是學者，他常見的做法是對書的主題進行一番研究，然後把重要心得寫入序文，和作者形成對話，也期望讀者有實際的收穫。因此，書籍不論是否為學術性質，序文往往有相當程度的學術內涵以及深思熟慮的意見。余先生在《會友集・自序》中說：「我生平不會寫應酬式的文字，友人向我索序，我必儘可能以敬慎之心回報。首先我必細讀全稿，力求把握住作者的整體意向；其次則就我所知，或就原著旨趣加以伸引發揮，或從不同角度略貢一得之愚。但無論從什麼方向著筆，我都堅守一個原則，即序文必須環繞着原作的主題發言。換句話說，原作為主，序文則居於賓位。序文的千言萬語都是為了凸顯原作的貢獻及其意義。」（頁一）我引述這一大段文字，是想表明，《會友集》所收錄雖皆為序文，都是余先生的心血之作，由於序文集的特性，它展現了余先生心靈的多個方面。

彭國翔教授編輯《會友集》，把余先生的序文分為「內篇」和「外篇」，剛好就是三民版上、下冊，彭教授表示，內篇「論學術」，外篇「議時政」（頁七〇九）。不過，我覺得這些序文可以再進一步分為三類：「內篇」（上冊）是歷史學術——特別是傳統中國史——相關的序文，「外篇」（下冊）並不只是「議時政」，其中既有關於近現代中國史（包括中共歷史）的研討，也有對當代中國情勢的論說。整體而言，《會友集》的學術成分相當高，但近現代中國史與中國的現實關係密切，則是沒有問題的。興趣主要在歷史學術的讀者，不妨先看本書上冊，對近現代中國或余先生的思想特別關注的人，則可從下冊開始閱讀。

這裡想要進一步指出，《會友集》的三個重點：以傳統中國史為中心的歷史研究、近現代中國史、當代中國情勢，反映了余先生一生整體關心的大部分，這幾個重點也或多或少出現在三民版的其他兩本文集：《中國文化與現代變遷》、《歷史人物與文化危機》，《會友集》的內容有不少可與這兩本呼應的地方。

余先生是世界知名的中國史大家，在近代以前思想史方面的成就尤其高，他為學術書籍寫序，自然涉及不少重要的史學問題，這方面的特點，下文論及余先生學術專著時會稍作說明，這裡先略過。至於余先生對於中國近現代史的研究和討論，他從年輕時代開始，就具有公共知識分子的性格，對近當代史事非常留意，但他為文探討這方面的問題，是一九八〇年代以後的事，當時已五十餘歲，就學院的標準來說，並不是近代史的專業研究者。余先生進入中國近現代史領域，有兩個主要來源。一是對中國現代學術以及歷史學、人文學特性的關心。余先生年輕時就廣讀現代中國史學大家的著作，他在香港、美國又親炙幾位史學界重要人物：錢穆（一八九五～一九九〇）、洪業（一八九三～一九八〇）、楊聯陞（一九一四～一九九〇），很早就有機會聽聞學界內部的訊息。一九八〇年代以後，由於一些特定的機緣，例如陳寅恪全部著作出版、胡適資料的刊布，余先生得以開始利用他積蓄已久的認識和心得，開展對中國近現代學術史的撰述。

余先生探討中國近現代史還有一個主要來源：對中共問題的關注。共產黨的興起和取得政權，是二十世紀中國的最大事件，對余先生個人和整個中國都是絕大的衝擊。一九四九年十月中共政權建立時，余先生人在北京，是燕京大學學生。他本來完全沒有離開中國本土的想法，但各種事情巧合，讓他在一九五〇年到香港探親後，最終決定留在香港，從此改變一生的命運。中共極權統治造成無人道的景況以及對中國社會文化的全面破壞，人在海外的余先生痛心疾首。一九八〇、一九九〇年代以後，他以深厚的史學造詣，對中共的歷史和特性提出很有洞見的解說。這部分在《會友集》「外篇」有相當的表現。余先生對中共歷史和相關問題的探討出於他的現實關懷，是很明顯的，他在《會友集》中議論時政的部分，也是以中國和中共問題為主，就是很自然的了。

余先生對於近現代中國歷史和當代局勢的見解有何特殊之處？《會友集》表現最清楚的是他對中共極權體制和中共集團性質的解釋。中共政權建立以後，對於中共統治方式的來源，西方和日本流行一個觀點，主張以毛澤東為首的中共統治是中國帝王體制的延續，中國傳統是中共政權型態的最深來源。余先生對此不表同意，他認為中共統治的方式和傳統君主政治相差很遠，中共政權特點的最主要來源是蘇聯的蘇維埃體制，中國傳統的色彩大多是附加的。但中共集團的構成則有很深的傳統背景，余先生認為，中共的主導人物既不是知識分子，也不是一般的農民，而是各種型態的社會邊緣人，在傳統時代，這類人就是歷代反叛動亂的要角，在現代中國，他們在激烈的「革命」中找到了出路。中共的文化特色也可以從集團構成上得到若干了解。

可以看出，余先生探討近現代歷史和當代議題，懷有宏觀的視野，他的傳統中國史造詣讓他能對現代中國的變局指出一般學者不易看出的要點。除了中國史知識，余先生的文章也常引用西方觀念。余先生從年輕時起，就對西方思想和哲學有高度興趣，瀏覽、購買、閱讀有關書籍是他日常生活的一部分，他往往從這些閱讀中獲得了解事物的啟發，但他不會生搬硬套，削足適履，總是力求認識事實的關鍵，再尋求適切的解釋。運用廣闊的知識和豐富的思想資源，以清朗的文字訴說對各項問題和現象的看法，是余先生通論文字的重大特色。

總之，由於《會友集》是以文章體裁為準編輯而成，網羅了余先生對各式各樣問題的論說，讓我們可以相當清楚看出他論學寫文的重點以及基本風格。

再來要談另一本文集《中國文化與現代變遷》。這本書出版於一九九二年，搜集余先生從一九八八年到一九九一年的通論性文字。前面說過，《會友集》涉及的問題大概有三類：以傳統中國史為中心的歷史研究、近現代中國史、當代中國情勢，這也反映了余先生學思的大部分重點。顧名思義，從書題看來，《中國文化與現代變遷》中的文章多集中於文化和近現代中國這兩點。近現代中國的課題已如前述，「文化」的確是余先生長期關心的另一主要問題，它之所以沒有明顯出現在《會友集》，應該是因為請余先生寫序的書沒有以此為主題的。

「文化」是當代人文學科和社會科學的重大議題，也是這些學科和一般談論中時時使用的核心概念，內涵多樣。余先生談這個問題，主要是取文化的領域意義，也就是相對於政治、社會、經濟等領域的文化。這個意義的文化包括的社會生活要項很多，例如教育、學術、思想、宗教、藝術、文學、各種價值系統，傳統中國的儒家也屬於文化的範疇，大概來說，就是以精神生活為中心的領域。余先生的一個基本觀點是，文化具有獨立性和超越性。獨立性，是指相對於其他力量，如政治、市場，文化不是附屬品，它有自身的能動性，甚至可以影響、改變其他領域的狀態；超越性，則主要是指文化能創造自己獨立的標準，超乎功利和權力的考慮。

余先生一生最大——至少是持續最久——的關懷是中國社會如何從殘破的境地重新復甦，恢復健康，他認為獨立而有活力、深度的文化是關鍵。在他對近現代中國歷史的討論中，他也最同情胡適（一八九一～一九六二）的觀點：以文化為本的漸進改革，而不是急切的政治革命，才是中國應該走的路。我不知道在余先生全部的評論文字中，對於文化觀念的討論占多少分量，不過我一九八〇年代在耶魯大學求學時，社會變革應以文化為本，深化文化，是余先生常向我表達的看法。這是他堅定的信念。到了晚年，學術與文化中的人文重建尤其是他的重要關懷。（參見余英時，《人文與民主》，時報文化出版公司，二〇一〇）

在《中國文化與現代變遷》有關近現代中國的文章，我特別推薦〈中國知識分子的邊緣化〉、〈費正清與中國〉這兩篇。〈中國知識分子的邊緣化〉試圖展示，邊緣化是二十世紀中國知識分子的突出特徵，知識分子從傳統上處於核心的士人地位，變成在社會、政治乃至文化各方面邊緣化，這個現象的另一面，則是原來的邊緣人構成了政治權力的核心。這個討論可以幫助我們對中國共產黨的興起和特質有深入了解，在某種程度上，國民黨也有類似的情況。〈費正清與中國〉是在費正清 (John King Fairbank, 1907–1991) 過世後所寫的紀念文章，其實是一篇有分量的歷史論析。費正清是哈佛大學教授，美國中國近代史領域的重要開拓者，也是具有外交實務經驗，並對美國對華政策有影響的學者。費正清對國民黨反感極深，很早就主張美國承認中共政權，在二次大戰後很長的時間，在臺灣國民黨和親國民黨的圈子，他被當成美國親共學閥的代表。余先生在哈佛大學求學，曾修過費正清的課，在哈佛任教後，又是同事，和他有二十多年的淵源。在這篇文章，余先生融合他對現代中國史、美國漢學發展以及費正清個人的認識，對費正清個人和美國對華政策的特性，提出豐富而有見解的說明。此文不但有助於我們了解二十世紀中期的美、中、臺關係，在臺灣當前局勢的思考上，也可以有所啟發。

最後一本通論性文集《歷史人物與文化危機》出版於一九九五年，其中的文章大都寫於一九九一至一九九五年之間，文章的主題就如書題所顯示，很多與「文化危機」和「歷史人物」有關。「文化危機」也屬於余先生關心的文化問題，但重點在現代中國歷史上的一個重要現象。簡單說，中國由於在現實上嚴重挫敗，從十九、二十世紀之交，出現了對自身文化喪失信心的情況，轉而師法西方學說，以西方為尊，最後終結於「五四」後期的激烈反傳統思潮。另外一方面，中國社會又不甘於全力西化，產生對西方又羨慕又憎惡的心理，與此相連的則是許多激烈而簡單化的訴求，共產黨席捲中國，和這一情勢有關。有關「文化危機」的文章（包括該書自序）是對這個現象的揭示和檢討。

至於「歷史人物」，談的都是近現代中國的人物。政治人物方面，主要是毛澤東和周恩來，這是余先生析論中國共產黨的一部分。與前兩本書集中於政治人物不同，這本書還收入了幾篇有關近現代中國學術思想人物的文章，包括曾國藩、魯迅、周作人、郭沫若、林語堂，余先生在這方面也是很有心得的。

現在進入三本比較專門性的學術書籍，首先是《論戴震與章學誠——清代中期學術思想史研究》。這是三民版的六本書中寫作年代最早，專門性最強的一本，也是余先生學術生涯的一座里程碑。余先生研究中國史，是從漢代史起家，他從在香港當研究生的時期進入這個領域，一直耕耘到一九八〇年代後期，最主要的著作完成於一九五〇年代後期和一九六〇年代，涉及文化、思想、社會經濟、中外關係種種方面，大約到一九七〇年代末，他在西方漢學界還有漢史專家的形象，雖然這時他精通多領域的聲譽已經開始傳布了。

余先生於一九六二年在哈佛大學獲得博士學位，之後到密西根大學任教，一九六六年又回哈佛擔任教職。在此前後，余先生把他的研究重心轉到明清思想史，特別是清代思想史，《論戴震與章學誠》於一九七六年由香港龍門書店出版，是他這方面研究成果的一個總結，一九九六年的三民版是修訂二版，對初版頗有補正，可說是這本書的「定本」。

清代是中國歷史上學術最發達的時代之一，尤其以中晚期的考證學最受矚目。中國近代人文學興起之時，由於距離清代很近，加上當時知識分子對「科學」觀念的認知頗受考證學的影響，因此學者對清代學術有相當的興趣。梁啟超（一八七三～一九二九）就撰有《清代學術概論》和《中國近三百年學術史》；余先生的業師錢穆也寫有和梁啟超書同名的《中國近三百年學術史》，是一本經典作品。和先輩的研究相比，余先生的研究有兩大特色。首先是帶進了西方思想史研究取向，特別注意從思想內部演變探尋新思潮發生的緣由，他在《論戴震與章學誠》就對儒學傳統何以從講究天道和心性問題的宋明理學變化成性質差異很大的清代考證，做了「內在理路」的說明。其次，過往研究清代的學術思想，對於重要學者的學術業績和思想都有論述，但是對考證學本身的思想史涵義，比較缺乏明確的問題意識。余先生透過戴震（一七二四～一七七七）和章學誠（一七三八～一八〇一）的學術反思以及他們與當代學界的關係，來探討這個問題，這是本書何以以這兩位作為主題人物的緣故。《論戴震與章學誠》是清代和中國近世思想史研究上的一個突破，不但在余先生個人的學術生涯上有重要意義，它也是中文學界開始受到現代西方思想史觀念洗禮的一個主要泉源，這本書在一九七〇、一九八〇年代是很受學界矚目的。

至於《陳寅恪晚年詩文釋證》，一共結集三次，初版和增訂版分別於一九八四、一九八六年由時報文化出版公司出版，一九九八年的三民版是最後的總結集。這是一本很有影響的書，一九八〇年代初刊的時候，掀動一時之視聽，還引起中共官方主導反駁，餘波延續恐怕有二十年。

這本書起源於余先生〈陳寅恪的學術精神和晚年心境〉（一九八二）一文的寫作。一九八〇年前後，《陳寅恪文集》出版，這是陳寅恪（一八九〇～一九六九）最完整的著作集。一九四九年中共政權建立後，陳先生在出版上一直碰到困難，不但新作不能出版，舊作的整理也無法問世。陳寅恪是二十世紀中國的傳奇歷史學家，他在一九五〇年代中葉以後，放棄研究已久的中古史，在目盲的情況下，由助理協助，改治明清史事，以兩位女子——《再生緣》作者陳端生（一七五一～一七九六）、錢謙益妾柳如是（一六一八～一六六四）——為中心，寫成《論再生緣》、《柳如是別傳》，後者尤其是卷帙浩繁的大著。陳寅恪的改變引人好奇，余先生向來留意陳先生的著作，自己又研究明清史，《陳寅恪文集》出版後，立刻細讀《柳如是別傳》和新刊布的詩作。此外，余先生在一九五八年二十八歲時，看了流傳海外的《論再生緣》油印本，認為這本書不純是客觀研究，而涵藏了有關個人身世與當代時勢的心曲，特別撰寫〈陳寅恪「論再生緣」書後〉，將其表而出之。事隔二十餘年，余先生再讀陳先生新作，一定也有再探其心聲的想法。余先生投入新發布的陳先生著述，還有一個原因，他當時告訴我，他想藉此考驗自己的程度。陳先生不但史學精湛，而且古典文學造詣極深，他的詩風曲折幽深，義蘊豐富，一九四九年以後，由於痛惡中共統治，詩文隱語尤多，加上陳先生是學者，所用典故以及運用的方式和一般人不同，文字索解有困難之處，讀其詩文是有意思的挑戰。總之，由於多重原因，在一九八〇年代初，余先生有一段時間沉浸於陳寅恪的著作，特別是新出詩文。

不過，余先生原來並沒有以陳寅恪為主題再次為文的想法。一九八二年他和《中國時報》金恆煒先生在美國偶爾見面，他向金先生談起陳寅恪的晚年著作以及自己的一些想法，金先生聽了大感興趣，鼓動余先生把想法寫出，表示《中國時報・人間副刊》可以不限篇幅刊出。這就是〈陳寅恪的學術精神和晚年心境〉誕生的緣由。這篇文章其實是對陳寅恪學術、思想、價值的整體討論，特點在於，是第一篇把陳氏晚年詩文當作重要材料的論說。該文刊出後一年多，余先生又專門針對陳氏晚年詩文索解的問題，寫了〈陳寅恪晚年詩文釋證〉，余先生的兩篇文章引出一連串的反應，有不信駁斥者，有問難商榷者，更重要的是，在往後多年有關陳寅恪的種種書寫和議論中（一九九〇年代中國有「陳寅恪熱」），余先生的文章成為必有的背景。在這種情勢下，余先生也陸續寫了一些回應和補充文字，有的並不限於陳寅恪的晚年心境，而涉及他的整個學術和思想生命。《陳寅恪晚年詩文釋證》的書首有余先生的增訂新版序、〈書成自述〉以及一九八六年版自序，是成書過程的記錄和回憶，讀者可以參看。

《陳寅恪晚年詩文釋證》的內容雖然很多是專門細緻的文史考證，「陳寅恪熱」也退潮多年，這本書仍然具有其命維新的價值。主要的原因是，這是對一位現代中國特殊人物反反覆覆的探討，由於二十世紀中國特殊的歷史以及陳寅恪特殊的人格，陳寅恪的心境表達往往繁複隱晦，需要有偵探式的研究。余先生的努力是值得的，陳寅恪生命中的很多元素有恆久的意義，值得後世的人了解和省思。

最後一本是《猶記風吹水上鱗——錢穆與現代中國學術》，這本書出版於一九九一年，錢先生去世次年，從書題看來，它的性質和前一本《陳寅恪晚年詩文釋證》一樣，探討一位現代中國重要的學術和思想人物。但這本和論陳寅恪的書有三個主要不同。首先是具有私人性質。從余先生的一生看來，現代中國文史學者中，他受三人影響最深：胡適、陳寅恪和錢穆。三人之中，余先生沒有見過胡適和陳寅恪，而錢穆則是他的老師，余先生的中國史學訓練啟蒙於錢先生，錢先生至為器重余先生，兩人情感深厚。這本書只有一篇是紀念文字：〈猶記風吹水上鱗——敬悼錢賓四師〉，其他都是對與錢先生相涉的近代中國學術思想問題的討論，但論述文字的根據，不少來自余先生的親身見聞，也有錢先生的私人信件。就這一點，本書與余先生對陳寅恪和胡適的研究，性質有相當的差異。

其次，本書有關錢穆的討論，以思想或「學術精神」為主。錢穆學問深廣，兼包四部，但根本上是歷史學者，尤其精通學術思想史，在這方面貢獻最大。不過這本書主要討論思想方面的問題，對於錢穆的史學，余先生晚年寫了〈《國史大綱》發微——從內在結構到外在影響〉（《古今論衡》第二十九期，二〇一六年十二月），讀者可以參看。第三，這本書雖然以錢穆為主題，但內容涉及了近現代中國思想史的幾個關鍵問題。

〈錢穆與新儒家〉討論一九五〇年代以後在香港和臺灣頗具影響的新儒家，〈《周禮》考證和《周禮》的現代啟示——金春峰《周官之成書及其反映的文化與時代新考》序〉檢討近現代中國的烏托邦思想（此文亦收入《會友集》上冊），〈中國近代思想史上的激進與保守〉則是對近代中國思想激烈化與保守之意義的通盤解說，這篇置於此書，正因為錢穆是保守立場的重要人物。諸篇文章合而觀之，本書頗有思想史的色彩，很適合對近代中國思想有興趣的讀者閱覽。

以上是對三民版余英時先生六書的介紹。這六本書有相當的分量，也投射出余先生一貫關心的許多方面，但整體來說，仍然只是他的業績的一小部分。余先生在〈一生為故國招魂——敬悼錢賓四師〉中說，他的這篇文章「遠不足以概括錢先生在現代中國學術思想史上的貢獻和意義。任何人企圖對他的學術和思想作比較完整的評估，都必須首先徹底整理他所留下的豐富的學術遺產，然後再把這些遺產放在現代中國文化史的系統中加以論衡。這是需要長期研究才能完成的工作。」（《猶記風吹水上鱗》頁十七、十八）這些話的基本意思也可以適用於余先生自己。對於余先生學術和思想的深入認識和評估，也需要很多人的長期努力。這是一筆寶貴的資產。

增訂本自序

《論戴震與章學誠》初版於一九七六年由香港龍門書店刊行，距今恰恰已二十年整。龍門書店大約在十年前便歇業了，故本書已成絕版。二十年前的舊作，其得失優劣早已為同行的讀者所熟知，原沒有重刊的必要。但是一九八五年《章學誠遺書》（北京，文物出版社）問世，提供了前所未見的新資料；經過反覆研讀之後，我竟獲得了一個始料未及的新發現。過去我們讀到章學誠所經常提及的「文史校讎」四個字時，總以為是泛指他的《文史通義》和《校讎通義》兩部著作而言，甚至誤認為即是這兩部專著的簡稱。而且自胡適撰《章實齋先生年譜》（一九二二）以來，根據章氏的自述，《文史通義》的草創早於《校讎通義》也久已成為定論。現在我們才能斷定「文史校讎」是章氏特創的專門術語，用以描述他自己的學術「門路」，並持之以與戴震的「經學訓詁」相抗衡。這一關鍵性的概念獲得澄清之後，不但章氏的成學過程層次分明，而且他的文史理論的針對性也更為顯著，這一新發現對於《論戴震與章學誠》的中心論旨是十分重要的。如果最初深察及此，則內篇的論證必能更為緊湊，論點也更為集中。由於全部改寫是我的時間所不允許的，因此我特撰〈章學誠文史校讎考論〉一文，作為內篇的補正。凡是內篇與〈考論〉之間分歧的地方，都以後者為準。這一新發現也是本書重印的主要理由。

趁著改版的機會，我也改正了原書中一些個別的錯誤或不穩妥的說法；還有少數地方增添了文獻的證據。初版〈附錄〉曾收入戴震和章學誠的重要佚文多篇，增訂本已全部刪除。這是因為《戴震全集》和《章學誠遺書》已陸續出版，這些佚文不再有重印的必要了。又增訂本外篇補入〈從宋明儒學的發展論清代思想史〉和〈清代思想史的一個新解釋〉兩篇長文。這兩篇文字所討論的正是戴震與章學誠的思想史的背景，與本書可以互相印證之處甚多，且可補內篇第三章〈儒家智識主義的興起〉之簡略。讀者兼觀並覽，更可以明瞭本書立論的歷史根據。

本書的基本立場是從學術思想史的「內在理路」闡明理學轉入考證學的過程。因此明、清之際一切外在的政治、社會、經濟等變動對於學術思想的發展所投射的影響，本書全未涉及。然而我並不是要用「內在理路」說來取代「外緣影響」論。在歷史因果的問題上，我是一個多元論者。歷史上任何一方面的重大變動，其造因都是極其複雜的；而且迄目前為止，歷史學家、哲學家或社會學家試圖將歷史變動納入一個整齊系統的努力都是失敗的。「內在理路」說不過是要展示學術思想的變遷也有它的自主性而已（此即所謂"The autonomy of intellectual history"）。必須指出，這種「自主性」祇是相對的，不是絕對的；學術思想的動向隨時隨地受外在環境的影響也是不可否認的客觀事實。我之所以強調「內在理路」，是因為它足以破除現代各種決定論(determinism)的迷信，如「存在決定意識」之類。「內在理路」的有效性是受到嚴格限定的，它祇能相對於一個特定的研究傳統或學者社群而成立。宋明理學家和清代考證學家都是研究儒家經典的，他們無疑屬於同一研究傳統之內。他們不但處理著同樣的經典文獻，而且也面對著共同的問題——儒家原始經典中的「道」及其相關的主要觀念究竟何所指？這是儒學傳統內部的問題，自有其本身發展與轉變的內在要求，不必與外緣影響息息相關。懷德海（A.

N. Whitehead) 說，一部西方哲學史是對於柏拉圖的一系列的註腳，也正是關於「內在理路」的一種解說，我們決不能拘泥字面，真以為全部西方哲學史都沒有跳出柏拉圖思想的範圍。無論如何，經典考證早在十六世紀便已崛興，而且確然是由理學的爭論所激發出來的。「內在理路」可以解釋儒學從「尊德性」向「道問學」的轉變，其文獻上的證據是相當堅強的。不但如此，清代學者如凌廷堪、龔自珍等也已自覺到理學之變為考證，曾受「內在理路」的支配。

我在本書中雖然採取了「內在理路」的觀點，但是我並未將它與「外緣影響」對立起來。相反地，我仍然承認清末以來的政治影響說——清代的文字獄——是有根據的。在我的全部構想中，「內在理路」不過是為明、清的思想轉變增加一個理解的層面而已。它不但不排斥任何持之有故的外緣解釋，而且也可以與一切有效的外緣解釋互相支援、互相配合。我唯一堅持的論點是：思想史研究如果僅從外緣著眼，而不深入「內在理路」，則終不能盡其曲折，甚至捨本逐末。

但自本書出版以來，「內在理路」說曾引起一個相當普遍的誤解，不少讀者都以為我治思想史有取「內」捨「外」的偏向。以正式見諸文字的評論而言，一九七七年我的朋友河田悌一氏（當時還不相識）在《史林》六〇卷五號所發表的書評已提出這個疑問。一九八三年島田虔次教授為《アジア歷史研究入門》第三卷（京都，同朋舍）寫中國思想史的部分，對本書的「內在理路」說也提出了詳細的討論，認為政治、社會等外緣的因素終不容忽視。這些評論是很自然的，但仍不免誤會了我的原意。所以我感覺有必要再重申我的論點如上。

事實上，我研究明、清思想史自始便注重思想動向與社會變遷之間的互動關係，不過在七十年代，我的論述重心確是集中在「內在理路」方面。但是一涉及思想史與社會史的交互影響，我們便必須突破「宋明理學」、「清代考證學」這些久已約定俗成的框架。自十六世紀以來，儒家的政治、社會思想發生了深刻而微妙的變化，但卻非「理學」、「考證」的範疇所能包括，因此也就不在研究理學和考證學的專家的視野之內。他們往往以為理學與考證學便足以概括明、清儒學的全部或主要內容。八十年代中期以來，我在明、清思想史一方面的研究重心已轉移到外緣的領域，其中較有代表性的是《中國近世宗教倫理與商人精神》、《現代儒學的回顧與展望》和《明清社會變動與儒學轉向》三篇專論。儘管其中主要的儒家人物與本書所論頗相重疊，但取材與問題卻截然不同。所以在這三篇專論中我都沒有涉及理學與考證學。「內在理路」與「外緣影響」各有其應用的範圍，離則雙美，合則兩傷。但是儒學的概念必須擴大，不能為傳統的名目所拘限，這是我必須鄭重指出的。

最後，我願意列舉本書未收但關係密切的幾篇論文，以供讀者作進一步的參證。中文論文兩篇：

一、〈清代學術思想史重要觀念通釋〉，收入《中國思想傳統的現代詮釋》（臺北，聯經，一九八七），頁四〇五－四八三。

二、〈《中國哲學史大綱》與史學革命〉，收入《中國近代思想史上的胡適》（臺北，聯經，一九八四），頁七七－九一。

這兩篇都取「內在理路」的立場。前一篇較詳盡，後一篇則借用孔恩(Thomas Kuhn)的「科學革命」的「典範」("paradigm")說，使一般行外的讀者易於理解。我在初撰本書時並未參考孔恩的新理論，但後來發現他的理論主要也是闡釋「內在理路」的，因為「典範」的轉換基本上出於「科學界」("scientific community")內部的共同判斷，雖然個別科學家決定改變其「典範」也可以受到外緣因素的影響。

英文論文則有下列四篇：

一、"Some Preliminary Observations on the Rise of Ch'ing Confucian Intellectualism," *Tsing Hua Journal of Chinese Studies*, New Series, XI, nos. 1 & 2, December, 1975, pp. 105–146.

二、"Tai Chen and the Chu Hsi Tradition," in *Essays in Commemoration of the Golden Jubilee of the Fung Ping Shan Library*, ed. by Chan Ping-leung, Hong Kong, 1982, pp. 376–392.

三、"Tai Chen's Choice between Philosophy and Philology," *Asia Major*, Third Series, vol. II, part I, 1989, pp. 79–108.

四、"Zhang Xuecheng Versus Dai Zhen: A Study in Intellectual Challenge and Response in Eighteenth-century China," in Philip J. Ivanhoe, ed., *Chinese Language, Thought and Culture, Nivison and His Critics*, Chicago and La Salle, Illinois: Open Court, 1996, pp. 121–154.

這四篇英文論文在取材上與本書大體相同，但寫法和論證方式則頗有不同。讀者比較觀之，可以更瞭解本書的中心旨趣所在。

一九九六年十月九日序於普林斯頓

余英時

自序

《論戴震與章學誠》這部稿子大體上是在一九七四年夏季與一九七五年春季之間陸續寫成的。其中祇有〈章實齋與柯靈烏的歷史思想〉是一篇舊作。

我應該特別對本書的「內篇」加以說明。「內篇」寫得這樣長並不是我本來的計劃。由於第五、六兩章所涉及的問題比較複雜，同時在寫作過程中新問題又不斷出現，以致下筆之際未能作有效的控制。事實上，相對於這兩章所接觸的問題而言，如果沒有如此的篇幅也不足以說盡其中的曲折。不過這樣一來，這兩章和前面幾章之間就不免顯得有些失去平衡；而第三章尤嫌過於簡略。第三章論清代儒家智識主義的興起本是近世儒學史上一個極為重大的問題。關於這個問題，我已收集了不少資料，理論的脈絡也初步整理就緒，但是我因為考慮到本書究竟是以戴震和章學誠為主體，儒家智識主義的發展在這裡祇能當作思想史的一般背景來處理，不宜喧賓奪主，因此「內篇」完稿後我也沒有再作任何幅度較大的改動。而且時間和心境也都不容許我那樣做。將來若有機緣，我也許會根據「內篇」的觀點去寫一部清代儒學史，那麼這部急就篇中許多欠妥善乃至於錯誤的地方也都可以一併改正過來了。

「外篇」中〈章實齋與柯靈烏的歷史思想〉一章是一九五七年夏天寫的，發表在同年的《自由學人》月刊上。但這次重印之前我曾對舊稿進行了一次全面的檢查和修正；結論部分差不多是整個地改寫過了。從一九五七年到今天，西方的歷史哲學有了巨大的進展。我在該章的有關各附註中曾儘量就閱覽所及增添了新的參考資料，補充了一些新的論點。因此在某種意義上，這篇文字仍可以勉強算是新作。

本書的主旨雖然是在分析戴東原和章實齋兩人的思想交涉，以及他們和乾、嘉考證學風之間的一般關係，但是我同時也想藉此展示儒學傳統在清代的新動向。近幾十年來，講中國哲學史或思想史的人往往無意中流露出一種偏見，那便是把宋、明理學當作傳統儒家精神的最高發展階段。清代以下祇有少數儒者如王船山、顏習齋、戴東原等人的思想還受到一定程度的注意，但也不過是當作宋、明理學的餘波來看待而已。所以清代兩百餘年的儒學傳統祇有學術史上的意義，而幾乎在思想史上佔不到一席之地。追源溯始，這一偏見也可以說是由清儒自取其咎。乾、嘉時代一般考證學家標榜「漢學」，而貶斥「宋學」為空談義理。這樣便造成一種印象，好像漢學考證完全不表現任何思想性（所謂「義理」）。

清代考證學和宋、明理學截然兩途，而且清代絕大多數的考證學家也儘量避免直接觸及思想問題，這自然是無可否認的歷史事實。然而這並不等於說，清代兩百年的經史研究運動是盲目的或完全為外緣（如政治環境）所支配的。事實上，通觀考證學從清初到中葉的發展時，我們可以很肯定地說，其整個過程顯然表現出一個確定的思想史的方向。如果我們仔細地排列清儒研治古代典籍的譜系，我們將不難發現其先後輕重之間確是有思想史上的內在理路可尋的。換句話說，清儒決不是信手摭取某一段經文來施其考證的功夫，至少在考證學初興之際，他們對考證對象的選擇是和當時儒學內部的某些重要的義理問題分不開的。下逮乾、嘉之世，由於儒家的智識主義(intellectualism)逐漸流為文獻主義(textualism)，不少考證學家的確已迷失了早期的方向感。但當時考證運動的兩大理論代言人——戴東原和章實齋——則仍然能緊緊地把握住清代思想史的方向。我們細讀他們兩人的著作，則清代儒學發展中所蘊藏的義理脈絡固猶分明可見。由是言之，儘管清儒自覺地排斥宋人的「義理」，然而他們之所以從事於經典考證，以及他們之所以排斥宋儒的「義理」，卻在不知不覺之中受到儒學內部一種新的義理要求的支配。這真是思想史上一個極為有趣的現象。

撇開思想的內容不說，在方法論的層次上，儒學自始即懸學思兼致為標的。但是這種平衡並不易長期維持，後世各階段的儒學發展終不免各有偏至。大體言之，宋、明理學偏於思，清代考證則偏於學。唯宋、明理學家並未盡廢學，且可謂之凝學成思，其精思實從積學中透出。此在大儒如朱熹尤見其然。另一方面，我們也同樣不能以「學而不思」四字來概括清儒的治學精神。清儒所嚮往的境界可以說是寓思於學，要以博實的經典考證來闡釋原始儒家義理的確切涵義。清初顧炎武有「經學即理學」的名論，而方以智也提出「藏理學於經學」的綱領。他們兩人竟不約而同地為此下儒學的發展規劃出一個嶄新的方向。十八世紀下葉，考證學已臻成熟之境，戴東原遂更進一步說：「故訓明則古經明，古經明則賢人聖人之理義明」。錢竹汀復為之揚其波，至謂「訓詁者，義理之所出，非別有義理出乎訓詁之外」。同時章實齋雖持「六經皆史」論與東原由經明道之說相抗，然其厭棄「空言性與天道」之情則亦與東原、竹汀不異。實齋一則曰：「古人未嘗離事而言理」，再則曰：「浙東之學，言性命者必究於史。」細繹其意，不過是要易「經學即理學」為「史學即理學」而已。所以龔定菴說清代儒術之運為「道問學」，真是一針見血之論。用現代的話來說，清儒所面對並關切的問題正是如何處理儒學中的知識傳統。

談到知識傳統，不免使我們立刻聯想到近代另一個流行的看法，即在西方哲學史和學術史的對照之下，中國在純知識的領域內表現得甚為遜色。最顯著的是知識論和邏輯在中國哲學史上並不佔重要地位，而自然科學也不是中國學術史上特顯精采的所在。在這種情形之下，所謂儒學中的知識傳統究竟有多少真實的意義呢？基本上，我並不懷疑上述看法的有效性。但是我必須指出，儒學內部仍然有它自己獨特的知識問題。撇開原始儒學中「博學於文」、「多學而識」之教不論，即使以「尊德性」為第一義的宋、明理學也不能完全避開知識問題。理學家之所以分別「德性之知」與「聞見之知」，從某種意義說，也正是要把客觀知識在儒學系統中安排一個適當的位置。朱子論「格物致知」

雖仍以「尊德性」為最後的歸宿，但已顯然接觸到了客觀認知的問題。王陽明在龍場頓悟以前也一直是在與朱子的格物說奮鬥，他的龍場之悟便起於對《大學》格物致知之旨發生了新解，所謂「聖人之道，吾性自足，向之求理於事物者誤也。」足見在此以前陽明也認為「格物」離不開對外在事物的客觀知解。甚至在龍場頓悟十年之後，陽明重定《大學古本》，他的主要論點依然是說此書「以良知指示至善之本體，故不必假於見聞。」尤可證陽明受「聞見之知」的困擾之深。所以儘管儒家從來不把成就知識當作它的主要價值，然而客觀認知始終構成儒學系統中的一個基本問題。

從中國學術思想史的全程來觀察，清代的儒學可以說比以往任何一個階段都更能正視知識的問題。就知識論而言，王船山已轉而強調「聞見之知」的重要性，認為「人於所未見未聞者不能生其心。」戴東原則更為澈底，斷然提出「德性資於學問」的命題。依照這種說法，則「德性之知」已無獨立性可言，而不過是「聞見之知」的最後結果而已。此一命題在義理上的是非得失是另一問題，但它所透露的思想動向卻大可注意。但是我並不認為清儒已具有一種追求純客觀知識的精神，更不是說清代的儒學必然會導致現代科學的興起。儒學如何突破人文的領域而進入自然的世界的確是一個極為艱難的課題，而且其中直接牽涉到價值系統的基本改變。但是無可否認地，清代儒學的發展至少已顯示了這種基本改變的可能性。清代學術始於考經，進則考史，乾、嘉以下更轉而考及諸子，儒家知識傳統的逐步擴張於此已見端倪。在經學範圍之內，顧炎武首言「讀九經自考文始，考文自知音始。」此後經學研究大體即循此程序進展，文字、音韻之學終由附庸而蔚為大國。要之，就清儒來說，如何通過整理經典文獻以恢復原始儒學的真面貌，其事即構成一最嚴肅的客觀認知的問題。戴東原論經學難明，有云：「誦〈堯典〉數行至乃命羲和，不知恆星七政所以運行，則掩卷不能卒業。不知少廣旁要，則〈考工〉之器不能因文而推其制。不知鳥獸蟲魚草木之狀類名號，則比興之意乖。」如果真從此轉身移步，也未嘗不能別造新境。無論如何清代中葉的學術已開始走上了分途發展的專業化途徑。毋怪乎對學術流變最為敏感的章實齋要屢言「業須專精」，又特重「專家」之學了。

十九世紀以後內亂與外患交乘，中國面臨一個空前巨大的政治、社會危機。乾隆盛世那種為學問而學問的從容意態已無法再持續下去。代之而起的則是儒家要求「致用」的精神；晚清所謂「經世學派」便乘運而興。晚清儒者雖仍多推尊顧炎武及其《日知錄》，但意義已迥然不同。這時顧炎武之受到重視並不是因為他的考證成就，而是由於他所揭櫫的「明道救世」的主張。換句話說，顧炎武變成了清代經世運動的先驅。馮桂芬是經世學派的中堅人物，然而他字景亭，又號林一，其景仰顧氏之情顯然可見。在經世運動的激盪之下，經學也開始轉向，漢代所謂「通經致用」的觀念在一般儒者的心中復活了。今文經學便是在這種情形之下興起的。

清代儒學中的知識傳統尚沒有機會獲得充量的發展，便因外在環境的遽變而中斷了，我們今天已無法揣想這一傳統在正常情況下究竟會歸向何處。但是依我個人的偏見，清儒所表現的「道問學」的精神確是儒學進程中一個嶄新的階段，其歷史的意義決不在宋、明理學的「尊德性」之下。現代一些以弘揚儒學自負的哲學家，如四十年代的馮友蘭，總歡喜說他們的新儒學是「接著宋、明理學講的」。至於清學，在他們看來，既不能「經虛涉曠」，則已無積極的思想內容可言，甚至不免是中國哲學精神進程中的「一次逆轉」。對於這一類的哲學論斷，我沒有資格加以評論。我祇想指出一點，即從歷史的觀點看，把辨析心性理氣認作儒學的主要內涵是不甚符合事實的，至少也是以偏概全。所謂「內聖之學」雖早在儒家的原始經典中已經萌芽，但它一直要到宋代才獲得充分的發展。無可否認地，這一發展是和佛教在心性問題上的長期挑戰分不開的。韓愈是唐代排佛最力的儒者，但他放逐到潮州以後，看到大顛和尚能「以理自勝，不為事物侵亂」，也終不免為之心折。朱子批評退之，說他應該「因彼稊稗之有秋，而悟我黍稷之未熟，一旦飜然求諸身，以盡聖賢之蘊。」其實當時的心性之學不僅在退之個人未臻成熟之境，即在整個儒學系統中也還沒有取得中心的位置。如果我們堅持以「心性之學」為衡量儒學的標準，那麼不但在清代兩百多年間儒學已經僵化，即從秦、漢到隋、唐這一千餘年中儒學也是一直停留在「死而不亡」的狀態之中。相反地，如果我們對儒學採取一種廣闊而動態的看法，則有清一代的「道問學」傳統正可以代表儒學發展的最新面貌。尤其重要的是這個新的發展恰好為儒學從傳統到現代的過渡提供了一個始點。

我們必須承認，儒學的現代課題主要是如何建立一種客觀認知的精神，因為非如此便無法抵得住西方文化的衝擊。傳統儒學以道德為「第一義」，認知精神始終被壓抑得不能自由暢發。更不幸的是現代所謂道德已與政治力量合流，如果知識繼續以「第二義」以下的身分維持其存在，則學術將永遠成為政治的婢女，而決無獨立的價值可言。我們常常聽到的所謂「政治掛帥」、「先紅後專」之類口號並不全是新貨色。從某種意義上說，它們不過是「士先器識」、「先立其大」的現代變形而已。當然，變形也必然涵蘊著一定程度的歪曲。儒學發展史告訴我們，極端的德性論和功利論往往會走上一個共同的方向，即反智識主義 (anti-intellectualism)。因此陸、王的末流和清代的顧、李學派都把知識看作毒藥。反智識主義又可以分為兩個主要方面：一是反書本知識、反理論知識，或謂其無用，或謂其適成求「道」的障礙；另一個方面則是由於輕視或敵視知識遂進而反知識分子，所謂「書生無用」、「書生不曉事」等等話頭即由此而起。陸象山雖有反知識的傾向，但尚不反知識分子，顏習齋則反知識而兼反知識分子。不用說，這兩個方面的反智識主義今天都正在以嶄新的現代面貌支配著中國的知識界。

中國今天一方面要求現代化，而另一方面又輕視知識，鄙棄知識分子，對我個人來說，這終是一件難以理解的事。在傳統中國文化中，儒學一向佔據著主導的地位。但儒學目前正面臨著一次最嚴重的歷史考驗，即如何處理客觀認知的問題。儒學將來能否重新成為中國文化的領導力量，恐怕就得看它怎樣應付這個新的考驗。西方基督教也曾遭遇過客觀認知問題的挑戰。其中比較積極而成功的反應可以舉中古的聖多瑪 (Thomas Aquinas) 和現代的狄立克 (Paul Tillich) 為例。聖多瑪肯定知識的價值，認為我們對客觀事物的知識每進一步即是對上帝的知識多增加一分。狄立克最不贊成在所謂「科學」與「宗教」之間劃分畛域，製造對立。照他看來，宗教如果想以居於科學認知以外的領域自足，則其結果將是進行一場無窮盡的敗退之戰。因為科學知識進軍到那裡，宗教就得從那裡撤退。狄立克因此主張正視科學，希望以現代的科學知識為始點，然後翻上一層去建立新的基督教神學。這是他在《系統神學》(*Systematic Theology*)第三卷中所企圖完成的工作。他的基本立場可以一言以蔽之，「科學的見證即是為上帝作見證。」("The witness of science is the witness to God.")

我舉出聖多瑪和狄立克的例證，其用意當然不是要對現代基督教神學的本身有所討論。我祇是覺得，從比較思想史的觀點看，這兩個例證對於儒學的何去何從似乎頗富於啟示作用。居今而論，儒學必須挺立起客觀認知的精神。但這不是單純地向西方學習科學便可以做得到的。借外債無論如何不能代替生產。我們的任務首先是誘發儒學固有的認知傳統，使它能自我成長。儒家「道問學」的潛流，經過清代兩百年的滋長，已凝成一個相當強固的認知傳統。我之所以特別強調十八世紀的考證學在思想史上的意義，這是基本原因之一。我清楚地知道，認知精神的充分發展最後將不免有必要使儒學在價值系統方面作某些相應的調整。但是由於「道問學」原是儒學的基本價值之一，我深信這種調整決不致導向儒學的全面解體。相反地，現代儒學如果經不起嚴格的知識考驗，則它所維護的其他許多價值是否能發揮實際的作用，恐怕將是一個很大的疑問。未來是無從預測的，但往事則未嘗不可借鑑。中古時代佛教的深刻刺激曾給儒家在「內聖」一面的發展提供了最重要的因緣。宋人當時曾慨歎「儒門淡薄，收拾不住」，致使有識之士多為釋氏扳去。但經過此下宋、明儒者數百年的努力，「尊德性」之教大弘，儒學在中國文化系統中的中心地位終於更鞏固地建立起來了。今天無疑又是一個「儒門淡薄，收拾不住」的局面，然而問題的關鍵已不復在於心性修養，而實在於客觀認知的精神如何挺立。因此我深信，現代儒學的新機運祇有向它的「道問學」的舊統中去尋求纔有著落；目前似乎還不是「接著宋、明理學講」的時候。陸象山曾經譏刺朱子說：「既不知尊德性，焉有所謂道問學？」在以「尊德性」為第一義的時代，這樣的質問是足以塞人的。可是六百年後的戴東原卻反唇相譏道：「然舍夫道問學，則惡可命之尊德性乎？」而同時錢竹汀也說：「知德性之當尊，於是有問學之功。豈有遺棄學問而別為尊德性之功者哉！」在今天的處境之下，我誠懇地盼望提倡儒學的人三復戴東原、錢竹汀之言！

本書全稿是在今年五月間開始排印的。我在七月中旬離開香港以前，全書校樣已交到了我的手中。但是我已來不及從頭到尾細讀一過，因此衹好準備在歐遊途中再抽暇校改，同時補寫一篇簡短的〈自序〉來結束這一工作。歐遊的第一站是雅典，我在那裡停留了三整天。當我初步看完了校樣之後，我自己對這部書稿已覺得不甚滿意。最主要的是全稿並非一氣呵成，而是利用公餘之暇一點一滴地積累起來的，以致運思缺乏連貫和周密，許多重要的觀念都沒有獲得透澈的發揮。現在回想起來，我當時每晚撰寫此稿其實並無意要從事什麼嚴肅的著述工作；我不過是藉文字工作來忘掉白天行政雜務的煩惱，以保持內心的寧靜而已。過去這一年也許要算是我平生最多紛擾的一段歲月，而此稿的撰述適與之相終始。所以無論我在理智上怎樣不滿意這部書，它的出版在我個人情感上終是一件值得紀念的事。在離開雅典的前一天下午，我有機會在愛琴海邊的一家茶館裡靜坐了幾小時。面對著一望無際的碧波，思慮為之澄澈，我有著接觸到西方古典智慧的泉源的真實感覺。這篇序言的大意便是在這種感覺之下醞釀出來的。但是此後一兩個月之內，由於旅途勞困以及初返美國的忙於安頓行裝，這篇序文始終未能完稿。八月底我到西岸去參加了為期四天的「十八世紀中國思想史討論預備會議」。這次會議使我有機會把本書的若干中心觀念向十幾位同行的朋友們作進一步的闡發，並聽取他們的批評意見。集思廣益的結果，一方面使我更清楚地認識到本書的一些缺點，但另一方面卻也加強了我對本書的基本論點的信心。這篇序文的定稿便是在開會歸來之後完成的。我很高興有這兩個月的緩衝時間，使我可以從容地整理自己的思想，並稍稍補充一下原書的不足之處，雖則這篇難產的自序不免延遲了本書的面世。

最後我要感謝友人羅球慶先生介紹本書給龍門書店出版的好意；而龍門書店毅然決定印行這樣一部無利可圖的學術性著作，其勇氣更是可佩的！

余英時

一九七五年九月廿二日於美國麻州之碧山

論戴震與章學誠——清代中期學術思想史研究

目次

內篇

一、引 言

戴震（一七二四～一七七七）和章學誠（一七三八～一八〇一）是清代中葉學術思想史上的兩個高峰，這在今天已經成為定論了。[1]近五十年來，東原和實齋一直都受到中外學者的

1 遠自清末以來，學者如章太炎、梁任公等即漸以戴東原與章實齋並尊。民國以後胡適先後撰《章實齋年譜》（一九二二）及《戴東原的哲學》（一九二七）兩書，使戴、章兩人在清代中葉的學術地位益顯突出。一九三七年錢賓四師的《中國近三百年學術史》問世，其中論乾、嘉學術的部分，東原以後即繼及實齋，並謂「東原、實齋乃乾、嘉最高兩大師。」（下冊，頁四七五）故戴、章在乾、嘉時代為雙峰並峙、二水分流，實為近代學人的共同見解。最近日本學人島田虔次撰《章學誠の位置》一文（見《東方學報》，第四十一冊，一九七〇年三月，頁五一九－五三〇）亦持同樣的看法。

密切注意，研究文獻真足以汗牛充棟。但是我們必須記住，把東原和實齋相提並論是近代的評價。在他們兩人的生前，實齋之晦和東原之顯恰是一個鮮明的對比。問題並不止於聲光的顯晦。如果我們有機會徵詢他們兩人的共同朋友如朱筠、錢大昕、邵晉涵等人的意見，我相信他們之中沒有人會說實齋在學術地位上可以望東原的項背，更不用說並駕齊驅了。那麼戴、章二公自己的看法又如何？我們確切地知道東原從來沒有把實齋放在眼裡，他的文字中也全無實齋的痕跡。所以實齋說：「戴氏生平未嘗許可於僕。」[2]相反地，實齋對東原則十分傾服，儘管批評之處也不少。《章氏遺書》中公開討論到東原的文字即不下數十篇，未指名而實際也是針對東原而發者，更多至無法統計。我們細心讀實齋的著述，便可知實齋確引東原為同道，而且認為祇有他自己才能和東原在學術上分庭抗禮。這樣說來，我們近代的評價正是接受了實齋自己的論斷，而與其他乾、嘉學人的看法截然異趣。

何以我們的觀點近於實齋而遠於一般乾、嘉的考證學家呢？我想，問題的關鍵是在於評價學術成就所採用的標準。近代治學術思想史的人主要是以義理為評判學術成就的標準。在這個標準之下，實齋的《文史通義》便受到了前所未有的重視。而近人之推崇東原也同樣是

2〈答邵二雲書〉中語，見《章氏遺書逸篇》，收入四川省立圖書館編輯，《圖書集刊》，第二期（一九四二年六月），頁四一。

由於他的義理，並非由於他的考證。其實東原雖未能平心欣賞實齋的文史見解，他自己論學也是以義理為最後的依歸的。在這一點上，東原和實齋反而是同志，而不是論敵了。另一方面，一般乾、嘉學人則嚴格地持考證為衡量學術的準繩。從考證的觀點出發，當時的人甚至無法瞭解實齋的學業究竟是何門路；[3]而東原之所以為時流所共仰，也是因為他在六書、九數、名物、制度各方面的研究業績。至於《原善》和《孟子字義疏證》諸作，則正是他們所鄙棄不屑道的。這樣看來，近代的論斷頗與乾、嘉的流行觀點處於尖銳對立的地位，但卻恰恰合乎東原、實齋兩人的自我評價。這裡可以看出，東原、實齋與當時考證學風之間的確存在著一道很深的鴻溝。面對著這種學風，實齋的不合時宜固不必說；而東原之僅以考證為世所尊，在他自己的內心中也是畢生一大憾事。

但是從思想史的觀點來看，東原與實齋是清代中葉儒學的理論代言人。一方面，他們的學術基地在考證；另一方面，他們的義理則又為整個考證運動指出了一個清楚的方向。沒有東原和實齋的理論文字作引導，乾、嘉的考證學祇表現為一大堆雜亂無章的材料，其中似乎看不出什麼有意義的發展線索；[4]更重要地，清代儒學和宋、明理學之間也將失去其思想史上

3 《文史通義・外篇三・家書二》，古籍出版社，一九五六，頁三三四。

4 如梁任公先生的《中國近三百年學術史》，其下半部論乾、嘉學術即以「清代學者整理舊學之總

的內在鏈鎖。如果允許我們把清代的考證運動比作畫龍，那麼東原和實齋便正好是這條龍的兩隻眼睛。

近代學人分論東原與實齋的思想者甚多，論東原而涉及實齋或論實齋而涉及東原者亦復不少。因為他們兩人之間本有直接及間接的種種關係，討論時自不能不互相牽引。但到現在為止，尚未見有專篇對東原和實齋之間在學術思想方面的交涉加以比較全面而深入的檢討。本篇之作便想填補這個空缺。從表面上看，東原和實齋之間只存在著一種片面的關係：即東原對實齋極有影響，而實齋則未見在東原的學術生命中留下任何痕跡。而事實上，如果不通過實齋，我們對東原的認識則始終祇能停留在表面的階段，實齋著作中所保留的許多東原平時的口語是從側面去瞭解東原的一把鑰匙。但是這些口語並不能孤立地、任意地加以解釋，而必須與其他有關的材料配合起來始能確定其意義。另一方面，我們雖然知道實齋受到東原的影響，但這種影響究竟大到何種程度，以及它在實齋的成學過程中又究竟起過何種特殊方式的作用，則仍有待於我們作進一步的清理。

東原和實齋之間，以及他們兩人與十八世紀的考證學風之間都有其同，也有其異，有其

成績」一個題目包括各類古書的整理，其中全看不到任何發展的線索和條理。（中華書局本，頁一七六一—三六四）

合，更有其離。這種錯綜複雜的關係在他們彼此的心理上都曾激起了深微而曲折的反應。以前研究東原與實齋的學者對他們兩人論學的心理背景還不曾做過有系統的發掘，這卻是本篇所要特別加以注重的所在。學術思想史上有許多重要的理論，從正面去看，都是「言之成理，持之有故」，似無隙可覓。而一考其立說時的特殊心理背景，則往往發見其中別有待發之覆，而且關係甚大者。實齋《文史通義》中的若干中心理論便可以從這一方面去重新加以分析。而東原平生持論屢變，其先後不同之深微處，也祇有揭開了這層心理的紗幕之後纔能仔細地辨認得出來。總之，本篇企圖從歷史的和心理的兩個角度去勾劃出東原和實齋兩人的思想側影。這在取徑上與傳統的思想史頗不相同，因為後者主要是從學派傳承、師友淵源各方面去攝取思想家的正面像。但側影不但不和正面像相衝突，而且正可補充它的不足。通過東原和實齋兩人的側影，我們相信，十八世紀中國思想界的面貌將會更清晰、也更真實地呈現在我們的眼前。

二、章實齋與戴東原的初晤

章實齋第一次和戴東原的見面和談話，在實齋的學術生命中是一件頭等重大的事件。但是這一事件的經過及其意義，迄今尚未見有人加以論述。甚至在研究實齋的專著中，這件事也還沒有清楚的交代。胡適的《章實齋年譜》僅根據實齋乾隆三十一年丙戌（一七六六）〈與族孫汝楠論學書〉，指出實齋受東原影響甚大，其他則一字未及。[1]一九四二年吳孝琳發表〈《章實齋年譜》補正〉一長文（根據孫次舟的初稿），始肯定戴、章初晤即在丙戌年，並推測是出於朱筠的居間介紹。這一推測當然是由於實齋是年下榻於朱筠邸舍之故。[2]一九六六年倪文孫 (David S. Nivison) 出版《章學誠的生活與思想》專書，在這一問題上便採用了吳孝琳之說，

1 胡適著、姚名達訂補，《章實齋年譜》，商務，一九三一，頁十七－十八。

2 吳孝琳，〈《章實齋年譜》補正〉，見《說文月刊》，第二卷合訂本（一九四二年十二月），頁二五二。

但語氣之間猶有保留，以示謹慎。[3]可見這一件事一直到整整兩百年後還未有定論。其實關於這件事，實齋自己曾留下了第一手的資料足供考論。不過由於這項資料遲至一九四二年才初次刊佈，所以胡適、姚名達、孫次舟、吳孝琳諸人都沒有機會寓目罷了。

東原卒後，實齋曾有〈答邵二雲書〉，專門討論到東原的學術與心術的問題。在這封信裡，實齋不但追溯了他第一次和東原見面的經過，並且還提到了他們那次談話的大致內容。根據此書，我們可以對章、戴兩人這一歷史性的初晤進行一次比較確實而深入的考察。茲先引書中最有關係的一段文字於下，再略加推論。實齋說：

> 來書於戴東原自稱《原善》之書欲希兩廡牲牢等語，往復力辯，決其必無是言。足下不忘死友，意甚可感！然謂僕為浮言所惑，則不然也。戴君雖與足下相得甚深，而知戴之深，足下似不如僕之早。丙戌春夏之交，僕因鄭誠齋太史之言，往見戴氏休寧館舍，詢其所學，戴為粗言崖略，僕即疑鄭太史言不足以盡戴君。時在朱先生門，得見一時通人，雖大擴生平聞見，而求能深識古人大體，進窺天地之純，惟戴可與幾此。

3 David S. Nivison, *The Life and Thought of Chang Hsüeh-ch'eng*, Stanford University Press, 1966, pp. 32–33.

而當時中朝荐紳負重望者，大興朱氏，嘉定錢氏實為一時巨擘。其推重戴氏，亦但云訓詁名物，六書九數，用功深細而已。及見《原善》諸篇，則群惜其有用精神耗於無用之地。僕當時力爭朱先生前，以謂此說似買櫝而還珠，而人微言輕，不足以動諸公之聽。足下彼時，周旋嘉定、大興之間，亦未聞有所抉擇，折二公言，許為乾隆學者第一人也。惟僕知戴最深，故勘戴隱情亦最微中，其學問心術，實有瑕瑜不容掩者。[4]

這一段回憶對於瞭解戴、章關係及乾隆學風都極為重要，讓我們從歷史和心理兩個方面來加以分析：

從歷史方面說，我們可以確定以下幾項事實：一、以前學者祇能推測戴章初識在乾隆三十一年丙戌（一七六六），但現在我們則確切地知道這件事發生在是年的春夏之交，而且是實齋主動地到休寧會館去正式拜訪東原。據《東原年譜》，東原是年入都會試不第，居新安（即休寧）會館，[5] 與實齋所言正合，可以無疑。二、吳孝琳和倪文孫都猜測實齋初識東原是因為

4《章氏遺書逸篇・答邵二雲書》，《圖書集刊》，第二期，頁四〇。

5段玉裁，《戴東原先生年譜》，見趙玉新點校，《戴震文集・附錄》，中華書局，一九七四，頁二二七。

朱筠的關係。這個猜想顯然錯了。戴、章之間的介紹人並非朱筠，而是鄭誠齋（名虎文，一七一四～一七八四）。[6]三、自來研究實齋思想發展者，根據〈與族孫汝楠論學書〉，頗以為戴、章初見，實齋所受的影響乃在於東原所堅持的考證觀點。今據〈答邵二雲書〉，可知東原給予實齋最初同時也是最深的印象實在於他在義理方面的成就，如《原善》等哲學作品。此點關係最大，下文將另有討論。四、實齋〈書朱陸篇後〉云：

> 凡戴君所學，深通訓詁，究於名物制度，而得其所以然，將以明道也。時人方貴博雅考訂，見其訓詁名物有合時好，以謂戴之絕詣在此。及戴著《論性》、《原善》諸篇，於天人理氣，實有發前人所未發者，時人則謂空說義理，可以無作，是固不知戴學者矣。[7]

---

6 關於鄭虎文可看《清史列傳》（臺北中華書局重印本，一九六二），卷七十二，頁五b－六a；《國朝耆獻類徵》（湘陽李氏刊本），卷一二六，頁五七a；汪孟慈，〈鄭先生家傳〉，見《尚友記》（《邃雅齋叢書》，第五冊，北平，一九三四），不標頁數。按：鄭虎文後來與馮廷丞書也特別推重戴震的「經學」和章學誠的「史才」。這大概是他提議實齋去訪晤東原的主要原因。見鄭虎文，《吞松閣集・補遺》，卷三十九，頁一b。馮敏昌編，嘉慶己巳刊本。此條承劉祥光君檢示，附此誌謝。

此文屢曰「時人」，驟讀之，似為泛言。今與〈答邵二雲書〉合看，「時人」乃特指朱筠與錢大昕兩人。其中朱笥河是實齋業師，正式文字中自不能不諱其姓字。實齋本是最尊重朱笥河與錢曉徵的人，但為了東原的《原善》諸作，竟不惜抗顏力爭，且退而見諸筆墨，則實齋論學之擇善固執及其雅重東原之意，皆灼然可見。

從心理方面看，上引〈答邵二雲書〉更能使我們瞭解戴、章的初晤對於實齋此後的思想發展具有多麼重要的意義。但在分析這種影響之前，我們必須先分別地對戴、章兩人在會晤前夕的思想和心理狀態加以追溯。

丙戌（一七六六）這一年在東原的學術生命中寫下了重要的一頁。據段玉裁說，「是年玉裁入都會試，見先生云：近日做得講理學一書，謂《孟子字義疏證》也。」[8]其實本年東原講「理學」之書，並非《孟子字義疏證》，而是《原善》三篇的擴大本。因段茂堂當時並沒有查問清楚，故晚年撰《年譜》時推斷有誤。[9]所以丙戌是東原在哲學思想上大有進展的一年。東原特舉「做得講理學一書」之事以告茂堂，便可見其內心之得意。不僅如此，東原自甲戌入

7《文史通義・內篇二》，頁五七。
8《戴震文集・附錄》，頁二二八。
9錢穆，《中國近三百年學術史》，上冊，頁三二六—三二七。

都，至此論學見解始再變。大體言之，丙戌以前東原視義理與考證為平行關係；丙戌以後則斷然謂義理為考覈之源，二者之間為主從關係。[10]因此東原初見實齋時，正值他在義理上深造有得的關頭。

另一方面，丙戌這一年在實齋的成學過程中也具有特殊的意義。實齋這時已二十九歲，但他的學術生命還沒有達到成熟的階段。不但沒有成熟，我們甚至可以說，實齋的學術生命中這時正出現了嚴重的危機。這個危機，具體地說，便是如何在濃厚的考證學風之下堅持自己性之所近的義理方向。他在〈家書三〉中說道：

> 吾讀古人文字，高明有餘，沈潛不足，故於訓詁考質，多所忽略，而神解精識，乃能窺及前人所未到處。初亦見祖父評點古人詩文，授讀學徒，多闢邨塾傳本膠執訓詁，不究古人立言宗旨。猶記二十歲時，購得吳註《庾開府集》，有「春水望桃花」句，吳註引〈月令〉章句云：「三月桃花水下。」祖父抹去其註而評於下曰：「望桃花於春水之中，神思何其縹邈！」吾彼時便覺有會，回視吳註，意味索然矣。自後觀書，遂

10 詳見余英時，〈戴震的《經考》與早期學術路向〉，收入《錢穆先生八十歲紀念論文集》，香港，一九七四，頁二九。此文現已收入本書外篇，頁二六一—三一七。

能別出意見，不為訓詁牢籠，雖時有鹵莽之弊，而古人大體，乃實有所窺。[11]

可見實齋在二十歲時，通過他父親的指點，已發現自己的長處和短處：長處在其「神解精識」，短處則在不能沉潛於訓詁考證之瑣瑣。循著這種傾向發展下去，實齋便不免走上一條議論有餘而實學不足的道路，所以他在丙戌〈與族孫汝楠論學書〉中，追憶早年的治學情況說：

往僕以讀書當得大意，又少年氣銳，專務涉獵，四部九流，泛覽不見涯涘，好立議論，高而不切，攻排訓詁，馳騖空虛，蓋未嘗不憪然自喜，以為得之。[12]

實齋是一個自信心極強而持論又極堅定的人。倘使他一生終老鄉里，不與外面的學術界接觸，那麼，他勢必會沿著這個早年路向一直奔馳到底。他的學問能否有成，固然是一個問題，但

11 《文史通義・外篇三》，頁三三五。

12 《章氏遺書・卷二十二・文集七》，第三冊，頁三一四。以下續引此書三段，頁數悉同，不另註明。按：此本係一九三六年上海商務印書館據劉承幹嘉業堂本（一九二二）之《章氏遺書》排印，共八冊。

縱使有成，也決然與我們今天所知道的章實齋完全不同。

但是問題是實齋並未能老死鄉里，他不但出遊了，而且還到了北京，接觸到當時學術主流的考證學派。考證學捨虛就實，特別注重言必有據，對於一名一物之微都要詳究其始末。這對實齋早年的學術觀可說是一種嚴厲的挑戰，而和他的學術性向更是格格難入。實齋在心理上所感受到的外在學術空氣的壓力一定是無比的巨大。在這種壓力之下，他無可避免地要對自己舊有的治學途徑發生深刻的懷疑。他在〈與汝楠書〉中所說的「好立議論，高而不切，攻排訓詁，馳騖空虛」，正是基本上接受了考證觀點以後對故我的一種自責。

實齋的自疑在丙戌（一七六六）這一年發展得最為嚴重，因為他本年寄居朱筠家中，受到朱筠的影響極大，故〈與汝楠書〉中說道：

> 近從朱先生（筠）游，亦言甚惡輕雋後生枵腹空談義理。故凡所指授，皆欲學者先求徵實，後議擴充，所謂不能信古，安能疑經，斯言實中癥結。

朱筠這種嚴斥空談義理的態度，雖不必是衝著實齋而發，但無疑曾對他起了當頭棒喝的作用。實齋「實中癥結」之語也正是剋就自身為學之病痛處所發出的深切感慨。所以，實齋丙戌和東原初晤時，在學術發展方面恰恰是處於徘徊歧途，無所適從之際。

現在我們可以進一步推測實齋拜訪東原的動機，以及他們談話的範圍。實齋的個性，內向而近乎怪癖；他不像是慕名拜客，廣通聲氣那一型的人。他這一次主動地去探訪東原，顯然是為問學求道之念所驅使。實齋既對自己以往的治學途徑感到困惑，同時又不肯違逆本性去輕逐考證的時尚，因此當鄭虎文要他去訪東原一談時，他自然會覺得這確是一個解決疑難的好機會。他一定很想知道，學術界一致推重的戴東原究竟對學問抱著何種看法。

我們可以肯定地說，實齋是帶著胸中許多問題去見東原的。他決不是去作一次客套式的拜會。我們瞭解了實齋當時的心理狀態，就可以推知實齋大概會向東原提出那一類的問題。實齋在〈答邵二雲書〉中說「詢其所學，戴為粗言崖略。」足見這次談話是由實齋提出問題的。而實齋最關心的問題應該是考證和義理之間的關係，尤其是在濃厚的反義理的空氣下，像實齋這種好用「神解精識」去尋求「古人大體」的人又將何以自處？所以戴、章初次晤談必嘗兼涉及考證和義理兩個方面，殆可以斷言。在這次談話中，實齋深受到東原的考證觀點的影響，這是大家都承認的。實齋在〈與族孫汝楠論學書〉中說：

> 獨怪休寧戴東原振臂而呼曰：今之學者，毋論學問文章，先坐不曾識字。僕駭其說，

> 就而問之。則曰：予弗能究先天後天，河洛精蘊，即不敢讀元亨利貞；弗能知星躔歲差，天象地表，即不敢讀欽若敬授；弗能辨聲音律呂，古今韻法，即不敢讀關關雎鳩；弗能考三統正朔、周官典禮，即不敢讀春王正月。僕重媿其言。……充類至盡，我輩於《四書》一經，正乃未嘗開卷，可為慚惕，可為寒心！

此信實齋自註「丙戌」兩字，定是在與東原晤談不久之後動筆的。因此字裡行間顯示出他還沒有完全從巨大的精神震盪中恢復過來。實齋所記東原當時議論的一部分其實乃是東原甲戌（一七五四）未入都以前便已建立的觀點。東原在〈與是仲明論學書〉中說道：

> 至若經之難明，尚有若干事：誦〈堯典〉數行，至「乃命羲和」，不知恆星七政所以運行，則掩卷不能卒業。誦〈周南〉、〈召南〉，自〈關雎〉而往，不知古音，徒強以協韻，則齟齬失讀。誦古《禮經》，先〈士冠禮〉，不知古者宮室衣服等制，則迷於其方，莫辨其用。不知古今地名沿革，則〈禹貢〉職方失其處所。不知少廣旁要，則〈考工〉之器不能因文而推其制。不知鳥獸、蟲魚、草木之狀類名號，則比興之意乖。而字學、故訓、音聲未始相離，聲與音又經緯衡從宜辨。[13]

東原之學，以訓詁為始點，故持論如此。簡言之，即所謂「故訓明則古經明，古經明則賢人聖人之理義明，而我心之所同然者，乃因之而明。賢人聖人之理義非它，存乎典章制度者是也。」[14] 文藝復興時代西方訓詁學家 (Philologists) 也往往有類似的主張。如 Lorenzo Valla (1407–1458) 即最重字義，謂真理決不存乎語言文字之外：「字源如謬，則定義亦必謬。」(“When the etymology is false, the definition will be false.”)[15]這是西方經典考證學者與東原持論極相近的一個顯例。

但是當時戴、章的談論決不限於訓詁明而後義理明這一點。實齋這次與東原論學最契合的地方，同時也是實齋最心折於東原之所在，是東原關於義理方面的見解。實齋在〈答邵二雲書〉中說「詢其所學，戴為粗言崖略，僕即疑鄭太史之言不足以盡戴君。」這句話裡面大有文章。鄭虎文雖非第一流學者，但也是與朱筠河、錢曉徵等同屬北京學術圈子中的人物。他所敬重於戴東原者當亦在其「訓詁名物、六書九數，用功深細」方面。因此他向實齋推介

13《戴震文集》，卷九，頁一四〇。

14 見《戴震文集》，卷十一，頁一六八。

15 Donald R. Kelley, *Foundations of Modern Historical Scholarship*, Columbia University Press, 1970, p. 43.

東原時定是極力讚揚東原的考證成績。可知實齋所謂「鄭太史之言不足以盡戴君」者，此「不足」絕非指訓詁考證方面而言。蓋實齋初聞之鄭虎文諸人，僅知東原為一卓絕的考證學者，乃至接席之頃，始發現東原治學的最終目的與己相同，亦在求古人之義理之真。不僅如此，東原其時《原善》之定本已寫就，義理與考證已達到了「一以貫之」的境地，故實齋覺得鄭虎文對東原的估價是過低了。

從東原一邊推想，他當時極自得意的「講理學一書」——《原善》——剛剛脫稿，實齋既懇切地叩問他的治學途徑，他似乎不可能不向實齋提起這本新著，何況實齋的興趣主要又是在義理方面呢！實齋丙戌年在朱笥河、錢曉徵面前極力為東原的《原善》辨護，顯見他已讀過《原善》稿本。我相信實齋之知有《原善》其書或即直接得自東原。甚至東原當天在休寧會館中即出示實齋以原稿，亦為情理所可有之事。實齋與東原初晤曾討論到義理問題，這在〈與汝楠論學書〉中亦有痕跡可尋。實齋說：

學問之途，有流有別。尚考證者薄詞章；索義理者略徵實。隨其性之所近而各標獨得。則服、鄭訓詁，韓、歐文章，程、朱語錄，固已角犄鼎峙，而不能相下。必欲各分門戶，交相譏議，則義理入於虛無，考證徒為糟粕，文章祇為玩物。漢、唐以來，楚失齊得，至今嚣嚣，有未易臨決者。惟自通人論之則不然。考證即實此義理，而文章乃所以達之之具。

書中所舉「通人」之論，疑即指東原而言。因為在乾隆之世，東原最早提出義理、考證、詞章三分之說，並且對這三者之間的關係不斷地有所討論。而實齋此時對這個大問題則還未見有獨立的看法。書中謂「考證即實此義理，而文章乃所以達之之具」，顯然是以義理為主。這與東原晚期見解相去不遠。所以我認為實齋此一番議論極可能是他和東原初次晤談後才發展出來的。

總結地說，實齋丙戌和東原的第一次見面，對實齋而言，具有兩方面的重要意義：一是考證方面的挑戰，一是義理方面的印證。考證的挑戰使實齋深切地瞭解到不能「空談義理」，從此遂折入「先求徵實，再議擴充」的途徑。實齋自從遊朱筠河之後，本已感到考證空氣的重大壓力，他之受到挑戰並不自東原始。但東原的議論最為辯博，詞鋒最為銳利，終於使他感到「慚惕」，感到「寒心」，甚至覺得自己於「《四書》一經，乃正未嘗開卷。」其內心震動的程度，不難想見。

義理的印證對實齋的影響更大。實齋的性情，據他的自我分析，是「高明有餘，沈潛不足」。因此他一向有很高的理論興趣，而對繁瑣的訓詁考訂缺乏耐心。但在丙戌前後，由於他所接觸到的北京學術界人士，包括朱筠河在內，都多少具有反義理的傾向，恐怕他對自己以往的治學方向已不能不有所疑惑。正在這個徬徨莫決的當際，他見到了戴東原。東原雖以考證為一世所共仰，但考證在東原的全部學問系統中僅佔據第二義的位置。據東原自稱：

> 余於訓詁、聲韻、天象、地理四者，如肩輿之隸也；余所明道，則乘輿之大人也；當世號為通人，僅堪與余輿隸通寒溫耳。[16]

東原之學以明道為極，故考證只是過程，義理才是歸宿。對實齋而言，這樣的看法在當時真是空谷足音。實齋抱其孤往之見，與並世通人皆落落不能合，內心轉滋疑惑。及識東原，他始在義理問題上初次得到印證。這一印證對實齋極具鼓勵作用，使他有勇氣重新肯定自己在學問上所一向堅持的義理方向。此後實齋在學術思想方面的主要發展幾乎都可以追溯到他和東原的第一次晤談。下面我們將進一步分析此次考證的挑戰和義理的印證怎樣影響著實齋成學的過程。

16 《文史通義・內篇二》，頁五七。

三、儒家智識主義的興起
——從清初到戴東原

上面所說的「考證的挑戰」，事實上包涵著很複雜的歷史背景。從思想史的觀點說，清代的考證學應該遠溯至明代晚期的程、朱和陸、王兩派的義理之爭。由義理之爭折入文獻考證，即逐漸引導出清代全面整理儒家經典的運動。[1]這種轉變在清初仍有其顯著的表現。陸、王一派攻擊程、朱「致知格物」之說者自來皆集矢於程、朱所改定的《大學》，然攻擊之根據主要在於義理。如楊慈湖（簡）與王陽明皆謂依程、朱之本，則《大學》所說正心、修身與致知、格物皆不免有支離之病。不過陽明重訂《大學》，欲「復舊本」以「復見聖人之心」，實已啟由義理爭辯轉入校刊考訂之途。下迄劉蕺山（宗周）乃輯一切《大學》版本而校之，自石經

1 余英時，〈從宋明儒學的發展論清代思想史〉，《中國學人》，第二期（一九七〇年九月），頁十九—四一。本文現已收入本書外篇，頁四二五—四七二。

本、程朱本、陽明古本以及同時高攀龍本與夫吳秋圃（麟瑞）之《大學通考》，網羅殆盡。蕺山之《大學古文參疑》（見《劉子全書》卷三十六）成於殉國前之數月（一六四五），可謂晚年心力盡於此書。然蕺山並非考證學家，他的《大學》輯校工作顯是出於義理的需要。故蕺山弟子陳乾初（確）卒有《大學辨》之作，斬斷一切藤葛，逕斥《大學》為秦以後之著作。這對程、朱的「致知格物」之論，不啻為釜底抽薪。《大學辨》所爭者仍在義理之是非，而所採用之方法正是考證辨偽。這裡清楚地透露了考證學興起的思想史的背景。

再舉閻百詩（若璩）的《古文尚書疏證》為例。《疏證》為清初辨偽之傑構，似與義理之爭無涉。但胡適便認為閻若璩指出《古文尚書》裡「人心惟危，道心惟微；惟精惟一，允執厥中」十六字出於道經，乃是對「危微精一」之學放一枝暗箭。[2]其實問題尚不止此。這個所謂虞廷傳心十六字，尤其是陸、王心學一派的立論根據。朱子雖亦偶加援引，但並不似陸、王之重視。且疑《古文尚書》之偽，朱子實導夫先路。閻百詩雖在訓詁考證方面修正朱子，然在義理方面並不變其尊朱之態度。由是言之，百詩著《古文尚書疏證》蓋亦有意藉辨偽打擊陸、王之心學。所以知其如此者，據毛西河〈與潛邱論尚書疏證書〉云：

---

2 胡適，《戴東原的哲學》，上海商務印書館，一九二七，頁四。

昨承示《尚書疏證》，此不過惑前人之說，誤以《尚書》為偽書耳。其於朱、陸異同，則風馬不及。而忽詬及金谿（陸）及姚江（王），則又借端作橫枝矣。[3]

可見百詩辨偽確有其爭義理之動機，而稍後西河為《古文尚書冤詞》亦特辨虞廷傳心十六字之非偽。[4]按今本《疏證》中頗不乏抨擊陸、王之語。卷八且有孔廟中當「近罷陽明，遠罷象山」之主張。[5]則西河所謂「忽詬及金谿及姚江」者，可謂信而有徵。故西河復書亦專爭陸、王學術，而於《古文》真偽反置之不論。從這一角度去看，閻百詩之辨《古文尚書》與陳乾初之辨《大學》，適成極有趣之對照。

陳乾初之《大學辨》與閻百詩之《古文尚書疏證》同屬清初學術史上震撼一時的著作，而百詩尤為清代考證學之開山人物。今一究其撰述之思想背景，則又皆與當時朱、陸門戶有密切的關係。此即明末清初，義理之爭必然折入經學考證之最具體的說明。近人論清代經學

3《西河全集・書》，卷七，頁五b。

4《西河全集・古文尚書冤詞》，卷四，頁十a—十一b。

5關於此問題之討論，見楊向奎，〈談乾嘉學派〉，收入存萃學社編集，《中國近三百年學術思想論集》，五編，甲集，香港，一九七四，頁三一。

考證之興起往往溯源至顧亭林「經學即理學」一語。就思想上的直接影響言，這個看法自然是有根據的。但是我們必須指出，亭林在清初雖卓然大師，而此意則決非由他一人「孤明先發」；他不過是用最簡潔有力的語言表達了明代晚期以來儒學發展中早已萌芽的一種新動向而已。事實上，遠在十六世紀時羅欽順（整菴，一四六五～一五四七）已主張義理的是非必須「取證於經書」了。而與亭林同時的方以智（密之，一六一一～一六七一）晚年也深以理學之流入「虛掠高玄」為病，並明白地提出了「藏理學於經學」的口號。亭林於明代理學家中極推尊整菴，或有思想上的淵源。至於亭林與密之則有入世出世之別，而持論造語竟能不謀而合至此，則清代考證學與宋、明理學之間有其內在的發展線索，觀此不益可信乎？[6]

清代考證學，從思想史的觀點說，尚有更深一層的涵義，即儒學由「尊德性」的層次轉入「道問學」的層次。這一轉變，我們可以稱它作「儒家智識主義」(**Confucian Intellectualism**) 的興起。自張橫渠、程伊川以來，宋、明儒者多分知識為二類，一為「德性之知」，一為「聞見之知」。從張、程到王陽明，關於這兩類「知」的討論甚多，諸家意見在

6 整菴之說見《困知記》（叢書集成本），卷二，頁十三。密之說見《青原山志略》（康熙己酉一六六九刊本）「發凡」「書院」條，頁四b。按：「發凡」乃出密之手筆，見卷首王辰所撰〈青原志序〉。

細節上頗有出入，但大體上說，他們都認為「德性之知，不假見聞。」其結果自然是重德性而輕聞見。下逮王學末流，更有所謂「現成良知」，反對者則斥之為「偽良知」。「現成良知」之說流行，「聞見之知」在儒學系統中乃益無地位可言。故明末、清初的思想家，為了糾正王學末流之弊，遂重新給予「聞見之知」以應有的重視。如方本菴（學漸，一五四〇～一六一五）晚年（一六一二）與東林諸君子論學，曾明白宣稱「聞見乃良知之助」。[7] 劉蕺山撰《論語學案》更公然否定「德性」與「聞見」可以截然分為二事。其解「多聞擇善、多見而識」章曰：

世謂聞見之知與德性之知有二，予謂聰明睿知非性乎？睿知之體不能不竅於聰明，而聞見啟焉。性亦聞見也；效性而動者學也。今必以聞見為外，而欲隳體黜聰以求睿知，並其睿知而槁矣！是隳性於空，而禪學之談柄也。[8]

本菴、蕺山皆明末理學重鎮，而立論如此，斯可以覘思想史之動向矣。下逮乾隆時，四庫館

7 方學漸，《東遊記》，收入《桐城方氏七代遺書》，卷一，頁四b。

8 《劉子全書》（一八二四年刊本），卷二十九，頁三一a。

臣特賞蕺山此章之解，尤非偶然。[9]

清初學術由虛入實，顧（亭林）黃（梨洲）王（船山）三大儒持「道問學」之立場益堅。亭林引《論語》「博學於文，行己有恥」之言為教，顯已歧知識與道德為二。推其教至於極端，則「道問學」之分量尚不免要超過「尊德性」。故當時其友人張稷若（爾岐，一六一二～一六七八）已慮其說流弊所及「將格盡天下之理，而反遺身以內之理也。」[10]梨洲推衍其師蕺山之緒言，謂「讀書不多無以證斯理之變化；多而不求於心，則為俗學。」[11]晚年改撰〈明儒學案序〉，更有「心無本體，功力所至，即其本體」之名論。今按梨洲兩說實相通流：蓋讀書乃「道問學」中之事，而「道問學」固不能出乎「功力」範圍之外也。

船山在三大儒中義理的造詣最深，所以他對「聞見之知」的看法特別值得我們注意。他在《張子正蒙注》中說：

9《四庫全書總目提要》（萬有文庫本），第八冊，頁十一－十二。

10見張稷若〈答友人書〉，收入陸燿所編之《切問齋文鈔》（同治乙巳本），卷一，頁三a－四b。參看錢穆，《中國近三百年學術史》，上冊，頁一三一。

11全祖望，《鮚埼亭集・卷十一・梨洲先生神道碑文》（萬有文庫本），第二冊，頁一三六。

心所從來者，日得之以為明，雷霆得之以為聲，太虛絪縕之氣升降之幾也。於人，則誠有其性即誠有其理，自誠有之而自喻之，故靈明發焉；耳目見聞皆其所發之一曲，而函其全於心以為四應之真知。知此，則見聞不足以累其心，而適為獲心之助，廣大不測之神化，無不達矣。此盡性知天之要也。

又說：

多聞而擇，多見而識，乃以啟發其心思而會歸於一，又非徒恃存神而置格物窮理之學也。此篇力辨見聞之小而要歸於此，張子之學所以異於陸、王之孤僻也。[12]

又說：

內心合外物以啟，覺心乃生焉，而於未有者知其有也；故人於所未見未聞者不能生

12 均見王夫之，《張子正蒙注》，古籍出版社，一九五六，卷四，頁一〇六－一〇七。

其心。[13]

今按橫渠《正蒙‧大心篇》本強調「見聞之知，乃物交而知，非德性所知。德性所知，不萌於見聞。」其重德性而輕聞見之意甚顯然。船山本人亦承認人的德性之知得之於天，故是先驗的 **(a priori)**。但他在注釋《正蒙》時，反而處處要人正視聞見的效能，並戒人勿為陸、王之「徒恃存神而置格物窮理之學」。這裡最可以看出十七世紀儒學所採取的智識主義的方向。

船山在《思問錄》中也說道：

> 知見之所自生，非固有。非固有而自生者，日新之命也。原知見之自生，資於見聞，見聞之所得，因於天地之所昭著與人心之所先得。人心之所先得，自聖人以至於夫婦，皆氣化之良能也。[14]

知見之生，資於見聞，故非固有或人心之所先得。但船山此處所重視的並不在「固有」或「先

13 王夫之，《張子正蒙注》，卷九，頁二七六。

14 王夫之，《思問錄‧內篇》，古籍出版社，一九五六，頁二一一。

得」，而毋寧反在聞見之知。因為「非固有而自生者，日新之命也。」而船山論性則正是看重人的「日生日新」這一發展成長的方面。

認識了清代經學考證背後所隱藏的儒家智識主義的動力，辨明了從理學到考證學的轉變其實乃是儒學由「尊德性」折入「道問學」的一個內在發展的歷程，我們才能夠確切地把握到戴東原和章實齋在清代學術史上的重大意義。

東原曾指責程、朱「詳於論敬，而略於論學」。胡適評之曰：

> 這九個字的控訴是向來沒有人敢提起的。也只有清朝學問極盛的時代可以產生這樣大膽的控訴。陸、王嫌程、朱論學太多，而戴氏卻嫌他們論學太略！[15]

胡氏的解釋是很有根據的。其實如果從學術史的觀點來看，東原對學問與知識的態度正是儒家智識主義發展到高峰時代的典型產品。程、朱主張「涵養須用敬，進學則在致知。」「敬」屬道德範圍，「學」屬知識範圍，這表示程、朱對「尊德性」與「道問學」之間要維持一種平

15 胡適，《戴東原的哲學》，頁八一。

衡。但程、朱皆以「尊德性」為第一義，而以「道問學」為第二義，故「敬」在「學」之前。他們「詳於論敬，而略於論學」，自不足怪。

東原早年受江永的影響，在義理上服膺程、朱。但由於學術空氣已變，因此他只談「道問學」，而於「尊德性」則置之不論。他在〈與是仲明論學書〉中說：

> 僕聞事於經學，蓋有三難：淹博難，識斷難，精審難。……別有略是而謂大道可以徑至者，如宋之陸，明之陳、王，廢講習討論之學，假所謂「尊德性」以美其名，然舍夫「道問學」則惡可命之「尊德性」乎？[16]

此書作於東原甲戌（一七五四）入都以前，其時東原自家之義理尚未到手。因此他僅斥陸、王的「尊德性」，而並未責程、朱之主敬。然而他對「道問學」的重視顯已遠超出程、朱之上。東原之學與年俱進。自《原善》定本（一七六六）至《孟子字義疏證》成書（一七七七），十餘年間東原在義理方面迭創新義。他的思想每進一步，對「道問學」的肯定也隨之加

16 《戴震文集》，卷九，頁一四一。

深一層。

在《原善》中，他尚不過一般地表示「貴學」，提出「問學所得，德性日充」的命題，而未作進一步的闡發。[17]至寫《緒言》時（約成於一七六九年），重知、重學之意態已頗斬截。所以在消極方面他反對異端之宗自然而廢學。他說：

> 彼任其自然而失者無論矣，貴其自然，靜以保之，而視學問為用心於外，及其動應，如其才質所到，亦有自然不失處。不過才質之美，偶中一二。若統所行，差繆多矣。且一以自然為宗而廢學問，其心之知覺有所止，不復日益。差繆之多，不求不思，終其身而自尊大，是以聖賢惡其害道也。[18]

而在積極方面，他則認定唯有不斷擴充學問，始能進於聖智，故又說：

17 戴震，《原善》，卷下，收入戴震著，何文光整理，《孟子字義疏證》，中華書局，一九六一，頁七四。

18 《緒言》，卷上，收入戴震著，何文光整理，《孟子字義疏證》，頁九三—九四。

惟學可以增益其不足而進於智，益之不已，至乎其極，如日月有明，容光必照，則聖人矣。[19]

錢賓四師評論《緒言》最得其精要。他說：

統觀《緒言》立論，亦主精察自然條理以建必然之則，即以必然之則完成自然之極致。……其結論則以濂溪、陸、王為主本體重自然與老、釋同斥，程、朱、橫渠則以不棄道問學一邊與荀子同為得聖學之一體。其論歸於重智，非智則無以精察自然以立必然之則也。[20]

《緒言》與《孟子字義疏證》之間，東原另撰有《孟子私淑錄》一稿，蓋屬過渡性質。上引《緒言》中兩條在《私淑錄》中也保留了下來。但《私淑錄》中亦別有新義而為《緒言》所未及者，即駁斥程、朱論心性主「復其初」之說。東原之言曰：

---

19 卷中，收入戴震著，何文光整理，《孟子字義疏證》，頁一一一。

20 《中國近三百年學術史》，上冊，頁三四五—三四六。

孟子言性善，非無等差之善，不以性為「足於己」也，主擴而充之，非「復其初」也。人之形體，與人之心性比而論之：形體始乎幼小，終於長大。方其幼小，非自有生之始即攖疾病小之也。今論心性而曰「其初盡人而聖人，自有生之始即不污壞者鮮」，豈其然哉！形體之長大，資於飲食之養，乃長日加益，非「復其初」；心性之資於問學，進而賢人聖人，非「復其初」明矣。……古賢聖知人之得於天有等差，是以重問學，貴擴充。[21]

馮友蘭曾指出東原持知識即道德之說，這是不錯的。[22]上引《私淑錄》中這一段話，在晚年的《孟子字義疏證》中表達得更為簡潔而圓密。《疏證》云：

試以人之形體與人之德性比而論之，形體始乎幼小，終乎長大；德性始乎蒙昧，終乎聖智。其形體之長大也，資於飲食之養，乃長日加益，非「復其初」；德性資於學問，進而聖智，非「復其初」明矣。[23]

21《孟子私淑錄》，《圖書集刊》，創刊號（一九四二年三月），頁三七—三八。

22馮友蘭，《中國哲學史》（香港太平洋公司重印本）一九七〇，頁一〇〇〇。

《疏證》易「心性」為「德性」，以與「學問」對舉，尤可見東原的議論是針對著儒學傳統中「尊德性」與「道問學」的問題而發的。東原謂「德性始乎蒙昧」，必不斷地資於學問而後始能「終於聖智」，這是儒家智識主義發展至成熟階段才會出現的新觀點。這樣的觀點，在以「尊德性」為第一義的宋、明理學中，是難以想像的。

《疏證》是東原的晚年定論；其中關於「道問學」的討論，勝義紛披，較他以前的論點更為深透。茲舉卷下論「一貫」條為例：

《論語》曰：「多聞闕疑，慎言其餘；多見闕殆，慎行其餘」，又曰：「多聞，擇其善者而從之；多見而識之，知之次也。」又曰：「我非生而知之者，好古敏以求之者也。」是不廢多學而識矣。然聞見不可不廣，而務在能明於心。一事豁然，使無餘蘊，更一事而亦如是，久之，心知之明，進於聖智，雖未學之事，豈足以窮其智哉！[24]

這一段話必須從思想史的觀點加以分疏。第一、東原從來不談「德性之知」與「聞見之知」

23 《孟子字義疏證・卷上・理》，頁十五。

24 《孟子字義疏證・卷下・權》，頁五五。

的分別。但就他所引《論語》多見、多聞的話來看，他顯然是極端重視聞見之知的。而且照他「德性資於學問」的說法，則德性之知應該就是聞見之知的最後結果。在這個問題上，東原可以說對宋明的理學傳統作了一次大顛倒。張橫渠謂「德性之知，不萌於見聞」，程伊川略易其說，謂「德性之知，不假見聞」。下及明代的王陽明，持論仍是此一路。不過陽明曾與弟子歐陽崇一（德，一四九七～一五五四）討論過這兩種知識的關係，所言益為深入細緻。茲徵引於下，以與東原之說作對照。《傳習錄》卷二引崇一來書說：

> 師云：德性之良知非由於聞見。若曰：「多聞擇其善者而從之，」「多見而識之，」則是專求見聞之末，而已落在第二義。竊意良知雖不由見聞而有，然學者之知未嘗不由見聞而發。滯於見聞固非，而見聞亦良知之用也。今曰落在第二義，恐為專以見聞為學者而言。若致其良知而求之見聞，似亦知行合一之功矣！如何？

陽明的答覆如下：

> 良知不由見聞而有，而見聞莫非良知之用。故良知不滯於見聞，而亦不離於見聞。孔

子云：「吾有知乎哉？無知也。」良知之外，別無知矣！故致良知是學問大頭腦，是聖人教人第一義。今云：專求之見聞之末，則是失卻頭腦，而已落第二義矣。……大抵學問功夫只要主意頭腦是當。若主意頭腦專以致良知為事，則凡多聞多見莫非致良知之功。蓋日用之間，見聞酬酢，雖千頭萬緒，莫非良知之發用流行。除卻見聞酬酢，亦無良知可致矣。故只是一事。若曰致其良知而求之見聞，則語意之間未免為二。此與專求之見聞之末者雖稍不同，其為未得精一之旨則一而已。「多聞擇其善者而從之，」「多見而識之，」既云擇，又云識，其良知亦未嘗不行於其間。但其用意乃專在多聞多見上去擇識，則已失卻頭腦矣！[25]

今按：歐陽德已先承認良知非由於見聞，也反對專求之見聞之末。他的問題只是能否在致良知的大前提之下去求見聞之知。這可能是明代一般儒者心中所同有的一個疑問。而陽明的答覆則極其斬截。他的意思是根本不要學者先存一求見聞之念。所以連《論語》上「多聞」「多見」的話也認為有語病，可以使人失去「頭腦」。受了這一番嚴厲的教誨之後，無怪乎後來歐

25《陽明全書》（中華書局《四部備要》本），卷二，頁二三b－二四b。

陽德在與羅整菴辯論的時候，要堅持「良知」與「知覺」之不同，並強調「良知」為善而「知覺」則不必善也。[26]

今以東原與陽明相較，二人同引《論語》中「多見」「多聞」之語，而立論之相異如此，這種對比最可見兩百餘年間儒家對知識問題的態度發生了何等遽烈的變化。陽明「良知不由見聞而有」之說，是儒學在「尊德性」階段中的應有之義；而東原所謂「德性資於問學」，則是儒學轉入「道問學」階段後所必至的結論。

第二、章實齋嘗謂東原之學乃朱子之「數傳而後起者」，今據上引東原「一事豁然，使無餘蘊」云云，尤可見實齋之說甚確。蓋東原此數語正是從朱子《大學・格物補傳》轉手而來。〈補傳〉云：「是以大學始教，必使學者即凡天下之物，莫不因其已知之理而益窮之，以求至乎其極。至於用力之久，而一旦豁然貫通焉，則眾物之表裡精粗無不到，而吾心之全體大用無不明矣！」但東原雖自朱子轉手，卻已暗中對朱子的說法作了重大修正。朱子相信心具眾理，故說格物既久，可以一旦豁然貫通，而達到吾心全體大用無不明的最後境界。東原極不取「理得於天而具於心」之說，而解「理」為客觀事物之內在條理，因此他認為不斷地從

26《歐陽南野先生文選》（一九一七年影印道光本），卷一，頁三b。

事窮理致知，最後可以使人的認知心變得晶瑩明澈，但認知的本身則是一永無止境的歷程。東原的修正恰是把朱子的「格物致知」論導入一個更為澈底的智識主義的方向。

第三、東原說：「聞見不可不廣，而務在能明於心。」這個說法大似黃梨洲的名言：「讀書不多無以證斯理之變化；多而不求於心，則為俗學。」但其間亦有一大不相同之處。梨洲仍持「心即理」之見，其〈明儒學案序〉云：「窮理者，窮此心之萬殊，非窮萬物之萬殊也。」故梨洲雖提倡博學而仍歸之於理，求之於心。換言之，梨洲是要從「道問學」的途徑來達到「尊德性」的目的，其意與歐陽崇一當初所謂「致良知而求之見聞」者，相去不遠。東原之「聞見不可不廣，而務在能明於心」，雖亦分兩截言之，然東原之「心」僅是認知之心。因此他的「聞見之知」已不復直接歸宿到道德性的「理」上。錢賓四師論上引梨洲之言曰：「其前一語（指「讀書」）正所以開時代之新趨，後一語（指「求於心」）則仍歸於傳統之舊貫，是為梨洲論學之兩面。」[27] 這真是一針見血的分析。蓋梨洲處於儒學從「尊德性」轉入「道問學」的過渡階段，所以有此開新與守舊的兩面；東原則是儒家智識主義極盛時代的哲學代言人，宜其專從「道問學」的立場上立論，不再把知識問題與道德問題糾纏在一起了。

27《中國近三百年學術史》，上冊，頁二九。

繼此而須附論者，東原所謂「聞見不可不廣，而務在能明於心」，其實即是對儒學傳統中「博」「約」兩字之新詮釋。而梨洲二語，亦同是討論「博」與「約」的關係。劉蕺山嘗曰：

博而不約，俗學也；約而不博，異端也。[28]

梨洲之論即本乎此。「讀書不多無以證斯理之變化」即從「約而不博」變化出來。儒家以「道問學」支撐「尊德性」，此其所以與異端不同。「多而不求於心」則明是「博而不約」的另一說法。在宋、明儒學中，博與約或多識與一貫的關係，大體與「道問學」與「尊德性」的關係相應。「博」是知識層次之事，「約」則是道德層次之事；而知識最後必歸向道德。梨洲雖對博學加以特提與重視，但他的「約」仍不出「尊德性」的範疇。至東原則大不然。東原之「聞見廣」與「明於心」是純就知識層面以論「博」與「約」之關係。所以確知其如此者，因東原明白分別「知之約」與「行之約」。上引《疏證》卷下「一貫」條續云：

28 《論語學案》，二，收入《劉子全書》，卷二十九，頁十五a。

孟子曰：「博學而詳說之，將以反說約也。」「約」謂得其至當；又曰：「守約而施博者，善道也；君子之守，修其身而天下平。」「約」謂修其身。《六經》、孔、孟之書，語行之約，務在修身而已；語知之約，致其心之明而已；未有空指「一」而使人知之求之者。致其心之明，自能權度事情，無幾差失，又焉用知「一」求「一」哉？[29]

此處東原明以「致其心之明為知之約」。而理學傳統中的道德性的「約」在東原的思想系統中則已退縮至「修身」一端。分「約」為知與行兩類，並將「知之約」限定在個人修養的範圍之中，這正是儒學從「尊德性」折入「道問學」以後的一個邏輯性的內在發展。清初顧亭林的「博學於文，行己有恥」已是此意，但至東原始將這一分別提升至理論層次耳。

東原雖「知」「行」並舉，然其所重則在「知」，因此他非常堅決地主張「知先於行」。他說道：

聖人之言無非使人求其至當以見之行；求其至當，即先務於知也。凡去私不求去蔽，

29 《孟子字義疏證》，頁五六。

重行不先重知，非聖學也。[30]

又說：

凡異說皆主於無欲，不求無蔽；重行，不先重知。人見其篤行也，無欲也，故莫不尊信之。聖賢之學，由博學、審問、慎思、明辨而後篤行。則行者，行其人倫日用之不蔽者也。[31]

東原既分言「知之約」與「行之約」，復堅持「知先於行」；在這些地方東原事實上是發揮了朱子「道問學」的傳統。朱子討論《論語》中兩處講「一貫」的問題時曾舉曾子與子貢為孔門入道之兩型。曾子從道德踐履入道，而子貢則「由智識而入道」。[32]「一貫」與「約」本相通，朱子此處實已提出了「知之約」與「行之約」的觀念。故《論語集註》在孔子告子貢「予

30 《孟子字義疏證》，頁五七。

31 《孟子字義疏證》，頁五四。

32 《朱子語類》（臺北正中書局影印本），第二冊，卷二十七，頁一一四八。

一以貫之」(〈衛靈公第十五〉)句下特注曰:「說見第四篇(按:即〈里仁第四〉)。然彼以行言,而此以知言也。」而「知先於行」也是朱子所持的觀點。朱子說:

論先後當以致知為先;論輕重當以力行為重。[33]

朱子雖亟不欲在「知」「行」之間有所軒輊,但終不能掩其知在行先的見解。這和他「須先致知而後涵養」的說法是相一致的。[34]

值得注意的是這些智識主義的傾向在朱子尚甚隱微,至東原始獲得充分的發揮。這也是清代儒學已轉入「道問學」階段的一個清楚的指標。東原在知識問題上繼承並發揚了朱子的觀點,這一點可以從《孟子字義疏證》中得到證明。《疏證》卷下云:

然則《論語》兩言「一以貫之」,朱子於語曾子者,釋之云:「聖人之心,渾然一理,而泛應曲當,用各不同;曾子於其用處,蓋已隨事精察而力行之,但未知其體之一

33 《朱子語類》,第一冊,卷九,頁二九五。

34 《朱子語類》,第一冊,卷九,頁三〇〇。

耳。」此解必失之。二章之本義，可得聞歟？曰：「一以貫之」，非言「以一貫之」也。道有下學上達之殊致，學有識其跡與精於道之異趨：「吾道一以貫之」，言上達之道即下學之道也；「予一以貫之」，（按：此指〈衛靈公第十四〉孔子告子貢之語。）不曰「予學」，蒙上省文，言精於道，則心之所通，不假紛然識其跡也。[35]

這段話中有兩點極值得注意：第一、東原最不契朱子解「一以貫之」為「以一貫之」，因為朱子此處的「其體之一」即是「理一分殊」之「一」，亦即《疏證》中所一再攻擊的，「如有物焉，得於天而具於心」之「理」。這樣的「一」自然是超越知識學問以外的道德性的本體。根據東原「德性資於學問」之說，道德性的「理」也必須從知識學問中逐漸磨鍊出來。所以東原特別提出「吾道一以貫之」一節的朱註而加以非難。至於朱子論子貢「由智識而入道」之說，則東原並無異議。且朱註在《論語》「多學而識」一節說子貢「積學功至，而亦將有得」，與東原「德性資於學問，進而聖智」，同屬儒家「道問學」一系。但朱子之世，儒學正在「尊

35《孟子字義疏證》，頁五四—五五。

德性」的歷史階段，故朱子「窮理致知」必歸於「涵養主敬」；東原是儒家智識主義高漲時代的哲學代言人，故「詳於論學，而略於論敬。」東原根本不承認「敬」可以有助於致知窮理。他在一七七七年卒前數月給段玉裁的信上批評宋儒（包括朱子在內）說：

後儒以理欲相對，實雜老氏無欲之說。其視理、欲也，僅僅為邪、正之別，其言存理也，又僅僅為敬、肆之別。不知必敬、必正，而理猶未得。[36]

足見東原實在是通過批評朱子而把朱子窮理致知的觀點推向它自身的邏輯結論。戴學在全部儒學系統中所佔據的地位如何姑置不論，但從學術思想發展史的觀點來說，它的基本傾向確是要把知識從傳統的道德糾纏中解放出來。這是宋、明以來儒家論知識問題所從未達到過的新境界。

第二、東原說「上達之道即下學之道」，又分為「識其跡」與「精於道」兩層，皆所以闡釋「德性資於學問」之義。他的重點始終是放在「道問學」上面的。由於他極端重學，他甚

36 丁酉正月十四日與段玉裁札，收入《戴東原、戴子高手札真蹟》（中華叢書本），一九五六，不標頁數。

至不惜增字解經，謂「予一以貫之」意即「予學一以貫之」，而《論語》此處曰「予」而不曰「予學」者，他的解釋是「蒙上省文。」其實《論語》此處是不是真的省了一個「學」字，是大有爭辯的餘地的。但我們也不難由此看出東原所持的智識主義的立場是何等的堅定而貫澈。他解釋「一貫」是「精於道，則心之所通，不假紛然識其跡」，易言之，亦即是「心知之明」，是「約」。但此「上達之道」又必以「下學」為其基址，因此他不承認有離開「博」的「約」，或離開「多學而識」的「一貫」。章實齋說：

> 朱子求一貫於多學而識，寓約禮於博文，其事繁而密，其功實而難。[37]

又說：

> 戴君學術，實自朱子道問學而得之，故戒人以鑿空言理，其說深探本源，不可易矣！[38]

37《文史通義·內篇二》，頁五五。

38《文史通義·內篇二》，頁五八。

這幾句話可謂深得戴學的精髓。而龔自珍〈江子屏所箸書序〉有云：

孔門之道，尊德性，道問學，二大端而已矣。二端之初，不相非而相用，祈同所歸；識其初，又總其歸，代不數人，或數代一人，其餘則規世運為法。入我朝，儒術博矣，然其運實為道問學。[39]

定菴謂清代學術之運為「道問學」，尤屬畫龍點睛之筆。以實齋之言合之定菴之論，我們可以體認到東原在近世儒學發展史上的中心意義。

39 王佩諍校，《龔自珍全集》，上冊，中華書局，一九五九，頁一九三。

四、章實齋的史學觀點之建立

分析了「考證的挑戰」在清代思想史上的涵義之後，我們現在可以進一步討論章實齋對這個挑戰的反應了。

實齋自一七六六年初晤東原之後，直到一七七三年才再度有機會和東原談話。這一年，實齋和東原共會過兩次面：第一次是在夏天，他們相逢於馮廷丞的寧波道署；第二次稍後，在杭州吳穎芳處。從這兩次談話的結果來看，實齋在學術方面已完全恢復了自信心。他對東原的「考證的挑戰」已不再感到「慚惕」和「寒心」。相反地，他開始反駁東原的觀點了。

實齋在〈記與戴東原論修志〉中說：

> 乾隆三十八年癸巳夏，與戴東原相遇於寧波道署……戴君經術淹貫，名久著於公卿間，

而不解史學。聞余言史事，輒盛氣淩之。見余《和州志》例，乃曰：「此於體例則甚古雅，然修志不貴古雅。……夫志以考地理，但悉心於地理沿革，則志事已竟。侈言文獻，豈所謂急務哉！」余曰：「余於體例求其是爾，非有心於求古雅也。……方志為古國史，本非地理專門。如云但重沿革，而文獻非其所急，則但作沿革考一篇足矣。……考沿革者，取資載籍；載籍具在，人人得而考之。雖我今日有失，後人猶得而更正也。若夫一方文獻，及時不與搜羅，編次不得其法，去取或失其宜，則他日將有放失難稽，湮沒無聞者矣。……然則如余所見，考古固宜詳慎，不得已而勢不兩全，無寧重文獻而輕沿革耳！」[1]

實齋此時正修《和州志》，而東原則已先有《汾州府志》（一七六九）與《汾陽縣志》（一七七一）之作，所以方志成為此次辯論的中心。東原謂方志當重地理沿革，這裡便顯然表現一狹義的考證觀點。蓋東原治《水經注》有年，即移治《水經注》之法於方志之纂修也。[2] 實齋則

1《章氏遺書．卷十四》，第二冊，頁三一－三二。

2按：東原〈答曹給事書〉及〈應州續志序〉兩文（《戴震文集》，卷六，頁一一四－一二〇）皆論修志首重古今地理沿革之意，且明以《水經注》為典範。又段玉裁，《戴東原先生年譜》，乾隆三

持史學之觀點，且其史學復不限於考古，而尤在通古今之變，故注目於地方文獻之保存，以為他日重修志乘之憑藉。他的〈州縣請立志科議〉，對各地方應如何搜集及整理史料，陳述甚詳，頗為近人論方志學者所推重。[3] 今據實齋所記，則實齋在一七七三年已站在史學的立場上與東原立異，所以此文開頭就說東原「經術淹貫，而不解史學。」這裡實透露了後來「六經皆史」論的消息。(詳下章)

一七七三年章、戴在杭州的再度會面也同樣是弄得不歡而散。這次談話的中心是鄭樵的《通志》。據實齋回憶說：

> 癸巳在杭州，聞戴徵君震與吳處士穎芳談次，痛詆鄭君《通志》其言絕可怪笑，以為不足深辨，置弗論也。其後學者頗有訾謷，因假某君敘說，辨明著述源流，自謂習俗浮議，頗有摧陷廓清之功。[4]

十四年條下，論及東原所修《汾州府志》，亦以「志莫難於辨沿革」為言。見《戴震文集．附錄》，頁二三〇－二三一。

3 原〈議〉見《章氏遺書．卷十四》，第二冊，頁十五－二〇。近人特重此〈議〉之例，見張樹棻，〈章實齋之方志學說〉，收入《中國近三百年學術思想論集》，五編，乙集，頁一五八－一六三。

實齋沒有詳記東原如何痛詆鄭樵。但據東原〈續天文略序〉，於漁仲《通志》中的天文部分，極為不滿。東原說：

> 蓋天文一事，樵所不知，而欲成全書，固不可闕而不載，是以徒襲舊史，未能擇之精語之詳也。[5]

推測起來，東原一七七三在杭州指責漁仲的地方當不外乎考證疏漏，勦襲舊文之類。至於實齋所謂「假某君敘說，辨明著述源流」者，則指今本《文史通義》中的〈申鄭〉篇，因此篇原名叫做〈續通志敘書後〉。[6]我們看實齋在〈申鄭〉篇中怎樣為漁仲辯護，便可以知道章、戴分歧之點何在。〈申鄭〉篇云：

> 子長、孟堅不作，而專門之史學衰。……鄭樵生千載而後，慨然有見於古人著述之源，

4《文史通義．內篇四．答客問上》，頁一三五。

5《戴震文集》，卷五，頁一一〇。

6《章實齋年譜》，頁三〇。

而知作者之旨，不徒以詞采為文，考據為學也，於是欲匡正史遷，益以博雅；貶損班固，譏其因襲；而獨取三千年來遺文故冊，運以別識心裁，蓋承通史家風，而自為經緯，成一家言者也。學者少見多怪，不究其發凡起例，絕識曠論，所以斟酌群言，為史學要刪，而徒摘其援據之疏略，裁翦之未定者，紛紛攻擊，勢若不共戴天；古人復起，奚足當吹劍之一吷乎！……某君之治是書也，援據不可謂不精，考求不可謂不當，以此羽翼《通志》，為鄭氏功臣可也；敘例文中，反唇相譏，攻擊作者，不遺餘力，則未悉古人著述之義，而不能不牽於習俗猥瑣之見者也。[7]

文中所言「某君」，今不能定其為何人，但其人必是東原一派，以考據薄漁仲者。實齋為《通志》辯護，可約為兩點：一、《通志》屬於史學範圍，且承史遷以來的「通史」傳統，故不可以經學考據之標準衡其得失；二、《通志》之成就在其「別識心裁」與「一家之言」，故也不能因其小節的疏失而輕議其「著述之義」。第一點與數月前章、戴方志之爭有關，即實齋持史學觀點與東原之經學觀點抗衡。第二點則與實齋之分別博雅與專家相應，所謂「一家之言」，

7《文史通義・內篇四》，頁一三三—一三四。

即「專家」之學也。此層後文將續有討論。

我們比較章、戴一七六六年在北京的第一次晤談和一七七三年在寧波、杭州的兩度會面，很清楚地可以看出實齋在心理上的變化。一七六六年實齋寫信給章汝楠時，由於他尚未完全從「考證挑戰」下的精神震盪中恢復過來，因此語氣之間對他以往的治學途徑表現出一種動搖和猶疑。至一七七三年，經過了七年之久，實齋在學術上終於找到了自己要走的路，確定了畢生努力的方向。所以這一年兩次與東原論學都能堅持己見，不為東原的凌人盛氣所屈。這就表示實齋在這幾年中思想已趨定型，而自信心也充分地建立起來了。

實齋的自信心可以說是建築在兩個重要的假定之上。第一是經學與史學不應有高下之分，因為二者是殊途而同歸的。實齋〈上朱中堂世叔〉（一七九六）云：

> 近刻數篇呈誨。題似說經，而文實論史。議者頗譏小子攻史而強說經，以為有意爭衡，此不足辨也。戴東原之經詁可謂深矣，乃譏朱竹垞氏本非經學，而強為《經義考》以爭名，使人啞然笑也。朱氏《經考》乃史學之流，劉、班《七略》、《藝文》之義例也。何嘗有爭經學意哉！且古人之於經史，何嘗有彼疆此界，妄分孰輕孰重哉！小子不避狂簡，妄謂史學不明，經師即伏、孔、賈、鄭，祇是得半之道。《通義》所爭，但求古

人大體，初不知有經史門戶之見也。[8]

實齋雖強調古人無經史疆界，但清代的經史研究則顯已分途。故自謂所作（指《文史通義》中〈易教〉〈書教〉〈詩教〉諸篇）「題似說經，而文實論史」。至謂東原之批評朱彝尊《經義考》是誤認史學為經學，則仍是〈記與戴東原論修志〉中所謂「經術淹貫而不解史學」之意。實齋論學歸於「聞道」；而據此書所言，則史學至少也分「道」之一半。實齋既有此欛柄到手，他就不再因為不通經學訓詁而感到任何自卑了。

實齋自信心的第二個假定是學問從入之途不限於考據一端，從識解與大義方面求索，也未始不能通於「道」。他在〈答沈楓墀論學〉中說：

立言之士，讀書但觀大意；專門考索，名數究於細微；二者之於大道，交相為功。[9]

8《章氏遺書・卷二十八・外集一》，第五冊，頁三八。關於東原口頭譏評朱彝尊《經義考》，致使錢載萚石為之終身切齒事，可看〈上錢辛楣宮詹書〉，收入《章氏遺書・卷二十九・外集二》，第五冊，頁一〇二。

9《文史通義・外篇三》，頁三〇九。

在〈又與正甫論文〉（一七九七）中，他更明白地對東原的「考證挑戰」作如下的答覆：

> 而學問中之功力，萬變不同：《爾雅》注蟲，固可求學問；讀書觀大意，亦未始不可求學問，但要中有自得之實耳。中有自得之實，則從入之途，或疏或密，皆可入門。……近日言學問者，戴東原氏為之最，以其實有見於古人大體，非徒矜考訂而求博雅也。然戴氏之言又有過者。戴氏言曰：誦〈堯典〉，至「乃命羲和」，不知恆星七政，則不卒業；誦〈周南〉、〈召南〉，不知古音，則失讀；誦古禮經，先士冠禮，不知古者宮室衣服等制，則迷其方。戴氏深通訓詁，長於制數，又得古人之所以然，故因考索而成學問，其言是也。然以此概人，謂必如其所舉，始許誦經，則是數端皆出專門絕業，古今寥寥不數人耳。猶復此糾彼訟，未能一定，將遂古今無誦五經之人，豈不誣乎？孟子言井田封建，但云大略；孟獻子之友五人，忘者過半，諸侯之禮，則云未學；爵祿之詳，則云不可得而聞。使孟子生後世，戴氏必謂未能誦五經矣！馬、班之史，韓、柳之文，其與於道，猶馬、鄭之訓詁，賈、孔之義疏也，戴氏則謂彼皆藝而非道。此猶資舟楫以入都，而謂陸程非京路也。[10]

實齋此處所駁斥的考證觀點即他三十年前所深感「慚惕」、「寒心」的。所不同者，一七六六年時實齋得其說於東原之口談，一七九七年時實齋重溫其說於東原之遺書耳。[11] 實齋謂讀書觀其大略亦可以上達於道，這是他早年已有的想法。前文所引他的〈家書三〉，可以為證。〈家書三〉還有下面一段話，也是瞭解實齋成學經過的重要材料：

> 吾於古文辭，全不似爾祖父；然祖父生平極重邵思復文，吾實景仰邵氏而媿未能及者也。蓋馬、班之史，韓、歐之文，程、朱之理，陸、王之學，萃合以成一子之書，自有宋歐、曾以還，未有若是之立言者也；而其名不出於鄉黨，祖父獨深愛之，吾由是

10《章氏遺書・卷二十九・外集二》，第五冊，頁一二三。

11 實齋此書顯係針對東原〈與是仲明論學書〉及〈與方希原書〉而發，（見《戴震文集》，卷九，頁一三九－一四一、一四三－一四四）今按：東原文集初為十卷本，一七七七至一七七九年間由曲阜孔繼涵刊刻於《微波榭叢書》之《戴氏遺書》中。微波榭本流傳似有限，其後一七九二年段玉裁增編文集為十二卷，是為「經韻樓」刊本。據段茂堂云，自十二卷本出，「近日江東人頗得家弦戶誦矣。」（見《戴震文集・附錄・戴東原先生年譜》，頁二四六。並可參看劉盼遂，《段玉裁先生年譜》，香港崇文書店影印本，一九七一，頁四八）則實齋所讀之文集當即是「經韻樓」本也。

定所趨向；其討論修飾，得之於朱先生，則後起之功也，而根底則出邵氏，亦庭訓也。吾於史學，貴其著述成家，不取方圓求備，有同類纂。[12]

可見實齋為學趨向乃是通過父親的影響而上承其鄉先輩邵廷采（一六四八～一七一一）之學。邵廷采論學亦主以約馭博，主探求大本大原而勿流於繁瑣。邵氏〈答蠡吾李恕谷書〉云：

夫論學當提撕本原，使人知用功下手處。若博聞強記，講求剌剌，窮年勞攘，總歸喪失。昔孟子論井田、封建，止述大略。此謂之善於師古，知時務之要。後此荀淑不為章句，淵明不求甚解；外期經世，內養性情。兩賢雖未達聖功，要為窺見體用。[13]

這一段話對實齋有特殊的影響力。實齋〈又與正甫論文〉謂讀書求大意亦未嘗不能成學，並舉孟子言井田、封建之例，便是直接採自《思復堂文集》。[14]而「外期經世，內養性情」一語，

12《文史通義．外篇三》，頁三三四。

13見《思復堂文集》（《紹興先正遺書》本），卷七，頁十b。

14邵念魯用井田、封建之例又見於〈學校論上〉，收入《思復堂文集》，卷八，頁八a。實齋襲用此

尤對實齋論學有莫大的啟發，這是熟悉《文史通義》的人所共知的。

實齋自信心的兩個根據——史學與讀書求其大意——遠在二十歲以前便已在他的學術生命中萌芽，這自然是事實。但這兩個根據在他一七六六年初晤東原時尚未發展成熟，因此也就不足以應付東原的「考證的挑戰」。這也同樣是事實，而可從〈與汝楠論學書〉中得其確證。由此看來，實齋自一七六六年受到東原論學觀點的刺激之後，數年之中必沉潛於史學而運其深思，至一七七三年時，其思想之大體趨向終於完全確定。[15]故是年兩度與東原會晤都能本其所學所信，與東原的經學考證之見分庭抗禮。我這個推想是有充分的證據作支持的。第一、實齋與邵晉涵在乾隆辛卯（一七七一）至癸巳（一七七三）之間過從甚密；在此期間實齋特別推重邵廷采的《思復堂文集》。據實齋〈邵與桐別傳〉之末，其子貽選之按語曰：

> 家君於辛卯冬與先師（按：指邵晉涵）同客太平使院。家君言次，盛推先師從祖念魯

例亦屢見不一見。除上引〈又與正甫論文〉外，並見〈周書昌別傳〉，收入《章氏遺書・卷十八・文集三》，第三冊，頁一五二及〈與孫淵如觀察論學十規〉，見《章氏遺書逸篇》，收入四川省立圖書館編輯，《圖書集刊》，第二期（一九四二年六月），頁三三。

15 David S. Nivison, *The Life and Thought of Chang Hsüeh-ch'eng*, p. 47.

先生所著《思復堂文集》，謂五百年來罕見。先師甚謙挹，疑家君為先師故，不免過譽之也。家君正色曰：班、馬、韓、歐、程、朱、陸、王其學其文如五金貢自九牧，各有地產，不相合也。洪鑪鼓鑄，自成一家，更無金品州界之分，談何容易！文以集名，而按其旨趣義理乃在子、史之間，五百年來，誰能辨此？先師雖諾，未深然也。癸巳春正初旬，家君訪先師於姚江里第，盤桓數日。先師謂家君曰：近憶子言，熟復先念魯文，信哉如子所言。乃知前人之書，竟不易讀。子乃早辨及此，至今未經第二人道過，即道及亦無人信也。先念魯得此身後桓譚，無憾於九原矣！因屬家君校定其書，將重刻以行世，以原刻未盡善也。[16]

可見實齋在這幾年中必然對《思復堂文集》又用過心思，因而重新堅定了早年的學術路向。

第二、實齋生平的最大的著作——《文史通義》——也是在這幾年之中有了初步的構想。他在一七七二年〈候國子司業朱春浦先生書〉中自謂：

---

16 《章氏遺書・卷十八・文集三》，第三冊，頁一三六—一三七。

是以出都以來，頗事著述，斟酌藝林，作為《文史通義》。書雖未成，大指已見〈辛楣先生候牘〉所錄內篇三首。並以附呈，先生試察其言，必將有以得其所自。[17]

所謂〈辛楣先生候牘〉當即指〈上錢辛楣宮詹書〉。書云：

學誠從事於文史校讎，蓋將有所發明，然辨論之間頗乖時人好惡，故不欲多為人知。所上敝帚，乞勿為外人道也。……世俗風尚，必有所偏；達人顯貴之所主持，聰明才雋之所奔赴，其中流弊，必不在小。載筆之士不思挽救，無為貴著述矣！苟欲有所挽救，必逆於時趨；時趨可畏，甚於刑曹之法令也。……若夫天壤之大，豈絕知音；鍼芥之投，寧無暗合？則固探懷而出，何所祕焉！[18]

《文史通義》之撰述計劃適在此數年間擬定，決非出於偶然，如果沒有一七六六年東原的「考

17　《章氏遺書．卷二十二．文集七》，第三冊，頁三一七。

18　《章氏遺書．卷二十九．外集二》，第五冊，頁一〇二－一〇三；參看胡適，《章實齋年譜》，頁二五－二六。

證的挑戰」，則實齋是否會在短短數年之間在學術上達到成熟的境地，在我看來，是不無疑問的。實齋之所以向錢大昕求精神上的支持者，一則由於他和錢氏較熟，二則由於錢氏之學以史部最為精到也。

總結以上的分析，我們可以很肯定地說，實齋在一七七三年之所以能夠從東原的經學考證的籠罩下擺脫出來，並持史學的觀點與東原相抗衡，正是由於他此時胸中已有了一部《文史通義》。而他之所以在六、七年之間便醞釀出一套有系統的文史理論，則又是由於東原一七六六年所給予他的「考證的挑戰」有以促成的！（按：本章論《文史通義》的構想和撰述，尚有未發之覆。這是我最近的新發現。詳見內篇之末所附刊〈章學誠文史校讎考論〉一文。）

實齋力倡學問本乎性情之論，而反對追逐風氣。他對自己曾有如下的評價：

至論學問文章，與一時通人全不相合。蓋時人以補苴襞績見長，考訂名物為務，小學音畫為名；吾於數者皆非所長，而甚知愛重。咨於善者而取法之，不強其所不能，必欲自為著述以趨時尚，此吾善自度也。……吾之所為，則舉世所不為者也。如古文辭，近雖為之者鮮，前人尚有為者；至於史學義例，校讎心法，則皆前人從未言及，亦未有可以標著之名。[19]

所以東原的「考證的挑戰」雖一度使他對舊日所持發生動搖，但他不久就克服了這個挑戰，終於決定拒絕採取時髦的考證途徑。

但是我們在上文曾經指出，清代考證學的背後還有一層更深刻的意義，即是儒家智識主義的興起。在智識主義的時代空氣下，德性必資於學問，實學必代替空言。實齋的興趣在「史學義例」，在「校讎心法」。用傳統的名詞言，這是屬於「義理」的範圍；用現代的話說，就是偏於理論與綜合方面。這與當時考證學者之從事個別名物制度的分析，自屬兩路。但考證（或考據）分析必然要以文獻為根據，其符合當時所謂「實學」的標準可以說是順理成章的事。義理工作則不然；它極容易流為空言或玄論。凌廷堪說得最好：

> 昔河間獻王實事求是。夫實事在前，吾所謂是者，人不能強辭而非之，吾所謂非者，人不能強辭而是之也。如六書、九數、典章、制度之學是也。虛理在前，吾所謂是者，人既可別持一說以為非；吾所謂非者，人亦可別持一說以為是也。如義理之學是也。[20]

19 《文史通義・外篇三・家書二》，頁三三三—三三四。按：實齋自謂考訂名物等非他所長，確非謙語。關於他的記誦疏漏處，余嘉錫〈書章實齋遺書後〉一文曾加以摘發，見《余嘉錫論學雜著》，下冊，北京，一九六三，頁六一五—六二四。

實齋當然深知清代學術上的虛實之辨，而且他時時怕別人批評他徒具空言而不能徵諸實事。因此他的義理發展始終都是與文獻整理的實際工作相結合的。他與當時考證家最不同之處在於他所整理的文獻是歷史，而一般考證家的研究對象則是經學。這種歷史文獻的整理對他的思想成長具有極為密切的關係，其中最重要的當數各種地方志的編輯與《史籍考》的纂修。乾隆三十九年（一七七四）的夏天，他在〈和州志隅自序〉上說道：

> 鄭樵有史識而未有史學，曾鞏具史學而不具史法，劉知幾得史法而不得史意；此予《文史通義》所為作也。《通義》示人，而人猶疑信參之，蓋空言不及徵諸實事也。《志隅》二十篇，略示推行之一端；能反其隅，《通義》非迂言可也。[21]

此處所言「《通義》示人，而人猶疑信參之」很可能便是指的兩年前（一七七二）錢辛楣與朱春浦的反應。實齋懼空言不足以服人，因此特成《和州志隅》二十篇，使他的理論能夠見諸

---

20 〈戴東原先生事略狀〉，見《校禮堂文集》（《安徽叢書》，第四期，一九三五）卷三十五，頁八a。

21 《章氏遺書・外編・卷十六》，第八冊，頁八五一。

實事。這裡最能看出他極力想應付「考證的挑戰」的心理。《文史通義》開宗明義便說「古人未嘗離事而言理」，也同樣顯示出實齋對清代智識主義的基本立場所採取的一種積極的與肯定的態度。

《史籍考》的纂修對實齋文史理論的發展關係更大。他是一七八八年開始為畢沅編《史籍考》的。就在這一年，他有兩封信給孫星衍，談到這個研究計劃和他自己的思想發展的關係。他在〈與孫淵如書〉中說：

鄙人比日與洪（亮吉）凌（廷堪）諸君為中丞（即畢沅）編《史籍考》，泛覽典籍，亦小有長進；《文史通義》亦庶可藉是以告成矣！[22]

這封信寫在春間，這時他方著手編《史籍考》，但已覺得這種實際工作可以幫助他撰寫《文史通義》。[23]稍後農曆五月二十三日〈報孫淵如書〉則曰：

22《章氏遺書．卷二十九》，第五冊，頁一一二；《章實齋年譜》，頁六三—六四。

23參看羅炳綿，〈史籍考修纂的探討〉上，《新亞學報》，第六卷，第一期（一九六四年二月），頁三八〇—三八一。

承詢《史籍考》事，取多用宏，包經而兼采子集，不特如所問地理之類已也。……愚之所見，以為盈天地間，凡涉著作之林，皆是史學，六經特聖人取此六種之史以垂訓者耳。子集諸家，其源皆出於史。末流忘所自出，自生分別，故於天地之間，別為一種不可收拾，不可部次之物，不得不分四種門戶矣。此種議論，知駭俗下耳目，故不敢多言，然朱少白所鈔鄙著中，亦有道及此等處者，特未暢耳。俟為尚書公（亦指畢沅）成書之後，亦當以涉歷所及，自勒一家之言，所為聊此自娛，不敢問世也。[24]

這是實齋第一次發表他的「六經皆史」的新穎見解；而這個見解則顯然是從《史籍考》的編纂過程中悟得。同年稍早（舊曆三月一日）他在〈與洪稚存（亮吉）博士書〉中說：

三月朔日為始，排日編輯《史考》，檢閱《明史》，及四庫子部目錄，中間頗有感會，增長新解。惜不得足下及虛谷（按：武億，一七四五～一七九九）、仲子（按：凌廷堪，一七五五～一八〇九）諸人，相與縱横其議論也。然蘊積久之，會有所發洩。[25]

---

24 《文史通義・外篇三》，頁三一二。

25 《章氏遺書・卷二十二・文集七》，第三冊，頁三〇七。

這是「六經皆史」說源出《史籍考》的編輯的確證。故他在〈論修史籍考要略〉中說道：

> 古無經史之別，六藝皆掌之史官，不特《尚書》與《春秋》也。今六藝以聖訓而尊，初非以其體用不入史也。……若六藝本書，即是諸史根源，豈可離哉！[26]

則實齋同時即持其新說以為整理史籍的根據，二者間關係之密切，可以想見。

更值得注意的是，在實齋主編《史籍考》的第二年，即乾隆五十四年己酉（一七八九），他自編新舊文字為〈姑孰夏課甲、乙編〉。其〈乙編〉小引說：

> 起四月十一訖五月初八，得《通義》內外二十三篇，約二萬餘言；生平為文，未有捷於此者。[27]

26《章氏遺書・卷十三》，《校讎通義》外篇，第二冊，頁八九；參看羅炳綿〈史籍考修纂的探討〉下，《新亞學報》，第七卷，第一期（一九六五年二月），頁四三八。

27《章氏遺書・卷二十九・外集二》，第五冊，頁七六。

又據〈甲編〉小引，其中有關「推原道術」之文史新著十二篇及附存舊稿一篇，蓋皆《文史通義》內篇中之緊要文字。這十二篇新著大概是〈原道〉(上、中、下)，〈原學〉(上、中、下)，〈博約〉(上、中、下) 及〈經解〉(上、中、下)；附存舊稿可能即是〈朱陸〉篇。[28] 錢賓四師在列舉了實齋本年所撰文字篇目之後，說道：

> 實齋重要思想，大部均於此時成熟。上舉篇目，實為《文史通義》之中心文字，為研究實齋學術者最須玩誦之諸篇。而己酉一年，亦實齋議論思想發展最精采之一年也。[29]

這個結論是顛撲不破的。

綜觀實齋文史理論之成長過程，最初得力於方志之編修(《和州志》)，[30] 稍後則頗資於《史

---

28 胡適，《章實齋年譜》，頁六八－六九；錢穆，《中國近三百年學術史》，上冊，頁四二二。吳孝琳則以此十二篇為〈原道〉、〈原學〉、〈易教〉、與〈經解〉(各分上、中、下三篇)，見《章實齋年譜》補正〉，《說文月刊》，卷二，頁二七二。

29 錢穆，《中國近三百年學術史》，上冊，頁四二三。

30 見〈跋甲乙剩稿〉，《章氏遺書・卷二十八・外集一》，第五冊，頁五二。

籍考》之撰纂。所以《文史通義》雖批評東原及其狹義的考證觀點，而深一層看則仍不免與東原的經學考證同屬於儒家智識主義籠罩下的學術產品。所不同者，東原的最後依據在六經，而實齋的學術基地則在歷史耳。實齋屢言所學與並世學人全不相合。他在〈答邵二雲書〉中甚至說道：

> 僕之所學，自一二知己已（疑當作「以」）外，一時通人，未有齒僕於人數者。僕未嘗不低徊自喜，深信物貴之知希也。[31]

這段話最可以看出他的孤芳自賞和胸中一股鬱悶不平之氣。但實齋的文史校讎之學之所以成為孤徑，只是相對於狹義的經學考證始見其然。若就儒學之從「尊德性」轉入「道問學」的發展而言，則實齋不但不孤獨，而且與東原並為完成此一發展的中心人物。這一層，必須我們分析了實齋的「六經皆史」說與「朱陸異同」論以後才能充分地展顯出來。

31見《章氏遺書逸篇》，收入四川省立圖書館編輯，《圖書集刊》，第二期，頁四一。

五、章實齋的「六經皆史」說與「朱、陸異同」論

㈠「六經皆史」說發微

章實齋「六經皆史」之說，自晚清經今古文之爭以來，便備受學者的注意。民國以後，中外學者對這個富於啟示性的命題，更提出種種不同的解說。[1]我在本篇中並不打算全面地檢

1 關於「六經皆史」說的討論請參考以下諸文：孫德謙，〈申章實齋六經皆史說〉，《學衡》，第二十四期（一九二三年十二月）；周予同、湯志鈞，〈章學誠六經皆史說初探〉，《中華文史論叢》，第一期（一九六二年）；柴德賡，〈試論章學誠的學術思想〉，《光明日報》，一九六三年五月八日；井貫軍二，〈章學誠の史學思想〉，《山下先生還曆紀念東洋史論文集》（一九三八年九月）；高田淳，〈章學誠の史學思想について〉，《東洋學報》，第四十七編，第一號（一九六四年六月）。關

討這個理論。我祇想解釋實齋怎樣提出「六經皆史」的命題來和當時的經學考證相抗衡。換句話說，「六經皆史」可以看作是實齋對東原的「考證挑戰」的一個最具系統性的反應。

在清代學術史上，先後出現了兩個最有名的綱領：即清初顧亭林的「經學即理學」和乾嘉時代實齋所提出的「六經皆史」。從字面上說，「六經皆史」並不新穎，前人早已說過「經即史」或「五經皆史」之類的話。[2]但是如果我們認清了實齋的「六經皆史」並非前人舊說的單純翻版，而是對清初以來「經學即理學」的中心理論的一種反挑戰，我們就立刻可以看出「六經皆史」在清代學術史上的重要而豐富的涵義。顧亭林「經學即理學」的命題在清初未曾獲得充分的發揮，直到戴東原才把它推拓得淋漓盡致。東原在〈與是仲明論學書〉中說：

於「六經皆史」說與清末經今古文之爭的關係，可看郭斌龢，〈章實齋在清代學術史上之地位〉，《國立浙江大學文學院集刊》，第一卷（一九四一年），頁五六b－五七a；高田淳，上引文，頁六三－六五；Joseph R. Levenson, *Confucian China and Its Modern Fate*, Berkeley and Los Angeles, 1958, pp. 90–94.

2 關於六經皆史說探源，請看錢鍾書，《談藝錄》（香港龍門書店影印本），一九六五，頁三一五－三一九。按：錢君此書撰於民國三十一年壬午（一九四二），上海開明書局於民國三十七（一九四八）年初版印行。而龍門書店〈出版說明〉竟謂《談藝錄》，成於壬午（一九三二），卷末復標作「一九三七年上海開明書局初版」，誤以民國紀年為公元紀年，相差凡十有一年。

經之至者道也，所以明道者其詞也，所以成詞者字也。由字以通其詞，由詞以通其道，必有漸。[3]

而〈題惠定宇先生授經圖〉言之尤明晰，其言曰：

夫所謂理義，苟可以舍經而空憑胸臆，將人人鑿空得之，奚有於經學之云乎哉？惟空憑胸臆之卒無當於賢人聖人之理義，然後求之古經；求之古經而遺文垂絕，今古懸隔也，然後求之故訓。故訓明則古經明，古經明則賢人聖人之理義明，而我心之所同然者，乃因之而明。賢人聖人之理義非它，存乎典章制度者是也。[4]

這可以說是「經學即理學」一語的最精確的註釋。我們細察東原的議論，其背後顯然有一基

3 趙玉新點校，《戴震文集》，卷九，頁一四〇，香港中華書局，一九七四。按：趙君此處斷句大誤，引文中第二句竟作「由字以通其詞，由詞以通其道，必有漸求所謂字。」「求所謂字」四字乃下句起語，趙君誤連屬上句，以致不詞。

4 《戴震文集》，卷十一，頁一六八。

本假定：即所謂「道」或聖賢之「理義」皆畢具於六經；但由於六經中之文字以及典章制度已非千載以下之人所能識解，故必須借徑於訓詁考證。換個說法，訓詁考證是開啟六經的鑰匙，而六經則是蘊藏著聖人之「道」的唯一寶庫。

六經為載道之書，這大體上是歷來儒家的共同看法，而尤為宋儒程、朱一派所強調。所以程頤撰〈明道先生行狀〉與呂大臨撰〈橫渠先生行狀〉都說明道、橫渠先求道於老、釋，未有所獲；返之六經，而後得之。[5]程、朱一派重視「道問學」的傳統，因此也就必然要尊經。陸、王一系對經學則不及程、朱之嚴肅；故象山說「六經註我」，陽明謂「六經乃記籍家產庫藏之名狀數目」。[6]這些話縱無貶經之意，要之陸、王並不主道盡在六經。清儒自顧亭林以至戴東原，都是走的「道問學」的路。這就是說，他們接受了程、朱以來求道於六經的基本假定。但清儒治經，重點畢竟在訓詁考證而不在義理。在理論上，他們的「訓詁明而後義理明」之說似乎無可非議。而事實上，訓詁本身也具有種種層次。如果說必須等到一切訓詁問題都解

5 程伊川所撰明道〈行狀〉見《伊川文集》，卷七，頁六a（《四部備要》本《二程全書》，第六冊）；呂大臨所撰橫渠〈行狀〉，見《張子全書》（《國學基本叢書》本）卷十六，頁三一一二。

6 見余英時，〈從宋明儒學的發展論清代思想史〉，《中國學人》，第二期（一九七〇年九月），頁二八－二九。本文現已收入本書外篇，頁四二五－四七二。

決了，才能決定義理的是非，則勢必與朱子所謂「眾物之表裡精粗無不到，吾心之全體大用無不明」同為可望而永不可及的境界。

關於「訓詁明而後義理明」在方法論層次上的謬誤，前引實齋〈又與正甫論文〉中已予以有力的反駁。但是自顧亭林至戴東原的中心理論——「經學即理學」——決不是單從方法論的層次上可以澈底推翻的。要否定這個中心理論衹有用另一種更具說服力的理論來取代它。實齋的「六經皆史」說便正是這樣的一種理論。

從這個意義上看，「六經皆史」說在清代學術史上實為一具有突破性的創見。它之所以特別受到學者的重視，決不是偶然的。實齋首先要打破六經載道的見解。〈原道中〉云：

> 《易》曰：「形而上者謂之道，形而下者謂之器。」道不離器，猶影不離形，後世服夫子之教者自六經，以謂六經載道之書也，而不知六經皆器也。……夫子述六經以訓後世，亦謂先聖先王之道不可見，六經即其器之可見者。……而儒家者流，守其六籍，以為是特載道之書；夫天下豈有離器言道，離形存影者哉！彼舍天下事物人倫日用，而守六籍以言道，則固不可與言夫道矣。[7]

蓋實齋論道乃就人類歷史文化發展之全程而言，而六經中所可見者祇是三代官師未分那一階段中道的進程。三代以後的道則不可能向六經中去尋找。故〈原道下〉云：

夫道備於六經，義蘊之匿於前者，章句訓詁足以發明之；事變之出於後者，六經不能言，固貴約六經之旨而隨時撰述，以究大道也。[8]

「事變之出於後者，六經不能言」這句話是明說六經不足以盡道。這樣斬截的議論不但在清代為創闢，自宋代以來亦少見。

六經已不足以盡道，而經學家從事考證訓詁復不足以通經，則其去道之遠，可以想見。所以〈原道下〉說：

夫六藝並重，非可止守一經也；經旨閎深，非可限於隅曲也。而諸儒專攻一經之隅曲，

7《文史通義・內篇二》，頁三九—四〇。關於實齋「六經皆器」的觀念，參看三田村泰助，〈章學誠の「史學」の立場〉，《東洋史研究》，第十二卷，第一號（一九五二年九月），頁十三—十五。

8《文史通義》，頁四二。

> 必倍古人兼通六藝之功能，則去聖久遠，於事固無足怪也。但既竭其耳目心思之智力，則必於中獨見天地之高深，因謂天地之大，人莫我尚也，亦人之情也；而不知特為一經之隅曲，未足窺古人之全體也。訓詁章句，疏解義理，考求名物，皆不足以言道也；取三者而兼用之，則以萃聚之力補遙溯之功，或可庶幾耳。而經師先已不能無抵牾，傳其學者又復各分其門戶……門徑愈歧而大道愈隱矣。[9]

以上引「原道」三點，首謂「六經皆器」，非載道之書；次言六經亦不能超越時間之限制，事變之出於後者，六經中亦無其道；末云六經中雖有可見之道，而後世經學考證家多以一隅自限，且又彼此不合，故所得更少。這三點，一層扣緊一層，實為對當時「考證的挑戰」的一個最嚴厲的反擊。而實齋之所以如此持論者，則完全是針對著東原而發的。因為東原可以說是經學考證運動中最具權威性的理論代言人。乾隆四十二年丁酉（一七七七）正月十四日東原在給段玉裁的信上說：

9《文史通義》，頁四一。

僕自十七歲時有志聞道，謂非求之六經、孔、孟不得；非從事於字義制度名物，無由以通其語言。宋儒譏訓詁之學，輕語言文字，是欲渡江河而棄舟楫，欲登高而無階梯也。[10]

東原這封信寫在卒前數月，是對經學考證的理論根據所作的一種最簡單扼要的說明。以東原之說校之實齋〈原道〉篇，便可見實齋立論之際必有東原的議論亙於胸中，決非無的放矢也。實齋自未必得見東原此札，但一七六六年章、戴初晤時，東原的議論大概已是如此，而且東原〈與是仲明論學書〉、〈與方希原書〉、〈古經解鈎沉序〉諸篇所言也都大同小異。故實齋對東原的論學觀點非常熟悉，這是毋須置疑的。

六經既不足以盡道，實齋遂進而有「文史不在道外」之說。〈姑孰夏課甲編小引〉說：

余僅能議文史耳，非知道者也。然議文史而自拒文史於道外，則文史亦不成其為文史矣。因推原道術，為書約十三篇，以為文史緣起，亦見儒之流於文史，儒者自誤以謂有道在文史外耳。[11]

---

10 原文見《戴東原、戴子高手札真蹟》（中華叢書本），臺北，一九五六，不標頁數。並可參考陳柱，《戴東原遺札真蹟考證》，收入《清儒學術討論集》，第一集，上海，一九三三，頁三六—三七。

實齋雖自謙「非知道者」，然其主張由文史以見道，則旨甚堅決。「甲編」中所存十三篇文字即包括〈原道〉三篇在內。〈原道〉的中心觀念，如上文所指出，在消極方面是要破道在六經之說，而在積極方面則是要說明三代以下之道必當於史中求之。故「小引」中所謂「儒之流於文史」須與一七九六年實齋〈與汪龍莊書〉合看。實齋云：

> 蓋韓子之學，宗經而不宗史，經之流變必入於史，又韓子之所未喻也。……拙撰《文史通義》，中間議論開闢，實有不得已而發揮，為千古史學闢其蓁蕪，然恐驚世駭俗，為不知己者詬厲，姑擇其近情而可聽者稍刊一二，以為就正同志之資，亦尚不欲徧示於人也。[12]

實齋〈原道〉篇初出，一時學人皆謂其「陳腐取憎」，而其族姪章廷楓則說時人之所以詆為陳腐者，恐是讀得題目太熟。[13]此辯甚有理。但實齋何以獨選此熟題目以名其精心之作，則尚未

---

11 《章氏遺書・卷二十九・外集二》，第五冊，頁七六。

12 《文史通義・外篇三》，頁三〇〇。

13 《文史通義・內篇二・原道》，篇末按語，頁四四。

見有滿意之解答。今按之〈與汪龍莊書〉，可知實齋極不滿韓愈之「宗經而不宗史」。蓋退之〈原道〉一文實以「道在六經」為基本觀念之一。如謂「其文《詩》、《書》、《易》、《春秋》」，又謂孟軻死後，斯道不得其傳，皆是顯證。實齋欲澈底催破舊說，而代之以「因史見道」之論，因此非攘退之篇名，便不足以凸顯其新獲之義理。而〈與汪龍莊書〉中「經之流變必入於史」一語亦即〈甲編小引〉中「儒之流於文史」的另一說法，其義與〈原道下〉所云：「事變之出於後者，六經不能言」，可以相互發明也。

實齋「六經皆史」之論是和他對「道」的新觀念分不開的。戴密微 (P. Demiéville) 謂實齋之「道」即存乎具體的歷史實際中；倪文孫 (David S. Nivison) 亦言實齋所謂「道」是人性中企求文明生活的一種基本潛能，而在歷史中逐漸展現者。[14] 總之，實齋的「道」具有歷史的性質，是在不斷發展中的。正因如此，實齋看重當前的現實過於已往的陳跡，主通今而不尚泥古。我們可以說，實齋所以最重視「道」正由於他把「道」看成一種「活的現在」(living present)，而不僅是像多數考證學者一樣，把「道」當作「古典的過去」(classical past) 也。因

14 P. Demiéville, "Chang Hsüeh-ch'eng and His Historiography," in W. G. Beasley and E. G. Pulleyblank, eds., *Historians of China and Japan*, Oxford University Press, 1961, p. 180; David S. Nivison, *The Life and Thought of Chang Hsüeh-ch'eng (1738–1801)*, Stanford University Press, 1996, p. 141.

此實齋在〈史釋〉篇中說道：

> 傳曰：「禮時為大」。又曰：「書同文」。蓋言貴時王之制度也。學者但誦先聖遺言而不達時王之制度，是以文鞶帨絺繡之玩，而學為鬭奇射覆之資，不復計其實用也。……故無志於學則已；君子苟有志於學，則必求當代典章以切於人倫日用，必求官司掌故而通於經術精微，則學為實事而文非空言，所謂有體必有用也。不知當代而言好古，不通掌故而言經術，則鞶帨之文，射覆之學，雖極精能，其無當於實用也審矣。[15]

15 《文史通義・內篇五》，頁一四八—一四九。按：實齋引「禮時為大」並力倡「貴時王之制度」，實涉及中國傳統政治思想史上所謂「權威主義」(authoritarianism)的問題，今不能在此詳論。（參看 David S. Nivison, *The Life and Thought of Chang Hsüeh-ch'eng (1738–1801)*, pp. 149–150, 181–183）大要言之，實齋生當清代專制政治達於極端之世，其思想中具有非常濃厚的權威主義的色彩。上引〈史釋〉篇謂「必求（當代）官司掌故而通於經術精微」即其明徵。細推其說之涵義，則不啻謂清代一切政治措施皆如六經之足以垂法後世。此可說是對儒家經學大義作了一番極大的顛倒。「六經皆史」、「六經皆先王之政典」之說恰為實齋的「權威主義」提供了歷史的根據。漢代雖以「儒術緣飾吏治」，但在理論上還不曾達到這種程度。不過王充《論衡》中〈宣漢〉、〈恢國〉、〈須頌〉等篇則已導實齋之先路。實齋雖「卑論仲任」（見《章氏遺書》附錄中〈兩浙輶軒錄補遺〉引王宗炎語，頁三），其深受《論衡》一書之影響，要為不可掩之事實。

實齋的「權威主義」思想在〈原道〉上中下三篇中表現得最為清楚。〈原道〉謂集大成者乃周公而非孔子，因孔子有「德」無「位」，即無從得制作之權；又謂秦之悖於古者在其禁《詩》、《書》，而不在其「以吏為師」，因「以吏為師」正合乎古代官師治教合而為一之道。這些論點都是對於傳統的權威思想之進一步的發揮。德、位之說出自《中庸》一書，而《中庸》實為秦統一以後之作品，其中已涵有權威主義的成分。但《中庸》謂有位無德與有德無位皆不敢作禮樂，尚不似實齋所言之偏。實齋德、位之論對此後今文學家甚有影響。魏源有〈學校應增祀先聖周公議〉一文（見《古微堂外集》，卷一，頁一a—三a），即全本實齋〈原道〉而立論者也。

此處尚須附論者，即實齋《文史通義》中何以獨缺〈春秋教〉一篇，一九五三年錢賓四師撰〈孔子與春秋〉一文（此文收入《兩漢經學今古文平議》，新亞研究所出版，一九五八）始發其覆，意謂實齋持孔子「有德無位，不能制作」之論，因此對〈春秋教〉一篇便難以落筆。蓋實齋既謂「六經皆先王之政典」，則《春秋》一經自亦不能例外。然孔子不在其位，並無制作之權，從實齋的理論系統論，又何能肯定孔子著《春秋》之意義乎？其實此一理論上的困難，就《文史通義》的全部系統而言，亦非無法補救。《通義・外篇三・與陳鑑亭論學書》嘗云：「孔子不得位而行道，述六經以垂教於萬世，孔子之不得已也。後儒非處衰周不可為之世，輒謂師法孔子必當著述以垂後，豈有不得已者乎？」（頁三一一）孔子制作《春秋》一經，正可以「不得已」之說解之，何況知我罪我，夫子已自道之耶？所以實齋之終於不寫〈春秋教〉者，實由其權威主義之思想傾向所使然也。

這是從歷史發展過程來解釋「道」的實現所必至的結論。我們試以實齋之「道」與當時考證家由分疏六經中之名物、制度、字義等所得之「道」作一比較，即可見兩者不但迥異，抑且適處於相反的地位。此最能顯出實齋立說時的心理背景。實齋不但用一個嶄新的史學觀點與東原所持的經學觀點相抗衡，並且進一步要以史學觀點來超越以至代替經學觀點。

實齋論「道」本乎史學立場，其論「理」亦然。《文史通義》開宗明義便說：

> 六經皆史也。古人不著書；古人未嘗離事而言理，六經皆先王之政典也。[16]

王宗炎復實齋書云：「《春秋》為先生學術所從出，必能探天人性命之原，以追閫董江都，劉中壘之緒言。尤思早成而快睹之也。」（《章氏遺書・附錄》，第八冊，頁十二）按：此書之末提及〈浙東學術〉篇，則當作於一八〇〇或一八〇一年，已在實齋卒前不久，大概實齋始終沒有動手寫〈春秋教〉。日本學者高田淳在前引〈章學誠の史學思想について〉文中（頁六四、六六—六七）謂實齋之〈春秋教〉，即包括在〈書教〉篇中，他的說法很不可信。

16《文史通義・內篇一》，頁一。

而〈四書釋理序〉更反覆發明古人「因事寓理」之旨。[17]按：清學由虛入實，所以「因事見理」是當時的共同見解；王船山、顏習齋、李恕谷、戴東原等大抵皆持論相似。但深一層去分析，諸家對「事」的理解則又不盡同。顏、李之「事」，實用的意味較重，因為他們認為聖學不外六府、三事、三物。東原解釋孟子所謂「故有物必有則，民之秉彝也，故好是懿德。」曰：

以秉持為經常曰則，以各如其區分曰理，以實之於言行曰懿德。物者，事也；語其事，不出乎日用飲食而已矣；舍是而言理，非古聖賢所謂理也。[18]

東原訓「理」為條理，因此特別要觀察事物中所顯現的內在條理。他說事「不出乎日用飲食」，可見他所注重的是具有經常性與普遍性的「事」。這仍是經學家的見地。實齋所說的「事」則是歷史性的，所以有時亦說「事變」。〈書教上〉云：

古人事見於言，言以為事，未嘗分事言為二物也。[19]

17 《章氏遺書・卷二十一・文集六》，第三冊，頁二四四－二四五。

18 戴震著，何文光整理，《孟子字義疏證》，中華書局，一九六一，頁二－三。

此處「古人未嘗分事言為二」之「事」，即上引「未嘗離事而言理」之「事」，也就是史學上所謂之「事」。而〈浙東學術〉云：

> 三代學術，知有史而不知有經，切人事也；後人貴經術，以其即三代之史耳；近儒談經，似於人事之外別有所謂義理矣。[20]

可見「事」即歷史上流變不居的「人事」；人事之外無義理尤為離事無理之確詁，〈經解中〉復曰：

> 事有實據而理無定形，故夫子之述六經，皆取先王典章，未嘗離事而著理。[21]

理之所以不能有定形者，正以其隨事而見，而事則永遠在流變之中。三代以下的事便不是六

19 《文史通義・內篇一》，頁九。

20 《文史通義・內篇二》，頁五二。

21 《文史通義・內篇一》，頁二九。

經中的理所能範圍的了。實齋此處所表現的史學觀點又隱然和東原的經學觀點相對峙。實齋從歷史上討論理和事的關係，在清代只有王船山與之最為近似。船山《續春秋左氏傳博議》卷下云：

> 有即事以窮理，無立理以限事。[22]

這和實齋「理無定形」之說義最相通。實齋並沒有機會讀到船山著作，這種契合當是因為實齋與船山不但同精於思，而且同深於史，所以得到的結論和南宋以來從經學與理學的觀點輕視歷史的一般儒者遂大不相同。

綜觀實齋「六經皆史」之說，實為針對東原道在六經的基本假定而發，同時也是對顧亭林以來所謂「經學即理學」的中心理論作一種最有系統的反挑戰。[23]但「六經皆史」是一種十

22《船山遺書‧士文伯論日食》，第三十一冊，太平洋書店，一九三三，頁四a。關於王船山的歷史理論，可參看姚薇元，〈王夫之的史學理論初探〉，及肖箑夫〈淺論王夫之的歷史哲學〉，均見《王船山學術討論集》，下冊（中華書局，一九六五），頁二八五—三三一。

23按：實齋《乙卯劄記》有一條云：「顧寧人言，經學即理學也，安得別有理學？」（《章氏遺書‧

分含蓄的說法，不能僅從字面上作孤立的瞭解，深一層看，這個命題實帶有尊史抑經的意味。所以他說：

> 六經初不為尊稱。[24]

又評蘇明允（洵）的《六經論》曰：

> 首篇言經非萬世常法，亦非一代實錄，為聖人道法所寓。不知古無經史之分，聖人亦無私自作經以寓道法之理。六經皆古史之遺，後人不盡得其淵源，故覺經異於史耳。……六經皆史，則非蘇氏所可喻矣！[25]

外篇二》，第六冊，頁六四）此條顯採自全謝山所撰〈亭林先生神道表〉（見《鮚埼亭集》，萬有文庫本，第二冊，頁一四四），因據《乙卯劄記》，實齋是時正讀《鮚埼亭集》也。至亭林原文則見於〈與施愚山書〉（《顧亭林詩文集》，中華書局，一九五九，頁六二），不知實齋曾參考及之否？

24 《文史通義・內篇一・經解下》，頁三一。

把「六經皆古史之遺」和前面所引「後人貴經術，以其即三代之史」之語合起來看，則實齋的本意是說六經但為某一階段（即古代）之史，而非史之全程。易言之，六經皆史而史不盡於六經。必須如此下轉語，「六經皆史」的全幅涵義始能顯現。可見在這個命題中，實齋所未言者遠比他所已言者為重要。所以我們認為「六經皆史」之旨決不能單從字面去瞭解，更不能視為前人議論（如王陽明的「五經即史」）的翻版。實齋以「道」在歷史進程中不斷展現。六經既只是古史，則最多只能透露一些「道」在古代發展的消息。至於「事變之出於後者，六經不能言」；三代以下之道便只有求之於三代以後之史了。把「六經皆史」說的涵義推拓至極，實齋便無可避免地會得到「貴時王之制度」的結論，因為時代愈近便愈可以見「道」的最新面貌，而時王之「政典」也必然將成為後世的「六經」也。

實齋自一七六六年與東原初晤，即習聞「道在六經」及「非從事於字義制度名物，無以通其語言」之論。實齋當時深為此論所折服，不但無以反駁，而且自感慚惕與寒心。惟實齋早年興趣既已近於史學，而其高明之性又復不耐沉潛，故長於「神解精識」而不能為「訓詁考質」。對實齋而言，經學考證可說是一條走不通的路。然而經學為清代的顯學，非通經即無

25《章氏遺書・外篇三・丙辰劄記》，第六冊，頁九一－九二。

由見道。實齋不能過此關，豈非終身無「聞道」之望乎？這是東原的「考證挑戰」在實齋的早期學術生命中所投下的巨大陰影。而如何擺脫這種困境並在學問上卓然自立以與東原分庭抗禮，也就必然構成了實齋內心深處最難安頓的絕大課題。但實齋的好學深思終於使他在極端艱難的情況中打開了一條出路。通過方志和《史籍考》的編纂，他逐漸建立了「以史概經」、「以今代古」的理論根據。這個理論最後則凝聚在「六經皆史」這一中心命題之中。「六經皆史」論的完成不但在實齋個人的思想發展上為一最大的突破，即在整個清代學術史上也是「經學即理學」以後一項最大的突破。由於實齋不肯公然與並世的經學家為敵，所以下語極為含蓄慎重，致使其立說之心理背景更為黯而不彰。其實「六經皆史」決不是一個普遍性的抽象理論。它後面所包涵的具體意義必須通過實齋一生與東原的思想交涉才能充分地顯露出來。[26]

(二)「朱、陸異同」論的心理背景及其在思想史上的涵義

「六經皆史」之外，《文史通義》中另一重要的理論是「朱、陸異同」說。這個理論的

26 近代治實齋之學者甚多，唯錢賓四師始點破「六經皆史」係針對當時經學理論而發。見《中國近三百年學術史》，上冊，頁三八〇—三九二。

意義必須從心理和歷史兩個方面來加以分析。從心理方面說，我們可以通過這個理論來瞭解東原在實齋心中的地位，以及實齋的自我評價。我們甚至可以武斷地說，如果不是由於東原的影子時時在困擾著實齋，實齋未必會發展出他的朱、陸新解。從歷史方面說，實齋的朱、陸論是清代儒家智識主義之興起的最有力的說明。如果說東原的哲學是程、朱「道問學」傳統在清代的最高發展，那麼實齋的朱、陸論則恰恰可以代表陸、王「尊德性」的傳統在清代向「道問學」階段的轉化。在未進行分析以前，讓我們先檢討一下實齋關於這一問題的基本說法。

《文史通義》中有兩篇文字是直接討論朱、陸異同的，即〈浙東學術〉和〈朱陸〉。這兩篇文字雖編在一起，並列入《文史通義》的「內篇」中，但〈朱陸〉篇撰於一七七七年，〈浙東學術〉撰於一八〇〇年，相去二十餘年之久。王宗炎（一七五五～一八二六）是實齋生前信託的文稿整理人，這樣的編排大約符合實齋自己的意思。[27] 因為此二文雖非同時撰寫，意義

27 按：前引王宗炎復實齋書（見註15）曾云代為改定〈浙東學術〉字句並徵求實齋同意。足見此篇之編入《文史通義・內篇二》，並置之〈朱陸〉篇之前，定出王宗炎之手，然或已獲得實齋本人之認可也。《文史通義》中〈立言有本〉一文對著作之分為內、外、雜諸篇立有嚴格的標準。實齋之意「內篇」必須包括作者論學之「要旨」。（見《文史通義・外篇一》，頁二〇三）則〈朱陸〉

則顯然互足。所以知兩文義取互足者，〈朱陸〉篇明標朱、陸兩派，而篇中僅敘及朱學的傳承，於陸學系統則全未涉及。直到他卒前之一年寫〈浙東學術〉才把〈朱陸〉篇的這一漏洞給補上了。〈朱陸〉篇追溯朱學源流云：

> 今人有薄朱氏之學者，即朱氏之數傳而後起者也；其與朱氏為難，學百倍於陸、王之末流，思更深於朱門之從學，充其所極，朱子不免先賢之畏後生矣。然究其承學，實自朱子數傳之後起也，其人亦不自知也……。性命之說，易入虛無；朱子求一貫於多學而識，寓約禮於博文，其事繁而密，其功實而難，雖朱子之所求，未敢必謂無失也。然治其學者，一傳而為勉齋（黃榦）、九峰（蔡沈），再傳而為西山（真德秀）、鶴山（魏了翁）、東發（黃震）、厚齋（王應麟），三傳而為仁山（金履祥）、白雲（許謙），四傳而為潛溪（宋濂）、義烏（王禕），五傳而為寧人（顧炎武）、百詩（閻若璩），皆通經服古，學求其是，而非專己守殘，空言性命之流也。……生乎今世，因聞寧人、百詩之風，上溯古今作述，有以心知其意，此則通經服古之緒又嗣其音矣。無如其人

與〈浙東學術〉兩篇在實齋學術系統中之地位可以推見。

慧過於識而氣蕩乎志，反為朱子詬病焉，則亦忘所自矣！[28]

據〈書朱陸篇後〉，此篇即為東原而作。然通篇僅有朱而無陸，與題旨似不相稱。頗疑實齋晚年已自覺〈朱陸〉篇之有失平衡，因此特撰〈浙東學術〉一篇，一以自道其學術之淵源，一以補〈朱陸〉篇之不足。〈浙東學術〉云：

浙東之學，雖出婺源，然自三袁（袁燮，一一四四～一二二四，袁肅，一一九九進士，袁甫，一二一四進士）之流，多宗江西陸氏，而通經服古，絕不空言德性，故不悖於朱子之教。至陽明王子揭孟子之良知，復與朱子牴牾；蕺山劉氏本良知而發明慎獨，與朱子不合，亦不相詆也。梨洲黃氏出蕺山劉氏之門，而開萬氏弟兄（萬斯大，一六三三～一六八三，斯同，一六三八～一七〇二）經史之學，以至全氏祖望輩尚存其意，宗陸而不悖於朱者也。惟西河毛氏，發明良知之學，頗有所得；而門戶之見，不免攻之太過，雖浙東人亦不甚以為然也。

28《文史通義・內篇二》，頁五五－五六。

世推顧亭林氏為開國儒宗，然自是浙西之學；不知同時有黃梨洲氏出於浙東，雖與顧氏並峙，而上宗王、劉，下開二萬，較之顧氏，源遠而流長矣。顧氏宗朱而黃氏宗陸，蓋非講學專家各持門戶之見者，故互相推服而不相非詆。學者不可無宗主，而必不可有門戶，故浙東浙西道並行而不悖也。浙東貴專家，浙西尚博雅，各因其習而習也。[29]

實齋撰〈浙東學術〉篇，從心理方面說，顯然是要為自己在宋、明以來的儒學傳統中找一個適當的位置。這和〈朱陸〉篇認定東原之學係承朱子數傳而後起，意思全相一致。但是何以實齋在一七七七年寫〈朱陸〉篇時全不涉及自己，而必須要等到一八〇〇年始暢言浙東學派而歸宗於陸、王？這個問題應該從實齋的成學經過中去求解答。一七七七年時實齋《文史通義》的宗旨雖已確立，但「內篇」主要的理論文字都還沒有著落。此時實齋的識力已足以評論東原學術，惟自家最精的義理仍未到手，正面的成就尚不足與東原相抗衡。而且實齋對浙東學派的分疏此刻恐亦未到十分明晰之境（詳後）。〈朱陸〉篇之有朱而無陸，可以說是一種不得已的隙漏。

29 《文史通義・內篇二》，頁五一－五二。

實齋「六經皆史」論是從一七八八年開始纂修《史籍考》而悟得的，而一七八九年尤為實齋在理論系統方面發展得最得心應手的一年。這些都已在上章討論過了。然而「六經皆史」論中的詳細節目並非一時所可發揮盡致，其中〈書教〉上、中、下三篇遲至一七九二年始撰就，〈春秋教〉則因理論上的困難無法克服，以致始終不能下筆。[30]且實齋《史籍考》的補修工作至一七九八年仍在進行中。現存〈史考釋例〉及〈史考摘錄〉兩篇大約即成於此年。[31]《史籍考》的工作與實齋的理論發展一向都是密切相關的，所以，實齋思想系統的完成確是最後數年間之事。由此推斷，則實齋一八〇〇年撰〈浙東學術〉一文正表示他自信在學問上已建立起「一家之言」，足以與東原分庭抗禮了。

自實齋有〈浙東學術〉之作，論者皆以實齋為清代浙東史學之重鎮，從無異辭。唯倪文孫撰《章學誠的生活與思想》一書於此事頗致其疑。倪君所持理由可約為三點：一、實齋讀

---

30 見註15。

31 〈史考釋例〉見《章氏遺書》補遺，第八冊，頁四〇—五二；〈史考摘錄〉則見《章氏遺書逸篇》，收入四川省立圖書館編輯，《圖書集刊》，第二期（一九四二年六月），頁四四—五二。關於〈史考釋例〉之撰成年代，參看胡適著、姚名達訂補，《章實齋年譜》，一九三一，頁一三二—一三四。

黃梨洲、全謝山的著作頗遲，且其時黃、全文字多未刊行，實齋所見亦不周全。二、如果實齋是浙東學派之一員，則他必會時時徵引劉蕺山、黃梨洲，並常常稱頌二萬及謝山。但按之實齋遺書，未見其然，則實齋與浙東學派之關係可想而知。三、實齋論學最重創闢，且復不喜以門戶自限，故更不宜視彼為任何學派中人。所以倪君的結論是：浙東學派也許對實齋有影響，但實齋對浙東學派的自我認同則祇能看作一種晚年追認之論 (a lifetime's afterthought)。[32]今按：浙東學派之說本不能看得太嚴格，浙東也沒有一個組織嚴密而延續不斷的「學派」。因此自來論者言「浙東學派」，都不過是把它瞭解為一種大體上共同的治學精神，與倪君「影響」之意，相去不遠。倪君駁論頗有無的放矢之嫌。所舉三層理由，第一及第三兩點自是事實，第二點則過於機械，甚難成立。唯倪君結論謂實齋之認同於「浙東學術」乃出於晚年之追論，卻是一個富於啟示性的說法。[33]

實齋一七七七年寫〈朱陸〉篇時，對東原所承的朱學淵源大體上已有明晰的認識，但對他自己思想所自出的浙東學統卻仍沒有疏理出一個完整的譜系。甚至遲到一七九七年實齋對

---

32 David S. Nivison, *The Life and Thought of Chang Hsüeh-ch'eng (1738–1801)*, pp. 279–280, 249–250.

33 實齋嘗論袁樞《通鑑紀事本末》曰：「書有作者甚淺而觀者甚深。」（《文史通義・內篇一・書教下》，頁十五）其實這是由於作者與觀者的觀點不同。余茲所論亦未必符合倪君原意也。

這一點還不曾弄清楚。這一年他從桐城寫信給朱少白（錫庚）說：

> 戴東原訓詁解經，得古人之大體，眾所推尊，其《原善》諸篇雖先夫子（按：指少白父朱筠）亦所不取。其實精微醇邃，實有古人未發之旨，鄙不以為非也。（原註：姚姬傳並不取《原善》，過矣。）戴君之誤，誤在詆宋儒之躬行實踐，而置己身於功過之外。至於校正宋儒之訛誤可也，並一切抹殺，橫肆詆訶，至今休、歙之間，少年英俊，不罵程、朱，不得謂之通人，則真罪過，戴氏實為作俑。其實初聽其說，似乎高明，而細核之，則直為忘本耳。夫空談性理，孤陋寡聞，一無所知，乃是宋學末流之大弊。然通經服古，由博反約，即是朱子之教。一傳為蔡九峰、黃勉齋，再傳而為真西山、魏鶴山，三傳而為黃東發、王伯厚。其後如許白雲、金仁山、王會之，直至明初宋潛溪、王義烏。（按：此句似不完整。）其後為八股時文中斷。至國初而顧亭林、黃梨洲、閻百詩皆俎豆相承，甚於漢之經師譜系。戴氏亦從此數公入手，而痛斥朱學，此飲水而忘其源也。然戴實有所得力處，故《原善》諸篇，文不容沒。[34]

34 〈又與朱少白書〉，見《章氏遺書》補遺，第八冊，頁二五－二六。按：此書開頭即云：「規正孫淵如稿呈閱。中有圈點，乃姚姬傳先生動筆。」可知作此書時實齋正在桐城，與姚姬傳時有過這段評論東原的文字顯然即是〈朱陸〉篇與〈書朱陸篇後〉的撮要。然而其中又有絕異的一點，即此信於清初朱學傳人中，亭林、百詩之外竟列有黃梨洲。如梨洲果屬朱學系統，則〈浙東學術〉一文便失去其立足點了。因為〈浙東學術〉明謂梨洲「上宗王、劉，下開二萬」，「顧氏宗朱而黃氏宗陸」也。實齋在一七九七年時對於浙東學統尚無明確的譜系觀念，這封給朱少白的信是最堅強的證據。

此信足以坐實倪文孫〈浙東學術〉乃實齋晚年追論之說。但實齋何以必須有此一番追論，則是一個極值得深究的問題。從心理層次看，實齋十分需要一個源遠流長的學統作為他自己的後盾，不然他將無法與承朱子之學數傳而起的戴東原相匹敵。這種心理充分表露在上引〈浙東學術〉所云「梨洲雖與亭林並峙，而上宗王、劉，下開二萬，較之顧氏，源遠流長」一段話中。實齋這番話顯然與一七七七年所寫〈朱陸〉篇頗有矛盾。〈朱陸〉篇旨在說明東原之學出於朱子，以證東原之攻訐朱子為「飲水忘源」。然戴學既可通過亭林、百詩而上溯至朱子，

從也。據《章實齋年譜》（頁一二四—一二五），一七九七年農曆三月實齋在桐城閱試卷，則此書之年代可定。所謂「規正孫淵如稿」即指〈與孫淵如觀察論學十規〉，見《章氏遺書逸篇》，收入四川省立圖書館編輯，《圖書集刊》，第二期，頁二九—三五；又見錢穆，《中國近三百年學術史》，上冊，第九章附錄。

其源不可謂不遠，由亭林下傳至東原，其流亦不可謂不長。則〈浙東學術〉所云梨洲較之亭林為「源遠流長」者，顯見其為誇詞。〈浙東學術〉篇中的誇詞尚不止此。實齋又說：

三代學術，知有史而不知有經，切人事也；後人貴經術，以其即三代之史耳；近儒談經，似於人事之外別有所謂義理矣。浙東之學，言性命者必究於史，此其所以卓也。

這也是針對著東原的經學觀點而發的議論。「近儒談經，似於人事之外別有所謂義理」一語，尤是明駁亭林以來「經學即理學」之說。細繹實齋之意，蓋謂自古迄今義理皆寓於史。此即實齋所持以史學代經學的理論根據。實齋如此持論已佔東原上風，然而仍意有未足，復進一步強調：「浙東之學，言性命者必究於史，此其所以卓也。」這就等於說，浙東之學從來便是以理學結合著史學，因此較朱子一系之專從經學講理學者更為卓越。而且實齋此處所謂「浙東之學，言性命者必究於史」並不專指清代自黃梨洲、邵念魯、全謝山以至實齋本人這一系而言。他確是肯定自南宋以來，浙東學派即是如此。所以知其說當上溯至南宋者，因同年（一八〇〇）實齋口授大略，由其子貽選執筆之〈邵與桐（晉涵）別傳〉有云：

南宋以來，浙東儒哲講性命者多攻史學，歷有師承。宋、明兩朝紀載皆稿薈於浙東，史館取為衷據。[35]

〈別傳〉與〈浙東學術〉為同時之作品，二者互校，實齋所言浙東之學，其上限可以確定。但實齋此說更乏歷史根據。金毓黻便曾指出，自南宋至清代浙東並沒有一個延續不斷的史學傳統。[36]南宋之浙東學者自不乏治史之人，如呂祖謙（一一三七～一一八七）、葉適（一一五〇～一二二三）及王應麟（一二二三～一二九六）皆是。但這些人與清代黃梨洲以至實齋本人並無學術思想上的傳承關係。且實齋所謂「浙東儒哲之言性命者」，祇能是指陸學系統中人而言，如三袁、王陽明、及劉蕺山等人。然而此輩理學家卻又未嘗重史學。

實齋對浙東學術的誇張，其心理背景可自兩方面說之。一方面是實齋的寂寞以至「孤憤」。他在〈答邵二雲書〉末說道：

35《章氏遺書・卷十八・文集三》，第三冊，頁一三三，參看《章實齋年譜》，頁一四四。

36見金毓黻，《中國史學史》，上海，一九五七，頁二五二。但陳訓慈，〈清代浙東之史學〉（《史學雜誌》，第二卷，第六期，一九三一年四月）一文云：「清代浙東之學，近承姚江性命之教，而遠紹兩宋儒哲之傳。」（頁一）則是根據實齋之說而立論者也。

> 或謂戴氏生平未嘗許可於僕，僕以此報怨者，此則置之不足辨也。僕之所學，自一二知己外，一時通人，未有齒僕於人數者，僕未嘗不低徊自喜，深信物貴之知希也，而於諸通人之所得，何嘗不推許稱說，幾於老估評值，未嘗有浮抑矣，又何修怨之有哉！嘗謂司馬、班、劉，果不生於今之世乎，則其於僕，將如慈石召鐵，琥珀拾芥，僕不彼求，彼將於僕致性命焉。且夫鐵不我前，僕已非慈石矣，何敢尤人！僕既幸慈石矣，則彼相靡而不動者，必其非真鐵也，於僕又何患乎？足下嘗許僕為君家念魯身後桓譚，僕則不敢讓也。今求僕之桓譚，舍足下其誰與！雄、譚並時而生，於古未有，可無名言高論激發後生志氣，而顧嘿嘿引嫌，不敢一置可否，豈不惜哉！足下勉之而已！[37]

表面上看，似乎實齋對於自己之被同時學人所輕視與排斥，已經做到絲毫無動於衷的境界。但事實上，實齋知及之而仁不足以守之，故信末於二雲極懷怨望之意。他把二雲看作他的並世桓譚，但二雲始終不肯公開對他的學術成績有任何表示。實齋內心渴望自己的工作受到應有的承認，在這裡表露得最清楚。一七九九年實齋在〈又與朱少白〉書中復云：

37《章氏遺書逸篇》，收入四川省立圖書館編輯，《圖書集刊》，第二期，頁四一。

鄙著《通義》之書，諸知己者許其可與論文，不知中多有為之言，不盡為文史計者。關於身世有所棖觸，發憤而筆於書。嘗謂百年而後，有能許通義文辭與老杜歌詩同其沈鬱，是僕身後之桓譚也。[38]

前一信實齋自認為司馬、班、劉如生乎今之世則將於彼為「慈石召鐵」，又責望二雲視彼當如桓君山之於揚子雲，而此函復寄望於身後之桓譚，其內心之孤寂與感慨蓋有不克自掩者。所以實齋在情緒激動時嘗坦承「屢遭坎坷，不能忘情。」又云：「未免激昂申其孤憤，此古人亦所不免，又何諱焉！」[39] 但是當世桓譚既不可求，身後桓譚亦未可必，則置身古人行列之間庶幾可以稍解岑寂而見吾道之不孤歟？此實齋〈浙東學術〉篇之所以不得不作也。

實齋撰〈浙東學術〉的另一種心理背景則直接與東原有關。實齋初寫〈朱陸〉篇時，已隱然自許為當世的陸象山，因為只有象山才能與朱子旗鼓相當。但是前已指出，其時實齋的學術路向雖已確定，而《文史通義》的中心理論——「六經皆史」——尚未成形，即就義理而言，亦不足與東原抗手。故篇中朱、陸之詳略迥不相侔。至一八〇〇年，實齋一方面學問

38 《章氏遺書逸篇》，收入四川省立圖書館編輯，《圖書集刊》，第二期，頁三八。

39 《文史通義・外篇三・與胡雒君》，頁三〇一。

已臻成熟，而另一方面則自覺生命已走到了盡頭，而有「今目廢不能書；疾病日侵，恐不久居斯世」之語。[40]這時他回顧一生在學術上的堅苦奮鬥，特別是與東原這樣一個學術強敵的爭持，他必然會感到一種重大的心理壓力。尤其使他不能忘情的，是東原的經學考證和他自己的文史校讎，一顯一晦，成為最強烈的對照。實齋雖自信甚堅，視東原與彼的對峙即是南宋朱、陸及清初顧、黃之重現，但並世學人，包括他的桓譚——邵晉涵在內，卻未必能同意實齋這種自我評價。為了說明東原和他的關係確與朱、陸的關係相應，實齋最後不能不乞靈於歷史。這樣，他就找到了近在眼前的浙東學派。在〈朱陸〉篇中，他已對東原所繼承的朱子學統作了明白的交代。現在他的問題是怎樣把自己歸宗於象山。他終從浙東這個地域性的學派獲得了啟示。在理學史上，陸、王自來被視為同一系統，而陽明則恰好是浙東人。比較困難的倒是如何重建由陽明傳至他自己這一譜系。邵念魯（一六四八～一七一一）是實齋最崇敬而熟悉的浙東先輩，並且篤信陽明致良知之教，照理應該成為陽明與他自己之間的關鍵人物。但念魯無論就聲望與年輩言，都絕不足以與顧亭林相抗；而東原的考證觀點則直接來自亭林的「經學即理學」。要找一個與亭林同時而相匹敵的浙東學人，黃梨洲可以說是唯一適當

40 〈邵與桐別傳〉，收入《章氏遺書・卷十八・文集三》，第三冊，頁一三三。

的人選。梨洲上宗王、劉，正在陸學系統之中；而復下開二萬、謝山的經史之學，又符合「言性命者必究於史」的要求。實齋在〈浙東學術〉篇中特別強調梨洲承先啟後的歷史作用，必須從這一心理角度去理解。因此，儘管實齋對梨洲的認識不深，甚至在三年前（一七九七）還把梨洲與亭林、百詩並列為朱學傳人，但在一八〇〇年寫〈浙東學術〉時卻無法不把梨洲搬回陸、王系統之中，並且要他扮演著最重要的角色。南宋有朱、陸，清初有顧、黃，這才能襯托出乾隆時的戴、章並峙。實齋說梨洲的浙東之學較之亭林為源遠流長，又說南宋以來浙東儒哲言性命者必究於史，這些顯然都不免有誇張之嫌。但在實齋的潛意識裡，這種誇張也許反而是十分真實的，研究實齋的朱、陸異同論，我們必不可把歷史真實 (Historical truth) 和心理真實 (Psychological truth) 混為一談。

以上我們從心理方面檢討了實齋的朱、陸異同論的涵義。現在我們要從思想史的觀點來看看實齋之分辨朱、陸與儒家智識主義的內在關聯。實齋平時論朱、陸，亦與清代一般學人之見相去不遠，且偏朱多於祖陸。《丙辰箚記》有一條云：

> 程、朱之學乃為人之命脈也。陸、王非不甚偉，然高明易啟流弊。若謂陸、王品遜程、朱，則又門戶之見矣。[41]

但《文史通義》中論及朱、陸在清代之發展，則一掃俗見而別出新解。實齋在〈朱陸〉篇中力證東原之學出自朱子的求一貫於多學而識。這一點當然不成問題。[42]所以朱學傳統在清代的特殊面貌即是他所謂浙西的經學考證。那麼，陸學在清代又是以怎樣一種形式出現的呢？〈浙東學術〉對這一點有解釋，其言曰：

> 浙東之學，雖源流不異而所遇不同，故其見於世者，陽明得之為事功，蕺山得之為節義，梨洲得之為隱逸，萬氏兄弟得之為經術史裁，授受雖出於一，而面目迥殊，以其各有事事故也。彼不事所事，而但空言德性，空言問學，則黃茅白葦，極面目雷同，不得不殊門戶以為自見地耳，故惟陋儒則爭門戶也。[43]

這裡最可注意的是實齋所謂「源流不異而所遇不同」及「授受雖出於一，而面目迥殊」的觀點。換句話說，實齋認為陸學傳人在清代已不復能求之於空言德性的所謂理學家，而必須在

---

41 《章氏遺書・外編・卷三》，第六冊，頁一一三。

42 胡適，《戴東原的哲學》，上海，一九二七，頁九二—九三。

43 《文史通義・內篇二》，頁五二—五三。

浙東史學家中去尋找了。其實在「萬氏兄弟得之為經術史裁」之下，實齋心中還有一句話沒有寫出來，那便是「實齋得之為文史校讎」。浙東言性命者必究於史，和浙西的「經學即理學」一樣，是儒學由「尊德性」轉入「道問學」的明確表示。根據實齋的思想史觀，我們不妨說，儒學的主流在宋、明是心性之學，在清代則是經史實學。因此〈朱陸〉與〈浙東學術〉兩篇中所列清代儒學之代表人物全屬經史研究方面的學者，而當時的「宋學家」，無論是所謂「理學名臣」或江藩《國朝宋學淵源記》中的人物，在實齋的心目中都不足以稱為朱、陸的傳人。

實齋極不以空言義理為然，因此主張學思不可偏廢，而尤強調寓思於學。他在〈原學下〉中曾說：「諸子百家之患，起於思而不學；世儒之患，起於學而不思。」「世儒」即指清代一般經學考證家而言，故下文說「學博者長於考索，侈其富於山海，豈非道中之實積！而騖於博者，終身敝精勞神以徇之，不思博之何所取也。」「諸子百家」則也包括那些空言德性、空言問學的理學家在內，故說：「言義理者似能思矣，而不知義理虛懸而無薄，則義理亦無當於道矣。」[44] 但是如果必須在摭實與蹈虛之間有所抉擇，則實齋寧捨虛而就實。他在〈答沈楓

44《文史通義．內篇二》，頁四六—四七。

墀論學〉書中說：

今之學者，雖趨風氣，兢尚考訂，多非心得；然知求實而不蹈於虛，猶愈於掉虛文而不復知實學也。[45]

實齋於此充分地表現了清代儒學的共同精神；他這種寓虛理於實學的觀點和東原所謂「德性資於學問」同是儒家智識主義興起以後的思想產品。我們在這裡最可以看出清學在思想史上的意義。如果把清代的經史研究僅看成學術史（而非思想史）中的一個階段，或一個單純的方法論的運動，那麼東原與實齋的出現便成為不可理解的事了。不僅此也，清代儘管有許多考證學者絕口不談義理問題，而他們的學術工作事實上仍然清楚地表現出一個確定的思想的方向。實齋堅持學思兼致正透露了他對清學在儒家思想史上的位置有自覺而深刻的瞭解。[46]

45《文史通義・外篇三》，頁三一〇。

46 如梁任公先生即說：「清代學派之運動，乃研究法的運動，非主義的運動也。」（《清代學術概論》，臺灣中華書局，一九七〇，頁三一）胡適之先生有〈清代學者的治學方法〉（《胡適文存》，第一集，遠東圖書公司，一九七一年三版，卷二，頁三八三—四一二）及〈治學的方法與材料〉

朱、陸之間的一個主要分野自來便由「道問學」與「尊德性」而判，朱子當年在〈答項平父書〉中已自言之。[47]但在宋、明時期，儒學的基調是「尊德性」，所以朱子的「道問學」仍然是「尊德性」中的「道問學」。東原批評程、朱「詳於論敬而略於論學」，其義正當於此求之。下逮清代，儒學的基調已在暗中偷換，「道問學」已取代了「尊德性」的主導地位。因此，東原與實齋雖亦言「尊德性」，而這種「尊德性」則祇是「道問學」中的「尊德性」。實齋論清代的朱、陸異同便必須由這一角度去理解。實齋分別清代的朱、陸為浙西之學與浙東之學，而這兩者之間的歧異則是：

> 浙東貴專家，浙西尚博雅。

「博雅」顯是「道問學」中之事，毋須更有所討論。然則「專家」又是何義？此二字雖與近代「專家」(Specialist) 一詞有其相通之處，但在實齋思想系統中卻別具更重要的涵義。實齋

《文存》，第三集，卷二，頁一〇九－一一二）兩文，也是從方法論的觀點去了解清學的意義。本文則從思想史的觀點出發，與梁、胡兩家之說頗不相同。

47 《朱文公文集》，《四部叢刊初編》縮本），卷五十四，頁九六二。

所謂「專家」便是他時常稱說的「成一家之言」；而學者能否「成一家之言」又復繫於他有無「別識心裁」。他在〈申鄭〉篇中曾說鄭漁仲「獨取三千年來遺文故冊，運以別識心裁，蓋承通史家風，而自為經緯，成一家言者也。」[48]而〈亳州志人物表例議上〉復云：

而既為著作，自命專家，則列傳去取，必有別識心裁，成其家言。[49]

這尤其是「專家」與「成一家之言」可以互訓的確證。而〈邵與桐別傳〉記二雲語實齋之言曰：

如子所約，則吾不能，然亦不過參倍於君，不至鶩博而失專家之體也。

其下有實齋子貽選注曰：

48《文史通義・內篇四》，頁一三四。

49見《章氏遺書・卷十五・方志略例二》，第二冊，頁六〇。

> 先師（指二雲）深契家君專家宗旨之議，故於宋史主於約馭博也。[50]

可見實齋的「專家」又通於「約」之義，而以「別識心裁」為其主觀之樞紐。實齋嘗謂「立言之士，讀書但觀大意」。又自許「神解精識，乃能窺及前人所未到處。」這就是說，他的學問是從「約」入手的。所以浙東貴「專家」者決不能完全等同於近代西方人所謂「對很多的東西知道得很少；對很少的東西知道得很多」的那種專門學者。實齋的「專家」是對學問先具有一種大體的瞭解，並且逐漸從大處建立起自己的「一家之言」。這種一下子就能把握住大處的本領又從何而來呢？實齋根據自己的經驗，認定是出於「神解精識」或「別識心裁」。「神解精識」或「別識心裁」顯然帶有濃厚的直覺意味，因此頗近乎柯靈烏(R. C. Collingwood)所重視的「先驗的想像」(apriori imagination)。[51]「神解精識」來自實齋早年讀書的體驗；「別識心裁」則是他中年以後治目錄校讎之學，由「別裁」的觀念推衍出來的。[52]兩

50《章氏遺書・卷十八・文集三》，第三冊，頁一三六。

51見余英時，〈章實齋與柯靈烏的歷史思想〉，《自由學人》，第三、四期合刊（一九五七年十月），頁十四。此文現已收入本書外篇，頁三四一—四一三。

52《章氏遺書・內篇一・校讎通義》，第二冊，頁六。關於實齋之別裁觀念及其應用上的困難，可

者的涵義正可互相補充。

經過了上面一番分析，我們可以肯定地說，實齋所謂「浙東貴專家」者，其意即謂浙東之學的立足點在「約」。這與浙西之尚博恰好成為顯明的對照。由博至約或先約後博正是朱、陸分家的一個始點。據朱亨道記淳熙二年（一一七五）朱、陸鵝湖之會云：

鵝湖之會，論及教人，元晦之意欲令人泛觀博覽，而後歸之約。二陸之意欲先發明人之本心，而後使之博覽。[53]

因此清代浙西的博雅和浙東的專家確是在精神上分別承繼了朱、陸的傳統。但是這裡有一個最值得注意之點，即實齋論博約純是「道問學」層面上的事。此與朱、陸當時在「尊德性」的大前提之下討論博與約，其意義已有了根本的改變。實齋屢說「讀書但觀大意」或「窺見古人大體」一類的話。這些話在字面上頗近乎象山所強調的「先立其大」。然而象山所欲先立

看胡楚生，〈目錄家別裁說平議〉，《書目季刊》，第六卷，第三、四號合刊（一九七二夏），頁一一五－一三一。

53 《象山先生年譜》引，見《象山先生全集》，（《四部叢刊初編》縮本），頁三一九。

之「大」乃德性上的「大」；實齋所嚮往的「大」則是學問上的「大」。這正猶如象山的「約」是道德性的「約」，而實齋的「約」是知識上的「約」。實齋之所以有時用「專家」來代替「約」字，恐怕正是因為「約」字的意義不夠顯豁之故。毫無疑問，實齋確曾對陸、王一系的儒學在清代的發展提出了嶄新的解釋。但他在賦予陸、王之學以新的意義之際，同時也正在不知不覺中從內部改造了陸、王的舊統。他把「尊德性」的陸、王變成了「道問學」的陸、王！

實齋在〈朱陸〉篇中又嘗說：

> 宋儒有朱、陸，千古不可合之同異，亦千古不可無之同異也；末流無識，爭相詬詈，與夫勉為解紛，調停兩可，皆多事也。[54]

此語確未經前人道過，而且涵義極富，不可不略加分疏。何以說朱、陸異同「千古不可合」而又「千古不可無」？這一點必須從實齋的性情論方面去求答案。〈博約中〉云：

54 《文史通義．內篇二》，頁五三。

> 夫學有天性焉，讀書服古之中，有入識最初而終身不可變易者是也；學又有至情焉，讀書服古之中，有欣慨會心而忽焉不知歌泣何從者是也。功力有餘而性情不足，未可謂學問也；性情自有而不以功力深之，所謂有美質而未學者也。[55]

實齋此處論性情有極深刻的心理學的根據。他所說的「有入識最初而終身不可變易」之性及「有欣慨會心而忽焉不知歌泣何從」之情，都是對於現代心理學上所謂「認同感」(sense of identity)的一種描述。威廉·詹姆士(William James)在給他太太的一封信上說：

> 一個人的性格可以從心理或精神狀態中看得出來；當這種狀態逼來之時，他感到自己具有極深刻而強烈的活力和生命。在這種時候，裡面有一個聲音在說：「這才是真正的我！」[56]

55《文史通義・內篇二》，頁四九—五〇。

56 轉引自 Erik H. Erikson, *Identity: Youth, and Crisis*, New York, 1968, p. 19. 原文見 *The Letters of William James*, edited by Henry James, vol. 1, Boston, 1920, p. 199.

艾理遜 (Erik H. Erikson) 指出，詹姆士所謂「性格」(character) 便是現代心理學上所說的「認同感」。一個人對自己精神生命的方向的發見常有突如其來之感，並不是艱苦追尋而後得之。這大概就像是王國維所舉的宋人詞句：「眾裡尋他千百度，驀然回首，那人卻在，燈火闌珊處！」實齋自己便有過這一類的經驗，所以他說：

> 天下至理多自從容不迫處得之。矜心欲有所為，往往不如初志。[57]

艾理遜並進而要我們注意：一、詹姆士寫上引給他太太的信時已在三十歲開外；二、詹姆士早年曾經歷過一段很深刻的「認同危機」(identity crisis)；三、詹姆士後來成為美國實用主義的心理學家兼哲學家。照艾理遜的說法，天才而經過思想訓練的人有其特殊的認同與認同問題，不能與一般人等量齊觀。而且這類特殊人物的認同問題往往在他們的事業開始時造成一種相當持久的認同危機。[58] 艾理遜關於詹姆士的分析在很大的程度上可以適用於實齋。僅從胡適的《章實齋年譜》中我們已可看出他早年確經歷過認同危機。例如十六歲時（一七五三），

57 《文史通義・外篇三・家書》，頁三三二。

58 Erikson, *Identity: Youth, and Crisis*, pp. 20–21.

他父親的賓客「皆為其父憂無後」，其時實齋知識漸通，好泛覽。他的父親則怕他讀書不精，加以禁止。而實齋「嗜好初入，不忍割置，輒彷徨者久之。」此時實齋正從柯紹庚學經義，但又不肯為應舉文，好為詩賦而不得其似。心無主張，卻不甘與俗學為伍。又經營《東周書》百餘卷，未成。後為館師所覺，被責，遂中廢。他時文尚不通，而好為詩古文辭。柯紹庚誨之不信，甚以為恨。二十歲時（一七五七）讀書日三二百言，猶不能久識。為文字，虛字多不當理。直到二十歲以後智慧才豁然開朗。但他二十五歲（一七六二）在國子監，雖意氣落落，不可一世，而每試必在下等。祭酒以下皆不之齒，同舍諸生亦視之若視無物。二十八歲（一七六五）始學文章於朱筠。朱筠一見即許以千古，然語及時文，則云：「足下於此無緣，不能學，然亦不足學也。」這已在他與東原初晤的前一年了。

這些都是從心理分析的觀點研究實齋早年認同危機的重要線索。如果再進一步從他所寫的家書、信札，及師友傳記中去找資料，必會有更豐富的收穫。但是這種工作必須由專治心理分析的人去擔任。我在此祇想指出，實齋從十五、六歲到二十八、九歲之間，曾經為了尋找學術上的真我而作過種種努力；他的認同危機，也和詹姆士一樣，持續了相當長的一個時期。[59] 其次，實齋雖非西方近代式的心理學家，但在清代學術思想史上，他是一個最注重學者「心術」的人；他對同時學人如戴東原等以至他自己，都曾進行了大量的心理分析。這樣看來，實齋之所以和詹姆士在某些心理觀察方面有類似之處（下文還要繼續提到）決非純出偶然。

實齋關於性情的分析詳見於〈答沈楓墀論學〉書。其言曰：

由風尚之所成言之，則曰考訂、詞章、義理；由吾人之所具言之，則才、學、識也；由童蒙之初啟言之則記性、作性、悟性也。考訂主於學，詞章主於才，義理主於識，人當自辨其所長矣；記性積而成學，作性擴而成才，悟性達而為識，雖童蒙可與入德，又知斯道之不遠人矣。……夫考訂、詞章、義理，雖曰三門，而大要有二，學與文也。……立言之士，讀書但觀大意；專門考索，名數究於細微；二者之於大道，交相

59 據我的判斷，乾隆丙戌（一七六六）實齋初晤東原時，正是實齋認同危機發展至最緊要的關頭，故東原的「考證挑戰」始能在實齋的心理上引起巨大的回響，並因而逼使實齋在此後數年間克服了心理上的危機。按：實齋是年二十九歲，而據 Erikson 對馬丁路德的研究（*Young Man Luther*, New York, 1955），歷史上的偉人，其事業發展上最具決定性的年代往往在十五至三十之間。所以艾理遜的歷史心理分析（Psycho-history）的新說頗適合於解釋實齋學術發展的心理歷程。參看 H. Stuart Hughes, *History as Art and Science*, New York, 1964, p. 59.

為功。[60]

實齋先分人之質性為三，最後又別其大要為二。大概他認為由於這三種質性之組合因人而不同，因此學者可以一般地劃成兩大類。這兩大類，從他自己所用的名詞說，即是「高明」與「沉潛」；[61]從思想史上的流派說，是陸與朱或浙東與浙西；從治學的途徑說，則是約與博。人之所以「入識最初而終身不可變易者」，正是因為人的「質性不可變。」[62]這是朱、陸分歧千古不可無而又千古不可合的最後的內在根據。實齋此處解釋朱、陸異同與傳統的「尊德性」、「道問學」之說顯已大異其趣。他是根據人所具有的兩類不同的認知能力來重新判劃朱、陸的。在這個新的解釋之下，朱、陸異同的舊有的道德內涵，無形中已被挖空了；代之而起的是一種新的知識內涵。清代儒學從「尊德性」向「道問學」的轉化，在此又獲得了進一步的證實。

從人的內在性情來分別思想史上的主要流派，近代西方學者中也不乏其人；取而與實齋

60《文史通義・外篇三》，頁三〇八—三〇九。

61《文史通義・內篇二・博約下》，頁五一。

62《文史通義・內篇六・假年》，頁一八九。

作一比較，頗為有趣。最有名的當然要數威廉．詹姆士的「軟心腸」(tender-mindedness) 和「硬心腸」(tough-mindedness) 之分。詹姆士把哲學家分成如此的兩大型，曾引起了不少的批評。但大體上說，如不求之過細，這一分別確足以給我們一個總持的觀念。而且，正如布靈頓 (Crane Brinton) 所指出的，在這兩大型之間，我們仍可找到一種混合型。以希臘哲學史為例，柏拉圖自然是「軟心腸」的典型代表；辯者 (Sophists) 是「硬心腸」的範例；而亞里士多德則依違於兩型之間，成為第三型。[63] 所以，一般而言，詹姆士的兩型說在思想史研究上仍然是有用的，儘管後人可以對它加以補充和修正。「軟心腸」和「硬心腸」之別，恰與實齋的「高明」和「沉潛」一樣，是建築在人的性情不同的假定之上的。實齋與詹姆士都是要為思想家立說之分歧尋找內在的心理根據。但詹姆士的說法並不完全出於他自己的創闢。他早年曾留學於歐洲大陸，頗受到歐洲思想界的影響。「軟心腸」和「硬心腸」之分便顯然是對雷努維爾 (Charles Renouvier) 的哲學史觀的一種發揮與引申。雷努維爾在一八八五年曾有一書專討論哲學學說的系統分類 (*Esquisse d'une classification systematique des doctrines philosophiques*)。在這部書中，雷氏認為哲學史上兩大流派之分（如中古的唯名論與唯實論，

63 Crane Brinton, *Men and Ideas*, New York, 1950, pp. 36–55.

近代的經驗論與理性論等等）決非偶然。這一分別與人類精神中具有兩種互相衝突的傾向是相應的。而且，這兩種互相衝突的傾向是思想史上的永久特徵；在不同的時代中，它們也許以不同的方式出現，但基本上它們是要繼續存在下去的。[64]雷氏整個的看法正是實齋所謂「宋有朱、陸，千古不可合之同異，亦千古不可無之同異」的西方翻版，而所謂兩種精神傾向在不同時代以不同方式出現，尤與實齋「源流不異而所遇不同」之說若合符節。

最近英人柏林 (Isaiah Berlin) 分辨思想史與文學史上「狐狸」(fox) 與「刺蝟」(hedgehog) 之兩型，則更能幫助我們對實齋的朱、陸異同論的深入認識。古希臘詩人 (Archilochus) 有殘句云：「狐狸知道很多的事，但是刺蝟則衹知道一件大事。」此語自來解者不一。柏林則借用這句話來分別一切思想家與作家為兩大型。一是刺蝟型，這一型的人喜歡把所有的東西都貫穿在一個單一的中心見解之內，他們的所知、所思、所感最後全都歸結到一個一貫而明確的系統。總之，他們的一切都唯有通過這樣一個單一的、普遍的組織原則才發生意義。另一方面則是狐狸型的人物。這種人與前一型相反，從事於多方面的追逐，而不必有一個一貫的中心系統。他們的生活、行為以及所持的觀念大抵是離心的而非向心的；他們的思想向多方

64 John Passmore, "The Idea of a History of Philosophy," in *The Historiography of the History of Philosophy, History and Theory, Beiheft 5*, 1965, p. 25.

面拓展，並在不同的層面上移動。因之他們對於各式各樣的經驗和外在對象，僅採取一種嚴肅的就事論事的認知態度，而並不企圖把它們納入一個無所不包的統一的論點之中。[65]

以柏林的「狐狸」與「刺蝟」較之實齋的朱與陸，其密合的程度極為驚人。「狐狸」正似實齋筆下的博雅考證學家，而「刺蝟」則運用「別識心裁」以成一家之言的「專家」也。通過「狐狸」與「刺蝟」的分類，我們更可以瞭解實齋在當時學術思想界的處境，及其與一般考證學家的對立。實齋澈頭澈尾地是一個「刺蝟」，他衹知道「一件大事」，但他極為「狐狸」的多方面的知識所困擾。因為從「刺蝟」的觀點來看，「狐狸」知道很多的事而缺乏一個中心系統來貫穿它們，則這許多知識便都沒有意義了。所以他在給孫淵如的論學書中很坦率地指出：

> 天地之大可一言盡，學固貴博，守必欲約，人如孔子，不過學周禮一言，足以盡其生平。執事才長學富，膽大心雄，《問字堂集》未為全豹，然兼該甚廣，未知尊旨所在，內而身心性命，外而天文地理，名物象數，諸子百家，三教九流，無不包羅，可謂博

---

65 Isaiah Berlin, *The Hedgehog and the Fox, An Essay on Tolstoy's View of History*, Essandess paperback edition, pp. 1–2.

矣。昔老聃以六經太泛，願問其要，夫子答以要在仁義。說雖出諸子，然觀《漢志》所敘諸家流別，未有無所主者。昔人謂博愛而情不專，愚謂必情專而始可與之言博。蓋學問無窮，而人之聰明有盡，以有盡逐無窮，堯、舜之知不遍物也。尊著浩瀚如海，鄙人望洋而驚，然一蠡之測，覺海波似少歸宿，敢望示我以尾閭也！[66]

同輩學人中與實齋最相契者莫過於邵二雲，然實齋與二雲論學猶曰：

足下於文，漫不留意，立言宗旨，未見有所發明。此非足下有疏於學，恐於聞道之日猶有待也。足下博綜十倍於僕，用力之勤，亦十倍於僕，而聞見之擇執，博綜之要領，尚未見其一言蔽而萬緒該也。足下於斯，豈得無意乎？[67]

可見實齋始終本諸「刺蝟」的立場，對「狐狸」的博而不約表現了相當的輕視與偏見。但不

66〈與孫淵如觀察論學十規〉，見《章氏遺書逸篇》，收入四川省立圖書館編輯，《圖書集刊》，第二期，頁三四。

67見《文史通義・外篇三・與邵二雲論學》，頁二九二。

幸實齋是一個孤獨的「刺蝟」而生在「狐狸」的鼎盛之世。當時無數為考證而考證的學者並不必然要「聞道」或求什麼「歸宿」；他們對實齋的學術路向不能相契，自是意料中事，實齋在心理上所感受到的巨大壓力主要即來自他周圍的考證學家。為了對抗這一壓力，實齋於是有風氣之論。他在〈答沈楓墀論學〉中說道：

三代以還，官師政教不能合而為一，學業不得不隨一時盛衰而為風氣，當其盛也，蓋世豪傑，竭才而不能測其有餘；及其衰也，中下之資，抵掌而可以議其不足。……人生難得全才，得於天者必有所近，學者不自知也。博覽以驗其趣之所入，習試以求其性之所安，旁通以究其量之所至，是亦足以進乎道矣。今之學者則不然，不問天質之所近，不求心性之所安，惟逐風氣所趨而徇當世之所尚，勉強為之，固已不若人矣。世人譽之則沾沾自喜，世人毀之則戚戚以憂，而不知天質之良，日已離矣。夫風氣所在，毀譽隨之，得失是非豈有定哉！……夫風氣所趨，偏而不備，而天質之良，亦曲而不全，專其一則必緩其二，（按：此指才、學、識；或記性、作性、悟性三者而言）事相等也。然必欲求天質之良而深戒以趨風氣者，固謂良知良能，其道易入，且亦趨風氣者未有不相率而入於偽也。其所以入於偽者，毀譽重而名心亟也。故為學之要，先戒名心；為學之方，求端於道，茍知求端於道，則專其一，緩其二，乃是忖己之長未能兼有，必不入主而出奴也；擴而充之，又可因此以及彼。風氣縱有循環，而君子之所以自樹，則固毀譽不能傾，而盛衰之運不足為榮瘁矣，豈不卓歟！[68]

依照實齋的性情說，一個人在學問方面究竟是傾向於「高明」或「沈潛」的路數，基本上是由他的先天氣質決定的。如果「高明」與「沈潛」是出乎本性，則每一時代中「狐狸」與「刺蝟」應各居其半，至少也應數目相當，然則何以實齋之世，祇有「狐狸」而少見「刺蝟」呢？實齋因此體悟到風氣的作用。「狐狸」與「刺蝟」雖皆代有其人，但在思想史的每一階段中總不免只有一種風氣佔主導的地位。風氣則不能無所偏向，或高明而取約，或沉潛而尚博。而風氣之所向亦即毀譽之所繫，趨之者則為世所尊，逆之者則為世所鄙。在這種情形下，學人為名心所驅，往往寧可逆己之性以循風氣，而不敢逆風氣以從吾所好。實齋所謂「趨風氣者未有不相率而入於偽」，便正是針對當時學人群趨考證一途而言。他認定並世「狐狸」之中頗不乏由「刺蝟」偽裝而成者；因此，他的學術路向之所以不能見賞於當世，其責乃在人而不

68 《文史通義・外篇三・與邵二雲論學》，頁三〇七—三〇八。

在己。這一番分析，一方面點破了清代中葉學術界的基本癥結，另一方面則化解了他內心所承受的巨大的外在壓力。在這一點上，實齋所見之歷史真實和他所感之心理真實是疊合的。

但實齋之以性情分別朱、陸，與柏林之分別「狐狸」與「刺蝟」，其間有一極相異之點：西方近代思想界是一個「道術已為天下裂」的局面，因此「狐狸」與「刺蝟」不妨分頭發展，各行其是，並無所謂誰高於誰的問題。然而在清代學術界，儒家至少在表面上依然保持著獨霸的地位，所以「道」仍是最高一級的觀念。博雅的考證學家縱使對理論系統的本身毫無興趣，也不能不說他們治學的最終目的是在求六經、孔、孟之道。在這一特殊的思想背景之下，實齋才會理直氣壯地要求孫淵如、邵二雲等歸宿於道，正如南宋時陸象山要說朱子「學不見道，枉費精神」一樣。因此實齋的「高明」與「沈潛」兩型並非分道揚鑣，而是殊途同歸。但這對於性格沉潛的博雅考證學家而言，是不公平的，因為實齋在不知不覺中竟要求「狐狸」必須兼顧「刺蝟」的工作。其最後的涵義則是以「刺蝟」的價值高於「狐狸」。這一價值判斷在心理上為實齋提供了重要的保證，使他能夠面對著無數輕視他的考證學家而不致失去自信。同時，他和東原之間的朱、陸對峙也因此而更形彰顯：他自己是所謂「高明者由大略而切求」，而東原則是「沉潛者循度數而徐達。」[69]他們是各依其不同的性格，循著不同的途徑，而最後同達於「聞道」之境的。[70]所以實齋的朱、陸之辨，不像柏林的「狐狸」與「刺蝟」那樣純粹地根據人的氣質而立論，其中夾雜著他對統一性的儒家之「道」的嚮往。這是治比較思想史者所必須注意的地方。

前引實齋論性情與風氣之間的內外配合與衝突，其中有一段涉及王陽明的良知說，值得特別提出來加以分析，以為本節的結束。實齋說：「然必欲求天質之良而深戒以趨風氣者，固謂良知良能，其道易入，且亦趨風氣者未有不相率而入於偽也。」（〈答沈楓墀論學〉）細玩文義，實齋是用性情來重新界定良知，因此每一學人的性情之所在即其良知之所在。關於這個問題，他在〈博約下〉有較詳細的發揮。他說：

69《文史通義・內篇二》，頁五一。按：清初費經虞、費密父子的《弘道書》便用「高明」、「沉潛」、「中行」三者分別儒學史上的各派，上起孔門弟子，下及程、朱、陸王。（參看《胡適文存》，第二集，臺北，遠東，一九五三年，頁八六—八八）實齋曾讀費密《貫道堂集》，他用「高明」與「沉潛」二觀念或受費氏父子的啟發。

70如果根據柏林的「狐狸」與「刺蝟」的分類，則毋須說二者最後必同歸於「聞道」或「求道」。純粹考證學家如孫星衍、錢大昕等正是典型的「狐狸」，而戴東原反而應該與實齋同屬於「刺蝟」型的人物。關於東原的學術性格問題，詳見下章。

或曰：子言學術功力必兼性情，為學之方不立規矩，但令學者自認資之所近與力能勉者而施其功力，殆即王氏良知之遺意也。

又說：

王氏「致良知」之說，即孟子之遺言也。良知曰致，則固不遺功力矣；朱子欲人因所發而遂明，孟子所謂察識其端而擴充之，胥是道也。而世儒言學，輒以良知為諱，無亦懲於末流之失，而謂宗旨果異於古所云乎！

實齋此處用兩個新的觀念來解釋王陽明的「致良知」：「資之所近」或「性情」便是「良知」，而「功力」則相當於所謂「致」。必須指出，這個新解釋是清代儒學轉化至「道問學」階段以後的產物，它決非王陽明言「致良知」的本意，亦決不合孟子言擴充四端之深旨。蓋孟子、陽明所言皆是「尊德性」分上的事，而實齋所說則純屬於「道問學」的範圍之內。這一層實齋自己也明確地意識到了。所以他又說：

或曰：孟子所謂擴充，固得仁義禮智之全體也，子乃欲人自識所長，遂以專其門而名其家，且戒人之旁騖焉，豈所語於通方之道歟？答曰：言不可以若是其幾也！道欲通方而業須專一，其說並行而不悖也。……後儒途徑所寄，則或於義理，或於制數，或於文辭，三者其大較矣；三者致其一，不能不緩其二，理勢然也。知其所致為道之一端，而不以所緩之二為可忽，則於斯道不遠矣。……是以學必求其心得，業必貴於專精，類必要於擴充，道必抵於全量，性情喻於憂喜憤樂，理勢達於窮變通久，博而不雜，約而不漏，庶幾學術醇固，而於守先待後之道，如或將見之矣！[71]

可見實齋本乎思想史的發展觀點，自承其「致良知」之新說與孟子、陽明有歧。析而論之，其歧有三：良知之觀念在孟子與陽明皆就德性之全體言，今實齋則變易其說，專把學者求知的直覺傾向認作「良知」。用他自己的話說，即是「夫學有天性焉，讀書服古之中，有入識最初而終身不可變易是也；學又有至情焉，讀書服古之中，有欣慨會心而忽焉不知歌泣何從者是也。」他不但把「良知」的範圍縮小了，更重要地，則是把「德性之良知」（陽明語）轉化

71 均見《文史通義・內篇二》，頁五〇—五一。

為智性的良知。此其一。他以「功力」訓「致」，明顯地是受到「考證挑戰」後的一種反應。陽明之「致」是德性的功夫；清初黃梨洲說：「心無本體，功力所至，即其本體。」依然是注重成德的功夫過程。實齋用「功力」一詞時則挖空了它的德性內涵，而代之以「學者求知之功力」之義，故曰：「學與功力，實相似而不同；學不可驟幾，人當致攻乎功力則可耳。」[72]此其二。實齋言「道」仍兼及德性與學問兩面，但其言人之所以至乎道，則不出義理、制數、文辭三途，而尤強調「三者致其一，不能不緩其二。」易言之，一個人若在專門學問上無確定的基礎便無由通乎道。他所謂「道欲通方而業須專一」者，其重點實在「業須專一」四字也。以實齋此說較之陽明的〈拔本塞源論〉，便最可見儒學的內在轉化。〈拔本塞源論〉說：

> 此聖人之學所以至易、至簡、易知、易從，學易能而才易成者，正以大端惟在復心體之同然，而知識技能非所與論也。[73]

72《文史通義・內篇二》，頁四九。

73見《陽明全書》（《四部備要本》），卷二，頁十二b。

但推實齋之說至乎其極，則非在經學及文史之學等方面有專門的成就的人便不可能窺見「聖人之學」。陽明認為「知識技能非所與論」而實齋則正是要人重視「知識技能」。可見實齋自己雖歸宗陽明，然而事實上他的基本學術觀點反而更接近東原的「德性資於學問，進而聖智」之論。此其三。

東原批評程、朱「詳於論敬，而略於論學。」故《孟子字義疏證》一書將程、朱「窮理致知」之論推拓至盡，因而從內部把程、朱的傳統澈底地知識化了。實齋論朱、陸異同，自承其學統出於浙東，並上溯至象山、陽明之教；而一考其「致良知」之新解，則亦已暗中將「尊德性」之陸、王轉換為「道問學」之陸、王。東原顯斥程、朱，實齋明宗陸、王；此為兩家之異。然東原斥程、朱即所以發揮程、朱，實齋宗陸、王即所以叛離陸、王；取徑雖殊，旨歸則一。則兩家之貌異終不能掩其心同。故《文史通義》中〈浙東學術〉與〈朱陸〉兩篇實為治清代儒學發展史者所最當深玩之文字也！

六、戴東原與清代考證學風

㈠「博雅」與「成家」

在上章〈章實齋的「六經皆史」說與「朱、陸異同」論〉中，[1]我曾指出，實齋撰〈朱陸〉與〈浙東學術〉兩文，其主旨即在說明：他和戴東原在學術上的分歧乃南宋時朱、陸對峙的重現。而朱、陸之所以為千古不可合之異同，在實齋看來，則是源於學人的性情有「沉潛」與「高明」的殊致。本乎性情以劃分朱、陸，此義為從來論朱、陸異同者所未及。但實齋的性情論仍在儒家一貫之道的籠罩之下，所以他心目中的朱學是「求一貫於多學而識，寓約禮

1 原載《新亞書院學術年刊》，第十六期，一九七四年九月。

於博文。」多識而不求一貫，或博而不約，則均不足以言學問。根據此一分類的標準，實齋與東原恰好可以分別代表「高明」和「沉潛」之兩型：實齋是「由大略而切求」；東原則是「循度數而徐達」。

實齋的朱、陸異同論，如果祇應用在他和東原兩個人的身上，自是極為貼切。惟若推而廣之，遍及於乾嘉時代之學人，則其中不免有扞格難通之處。實齋屢說時人之學以「補苴襞績」見長，故只能識東原之名物考訂，而不識其義理。所以〈書朱陸篇後〉說：

> 凡戴君所學，深通訓詁，究於名物、制度，而得其所以然，將以明道也。時人方貴博雅考訂，見其訓詁、名物有合時好，以謂戴之絕詣在此。及戴著《論性》、《原善》諸篇，於天人理氣，實有發前人所未發者，時人則謂空說義理，可以無作，是固不知戴學者矣！[2]

而〈與史餘村〉則云：

2 《文史通義・內篇二》，古籍出版社，一九五六，頁五七。

近三四十年，學者風氣，淺者勤學而闇於識，深者成家而不通方，皆深痼之病，不可救藥者也。有如戴東原氏，非古今無其偶者，而乾隆年間未嘗有其學識。是以三四十年中，人皆視以為光怪陸離，而莫能名其為何等學；譽者既非其真，毀者亦失其實，強作解事而中斷之者，亦未有以定其是也。僕為邵先生言：「戴氏學識雖未通方，而成家實出諸人之上，所可惜者，心術不正，學者要須慎別擇爾。」邵先生深以僕為知言。[3]

但合此兩段評論文字觀之，其間又有甚可異者。第一段說「時人方貴博雅考訂」，因此僅能欣賞東原的訓詁名物，而「博雅」則是實齋所謂清代「浙西之學」的特徵。這就等於說，東原之學並非「博雅」所能盡，唯有當時一般的考證學者如錢大昕之流纔可以歸入「博雅」一類。第二段中有「淺者勤學而闇於識，深者成家而不通方」之語。前者亦指一般的考證學者，後者主要即指東原，故下文又說東原「成家實出諸人之上」。[4]此處最值得注意的是「成家」之

3 見《章氏遺書逸篇》，收入四川省立圖書館編輯，《圖書集刊》，第二期（一九四二年六月），頁三八－三九。

4 至於「不通方」云者，即〈書朱陸篇後〉所云東原「自尊所業，以謂學者不究於此，無由聞道；

說。我在〈章實齋的「六經皆史」說與「朱、陸異同」論〉中已經證明，「成一家之言」即相當於實齋所謂「浙東貴專家」的「專家」，這與浙西的「博雅」恰是相對的。這樣一來，東原之學便轉而近於浙東而遠於浙西了。不但如此，實齋在〈答邵二雲書〉中曾說：

求能深識古人大體，進窺天地之純，惟戴氏可與幾此。[5]

但是他在〈又與朱少白〉書中，言及《文史通義》中〈言公〉、〈說林〉諸篇時竟也說：

學者……得吾說而通之，或有以……由坦易以進窺天地之純、古人之大體也。[6]

則實齋所自懸之最高學問鵠的亦與東原全相一致也。可見實齋於不經意時常引東原為同調，

不知訓詁名物，亦一端耳。古人學於文辭，求於義理，不由其說，如韓、歐、程、張諸儒，竟不許以聞道，則亦過矣。」（《文史通義・內篇二》，頁五七）

5 《章氏遺書逸篇》，收入四川省立圖書館編輯，《圖書集刊》，第二期，頁四〇。

6 《章氏遺書逸篇》，收入四川省立圖書館編輯，《圖書集刊》，第二期，頁三八。

而轉視東原與其他博雅的考證學家為異類。這與他辨朱陸異同時的正面議論顯然大有出入。這些地方其實洩露了實齋內心的一大隱秘：儘管他在明處一直與東原爭衡，至以當代的陸象山自居，但在潛意識中他始終沒有擺脫掉東原的糾纏，以致言思之間時時似有一東原的影子在暗中作祟。這一點上章已有討論，茲不復及。現在我們要根據實齋認同於東原這一有趣的線索來澈底地對東原的學術性格加以分析。祇有在把握到東原的學術性格之後，我們纔能真正瞭解這位經學考證的大師與當時考證學風之間的錯綜複雜的關係。

(二)「狐狸」與「刺蝟」

上章曾引英人柏林 (Isaiah Berlin) 在思想史上分辨出「狐狸」和「刺蝟」兩型。他之所以立此分別，主要是為了分析托爾斯泰的性格。柏林提出了一個很有趣的說法：即托翁在性格上本屬於「狐狸」一型，但他本人卻誤信自己是一個「刺蝟」。何以說托翁的本性是「狐狸」呢？因為他最擅長的才能是對於個別人物的內心生活、體驗、關係等等方面的入微分析和細膩描寫。事實上讀者最崇拜和喜愛的也正是這些地方。這一點托翁也有自知之明。所以他在撰寫《戰爭與和平》時，曾寫信給友人說：讀者最欣賞於此書者將是其中一些社會和個人生活的實況、人物的有趣對話以及古怪的癖性等等。但是托翁自己卻並不特別看重他在這一方面的成就。在他看來，這一切都祇是人生中的微小「花朵」(flowers)，而不是「根本」(roots)。而他寫《戰爭與和平》，最要緊的是要去發現最高的真理，特別是人類歷史的本質。他企圖通過歷史去掌握一切人世流變的最後之因。《戰爭與和平》一書中充滿了歷史和哲學的議論，其故端在於是。托翁對自己在歷史哲學方面的見解極具信心，他非常嚴肅地要在千變萬化的歷史現象中，求得一個「一貫之道」。從這裡可以看出，他的確深信自己所背負的是「刺蝟」的任務。他之所以以「刺蝟」自居也有其特殊的時代背景。托翁生在黑格爾哲學如日中天的十九世紀的歐洲，向歷史上尋求決定人類生活的最後法則是當時一種相當普遍的風氣。托翁雖未接受黑格爾本人的哲學系統，但受黑格爾思潮的影響則至為明顯。他相信人類生活亦如自然界一樣，是受一種「自然法則」支配的，就此點言，他和馬克斯都是同一思想風氣下的產物。

但當時以及後世的文學與歷史評論家對《戰爭與和平》的評價與托翁本人截然相反：他們所看重的正是托翁所輕視的「花朵」，而他們所最不取者則恰是托翁所自負的「根本」。柏林因此以《戰爭與和平》為中心，對托翁的著作作了全面的檢查，終於得到了托翁的本性是「狐狸」而誤信自己為「刺蝟」的結論。《戰爭與和平》這部書便是作者的「狐狸」的本性和他的「刺蝟」的信仰兩者強烈衝突之下的作品。[7]

柏林關於托翁的分析對於我們瞭解戴東原的學術性格有很大的啟示作用。章實齋屢說並世通人皆不識東原為何等學，又歷舉東原筆舌分用之例而致疑於其人之心術不正。實齋「心術」之說自是取自傳統的道德觀點。但實齋於東原之學確知之甚深，其所指出的東原的內在矛盾決不全屬子虛。我們不妨借用柏林的分類對東原其人其學重新加以研究。

東原一方面以考證為當世所共推，另一方面則以義理獨見賞於章實齋。一身而兼擅考證與義理，在乾、嘉學術史上為僅有之例。考證必尚博雅與分析，這種工作比較合乎「狐狸」的性情，義理則重一貫與綜合，其事為「刺蝟」所深好。世界上原少純「狐狸」或純「刺蝟」，因此一個人在某種程度上兼做這兩類工作並非不可能之事。但不幸在考證學風鼎盛的乾、嘉時代，義理工作最得不到一般學者的同情。而且當時考證學家之鄙薄義理，並不完全因為義理是宋學而然。他們根本不慣於系統性的抽象思考。所以考證與義理之爭基本上是源於兩種不同型態的認知活動的對立，所謂漢、宋之爭不過是其中一個特殊的環節而已。東原的新義理顯然具有為清代考證運動在理論戰場上「拔趙（宋）幟立漢幟」的重大意義，然而同時學人朱筠、錢大昕輩竟譏《原善》、《論性》諸篇為「空說義理，可以無作」，則當時學術

7 Isaiah Berlin, *The Hedgehog and the Fox, An Essay on Tolstoy's View of History*, Essandess paperback edition, pp. 1–42.

界的一般風氣可想而知。托爾斯泰的本性是「狐狸」，但因生在十九世紀，深受黑格爾思潮的感染，遂至誤認自己作「刺蝟」。從章實齋觀點來看，這正是讓風氣斲喪了性情。東原的情形和托翁恰好相反，而又有其相似。在思想史上，十八世紀的中國是一個「狐狸」得勢的時代，和歐洲十九世紀的「刺蝟」世界形成了鮮明的對照。而根據我們所能掌握的一切事實來判斷，東原的本性則具有濃厚的「刺蝟」傾向。東原似乎從來不甘心把自己認同於「狐狸」，然而長期處在「狐狸」的包圍之中卻使他不能不稍稍隱藏一下本來的面目，有時甚至還不免要和「狐狸」敷衍一番。這樣一來，就更使同時的人捉摸不定戴東原其人其學的真相了。祇有「刺蝟」才認得出「刺蝟」，所以章實齋說：「有如戴東原氏，非古今無其偶者，而乾隆年間未嘗有其學識。是以三四十年中，人皆視以為光怪陸離，而莫能名其為何等學；譽者既非其真，毀者亦失其實，強作解事而中斷之者，亦未有以定其是也。」下面我們將徵引有關資料來逐步揭開東原的學術性格之謎。

㈢有志聞道

我們說東原的本性傾向於「刺蝟」，因為他和章實齋一樣，論學必求「義旨所歸」；他的一切考證工作最後都歸結到一個一貫而明確的系統之中。這個中心系統即他所謂之「道」。他在卒前之數月有信給段玉裁說：

> 僕自十七歲時，有志聞道，謂非求之六經、孔、孟不得，非從事於字義、制度、名物，無由以通其語言。……為之三十餘年，灼然知古今治亂之源在是。[8]

東原自謂，自十七歲即有志於聞道，為之三十餘年，決非一般門面語。他的文集中處處都足以證實這一點。一七四九年左右他寫〈爾雅文字考序〉，說：

> 古故訓之書，共傳者莫先於《爾雅》。六經之賴是以明也，所以通古今之異言，然後能諷誦乎章句，以求適於至道。[9]

---

8 丁酉正月二十四日與段玉裁書，見《戴東原、戴子高手札真蹟》（中華叢書本），一九五六，不標頁數。

9 《戴震文集》，中華書局，一九七四，卷三，頁四四。此序撰成年代見段玉裁，《戴東原先生年譜》，收入《戴震文集・附錄》，頁二一九。

與此約同時，復有〈與是仲明論學書〉云：

經之至者道也，所以明道者其詞也，所以成詞者字也。由字以通其詞，由詞以通其道，必有漸。求所謂字，考諸篆書，得許氏《說文解字》，三年知其節目，漸覩古聖人制作本始。又疑許氏於故訓未能盡，從友人假《十三經注疏》讀之，則知一字之義，當貫群經、本六書，然後為定。[10]

一七六三年所撰〈沈學子文集序〉則云：

以今之去古既遠，聖人之道在六經也。當其時，不過援夫共聞習知，以闡幽而表微。然其名義、制度，自千百世下遙溯之，至於莫之能通。是以凡學始乎離詞，中乎辨言，終乎聞道。[11]

10 《戴震文集》，卷九，頁一四〇。關於此書年代之考辨，見錢穆，《中國近三百年學術史》，上海，一九三七，上冊，頁三一二—三一三。

11 《戴震文集》，卷十一，頁一六四—一六五。按序云：「彊梧赤奮若之歲，余始得交於華亭沈沃以上是東原從早年到中年主張訓詁考訂必歸宿於一貫之道的基本理論，近人治戴學者大體皆耳熟能詳。但東原的一貫系統，細察之，蓋有兩個不同層次：一為訓詁名物的一貫，一為義理的一貫，前者即所謂「知一字之義，當貫群經，本六書、然後為定。」後者則《原善·自序》所謂「比類合義，燦然端委畢著矣，天人之道，經之大訓萃焉。」就訓詁層次言，乾、嘉學人的考證工作雖多分析入微，但鮮有能如東原之貫穿群經以定一字之義者。[12]就義理層次言，東原之《原善》與《孟子字義疏證》諸作之自具一貫之系統，則更不待言。而尤須鄭重指出者，此兩層次之學問系統，在東原本人言，復具有內在的一貫性。因為東原仍接受程、朱以來儒家的一項基本假定，即以道或理已備見於六經、孔、孟。他雖然反對用以「一」貫之來解釋《論語》中的「一貫」之義，並進一步肯定「一貫」即是「致其心之明」，[13]但是由於

田先生。既而同處一室者更裘葛。」下文又云：「今隔別六載」。「彊梧赤奮若」即丁丑（一七五七），是年東原至揚州，見《年譜》（《文集》附錄，頁二二三）。「更裘葛」則兩人分手在次年（戊寅，一七五八）。「別六載」或係併一七五八年計，則序成於一七六三年也。

12 清初萬斯大「以為非通諸經，不能通一經，非悟傳注之失，則不能通經；非以經釋經，則亦無由悟傳注之失。」（見黃宗羲撰，薛鳳昌編，《南雷文約·萬充宗墓誌銘》，《梨洲遺書彙刊》本，卷一，頁四〇b）東原則推此方法以治一字一義，而復能加以綜貫者也。

他相信「人心之所同然」的道或理已由聖賢先我們而發，所以後人自得之義理仍當與六經、孔、孟之言相闡證。否則祇是所謂「意見」，不得輒當「理」之名。故《孟子字義疏證》曰：

問：孟子云心之所同然者，謂理也，義也；聖人先得我心之所同然耳。是理又以心言，何也？曰：心之所同然始謂之理，謂之義，則未至於同然，存乎其人之意見，非理也，非義也。[14]

13 見《孟子字義疏證．卷下．權》，中華書局，一九六一，頁五五—五六。按：東原的「道」與「理」是有分別的。《緒言》卷上云：「問：道之實體，一陰一陽，流行不已，生生不息，是矣，理即於道見之歟？曰：然。古人言道，恆該理氣，理乃專屬不易之則，不該道之實體。而道理二字對舉，或以道屬動，理屬靜，如《大戴禮記》孔子之言曰：『君子動必以道，靜必以理』是也。或道主統，理主分；或道該變，理主常。此皆虛以會之於事為，而非言乎實體也。」（見《孟子字義疏證》，頁八三）故所謂「道在六經」者是指關於「道」的抽象觀念，不是指「道之實體」而言。讀者須注意此中的分別所在。參看周輔成，〈戴震的哲學〉，原載《哲學研究》月刊，一九五六年三月號，現收入《中國近三百年學術思想論集》，四編，崇文書店，一九七三，頁六八。

14 《孟子字義疏證》，卷上，頁三。按：東原並非不注重「道」或「理」的現實性，更不是要完全以古人之道理來籠罩今人。所以他在《疏證》、《緒言》、《原善》三書中都剋就「人倫日用」四字而〈題惠定宇先生授經圖〉言之尤扼要，其言曰：

> 故訓明則古經明，古經明則賢人聖人之理義明，而我心之所同然者，乃因之而明。[15]

可見東原是要用一套訓詁系統來支持他的義理系統。用柏林的話來說，他的一切工作都必須通過「聞道」這一「單一的，普遍的組織原則才發生意義」。這正是「祇知道一件大事」的「刺蝟」的精神！

東原也像實齋一樣，對同時一群「狐狸」的博而寡要極為不滿。他在〈答鄭文用牧書〉

來釋「道」或「理」。但是他的經學立場使得他不能不受「古訓」的限制。如《原善》，卷下云：「是故一物有其條理，一行有其至當，徵之古訓，協於時中，充然明諸心而後得所止。」（《孟子字義疏證》，頁七三）胡適之說東原自託於說經，故往往受經文的束縛，把他自己的精義反蒙蔽了。（見《戴東原的哲學》，上海，一九二七，頁六三）這是不錯的。錢賓四師云：「主求道於人倫日用，乃兩氏（按：指東原與章實齋）之所同。惟東原謂歸於必然，適全其自然，必然乃自然之極致，而盡此必然者為聖人，聖人之遺言存於經，故六經乃道之所寄。」（《中國近三百年學術史》，上冊，頁三八三）所論尤簡明扼要。

15 《戴震文集》，卷十一，頁一六八。

中說：

今之博雅能文章，善考覈者，皆未志乎聞道。徒株守先儒而信之篤，如南北朝人所譏：「寧言周、孔誤，莫道鄭、服非」，亦未志乎聞道者也。[16]

上一句即前引實齋質問邵二雲與孫淵如之意，下一句則實齋〈鄭學齋記書後〉所論「墨守」之弊。[17]此等處不但可見戴、章學術精神之契合，且亦可見實齋受東原影響之深也。東原〈與方希原書〉則說：

夫以藝為末，以道為本，諸君子不願據其末，畢力以求據其本，本既得矣，然後曰：「是道也，非藝也。」循本末之說，有一末必有一本。譬諸草木，彼其所見之本與其末同，一株而根、枝殊爾，根固者枝茂。世人事其枝，得朝露而榮，失朝露而瘁，其

16《戴震文集》，卷九，頁一四三。

17 實齋質問邵、孫兩氏之語，見本書〈章實齋的「六經皆史」說與「朱、陸異同」論〉章之第二節；〈鄭學齋記書後〉見《文史通義・外篇二》，頁二六七－二六八。

為榮不久。……故文章有至有未至，至者得於聖人之道則榮，未至者不得於聖人之道則瘁。以聖人之道被乎文，猶造化之終始萬物也。……足下好道而肆力古文，必將求其本。求其本，更有所謂大本。大本既得矣，然後曰：「是道也，非藝也。」則彼諸君子之為道，固待斯道而榮瘁也者。[18]

東原平日論學分義理、考據、文章三門，而以文章居殿，此處亦然。但東原在此書中更進一步指出，不但文章自身有本末，而文章之道之上尚有一更高之道，即所謂「大本」。僅窮盡文章之本末，而不能向上再翻進一層探得「大本」，則仍是「藝」，而非「道」。東原此處所用根、枝之喻尤酷似托爾斯泰之分辨「根本」與「花朵」，而托翁當日所持者正是所謂「刺蝟」的觀點也。

章實齋以「博雅」與「專家」來區分清代浙西與浙東之學統，並自稱其學主約而不尚博。東原產地不在浙西，實齋亦未明指東原定屬浙西學統。因此戴密微認為十八世紀浙東與浙西兩派之最傑出的人物即是章學誠與錢大昕。他同時更指出，倘以博雅而論，則錢大昕的成就

18 《戴震文集》，頁一四三—一四四。

實在東原與實齋之上。[19] 戴密微氏為當今法國漢學泰斗，此一判斷，殊為有見。近代學人之所以揚東原而抑曉徵者，主要是採取了義理的標準。如果我們對「刺蝟」與「狐狸」兩型人物不存任何軒輊之想，則實齋與曉徵適足以分當「專家」與「博雅」的典型代表而無愧。至於東原，以實齋的分類言，則與其歸之於「博雅」，不如歸之於「專家」之更為恰當也。此層東原本人已自覺之。東原嘗語段茂堂曰：

> 學貴精不貴博，吾之學不務博也。[20]

〈與是仲明論學書〉曰：

> 僕聞事於經學，蓋有三難：淹博難，識斷難，精審難。三者，僕誠不足與於其間，其私自持，暨為書之大概，端在乎是。前人之博聞強識，如鄭漁仲、楊用修諸君子，著

---

19 見 P. Demiéville, "Chang Hsüeh-ch'eng and His Historiography," in W. G. Beasley and E. G. Pulleyblank, eds., *Historians of China and Japan*, Oxford University Press, 1961, p. 170 及註 7。

20 《戴東原先生年譜》，見《戴震文集・附錄》，頁二四八。

書滿家，淹博有之，精審未也。[21]

又〈序劍〉云：

君子於書，懼其不博也；既博矣，懼其不審也；既博且審矣，懼其不聞道也。[22]

可見東原不但不以博自負，而且在他的價值系統中，「淹博」永遠在「精審」之下。這是東原的治學精神近乎浙東的「專家」而遠於浙西的「博雅」的另一明徵。

但東原自一七五四年初至北京，與當時的學術界正式發生聯繫後，便開始以名物訓詁之學為世所知，而且很快地就成為經學考證方面的最高權威。至於東原在義理方面的工作，則頗不為時人所許。前引章實齋〈答邵二雲書〉及〈書朱陸篇後〉都是最明顯的證據。錢賓四師對東原在當時學術界的處境曾有很扼要的說明。他說：

21 《戴震文集》，卷九，頁一四一。

22 《戴震文集》，卷十一，頁一六一。

東原以乾隆甲戌(一七五四)入都。初見錢竹汀,竹汀歎其學精博,荐之秦蕙田,蕙田聞其善步算,即日命駕延主其邸,朝夕講論《五禮通考》中觀象授時一門,以為聞所未聞。翌年夏,紀曉嵐初識東原,見其《考工記圖》而奇之,因為付梓。是年,東原又成《句股割圜記》三篇,秦蕙田全載於《通考》。一時學者推服東原,本在名物度數。[23]

又說:

東原自癸巳(一七七三)被召入都充四庫纂修官,所校官書(原注:如《水經注》,《九章算術》,《海島算經》,《周髀算經》,《孫子算經》,張丘建《算經》,夏侯陽《算經》,《五曹算經》,《儀禮識誤》,《儀禮釋宮》,《儀禮集釋》,《大戴禮》,《方言》諸書)皆天文、算法、地理、水經、小學、方言一類,即東原初入京時所由見知於時賢者,至是時賢仍以此推東原。所謂漢儒得其度數,宋儒得其義理,並世以度數推東原,不

23 錢穆,《中國近三百年學術史》,上冊,頁三一六—三一七。

以義理也。[24]

可見東原自入都以迄晚歲，二十餘年中，始終是以考證學家的面目與世相見的。

但是，另一方面，我們知道，在此二十餘年中，東原同時還在從事於義理的工作。他的《原善》初稿三篇成於癸未（一七六三）以前，《緒言》初創當在己丑（一七六九），而《孟子字義疏證》則遲至丁酉（一七七七）卒前數月始脫稿。所不同者，他在這一方面的工作是在十分冷清寂寞的情況下進行的。這和他在考證方面的熱鬧喧嘩恰成為強烈的對照。所以我們可以說，乾隆時代有兩個戴東原：一是領導當時學風的考證學家戴東原，另一個則是與當時學風相背的思想家戴東原。這兩個戴東原在學術界所得到的毀譽恰好相反。但是我們禁不住要問：這兩個不同的戴東原之間會不會有一種緊張以至衝突的情況存在？東原雖同時在考證和義理兩個不同的學術領域內工作，但這兩種工作在他的內心深處究竟有沒有輕重之別、高下之分？讓我們先試著解答第二個問題。

24 錢穆，《中國近三百年學術史》，上冊，頁三三二。

㈣義理的偏愛

根據現有的資料判斷，東原對義理的興趣遠比他對考證的興趣要濃厚而真實得多。東原在考證方面曾有不少引起廣泛注意的發現，如乙亥（一七五六）與王鳴盛論《尚書》之「光被四表」當作「橫被四表」；[25]亦有自覺極為愜心者，如〈尚書今文古文考〉及〈春秋改元即位考〉等篇。但是考證方面的成就遠比不上義理的創闢那樣能給予他高度的興奮和滿足。段玉裁告訴我們：

> 先生大制作，若《原善》上、中、下三篇，若〈尚書今文古文考〉，若〈春秋改元即位考〉三篇，皆癸未以前，癸酉、甲戌以後，十年內作也。玉裁於癸未皆嘗抄謄。記先生嘗言：「作《原善》首篇成，樂不可言，喫飯亦別有甘味。」又言：「作〈改元即位考〉三篇，倘能如此文字做得數十篇，《春秋》全經之大義舉矣。」又言：「〈尚書今文古文考〉，此篇極認真。」[26]

25 《戴震文集》，卷三，頁四六－四七。

26 《戴東原先生年譜》，見《戴震文集・附錄》，頁二二六。

從這一段記載我們不難看出，東原在撰寫其義理文字時，全副精神生命皆貫注其中，故能達到「樂不可言，喫飯亦別有甘味」的境界，而於考證諸作，即使是最得意的，也未嘗如此動情感。[27]東原情深於義理，證據尚不止此。據段玉裁答程瑤田書云：

> 今據先生札云，「壬辰師館京師朱文正家，自言曩在山西方伯署中偽病者十數日。起而語方伯，我非真病，乃發狂打破宋儒家中《太極圖》耳。蓋其時著得《孟子字義疏證》。」玉裁於此乃覺了然偽病十餘日，此正是造《緒言》耳。[28]

據《年譜》，東原客朱珪山西布政司使署在乾隆三十四年己丑（一七六九），《緒言》之草創即在此時。[29]此處最值得注意的是「偽病十餘日」，「發狂打破宋儒家中《太極圖》」之說。這可以看出，東原在造作《緒言》時，確已進入了一種忘我的精神狀態。「偽病」與「發狂」都充分

27 楊向奎也說：「東原對於考據諸作未有如此重視者。」見《中國古代社會與古代思想研究》，下冊，上海，一九六四，頁九二九。

28 《經韻樓文集・卷七・答程易田丈書》，頁五四 a—b。

29 見錢穆，《中國近三百年學術史》，上冊，頁三二八—三三一。

地顯示出他的精神凝斂的強度。

東原的最後一部義理著作是《孟子字義疏證》。《疏證》成書在丙申（一七七六）丁酉（一七七七）之間，下距東原之卒僅數月；其中最新的觀念即是理欲之分，所謂「理存乎欲」是也。丁酉四月二十四日東原與段茂堂書曰：

> 僕生平論述最大者為《孟子字義疏證》一書，此正人心之要。今人無論正邪，盡以意見誤名之曰理，而禍斯民，故《疏證》不得不作。[30]

而同年正月十四日東原已先有一長信致茂堂，暢論其中「理」字之新解。凡此皆可窺見他內心對《疏證》一書的鄭重之意，以及躊躇滿志之真情。所以茂堂論四月一札云：

> 此札有鄭重相付之微意焉。而作札之日乃四月廿四日，距屬纊才六十餘日耳。[31]

---

30 見《戴東原、戴子高手札真蹟》。

31 《經韻樓文集・卷七・答程易田丈書》，頁五三 a。

茂堂又跋丁酉兩札云：

此二札者，聖人之道在是。殆以玉裁為可語此而傳之也。[32]

又據錢賓四師考證，丁酉一年東原除與茂堂兩書外，可指數者尚有〈與彭允初書〉、〈與某書〉及〈與陸朗夫（燿）書〉，先後凡五通，皆論及理欲一辨。足徵東原自喜其說之深，所以在同一時期內屢屢致書友人，言之不已。[33] 故東原雖未對《疏證》一書的創作過程留下任何像關於《原善》和《緒言》那樣的心理描寫，我們卻有足夠的理由相信，《疏證》所給予他的興奮和滿足感祇有比《原善》和《緒言》更為強烈。

我們瞭解了東原在撰述義理文字時的心理背景，就立刻可以承認，他雖然同時從事於義理和考證兩種性質不同的工作，但是他對前者的重視和偏愛則遠超過了後者。上述東原丁酉正月十四日與段玉裁論理欲書曾說：

32《經韻樓文集・卷七・東原先生札冊跋》，頁四六b。

33 錢穆，《中國近三百年學術史》，上冊，頁三三〇－三三一。

僕自上年三月初獲足疾，至今不能出户，又目力大損。今夏纂修事似可畢，定於七、八月間乞假南旋就醫，覓一書院餬口，不復出矣。竭數年之力，勒成一書，明孔、孟之道。餘力整其從前所訂於字學、經學者。

所云「勒成一書，明孔、孟之道」，決非指《孟子字義疏證》。可見他尚有志在義理方面為更弘大的述造。至於字學、經學，則他僅欲以餘力為之。義理與考證兩者在東原晚年心中的輕重高下，此信可說已表露得極為清楚。[34]我們要更進一步指出，東原對考證的興趣並非單純地

34見《戴東原、戴子高手札真蹟》。按：傅斯年一九四二年二月致書胡適說：「近看段著《戴東原年譜》，頗疑東原之寫《字義疏證》，亦感於身體不妙而寫。假如他再活十年，一定是些禮樂兵刑之書，而非『抬轎子』之書矣。此事先生有考證否？」（見傅樂成，《傅孟真先生年譜》，傳記文學出版社，一九六九，頁五〇）傅孟真以為《疏證》係東原感於身體不妙而寫，或未必然，但說東原再活十年決不專寫「抬轎子」之書，則是對的。不過「坐轎子」的書恐亦非「禮樂兵刑」，而是「性與天道」耳。東原丁酉正月十四日的長信恰可以解答傅孟真所提出的疑問。傅孟真之所以提出「禮樂兵刑」，也自有他的根據，因《年譜》提到東原欲為《七經小記》之事，並說：「治經必分數大端以從事，各究洞原委，始於六書九數，故有《訓詁篇》，有《原象篇》，繼以《學禮篇》，繼之《水地篇》，約之於《原善》篇，聖人之學，如是而已矣。」（《戴震文集・附錄》，頁

起於考證本身的吸引力，下面兩種原因具有相當決定性的影響：第一、根據他的訓詁明而後義理明的論點，考證是義理的必要的基礎。因此他之從事於名物訓詁，主要是為義理工作創造基本條件。第二、在十八世紀的中國，考證同時也是一種職業。這對於東原來說，尤其是如此。《五禮通考》的編輯、四庫館的纂修工作、揚州雅雨堂《大戴禮記》的校訂、《直隸河渠書》以至地方志的編修，都是最顯著的例證。因此我們在討論東原與考證學的關係時，不能不特別把他對純學術的興趣和職業的興趣加以分別。

㈤考證的壓力

現在我們必須回到前面所提出的第一個問題，即思想家戴東原和考證家戴東原之間有沒有緊張以至衝突的情形存在？就東原所謂「故訓明則古經明，古經明則賢人聖人之理義明」的觀點來說，這兩者之間確有其內在的一致性，並無矛盾衝突可言。但就十八世紀的學術風氣來說，東原之兼治義理與考證卻在他內心造成了高度的緊張。前面已經指出，十八世紀的中國學術界正是「狐狸」得勢的時代，而「狐狸」對「刺蝟」不但毫不同情，而且還十分敵

二四三）此說不知究出自東原之口抑茂堂揣測之詞？無論如何，東原晚年其實已只想做「約之於《原善》篇」一類的工作了。

視。在這種情形下，兩面討好是難以想像的。章實齋可以說是一個十分勇敢的「刺蝟」，從來不掩飾他的本來面目。然而他的許多作品，生前仍不肯輕易示人。他也不能不稍避「狐狸」鋒銳。東原的處境則更為困難：他的本性雖是「刺蝟」，但自一七五四年入都以後他卻是以「狐狸」的姿態出現在學術界的。尤其尷尬的是，他一開始就被尊奉為群「狐」之首。這使得他更無法不和「狐狸」敷衍；他不能像實齋那樣地截然和「狐狸」劃清界線。正因如此，他自始至終都承受著「狐狸」所加予他的沉重壓力。這種外在的壓力和東原的內在的「刺蝟」本性則不可避免地使他在心理上常常處於一種緊張的狀態。東原晚期不少招致非議的言論，大體上都可以從他的心理狀態去求得瞭解。現在讓我們先分析一下，他所承受的外在壓力。

前引章實齋〈答邵二雲書〉，謂朱筠、錢大昕諸人之推重東原，「亦但云訓詁名物、六書九數，用功深細而已，及見《原善》諸篇，則群惜其有用精神耗於無用之地。」這可以說是當時第一流的學人對東原的一種普遍的評價，翁方綱（一七三三～一八一八）說得尤為明確：

近日休寧戴震一生畢力於名物象數之學，博且勤矣，實亦考訂之一端耳。乃其人不甘以考訂為事，而欲談性道以立異於程、朱。[35]

大體言之，乾、嘉學人反對東原講義理者，可以分為兩派。一派是從傳統的程、朱觀點攻擊東原的「異端」，如姚鼐（一七三二～一八一五）、彭紹升（一七四〇～一七九六）、以至翁方綱諸人皆是。這派人是用舊義理來對抗新義理。對於來自這一方面的挑戰，東原並不為所動；不但不為所動，而且他晚年還主動地要與程、朱義理劃清界線。事實上，在東原生前，舊義理派雖也有一二人和他持異，但在考證派反宋的風氣下，他們的力量非常微弱，故東原也無所顧忌。東原在〈答彭進士允初書〉中說道：

孔子曰：「道不同，不相為謀。」言徒紛辭費，不能奪其道之成者也。足下之道成矣，欲見僕所為《原善》。僕聞足下之為人，心敬之，願得交者十餘年於今。雖《原善》所指，加以《孟子字義疏證》，反覆辯論，咸與足下之道截然殊致，叩之則不敢不出。今賜書有引為同，有別為異；在僕乃謂盡異，無豪髮之同。[36]

35《復初齋文集．卷七．理說駁戴震作》（文海出版社影印本），第一冊，一九六六，頁三二一。

36收入《孟子字義疏證》，頁一六一。按：彭紹升又號知歸子，後來以佛學大師知名於世，龔定菴便是他的佛學再傳弟子。定菴有〈知歸子讚〉（《龔自珍全集》，第六輯，下冊，頁三九六－三九七）即為紹升而作。但紹升與東原辯論時，年尚不足四十，似仍守儒家立場，未全為釋氏扳去。

這不啻是東原與當時的理學傳統公開決裂的宣戰書。

另一派對東原的義理之學的攻擊則從訓詁考證的立場出發，朱筠和錢大昕是其中的最重要的人物。朱、錢等人雖無正式文字論及東原的義理著述，但口頭批評之見於章實齋及其他時流所記錄者，已頗可觀。這一派人並不要維護任何傳統的義理，其中且不乏東原的反程、朱的同志。他們之所以不滿意東原的義理之學，主要是由於對義理之學本身持否定的看法。一般地說，他們都嚴守著顧亭林「經學即理學」之教，因此認為論學只要一涉及「性」與「天道」，便是空虛無用。章實齋謂時人見東原《論性》、《原善》諸篇便以為「空說義理，可以無作。」的確把他們的偏激的考證觀點刻劃得十分生動。

東原對於來自舊義理派的攻擊公開地採取了一種堅定的抗拒態度，但他對於來自新興的考證派的批評則表現出一種完全不同的反應。前面已指出，考證學是當時學術的主流，而東

他的〈與戴東原書〉是為程、朱辨護的一篇文字，所以我在這裡把他算作「程、朱派」。這和東原答書中所謂「足下所主者，老、莊、佛、陸、王之道」的說法並不衝突。彭書現亦收入《孟子字義疏證》，頁一七〇—一七二。原文見彭氏的《二林居集》（一八八一刊本），卷三，頁十六b—十九a。關於彭紹升，可參看三浦秀一，〈彭紹升の思想——乾隆期の士大夫と佛教に關する一考察〉，《東方學報》，京都，第六十冊（一九八八年三月），頁四三九—四七九。

原自己又是此一主流中的領導人物，這兩種原因都使得他不能不運用一種極為迂迴而隱蔽的方式來化解考證派的壓力。朱筠和錢大昕諸人的微詞，東原自然不能毫無所聞，但是他從來沒有正面答覆過他們的責難。一七六九年他撰〈古經解鈎沉序〉，全文都在強調必先通訓詁始足以進而言古聖賢之義理。但結尾處筆鋒一轉，卻說：

> 二三好古之儒，知此學之不僅在故訓，則以志乎聞道也，或庶幾焉。[37]

「此學之不僅在故訓」這句話斷然是針對著考證學家而發的。東原是在暗中點醒考證學家，他們的任務不應限於「訓詁明」，他們的最終目的是在於求「義理明」，換句話說，是「志乎聞道」。東原對付考證派的批評一向都是採取這種側面應戰的方式。《原善》一書之改撰尤足以說明此點。

《原善》初稿三篇撰於一七六三年以前。與此約同時，東原又撰有〈法象論〉、〈讀易繫辭論性〉、〈讀孟子論性〉三文。這些便是章實齋所說的「《論性》、《原善》諸篇」，而為朱筠、

37《戴震文集》，卷十，頁一四六。

錢大昕輩斥之為「空說義理」者。東原聽到了這種批評以後，並沒有公開地為自己作任何辨解。相反地，他只是悄悄地在改寫這些文字，終於在一七六六年完成了《原善》的擴大本。他在〈自序〉中說道：

余始為《原善》之書三章，懼學者蔽以異趣也，復援據經言疏通證明之，而以三章者分為建首，次成上中下卷。比類合義，燦然端委畢著矣，天人之道，經之大訓萃焉。以今之去古聖哲既遠，治經之士，莫能綜貫，習所見聞，積非成是，余言恐未足以振茲墜緒也。藏之家塾，以待能者發之。[38]

此〈序〉中藏有重要的消息，而為從來研究戴學的人所未察破。首先我們要問：東原為什麼要修改《原善》？〈序〉中第一句便解答了這個問題：他是怕「學者蔽以異趣」，因此「復援據經言，疏通證明之。」然則「學者」指誰？「異趣」復是何義？我們知道，《原善》並沒有公然和程、朱為難，後來攻擊東原的人主要都集中在他對「理」字所提出的新解上面。章實

38《孟子字義疏證》，頁六一。

齋也很尊重程、朱，但是他反而十分欣賞《原善》。所以〈序〉中所說的「學者」決非指所謂程、朱派而言。而另一方面，章實齋又告訴我們，當時對《原善》批評得最嚴厲的正是考證派的領袖人物如朱筠和錢大昕等人。他們最重要的論點祇有一句話，即「空說義理」。這是乾、嘉考證風氣之下的一項普遍而牢不可破的觀念。正如翁方綱所說的，「考訂者，對空談義理之學而言之也。」[39]這種極端的考證觀點便正是東原〈序〉中所指的「異趣」。明白了「學者」和「異趣」的確指，我們才能體會到東原的修改何以要採取這樣一種特殊的方式：「援據經言，疏通證明」。原來他是要向考證派證明：他的義理完全建立在經典考證的基礎之上，決不可把它與宋儒的空言性道等量齊觀。其次我們要問：擴大修改後的結果如何？梁啟超對這個問題有一個極簡單而客觀的答案，他告訴我們：

《原善》《文集》（經韻樓本）與《遺書》兩收之，而其文不同。《文集》本即〈序〉所謂始為三章也。別有〈讀易繫辭論性〉、〈讀孟子論性〉兩篇，不入正文。《遺書》本則修改之本，〈序〉所謂成上中下三卷者也。每卷各冠以《文集》本之三章，而雜引群

39　《復初齋文集．卷七．考訂論上之一》，第一冊，頁二九六—二九七。又〈考訂論下之三〉云：「考訂者，考據、考證之謂。」（頁三一八）足見清人即以此三詞為同義語。

經之文為左證。上卷十一章，中卷五章，下卷十六章。其每卷之首章雖即《文集》本，而語加詳。其以下各章所引經證，亦不限《繫辭》、《孟子》。合兩本讀之，可以見先生著述之謹慎與進德之綿密也。[40]

可以看出，《原善》初稿和改本的主要區別並不在義理方面。東原這一次的修改實衹限於加強經典根據這一方面。這樣的擴大修改豈不正是為了答覆「空說義理，可以無作」這一類的批評而來的嗎？東原在〈序〉中也明白地指出修改本的最大特色是「比類合義，天人之道，經之大訓萃焉。」「天人之道」是義理，「經之大訓」是訓詁考證。這兩方面的密切結合纔符合他自己求一貫之道的最高標準。

最後，〈序〉末有「治經之士，莫能綜貫」的話，則更顯然是針對著同時的考證學家而說的。東原雖然因為受到考證派的批評而將《原善》三篇加以修改擴大，但他對考證家見樹不見林的心習卻極為不滿。〈序〉文的後半段便是對考證派的一種反批評。「莫能綜貫」云者，正謂考證家終日治經，而於經典中所包藏的義理則視若無覩。這與〈古經解鈎沉序〉中所謂

40 梁啟超，〈戴東原著述纂校書目考〉，見《近代中國學術論叢》，香港崇文書店，一九七三，頁二三四。

「此學之不僅在故訓」用意是相通的，不過為說有正反之異而已。所以細讀《原善・自序》，我們可以斷定一七六六年東原擴大《原善》成書，確是由於感到了考證派所加予他的沉重的心理壓力。東原撰《孟子字義疏證》，也具有同樣的心理背景。據江藩云：

洪榜，〔一七四五～一七七九〕生平學問之道，服膺戴氏。戴氏所作《孟子字義疏證》，當時讀者不能通其義，惟榜以為功不在禹下，撰東原氏〈行狀〉，載〈與彭進士尺木書〉，笥河師見之，曰：可不必載，戴氏可傳者不在此。榜乃上書辨論，今〈行狀〉不載此書，乃東原子中立刪之，非其意也。[41]

今按洪榜與朱筠書略云：

頃承面諭，以「〈狀〉中所載〈答彭進士書〉，可不必載。性與天道，不可得聞，何圖更於程、朱之外復有論說乎？戴氏所可傳者不在此。」榜聞命唯唯，惕於尊重，不敢

41《漢學師承記・卷六》（萬有文庫本），第二冊，頁二四。

> 有辭。退念閣下今為學者宗，非漫云爾者。其指大略有三：其一謂程、朱大賢，立身制行卓絕，其所立說，不得復有異同。……其一謂經生貴有家法，漢學自漢，宋學自宋。今既詳度數，精訓詁，乃可不復涉及性命之旨。返述所短，以拚所長。其一或謂儒生可勉而為，聖賢不可學而至。以彼矻矻稽古守殘，謂是淵淵聞道知德，曾無溢美，必有過辭。蓋閣下之旨，出是三者。[42]

此書先引朱氏反對之說，繼舉三層可能的反對理由。唯當注意者，此三層理由皆洪榜揣測之詞，未必盡符朱筠的本意。據我們所知，朱筠之所以反對〈行狀〉中載東原〈與彭紹升書〉，其真正理由近乎洪氏所舉之第二項。但其中尚雜有袒漢蔑宋之見而為洪榜所未明言者。總之，朱氏以為〈答彭進士書〉可不必載者，是以前視《原善》、《論性》諸篇為「空說義理，可以無作」之意也。洪榜亦未嘗不知朱筠向來之持論，故書末特為東原辨護曰：

42《漢學師承記・卷六》（萬有文庫本），第二冊，頁二四－二五。按：梁啟超撰《清代學術概論》（臺灣中華書局本，一九七〇，頁三一）誤憶朱筠為其弟朱珪。Emmanuel C. Y. Hsu 英譯本 (*Intellectual Trends in the Ch'ing Period*, Harvard University Press, 1959, p. 62) 亦沿而未改。

夫戴氏論性道莫備於其論《孟子》之書，而所以名其書者，曰：《孟子字義疏證》焉耳。然則非言性命之旨也，訓故而已矣！度數而已矣！[43]

換句話說，洪榜是要說明，《孟子字義疏證》並非「空言義理」，而正是訓詁考證。因為祇有如此說，才能塞得住考證派之口。胡適曾討論過洪榜這封信，說道：

洪榜書中末段說戴氏自名其書為《孟子字義疏證》，可見那不是「言性命」，還只是談「訓故、度數」。這確是戴震的一片苦心。戴氏作此書，初名為《緒言》，大有老實不客氣要建立一種新哲學之意。至乾隆丙辰（按：「辰」是「申」之誤，一七七六），此書仍名《緒言》。是年之冬至次年（一七七七）之春，他修改此書，改名《孟子字義疏證》。那年他就死了。大概他知道程、朱的權威不可輕視，不得已如此做。這是他「戴著紅頂子講革命」的苦心。不料當日擁護程、朱的人的反對仍舊是免不了的。[44]

43 《漢學師承記》，第二冊，頁二七。

44 《戴東原的哲學》，頁八六－八七。

胡適之這段話中包含了兩層誤解，不能不加以澄清。第一、《疏證》初名《緒言》，並不表示東原要建立自己的新哲學。東原〈與姚孝廉姬傳書〉云：

凡僕所以尋求於遺經，懼聖人之緒言闇汶於後世也。[45]

《緒言》即「聖人之緒言」，亦即《原善．自序》所謂「余言恐未足振茲墜緒」之意。夏曾佑贈梁任公詩云：「孤緒微茫接董生」。昔人此等處用「緒」字多取前代「遺緒」、「墜緒」之義，胡適之誤以現代「緒論」之義讀之，故誤會東原本旨是要建立自己的新哲學。其實東原自始便故意要給他這部義理作品以「述而不作」的考證外貌。

第二、胡適之認為東原採用《孟子字義疏證》之名是因為不敢輕犯程、朱的權威，似亦於東原在當時學術界之處境，尚未能深知。前已指出，當時反對東原義理之學者本有舊義理（程、朱）與新考證之兩派。東原對於少數維護程、朱義理的人並無所顧忌，所以由《原善》而《緒言》、而《疏證》，他對程、朱的攻擊愈來愈明顯，也愈來愈趨激昂。這決不是簡單

45《戴震文集》，卷九，頁一四一。關於《緒言》一名之意義，見錢穆，《中國近三百年學術史》，上冊，頁三三二。

地改易書名所能掩藏得住的。胡適之大概因為看到朱筠有「何圖更於程、朱之外復有論說」那句話，以致發生了錯覺。其實朱筠決不是一個有愛於程、朱義理的人。據孫星衍所撰〈笥河先生行狀〉云：

先生以南宋已來，說經之學多蹈虛，或雜以釋氏宗旨。……先生以為經學本於文字訓詁，又必由博反約。[46]

章實齋〈朱先生墓誌銘〉也說：

先生於學無所不窺。……至於文字訓詁、象數名物、經傳義旨，並主漢人之學。[47]

朱筠在乾隆朝倡導漢學風氣最有勞績，[48]故持考證的觀點亦最力。他因礙於功令，未嘗明詆程、

46　《笥河文集》（《畿輔叢書》本），卷首，頁二一b—二二a。

47　《章氏遺書．卷十六．文集一》，第三冊，頁二九。

48　參看姚名達，《朱筠年譜．自序》，上海，一九三二，頁二—四。

朱，容屬事實。但是要說他為了維護程、朱的權威而反對東原的〈答彭紹升書〉，則似乎離題太遠。所以他所謂「何圖更於程、朱之外復有論說」者，其意正是說程、朱論性與天道已屬空談，東原不必更蹈其覆轍也。朱筠說這番話，其立足點在新起的考證學，而非傳統的理學，是十分明顯的。另一方面，東原晚期的義理著作之所以採用訓詁式的書名，誠如胡適之所疑，是有所避忌。不過東原所避忌者乃考證派如朱筠、錢大昕諸人，而不是舊義理派如姚鼐、程晉芳（一七一八～一七八四）、彭紹升、翁方綱之輩耳。

㈥緊張心情下的談論

從《原善》的修改到《孟子字義疏證》的命名，我們不難看出東原在義理方面的工作一直受到考證派的歧視。這種歧視，質言之，即以為一切義理工作都流於空虛，因此都不值得做。朱筠說東原〈與彭紹升書〉「可不必載，戴氏可傳者不在此。」其實他的意思是說所有義理著作都沒有可傳的價值。清代考證學家對義理的偏見在此表現得最為露骨。東原自己當然不同意這樣的看法，但是他始終不肯公開地與考證學派對抗。他衹是婉轉地向考證派解釋，他的義理是與考證合而為一的，是考證的一種伸延。《原善》擴大本之「援據經言」、「比類合義」，和《緒言》之變為《字義疏證》，都是向考證派表示這個意思。從東原如此苦心地敷衍考證派，我們益可見他內心所承受的壓力之大。他在這一方面所表現的委曲求全的精神和他對舊義理派（如彭紹升）的不妥協的態度，恰形成了一個強烈的對照。

東原對來自考證派方面的批評的敏感在他的心理上造成了高度的緊張。在方法論的層次上，他尊重考證，認定這是建構經學和知識的不二法門，但就學術性格言，他卻深愛義理，時時有「超越的衝動」(transcendent impulse)，不甘以訓詁字義自限。東原此處所遭遇到的內在衝突也正是十五、六世紀時歐洲訓詁學者 (philologist) 所曾經歷過的痛苦，像伊拉斯瑪斯 (Erasmus, 1466–1536)，布德 (Guillaumé Budé, 1468–1540)，波丹 (Jean Bodin, c. 1530–1596) 諸大家皆是。其中尤以布德與東原的情況最為近似。布德愛好當時新興的訓詁學過於比他年輕二十歲的妻子，至稱它為「另一配偶」(altera conjux)。但另一方面，他又極重基督教神學，竟把神學叫做「大訓詁」(major philology)。因此，他與伊拉斯瑪斯一樣，不甘以俗世之學終老，而欲通過語言的研究以進而求「道」(logos)。當時訓詁學家，包括布德在內，都相信只有通過訓詁學始能恢復古代學說以及文化的純潔性，這與清代漢學的理論，特別是東原所謂「以六經、孔、孟還之六經、孔、孟」，在取徑上全相一致。布德與東原也有相異之處：東原的真正興趣在義理，而布德的真正興趣則在訓詁。但就義理與訓詁在心理上所造成的緊張與衝突而言，則他們兩人又可以說是殊途同歸了。[49]

布德的緊張表現在他對自己所酷愛的訓詁學竟時時抱著一股懷疑以至悔悟之情。東原的緊張則表現在他對自己所擅長的考證學流露著一種輕蔑之意。段玉裁一七九二年序《東原集》，嘗記東原之口語曰：

> 先生之言曰：六書九數等事如轎夫然，所以舁轎中人也，以六書九數等事盡我，是猶誤認轎夫為轎中人也。

一七八九年章實齋撰〈書朱陸篇後〉，在述及時人謂東原《原善》諸篇乃「空說義理，可以無作」之下，緊接著說道：

> 戴見時人之識如此，遂離奇其說曰：「余於訓詁、聲韻、天象、地理四者，如肩輿之隸也；余所明道，則乘輿之大人也；當世號為通人，僅堪與余輿隸通寒溫耳。」[50]

---

49 Donald R. Kelley, *Foundations of Modern Historical Scholarship, Language, Law, & History in the Frenah Renaissance*, Columbia University Press, 1970, pp. 53–80；「超越的衝突」一詞見頁十二—十三。

「轎中人」與「轎夫」之喻，東原大概時時言及，茂堂與實齋所聞似非出於同一來源，故同中又有異。兩說相較，茂堂所記者較為含蓄，而實齋所記者則稍嫌失之輕薄。但我以為實齋之言恐更近東原本意。何者?茂堂乃東原弟子，記錄其業師口語，不能不有所保留，此其一。[51]前已考出，實齋所謂「時人」或「通人」皆確有所指，即考證派領袖人物朱筠與錢大昕是也。所以從實齋〈書朱陸篇後〉的上下文中，我們可以知道東原這番牢騷不是憑空而發的，他的話正是對朱筠、錢大昕諸人的一種反擊，因為他們始終看不出他由考證而明道的中心意

---

50 《文史通義・內篇二》，頁五〇。

51 據《戴東原先生年譜》，韓錫胙介屏嘗語段玉裁曰：「闈中閱東原卷，文筆古奧，定為讀書之士，榜發，竊喜藻鑑不謬云」。(《戴震文集・附錄》，頁二二五）按：東原壬午（一七六二）舉於鄉，韓錫胙為同考官，前二年庚辰（一七六〇）段玉裁中舉人，亦出介屏門下。此兩科連得段、戴二人，介屏極引為榮，故屢言及之。（參看段玉裁，《經韻樓文集・卷七・東原先生札冊跋》，頁四八a）然據胡虔，《柿葉軒筆記》（峭帆樓本，頁四a－b），介屏語人曰，闈中閱東原卷「詰屈幾不可句讀」。此即《年譜》「古奧」兩字之確解也。可見茂堂為其師諱，記載常不免有保留之處。又胡氏《筆記》同條又言某次士大夫聚談，其中頗有欲戴出其門下者，而苦於東原試卷每皆如空疏不學者之所為，眾咸以為不可解。時錢大昕亦在座，曰：「此東原之所以為東原也。」此亦可見曉徵對東原的側面評價之一端。

義。而茂堂所記則似已故意隱去東原立說之具體對象，使人無從瞭解這句話背後所蘊藏的嚴肅性與重要性，此其二。就原來的比喻說，實齋所記訓詁、聲韻、天文、地理四個輿隸，亦較茂堂泛言六書九數為更貼切，此其三。實齋著作中保存的東原口語最多，同時學人如邵晉涵已不免致疑，然而由這個轎夫的例子來看，實齋的記載是相當可信的。朱筠、錢大昕輩平時都盛推東原的考證，而於其好言義理，則極不表同情。這種看法與東原本人的自我評價恰恰相反：東原所最愛重者正是他的義理，至於考證則在他的全部學術系統中僅佔據著從屬的地位。無怪乎他激憤之餘，情見乎詞，要說朱、錢諸人只配和他的轎夫們做朋友了。

江藩也記載了一條東原的口語。他說：

> 戴編修震嘗謂人曰：「當代學者，吾以曉徵為第二人。」蓋東原毅然以第一人自居。[52]

東原憑什麼理由把錢大昕貶為第二人，而又毅然自居第一呢？顯然東原在這裡是用義理作為判斷的標準。因為如果以考證範圍的廣博而論，錢大昕在乾、嘉時代決無人可與之比肩。所

52《漢學師承記・卷三・錢大昕傳》，第一冊，頁四九。

以東原這句話必須與上面所引轎夫之喻合起來看：蓋曉徵雖博雅，畢竟所為者祇是抬轎子的學問；而東原治學則貴精而不務博，以聞道為歸宿，這纔是坐轎子的學問。故質言之，東原以曉徵為第二人，並不是故意貶抑錢大昕，而是繞著彎子來說明考證決非第一義的學問。第一義的學問，在東原的系統中祇能是義理。

東原口語中這類暗地與考證學家針鋒相對的地方正是他內心緊張的證據。但東原畢竟是考證派的領袖人物，因此他與考證派之間有其暗爭的一面，也有其敷衍妥協的一面。章實齋曾對東原口談作過如下的分析：

> 大約戴氏生平口談，約有三種：與中朝顯官負重望者，則多依違其說，間出己意，必度其人所可解者，略見鋒穎，不肯竟其辭也；與及門之士，則授業解惑，實有資益；與欽佩慕名而未能遽受教者，則每為慌惚無據，玄之又玄，使人無可捉摸，而疑天疑命，終莫能定。[53]

53《文史通義・內篇二》，頁五九。

實齋所分三類，都確有所指：中朝顯官負重望者是朱筠、紀昀、錢大昕、盧文弨、秦蕙田、王昶、王鳴盛等人；及門之士指段玉裁、王念孫等；慕名者自然很多，但實齋心目中至少當有馮廷丞、吳穎芳兩人。最值得我們注意的是第一類人，因為他們正是當時考證學風的主持者。東原對這些人是「依違其說，間出己意」而又「略見鋒穎，不肯竟其辭。」這十足地刻劃出東原的內心有所顧忌、有所保留；他和考證派之間未能水乳交融地打成一片，也由此可見。「依違其說」是對考證派的敷衍，「不肯竟其辭」是內心別有主見而自知不能為考證派所瞭解或同情。兩股不同的力量時常在彼此牽扯之中，這是東原內心緊張的根源。章實齋祇看到了東原的口頭談論與筆下所寫不類出自同一人，而於東原的緊張之源尚未探得。〈朱陸〉篇最不諒解東原平時口舌之間對朱子「肆然排詆、而無忌憚」，其實東原在這一方面的表現正可從實齋所謂「依違其說」的角度去求得瞭解。

東原著書明斥程、朱大概始於一七六九年（乾隆己丑）在山西朱珪藩署中所草創的《緒言》一書。至於口頭上彈詆程、朱則或尚在其前，但決不會早過甲戌（一七五四）入都之年。在一七五四年以前，東原不但不反對宋儒，而且有時還自動地為程、朱的「理精義明」之學作辯護。他早年有「變亂大學」一條筆記，便完全站在程、朱立場上說話，和後來的觀點截然不同。[54]所以東原對宋儒的態度的轉變，在一定的程度上，是由於到北京以後受到考證運動中反宋風氣的感染。「不知其人視其友」，讓我們簡略地看一看東原出遊以來過從較密的幾位友人的思想狀態。

當時北京提倡考證運動最有影響力的領袖是朱筠和紀昀（一七二四～一八〇五）。朱笥河在經學上反對宋儒的「蹈虛」和「雜以釋氏」，我們在前面已經指出來了。紀曉嵐則比朱笥河更為激烈，他可以說是乾、嘉時代反程、朱的第一員猛將。曉嵐是四庫全書館的首席總纂官。通過這一組織，他廣泛而深入地把反宋思潮推向整個學術界。後來全書纂成，《總目提要》二百卷的編刻和頒行曾由曉嵐一手修改，所以其中充滿了反宋的觀點。誠如余嘉錫所指出的，曉嵐「自名漢學，深惡性理，遂峻詞醜詆，攻擊宋儒，而不肯細讀其書。」[55] 曉嵐排程、朱，在《提要》中是用明槍，在《閱微草堂筆記》中則專施暗箭。《筆記》中許多譏笑罵「講學家」的故事都是他挖空心思編造出來的。東原入都之次年（一七五五）即館曉嵐家，[56] 其《考

---

54 見《經考附錄》（《戴東原先生全集》本），收入《安徽叢書》，第六期，一九三六，卷四，頁二二b—二三a。參看余英時，〈戴震的《經考》與早期學術路向〉，《錢穆先生八十歲紀念論文集》，香港，一九七四，此文現已收入本書外篇。

55 見余嘉錫，《四庫提要辨證・序錄》，中華書局，一九七四，頁五四。郭伯恭，《四庫全書纂修考》，一九三八年再版，頁二二三，亦謂《提要》內容是「標榜漢學，排除宋學。」

工記圖》也是曉嵐為他刻行的，而東原晚年入四庫館，曉嵐亦與有力焉。故東原與曉嵐的交誼似較其他人更為密切。如果說東原對程、朱態度的轉變與曉嵐的影響有關，當非過甚之詞。

其次在這一方面對東原可能有影響的是惠棟（定宇，一六九七～一七五八）。定宇的反宋情緒最為激昂，甚至說過「宋儒之禍甚於秦灰」[57]這樣的話。他在《松崖筆記》卷一「主一無適」條譏「宋儒不識字」；[58]卷三「道學傳」條記「濂溪之《太極》、朱子之《先天》，實皆道家之學。」[59]而《九曜齋筆記》卷中「道學錄」條也說：「仙家有道學傳，禪家有語錄。道學、

56 恒慕義 (Arthur W. Hummel) 主編，《清代名人傳略》(*Emminent Chinese of the Ch'ing Period*)，「紀昀」傳（房兆楹撰）謂曉嵐與東原交篤，一七六〇年以後東原嘗客曉嵐家多年。（第一冊，頁一二二—一二三）此事為《東原年譜》所未載，想係本諸王蘭蔭之〈紀曉嵐先生年譜〉（《師大月刊》，第一卷，第六期，一九三三）。王《譜》余尚未見，不知果何據也。《戴東原先生年譜》乾隆二十年乙亥（一七五五）條引程易田語曰：「是年假館紀尚書家」，則不始於一七六〇年也。又東原癸巳（一七七三）十月三十日與段茂堂札之末云：「僕今暫寓紀公處，出月初五移寓洪素人兄處。」（《戴東原、戴子高手札真蹟》）此則在一七六〇年之後，然為時似極短暫。姑誌於此，以俟再考。

57 見李集，《鶴徵錄》（漾葭老屋本），卷三，頁十二b。

58 《松崖筆記》（《雜笈秘笈叢書刊》本），學生書局，一九七一，頁三七。

語錄之名皆出自二氏，而宋人借以為講學之名。」[60] 這些都是定宇公開攻擊宋代理學的證據。一七五七年東原游揚州，識定宇於都轉運使盧雅雨見曾署中，論學極為相得。這是乾、嘉學術史上一件大事。[61] 東原在一七五七年以前還承認宋儒的經學「得其義理」，而後來竟轉謂義理不在古經之外，顯然與定宇之論學「唯求其古」不無關係。此一轉變必須以排斥宋學為其先決條件，則自不待言。所以，積極方面，定宇是否影響了東原此後在義理方面的發展，是別一問題。但消極方面，惠、戴一七五七年揚州之會，彼此曾默默地訂下了反宋盟約大概是可以肯定的。

此外東原過從較密的考證學家還有王鳴盛（一七二二～一七九八）和錢大昕。王西莊經學得之定宇，嚴守漢學壁壘，故所撰《尚書後案》，以鄭玄、馬融為主；唐、宋諸儒之說，一概摒而不取。他最佩服定宇和東原，曾說：

59《松崖筆記》（《雜笈秘笈叢書刊》本），頁一七七。

60《九曜齋筆記》，同上本，頁一九二。

61見錢穆，《中國近三百年學術史》，上冊，頁三二二—三二四。又李斗，《揚州畫舫錄・卷十・虹橋錄上》（中華書局，一九六〇，頁二三〇）亦特記東原見惠定宇於盧雅雨署中事，足見清人對惠、戴會晤一事之重視。

方今學者斷推兩先生，惠君之治經求其古，戴君求其是，究之，舍古亦無以為是。[62]

則他的立場可以想見。錢曉徵平時立言很謹飭，但不滿宋以來的理學傳統之情亦有不克自掩者。所以他論「婦人七出」而致疑於「餓死事小，失節事大」之說；論「性與天道」則謂經典上所謂天道皆以論吉凶禍福為言，漢人猶知其義，魏、晉以後始失傳，亦所隱攻宋學。[63]其《十駕齋養新錄》有「清談」一條，推衍顧亭林之緒論，說「宋、明人言心性，亦清談也。」[64]則已是對理學為公開的排斥矣。東原甲戌初到北京即走訪曉徵，談竟日。曉徵歎其學精博，遂為延譽，自是知名海內；及東原卒，曉徵復為之作傳。所以戴、錢兩人雖彼此仍不免偶有退後之語，而言思之間互相交涉甚深，則為不可否認的事實。

從上面幾個考證學的領袖人物反宋議論中，我們可以看到東原對宋儒態度前後大異的一

62 洪榜〈戴先生行狀〉所引，見《戴震文集．附錄》，頁二五五。

63 分見《潛研堂答問》，收入《皇清經解》（學海堂刊本），卷四四五，頁六b—八a、十六b—十七a。

64 《十駕齋養新錄》（《國學基本叢書》本），卷十八，頁四三四。又同卷尚有攻擊心性之說多條，亦可參。

部分淵源之所在。但東原晚年之公開著書批判程、朱並不能單純地解釋為依違漢學，隨人腳步。至少他的目的與其他漢學家不同。惠定宇、紀曉嵐諸人祇是要從訓詁名物方面摧毀宋儒立說的經典基礎，他們是有破而無立。而且他們的反宋言論之見諸文字者也夾雜著許多強烈的情緒字眼，以逞一時之快。東原則不然，他是有破有立的，且破即所以為立。在《緒言》與《孟子字義疏證》中，東原在「破」的一方面指出程、朱言「理」是取自釋、老兩家而又稍變其指，因而不合六經、孔、孟的原意。而在「立」的一方面，他則重據經傳古訓，賦予「理」字以新的涵義，建立自己的義理系統。他的最終目的是要用他自得之義理來取代程、朱理學在儒學中的正統地位。章實齋說：

> 戴君學術，實自朱子道問學而得之，故戒人以鑿空言理，其說深探本原，不可易矣。顧以訓詁名義，偶有出朱子所不及者，因而醜貶朱子，至斥以悖謬，詆以妄作，且云：「自戴氏出，而朱子徼倖為世所宗已五百年，其運亦當漸替。」此則謬妄甚矣。戴君筆於書者，其於朱子間有微辭，亦未敢公然顯非之也，而口談之謬，乃至此極，害義傷教，豈淺鮮哉！[65]

實齋未見《緒言》、《疏證》諸書，因而以為東原不敢公然顯非朱子。但即使在《緒言》與《疏證》中，東原批判程、朱雖極嚴厲，然仍未失學者論辯之雅度。所以一般地說實齋謂東原筆下不似口談之肆無忌憚，仍是一個有效的判斷。[66]這就引起了一個極耐人尋味的問題：東原何以會發展出一種近似人格分裂的傾向？章實齋曾因此而致疑於東原的「心術未醇」。但傳統的「心術」說最多祇能觸及問題的表象，而不能認真的解答問題，因為我們還要繼續追問：東原的「心術」為什麼「未醇」？根據我們現在所能掌握的材料來判斷，東原的筆舌分施，其根源正在於考證派的壓力所造成的心理緊張。東原深悉考證派對他的義理工作的歧視，並且曾一再努力以求消除這種歧視。其見諸正式文字者如《原善》擴大本之「援據經言」和《孟子字義疏證》之最後定名，都是要委婉地說明：他的義理並非空言，而是與訓詁考證合一的。

65《文史通義・內篇二》，頁五八。

66李慈銘，《越縵堂日記補・壬集》，同治二年二月初三條曰：「若東原則惟為程、朱拾遺補闕，未嘗肆言攻擊也。」（第十三冊，頁六八b）蓴客博雅，嘗盡見《戴氏遺書》，又熟於清代學術流變，而所得之印象如此。可見東原《緒言》及《孟子字義疏證》兩書下語甚有分寸。又梁任公也同意洪榜所謂東原《疏證》一書「非故為異同，非緣隙釀嘲」，而是出之以「學者的」態度。見〈戴東原哲學〉，收入《近代中國學術論叢》，崇文書店，一九七三，頁一八九—一九〇。

這一層，前文已經指出了。東原的口談則似乎是在表達另一個意思，即他與考證派在反宋儒這一點上是志同道合的。

東原早期服膺程、朱，中歲以後漸轉為批判程、朱，至晚年而益烈。這一轉變一方面固由於東原受到當時外面的反宋風氣的感染，但另一方面也有其自身思想發展的內在根源。東原治學自始即有由訓詁明義理，以進而聞道的傾向。[67]從訓詁來探究「天道」、「道」、「理」、「性」諸名詞的原始意義，東原自可得到與宋儒完全不同、以至相反的結論。所以東原在義理上與程、朱立異，自有他的嚴肅立場，決不應全認作敷衍考證派而然。而東原的口語則不然。據章實齋所記，則其中頗多情緒語言，而與其哲學之理論建構並無邏輯上的關係。像「《原善》之書欲希兩廡牲牢」及「自戴氏出，而朱子徹侓為世所宗已五百年，其運亦當漸替」這一類的話，都與學術是非毫不相干。但東原說這些話一定有他的對象。那麼他的對象是誰呢？首先我們自然會想到所謂程、朱派。據我們所能掌握的資料來看，東原生前唯有姚姬傳曾持程、朱的義理和他當面辯論過。不過姬傳最初嘗欲奉東原為師，則他們之間的爭辯

67 余英時，〈戴震的《經考》與早期學術路向〉。李慈銘說：「蓋戴〔震〕氏師江〔永〕氏，而江氏之學由性理以通詁訓，戴氏之學則由詁訓以究性理。」（《越縵堂日記補・壬集》，第十三冊，頁五八b）至少蓴客對於東原學術途徑所知甚為親切。

當不致過分地針鋒相對。翁覃谿與東原年輩稍隔，又無深交，雖嘗親聞東原縷縷駁程、朱「性即理也」之說，好像並不曾即席面駁。[68]至於正式見諸筆墨的討論，也祇有東原與彭紹升之間的一番往復，其事已在東原卒前之一月。姚姬傳與友人的信札、程魚門的〈正學論〉、翁覃谿的〈理說駁戴震作〉都顯然撰於東原身後。東原的《緒言》和《孟子字義疏證》兩書，生前皆未刊布，稿本流傳極有限，所以姚姬傳遲至一七九三年還祇知道有《原善》。[69]從時間上推斷，東原的義理著作在生前還來不及引起所謂程、朱派的巨大反響。此外錢載（籜石，一七〇八～一七九三）與東原的激烈衝突在當時也極有名，但籜石攻擊的是東原的考訂，而不是義理，可以置之不論。[70]總之，在乾隆時代並沒有什麼程、朱學派足以威脅東原；程、朱勢力

68 翁覃谿手批《戴氏遺書》語，見李慈銘，《越縵堂日記補・壬集》，同治二年正月二十四日條（第十三冊，頁五七b－五九a）。

69 一七九七年章實齋自桐城作〈又與朱少白〉書，僅曰：「姚姬傳並不取《原善》，過矣。」（見《章氏遺書》補遺，第八冊，頁二五）時實齋與姬傳過從甚密，姬傳如知有《緒言》與《疏證》，不容不向實齋提及也。

70 翁方綱〈與程魚門平錢戴二君議論舊草〉云：「昨籜石與東原議論相詆，皆未免於過激。戴東原新入詞館，斥詈前輩，亦籜石有以激成之，皆空言無實據耳。籜石謂東原破碎大道，籜石蓋不知考訂之學，此不能折服東原也。詁訓名物豈可目為破碎？學者正宜細究考訂詁訓，然後能講義理

的復活是嘉慶以後的事。[71]

也。宋儒恃其義理明白，遂輕忽《爾雅》、《說文》，不幾漸流於空談耶！」（見《復初齋文集》，卷七，頁三二三—三二四）又〈考訂論中之二〉云：「秀水錢載，詩人也，不必善考訂也，而與戴震每相遇，輒持論齟齬，亦有時戴過於激之。」（《復初齋文集》，卷七，頁三一一）而王昶《蒲褐山房詩話》亦云：「朱竹君極推東原經學，而蘀石頗有違言，每聚語及此，蘀石輒面熱頸發赤，齗齗不休。」（引自李慈銘，《越縵堂日記補・壬集》，第十三冊，頁五九a）可見蘀石攻東原始終皆在經學考證方面也。翁覃谿與程魚門書謂兩人爭辨在東原新入詞館之時。核之《戴東原先生年譜》，東原賜同進士出身，授翰林院庶吉士，事在乾隆四十年乙未（一七七五）。唯錢、戴交惡，事或尚在前。章實齋〈上錢辛楣宮詹書〉云：「戴東原嘗於筵間偶議秀水朱氏，蘀石宗伯至於終身切齒，可為寒心。」（《章氏遺書・卷二十九・外集二》，第五冊，頁一〇二）則其事起於東原批評蘀石之同鄉先輩朱彝尊也。實齋此書胡適之繫之乾隆三十七年壬辰（一七七二）（見《章實齋年譜》，頁二五—二六），尚在覃谿與程魚門書之前三年。如實齋所言之錢、戴爭持與覃谿所指者為同一事，則〈上錢辛楣宮詹書〉之年代即成問題矣。因覃谿所記出自當時之筆，斷不容誤。錢賓四師嘗疑實齋上辛楣書曾經晚年點定（見《中國近三百年學術史》，頁四一八），事或然歟？

71 我願意在這裡提出幾條證據，對清中葉以來程、朱派的發展情況加以補充說明。姚姬傳〈復蔣松如書〉云：「鼐往昔在都中，與戴東原輩往復，嘗論此事。」可見姬傳確曾與東原對程、朱義理問題交換過意見，但不像是激烈的爭吵。（見《惜抱軒全集．文集》，中華書局《四部備要》本，卷六，頁十b）翁覃谿僅識東原，並非論學之友，見於他在〈考訂論中之二〉的自白。（《復初齋文集》，卷七，第一冊，頁三一）程魚門曾否與東原當面討論過義理的見解，今不可知。魚門的〈正學論〉主要是攻擊東原以情釋理，這是東原在《孟子字義疏證》中的論點，足證文成於東原卒後。但東原在世之時，漢學家反宋之氣燄正高，守程、朱之義理者是處在被攻擊的地位。姬傳等一二人的議論絕不足對東原構成嚴重威脅。故姬傳〈復蔣松如書〉中尚以「自度其力小而孤」為言。袁枚（一七一六～一七九八）在《隨園詩話》卷二中說道：「明季以來，宋學太盛。於是近今之士，競爭漢儒之學，排擊宋儒，幾乎南北皆是矣。豪健者尤爭先焉。」（人民文學出版社，北京，一九六〇，上冊，頁四九）子才親值乾隆漢學盛世，所言當時學風斷無不可信之理，則東原生前程、朱學派之衰微可知。今按：姬傳大張宋學之軍，影響乃在身後。李蓴客記其友人張問月所為〈贈何願船刑部序〉，略云：「桐城姚鼐倡宋學以攻漢學，至以戴東原絕嗣為攻擊朱子之報。自是人習空疎，真學遂絕。」蓴客復極論之，謂「未及四十年而戶鄭家賈之天下遂變為不識一字。橫流無極，鼐為作俑。」（《越縵堂日記補．庚集末》，咸豐十年十二月十五日條，第十冊，頁五三a）而姬傳攻漢學之所以能發揮功效，則又頗賴其弟子方植之《漢學商兌》一書。蓴客《日記》嘗言，植之「頗究心經注，以淹洽稱，而好與漢學為難，《漢學商兌》一書，多所彈駁，言偽而辯，一時漢學之燄，幾為之熄。」（《越縵堂日記補．壬集》，同治二年正月十七日條，第十三冊，頁四八a）《日記》此數條不免有誇張之處，但蓴客所透露的漢學、宋學消長的消息，如果程、朱派並非東原發話的對象，則上引東原的口語祇能是說給考證派聽的，因為當時對東原的義理工作瞭解得最多而且批評得也最嚴厲的主要都是考證學家。東原此類口語的對象既確定，其涵義亦隨之而顯。他正是要通過這些訴諸情感的話來激起考證派的共鳴，使他們能認識他在這一方面的成就具有重大時代意義：即《原善》、《疏證》諸書將澈底摧毀並取代程、朱理學在儒學史上的地位。章實齋〈答邵二雲書〉云：

> 戴氏筆之於書，惟闢宋儒踐履之言謬爾，其他說理之文，則多精深謹嚴，發前人所未發，何可誣也！可騰之於口，則醜詈程、朱，詆侮董、韓，自許孟子後之一人，可謂無忌憚矣。然而其身既死，書存而口已滅，君子存人之美，取其書而略其口說可也；不知誦戴遺書而得其解者，尚未有人，聽戴口說而益其疾者，方興未已，故不得不辨也。以僕所聞，一時通人表表於人望者，有謂「異日戴氏學昌，斥朱子如拉朽」者矣。[72]

大體上是可靠的。

---

72 《章氏遺書逸篇》，收入四川省立圖書館編輯，《圖書集刊》，第二期，頁四一。

東原口語的對象為誰及效果如何，實齋此書已有極明白的交代。所以我認為東原平時昌言排斥程、朱而復詆彈逾量，並不反映程、朱思想的勢力如何浩大；相反地，這恰表示當時的學術界中正激盪著一股反宋的暗流，東原雖標榜「空所依傍」的精神，但也不能不依違其間，以爭取考證學家的同情與支持。

(七)論學三階段

東原與考證派之敷衍妥協復可徵之於其前後論學見解之變遷。東原在入都之前，治學奉江永為楷模，故極賞程、朱「理明義精之學」，絕未露出取而代之的野心。一七五五年東原在〈與方希原書〉中說：

> 古今學問之途，其大致有三：或事於理義，或事於制數，或事於文章。事於文章者，等而末者也。……足下好道而肆力古文，必將求其本。求其本，更有所謂大本。大本既得矣，然後曰：「是道也，非藝也。」[73]

73《戴震文集》，卷九，頁一四三—一四四。

此時東原初至北京，議論恐仍未大變，故可據此書以見其早期之學術觀。在乾隆時代，正式提出義理、考證、詞章之三分法，東原似為最早，其後姚姬傳與章實齋皆各有發揮。但可注意者，東原雖分學問為三途，卻並不以此三者都具同等的價值。所以他說：「文章者，等而末者也。」若就其所列舉之先後觀之，則義理在學問全體中的地位又必高於考證。此由其力主文章之本以外，更有所謂大本一層，可以推見。因為東原所謂「大本」即指「道」而言，而最近「道」者，自非義理莫屬。東原〈答鄭丈用牧書〉曰：

> 今之博雅能文章、善考覈者，皆未志乎聞道。[74]

此書之末有「好友數人，思歸而共講明正道」之語，疑指乾隆十五年庚午（一七五〇）東原與同志鄭牧、汪肇龍、程瑤田、方矩、金榜等六、七人從江永、方粲如兩先生質疑問難之事。則此書也是早年之作。書中僅言治考證與詞章者未志乎聞道，顯見其心中固以為治義理者可以逕至乎道。無論東原對宋儒之義理是否贊許，而義理作為一門學問而言在東原早年的學術

---

74 《戴震文集》，卷九，頁一四三。

系統中佔據了最重要的地位，是不成問題的。東原一方面認為義理、考證、詞章在儒學中的價值層次不同，而另一方面則又強調此三者之間的互相依存關係。所以他在〈與方希原書〉中先說「文章有至有未至，至者得於聖人之道則榮，未至者不得於聖人之道則瘁。」繼又云：

> 聖人之道在六經：漢儒得其制數，失其義理；宋儒得其義理，失其制數。譬有人焉，履泰山之巔，可以言山；有人焉，跨北海之涯，可以言水，二人者不相謀，天地間之鉅觀，目不全收其可哉？

可見東原此時並不認為義理、考證、詞章可以各分畛域，而互不相涉。

但東原中年時代既與考證派沆瀣一氣，他的論學觀點便逐漸發生了變化。段玉裁嘗記其言曰：

> 天下有義理之源，有考覈之源，有文章之源，吾三者皆庶得其源。[75]

75 《戴東原先生年譜》，收入《戴震文集・附錄》，頁二四六。

茂堂始向東原請業在乾隆二十八年癸未（一七六三），已在東原入都九年之後。此後東原將義理、考覈、文章加以平列，並謂三者各有其源，顯然和他早期的見解有了分歧。而〈題惠定宇先生授經圖〉復云：

言者輒曰：「有漢儒之經學，有宋儒之經學，一主於故訓，一主於理義。」此誠震之大不解也者。夫所謂理義，苟可以舍經而空凭胸臆，將人人鑿空得之，奚有於經學之云乎哉？惟空凭胸臆之卒無當於賢人聖人之理義，然後求之古經；求之古經而遺文垂絕、古今縣隔也，然後求之故訓。故訓明則古經明，古經明則賢人聖人之理義明，而我心之所同然者，乃因之而明。賢人聖人之理義非它，存乎典章制度者是也。[76]

此文作於一七六五年，正當東原中年，其中考證的地位顯得最為突出。照他這種說法，好像故訓弄清楚了，聖賢的義理就立刻會層次分明地呈現在我們的眼前，義理之學在此已失去它的獨立地位，祇是依附於考證而存在。這全不似出諸一個深知義理工作本身的曲折和困難者

76 《戴震文集》，卷十一，頁一六八。

之口。我很懷疑東原自己是否篤信這一理論。很可能地，東原因為其時正捲入了考證潮流的中心，一時之間腳步不免浮動，致有此偏頗之論。此事雖無法有確據，但證之以東原早期和晚期的持論皆與此有異，實使人不能不如此推測。章實齋曾記載了當時流行於考證派之間的兩種論學觀點。他說：

近人所謂學問，則以《爾雅》名物、六書訓故，謂足盡經世之大業，雖以周、程義理，韓、歐文辭，不難一吷置之。其稍通方者，則分考訂、義理、文辭為三家，而謂各有其所長，不知此皆道中之一事耳。著述紛紛，出奴入主，正坐此也。[77]

實齋所記之第一說是最極端的訓詁觀點，東原未必激烈至此，但上引〈題惠定宇先生授經圖〉，已與此相去不遠。第二說較溫和，其中「稍通方者」似即指東原。至少「分考訂、義理、文辭為三家，而謂各有其所長」這句話很像東原所謂的「天下有義理之源，有考覈之源，有文章之源。」可見東原中年的持論最與考證派的一般觀點相合。

77《文史通義・外篇三・與陳鑑亭論學》，一七八九，頁三一一。

但東原的學術性格畢竟屬於「刺蝟」型，縱能一時溷跡「狐狸」之間，而終不能長久地違逆其本性。故數年之後東原自悔其說，而語段玉裁曰：

義理即考覈、文章二者之源也，義理又何源哉？吾前言過矣。[78]

此語不易定其確在何年，但至早在一七六六年，至遲在一七七二年，要之不出此五、六年之內耳。[79]一七六六年是東原擴大《原善》成書之年，這時他把義理系統和考證系統成功地配合了起來，因而在義理工作方面更具自信。所以我們倘以此語代表東原最後十年左右的學術見解，諒與事實相去不遠。東原晚年有〈與某書〉，可與此語相闡證。其言曰：

足下制義直造古人，冠絕一時。夫文無古今之異，聞道之君子其見於言也，皆足以羽翼經傳，此存乎識趣者也。……精心於制義一事，又不若精心於一經。其功力同也，

78《戴東原先生年譜》，收入《戴震文集．附錄》，頁二四六。

79詳說見我的〈戴震的《經考》與早期學術路向〉。

未有能此而不能彼者。治經先考字義，次通文理，志存聞道，必空所依傍。漢儒故訓有師承，亦有時傅會；晉人傅會鑿空益多；宋人則恃胸臆為斷，故其襲取者多謬，而不謬者在其所棄。我輩讀書，原非與後儒競立說，宜平心體會經文，有一字非其的解，則於所言之意必差，而道從此失。[80]

此書先言文章，次及經學考證，最後則謂「志存聞道，必空所依傍」，即指六經、孔、孟之義理而言，層次極為分明。至此義理在東原的系統中又恢復了它應有的地位。可見東原晚期之論學見解，轉與早期相近，所不同者東原此時仍持由字義以通經文之旨甚固，不似〈與方希原書〉中謂漢儒得其制數，宋儒得其義理之調停兩端矣。一七六九年東原撰〈古經解鉤沉序〉，中有「此學不僅在故訓」之語，亦與此書「空所依傍」之說義相足而互通，皆東原晚歲不復能自掩其「超越的衝動」之證。

惟東原所謂「義理即考覈、文章二者之源」，語過簡略，兩百年來，解者不一。段玉裁一七九二年序經韻樓刊本《戴東原集》，發揮師說，最有深意。茲先節引其文於下，再加析論：

---

80 此文現收入《孟子字義疏證》，頁一七三。

始玉裁聞先生之緒論矣，其言曰：「有義理之學，有文章之學，有考覈之學；義理者文章、考覈之源也。熟乎義理，而後能考覈、能文章。」玉裁竊以謂義理、文章未有不由考覈而得者。自古聖人制作之大，皆精審乎天地民物之理，得其情實，綜其始終，舉其綱以俟其目，興其利而防其弊，故能奠安萬世。雖有姦暴，不敢自外。《中庸》曰：「君子之道本諸身，徵諸庶民，考諸三王而不謬，建諸天地而不悖，質諸鬼神而無疑，百世以俟聖人而不惑。」此非考覈之極致乎？聖人心通義理，而必勞勞如是者，不如是不足以盡天地民物之理也。後之儒者畫分義理、考覈、文章為三，區別不相通，其所為細已甚焉。夫聖人之道在六經，不於六經求之則無以得聖人所求之義理，而行於家國天下，而文詞之不工又其末也。先生之治經凡故訓、音聲、算數、天文、地理、制度、名物、人事之善惡是非，以及陰陽氣化，道德性命，莫不究乎其實。蓋由考覈以通乎性與天道。既通乎性與天道矣，而考覈益精、文章益盛，用則施政利民，舍則垂世立教而無弊。淺者乃求先生於一名一物一字一句之間，惑矣！先生之言曰：「六書九數等事如轎夫然，所以昇轎中人也。以六書九數等事盡我，是猶誤認轎夫為轎中人也。」又嘗與玉裁書曰：「僕生平著述之大，以《孟子字義疏證》為第一，所以正人心也。」噫！是可以知先生矣。

細按茂堂此序，蓋有兩層用意：一在說明東原之學以義理為主，決非名物訓詁可盡；一在解釋東原何以獨能洞澈義理之源。關於第一層茂堂於一八一四年撰《東原年譜》時續論及之，曰：

> 先生於性與天道，了然貫澈，故吐辭為經。如《句股割圜記》三篇、《原善》三篇、《釋天》四篇、《法象論》一篇，皆經也。其他文字，皆厚積薄發，純樸高古，如造化之生物，官骸畢具，枝葉並茂。嘗言：「做文章極難，如閻百詩極能考核而不善做文章，顧寧人、汪鈍翁文章較好。吾如大鑪然，金、銀、銅、錫，入吾鑪一鑄而皆精良矣。」蓋先生合義理、考核、文章為一事，知無所蔽，行無少私，浩氣同盛於孟子，精義上駕乎康成、程、朱，修辭俯視乎韓、歐焉。[81]

據此節所言及〈序〉中「既通乎性與天道」等語，則東原於義理深造有得之後，考據、文章都隨之而大有進益。換句話說，茂堂認為東原的考據與文章之所以能獨步當世，是因為他別

81《戴東原先生年譜》，收入《戴震文集・附錄》，頁二四六。

有一套系統的義理在後面。我們不必管茂堂此說的是非，但此說顯然代表茂堂對其師「義理為考據、文章之源」一語的認識。不過茂堂因推尊東原，下語不免有過當之處，所以後來方東樹斥之為「誕妄愚誣」。[82]

關於第二層，茂堂於「義理者，文章、考覈之源」後下轉語曰：「義理、文章未有不由考覈而得者。」此語更引起後世的批評。方東樹說：

按此宗旨，專重考證，硬坐《中庸》此節為考證之學，謬而陋甚。……漢學諸人其蔽在立意蔑義理，所以千條萬端，卒歸於謬妄不通，貽害人心學術也。[83]

按茂堂序文本推崇東原義理之學，而方東樹謂茂堂專重考證而蔑視義理，似未為公允。但此在方氏亦不足怪，因為他以為義理祇有一種，所以根本不承認東原考覈所得者足以當義理之名。胡適受方氏此評的暗示，也對茂堂序文表示不滿，他說：

82 《漢學商兌》（浙江書局刊本），一九〇〇，卷中之下，頁五〇a。

83 《漢學商兌》（浙江書局刊本），頁四八b—四九a。

> 戴震明說義理為考覈文章之源，段玉裁既親聞這話，卻又以為考覈是義理、文章之源，這可見得一解人真非容易的事。[84]

胡氏最推重東原，與方東樹本處於相反的立場，然其誤會茂堂序文本旨，竟同於方氏。解人不易得，洵非虛語。茂堂所謂「義理、文章未有不由考覈而得者」，乃就東原獲得義理之過程而言。胡適之易其語作「考覈為義理之源」，已與茂堂原意失之甚遠。其實就東原的思想與系統言，其中既不能容納所謂「如有物焉，得於天而具於心」之「理」，則雖聖人制作所根據的義理也不能不由「考覈」天地民物而得。方東樹專以「文字訓詁」當茂堂所謂之「考覈」固是死在字下，而胡適之不識茂堂迴護東原義理之苦心，亦是誤認轎中人為轎夫也。蓋茂堂此序全篇主旨厥在推尊東原之義理，序末特拈出《孟子字義疏證》為東原著述之最大者一節，尤屬畫龍點睛之筆。其所以必須委婉說明義理得自考覈者，正因其發言之對象乃是當時鄙棄義理的考證學家。東原生前身後在義理方面屢遭考證派的責難，其間如朱筠反對〈行狀〉載〈答彭紹升書〉之事，茂堂自皆知之甚悉。其餘自朱筠、錢大昕以下，隨聲附和之輩，尚不

84 《戴東原的哲學》，頁九一。

知有幾。故茂堂晚年欲刻《疏證》、《緒言》，持贈同學，猶謂「雖下士必大笑之，無傷也。」[85]由是言之，茂堂此序所欲曲達之旨不過謂東原《疏證》雖是義理之作，然其書正從考覈而來耳。洪榜嘗言東原「所以名其書者，曰《孟子字義疏證》。然則非言性命之旨也，訓故而已矣，度數而已矣。」茂堂序文之意與此正無殊。所以此序反映出，東原生前在義理方面所受的壓力遲至一七九二年尚由其弟子繼續承擔在肩。考證學家戴東原與思想家戴東原之間始終存在著一種矛盾緊張的狀態，觀此益信。

根據以上的分析，我們大致可以將東原一生的思想發展分為三個不同的階段。第一階段的下限在東原乾隆甲戌（一七五四）入都，而尤以丁丑（一七五七）游揚州晤惠定宇之年為最具決定性的轉捩點。[86]在此一階段中，東原在理論上以義理為第一義之學，考證次之，文章居末。在實踐上，東原則從事於考證之學，欲以之扶翼程、朱之義理。因為此時他在義理方面尚無心得，並未深感程、朱義理與六經、孔、孟之言有歧也。第二階段之下限較難確定，大約可以一七六六年為分水嶺。此十年之間，東原受當時考證運動的激盪最甚，其觀點也最接近惠定宇一派，故於宋儒之義理為一筆抹殺之詞。其義理、考覈、文章之分源論即代表此

85 《經韻樓文集·卷七·答程易田丈書》，頁五四b－五五a。

86 胡適誤繫東原游揚之年為一七五六年。見《戴東原的哲學》，頁二六。

一階段之基本見解；而分源論無形中則將考證提高至與義理相等的地位。但另一方面，東原自己的義理工作亦正式剏始於此一階段。《原善》初稿三篇當成於丁丑（一七五七）至癸未（一七六三）之間，擴大之三卷本則成於一七六六。[87]故在第二階段之末，東原自家之義理已初步到手，宜其論學見解之復有轉變也。東原論學之歸宿期在其最後十年左右。此時東原一掃其中年依違調停之態，重新確定儒學的價值系統。所以他堅決地說：「義理即考覈、文章二者之源也，義理又何源哉？熟乎義理，而後能考覈、能文章。」這是當時治漢學考證的人所決不能接受的一種觀點。但在方法論的層次上，晚期的東原祇有比早期更尊重考證。一方面，義理固然是考證之源，而另一方面，名物訓詁又是證定義理是非的唯一標準。而且更重要的是，東原晚歲已斷無「宋儒得其義理」的觀點，所以他說的義理是指他自己由考覈而得的六經、孔、孟的義理。古希臘詩篇中的「刺蝟」祇知道一件大事，東原晚年的學術生命也歸宿於一大事因緣。東原卒於丁酉（一七七七）五月二十七日，而四月二十四日與段玉裁書曰：「僕生平論述最大者為《孟子字義疏證》一書」，這是東原最確切的「晚年定論」。

87 詳考見錢穆，《中國近三百年學術史》，上冊，頁三二四—三二七。

(八)最後的歸宿

焦循（一七六三～一八二〇）〈申戴〉篇云：

王愓甫《未定稿》，載上元戴衍善述戴東原臨終之言曰：「生平讀書，絕不復記，到此方知義理之學可以養心。」因引以為排斥古學之證。江都焦循曰：非也。凡人嗜好所在，精氣注之，游魂雖變，而靈必屬此，況臨歿之際哉！……東原生平所著書，惟《孟子字義疏證》三卷、《原善》三卷，最為精善。知其講求於是者，必深有所得，故臨歿時往來於心。則其所謂義理之學可以養心者，即東原自得之義理，非講學家《西銘》、《太極》之義理也。余嘗究東原說經之書，如毛、鄭《詩補注》等篇，皆未卒業，則非精神之所專注，宜其不復記也。[88]

此事亦東原晚年生命中一重公案，茲略加辨說，以結束本篇。先從事之真偽辨起。焦里堂〈申

88 《雕菰集・卷七》（《國學基本叢書》本），上冊，頁九五。

戴〉篇顯然相信東原臨歿嘗作是語，故所辨僅在宋儒義理與東原自得之義理之間。稍後方東樹亦採此說，以為是東原臨死悔悟的表示，因而駁里堂所謂戴氏自得之義理之說。[89]方氏的《漢學商兌》本在與考證學為難，有此可乘之隙，自不肯輕易放過。其輕信傳說，固不足怪。下逮近代，胡適之極尊東原，復重考證，因轉以此說為毫無根據。他說：

當時上元戴衍善說戴震臨死時道：「生平讀書，絕不復記。到此方知義理之學可以養心。」這話本是一種誣衊的傳說，最無價值。但當時竟有人相信這話，所以焦循做〈申戴〉篇替戴氏辨誣。[90]

方、胡兩家皆本〈申戴〉篇發論，然以好惡有別，故或信或疑。其實僅就里堂所引者觀之，既不能斷其為真，亦未可遽言其偽。但余考所謂東原臨終之言，別有來歷，而為焦、方、胡諸人所未及知。戴衍善者，江蘇上元戴祖啟字敬咸之子也。敬咸（一七二六～一七八三）乾隆戊戌（一七七八）進士，著有《師華山房集》。衍善所傳東原臨終語，即本之父書。茲節錄

89 《漢學商兌》，卷中之下，頁四九b－五〇a。

90 《戴東原的哲學》，頁一一七。

敬咸〈答衍善問經學書〉於下，庶幾此一傳說的真相可以大白於世。敬咸原書云：

汝欲知經學之說乎？今之經學非古之經學也。……今之經學，……六經之本文不必上口，諸家之義訓無所動心。所習者《爾雅》、《說文》之業，所證者山經、地志之書。相逐以名，相高以聲，相辨以無窮。……及其英華既竭，精力消耗，珠本無有，櫝亦見還，則茫然與不學之人同耳。吾家東原蓋痛悔之，晚嬰末疾，自京師與余書曰：「生平所記，都茫如隔世，惟義理可以養心耳。」又云：「吾向所著書，強半為人竊取。」不知學有心得者，公諸四達之衢，而人不能竊也。蓋今之所謂漢學，亦古三物教民之一，禮樂射御書數六藝之遺。雖不能備，或亦庶幾，要在善學之而已。今海內之所群推者，抱經盧學士，辛楣錢少詹事。此兩公者，能兼今人之所專，而亦不悖於古之正傳，故為獨出。而辛楣於諸經、列史、古文詞、詩賦、有韻、四六駢體皆精之，天文、地理、算術、國家之典、世務之宜，問焉而不窮，索也而皆獲，可謂當代鴻博大儒矣。汝既師之，但當一心委命，必有所聞。……噫！古無所謂理學也，經學而已矣。夫子雅言，《詩》《書》執禮，興立成於《詩》、於《禮》、於《樂》。文章在是，性與天道亦在是，即程子得不傳之學，亦祇於遺經之中。不能理於經素，不能經於理虛，於是乎兩無成焉。末學支離，禪言幻渺，汝小子其慎之哉！[91]

細究此書，則東原臨歿之言不但可信，且為瞭解東原晚年思想狀態之極重要的證據。據錢大昕所撰戴敬咸〈墓志銘〉，敬咸與東原同年中鄉試，一時有「二戴之目」。東原卒後，錢大昕又與敬咸交好，意氣相投，[92]此書作於東原卒後十餘年。且戴衍善其時正遊於竹汀之門，敬咸書中譽竹汀特甚，亦正欲衍善之轉示其師也。[93]以並世之人，談眼前之事，斷無不可信之理。此其一。此書為敬咸教子之書，非與朋友通函援引東原語為重者之比。且東原來書存家中，衍善終必見及，敬咸又何能妄語以紿其子？此其二。敬咸書中引顧亭林「經學即理學」之說，

91《皇朝經世文編・卷二・學術二儒行》（臺北國風出版社影印思補樓本），第一冊，一九六三，頁七九－八〇。

92見錢大昕，〈國子監學正戴先生墓志銘〉，收入《潛研堂文集・卷四十六》（《四部叢刊初編》縮本），頁四四五。

93據《竹汀居士自訂年譜》，香港崇文書店，一九七四，竹汀晚年任江寧鍾山書院院長凡四年（一七七八～一七八一），士子經他指授成名者甚眾。自乾隆五十四年（一七八九）起，任蘇州紫陽書院院長，以迄於卒（一八〇四），先後凡十有六年。今不能定戴衍善從學於竹汀時究在江寧或蘇州也。

足見其人仍在經學考證之餘波盪漾中，與姚姬傳、程魚門、翁覃溪、以至後來方植之等持程、朱之正論向漢學作反撲者，迥乎不同。通觀全文，敬咸引東原語僅在指摘考證學之流弊，決無抬高宋儒義理以貶抑考證之意，則敬咸又何須揑造斯語而誣其死友乎？此其三。由此三層理由推之，東原原札雖不見，而敬咸轉引之語則決不可純以偽造視之也。

但東原札中語經輾轉傳述，已貌似而神非。敬咸引語僅曰：「生平所記，都茫如隔世，惟義理可以養心耳。」至焦里堂轉引王惕甫《未定稿》則作：「生平讀書，絕不復記，到此方知義理之學，可以養心。」語氣輕重已大不相同。而尤重要者，此本東原病後與敬咸札中語，而王惕甫竟訛為「臨終之言」。頗似東原易簀時突為此懺悔之語，盡棄其平生之所學。出言之情境大異，弦外之音響全非，則宜乎胡適之斥為最無價值的誣辭也。今若細察東原與戴敬咸書之心理背景，則「義理可以養心」一語之真實涵義亦未始不可由晦轉明。

戴敬咸所謂東原「晚嬰末疾」者，自指丙申（一七七六）、丁酉（一七七七）間東原臥病事。但東原此一年餘之內實先後患兩種不同的病症。初為足疾，始丙申三月初。此疾雖迄死未癒，然似非能致命。其致命之疾起於丁酉四月之末，五月二十一日東原與段茂堂札，云：「前月二十六日至今，一病幾殆」，可證。[94]惟同札仍言南歸後非覓一書院不可，則東原卒前之六日尚不自知病危也。其病之最後惡化則在五月二十五日，越兩日（二十七日）而卒。[95]大抵丁酉四月二十六日以前，東原尚頗與友人書信往復，如丁酉春杪有書與吳江陸燿論理欲問題，四月有與彭紹升書，此外尚有〈與某書〉，大約亦作於同時。[96] 但四月二十六日以後，作書已頗困難，故五月二十一日與茂堂書中云：「正臥床榻，見來使強起作札」也。由此推之，東原與戴敬咸書必作於丙申三月以後，丁酉四月二十六日之前，在此期間，東原僅覺行動不便，決無將死之預感。焦里堂謂其臨歿精魄所屬唯在《孟子字義疏證》，已屬純出推想，而方植之謂東原「到此方知義理之學可以養心」乃迴光返照，更是癡人說夢。此皆由未見敬咸原書，復未深考東原病情所致也。

然則東原致戴敬咸書究作於丙申乎？抑丁酉乎？此層與東原作書之動機有關，不能不一併討論之。東原札雖已不存，但就敬咸轉引之語，考以東原病足後與其他友人之函札，仍可略推測其作札之命意所在。敬咸引語僅有兩句：一則曰：「生平所記，都茫如隔世，惟義理可以養心耳。」再則曰：「吾向所著書，強半為人竊取。」此兩語皆有其歷史背景。東原嘗

---

94 見《戴東原、戴子高手札真蹟》。

95 據孔繼涵丁酉五月三十日與段玉裁書，見《戴東原先生年譜》，收入《戴震文集・附錄》，頁二三九—二四〇。

96 胡適，《戴東原的哲學》，頁二五；錢穆，《中國近三百年學術史》，上冊，頁三三〇—三三一。

語段茂堂曰：「余於疏不能盡記，經、注則無不能倍誦也。」[97] 其自負記憶力之強可知。此時老病侵尋，記誦衰退，故有此感慨。其實「茫如隔世」已可能有誇張，而後來訛為「絕不復記」則與實際情形相去更遠了。第二句謂「吾向所著書，強半為人竊取」，亦與考證風氣之流弊有關。乾、嘉之世，剽竊之風甚盛，蓋一時學人競相眩奇誇博，好名而學無所得之徒往往出諸穿窬一途。一七九九年章實齋嘗記其實況於〈又與朱少白〉書曰：

> 邵（晉涵）君《雅疏》（按：即《爾雅正義》）未出，即有竊其新解，冒為己說，先刊以眩於人。邵君知之，轉改己之原稿以避剿嫌。又其平生應酬文稿，為人連笥攫去。辛楣詹事嘗有緒言未竟，而黠者已演其意而先著為篇。兒子常問古書疑義於陳立三，立三時為剖辨。有鄉學究館於往來之衢，每過必索答問，竊為己說，以眩學徒。君家宋鐫祕笈，李童山借本重刊，亦勝事也，其轉借之人冒為己所篋藏，博人敘跋，譽其嗜奇好古，亦足下所知也。[98]

97 《戴東原先生年譜》，收入《戴震文集．附錄》，頁二一六。

98 《章氏遺書逸篇》，收入四川省立圖書館編輯，《圖書集刊》，第二期，頁三七。

東原遭遇，類此者亦必不少，故為此憤世之語也。[99]

合戴敬咸所引東原兩語觀之，顯見東原來書係討論考證與義理的高下得失問題。考證限於具體事實之研究，日久即易淡忘，且所徵引之典籍，人人得而見之，故又易為人所剿襲。義理則為一種抽象思考的活動，自具內在一貫之系統。及深造自得，乃如章實齋所云「成一家之言」，既非他人所得而假借，亦不致因記誦衰退而遂盡失其所有。東原之言，其主旨不過如此。但東原何緣而與戴敬咸論及此一問題？據我的判斷，東原原札是向敬咸報告其新成《孟子字義疏證》一書，遂牽連而談及義理與考證。我之所以為此判斷，是有根據的。據段玉裁〈答程易田丈書〉，《孟子字義疏證》乃東原據《緒言》悉心改定而成，其事在丙申（一七七

99 東原〈詩比義述序〉云：「昔壬申、癸酉歲，震為《詩補傳》未成，別錄書內辨證成一秩，曾見有襲其說以自為書刊行者。」（《文集》卷十，頁一四八）這是東原著作生前即為人所竊取之一實例。至於段茂堂所指出的王履泰擅竊東原《直隸河渠書》未竟之稿，易名曰《畿輔安瀾志》而刊行之，其事已在嘉慶十四年己巳（一八〇九）矣。見《戴東原先生年譜》，《文集・附錄》，頁二二九－二三〇。但據胡適之考證，《直隸河渠書》實是方觀承（一六九八～一七六八）自己的著作，東原不過是修訂人之一而已。見胡適〈記中央圖書館藏的《直隸河渠書》稿本二十六冊〉，《胡適手稿》，第一集，卷三，頁二八九－三二七。

六）之冬，丁酉（一七七七）之春夏。而丁酉一年，東原因自喜其在義理上的新創獲，屢屢與友人道及此書。前曾舉〈與陸燿論理欲書〉及〈答彭進士允初書〉兩札，皆作於丁酉，此外復有丁酉正月十四日及四月二十四日與段玉裁兩札，亦特別鄭重論及《疏證》。義理與考證的問題在此類信札中有時也不免要提到，如正月十四日與茂堂一札云「竭數年之力，勒成一書，明孔、孟之道。餘力整其從前所訂於字學、經學者。」前一句指義理之學，後一句指考證之學，尤可見此二者在東原心中地位的高下。四月二十四日札則有「僕生平論述最大者為《孟子字義疏證》一書」之語。凡此皆足與戴敬咸引東原來書中之言相發明。所謂「向所著書強半為人竊取」，即指以前所為之考證。且東原「義理養心」語又可與敬咸「學有心得」之言互證。焦里堂以為義理養心云者，謂東原自得之義理，非宋儒之義理，確深得東原的本意，不媿為戴學護法。東原與戴敬咸書之動機既明，則撰寫的時間亦當在丁酉年。因為它與前舉諸札正是同一心理背景下的產物。

東原平生學術兼跨義理與考證，然而細察他對於這兩門學問的不同態度，可知他內心始終偏向義理。這可以說是他的「刺蝟」本性所決定的。

但是另一方面，考證為清代學術的主流，且與一部分學人之職業有關。東原自甲戌入都之後，即預於考證之流，一時相往復者幾全是此道中人。而東原既不得志於科第，衣食所仰亦在乎是。所以他中年時代，立論不免有依違流俗之處。及至晚期，他在思想方面卓然有以自立，乃絕彼紛華，還我故態，仍以義理為其心靈的最後歸宿之地。「義理養心」之論即由此而起。章實齋嘗轉述東原「兩廡牲牢」之語於邵二雲，二雲深疑之，以為不似東原平日語。實齋則曰：「抑知戴氏之言，因人因地因時，各有變化，權欺術御，何必言之由中。」[100]實齋雖自詡最能勘中東原隱情，但於東原內心的緊張狀態似尚有一間未達。「權欺術御」的譴責，不免惑於表象，殆非東原所能任受。胡適之不信戴衍善所記東原「臨終之言」，一方面固由於傳述之漸失其真，而另一方面，則恐亦與邵二雲相同，認為其說「不似東原平日語」耳。今以戴敬咸所引東原來書中之原文，證之《孟子字義疏證》脫稿後東原與友生諸札，則東原丁酉卒前數月之心理狀態猶宛然可見。「義理養心」之語正是其晚年思想中應有之義，而焦里堂〈申戴〉篇實早已得其確解也。

---

100 《章氏遺書逸篇》，收入四川省立圖書館編輯，《圖書集刊》，第二期，頁四〇。

七、後　論

我們比較全面地清理了東原和實齋在學術思想方面的種種交涉之後，現在不妨把他們之間的關係，配合到十八世紀的學術環境中，加以綜合的說明。

從實際經歷上說，東原與實齋相同之處甚多。例如他們的家境都很窘迫（東原似尤甚），在科場上都屢經挫折，[1]都是先在本鄉奠定了學問的基礎之後才到北京和外面的學術界發生接

1 據段玉裁的《戴東原先生年譜》，東原乾隆二十四年（一七五九）應北闈鄉試，未中，二十七年（一七六二）始舉於鄉，時年四十歲。自乾隆二十八年（一七六三）至四十年（一七七五），先後凡六次參加會試，都失敗了。一七七五年因係四庫館纂修官之故，特賜同進士出身，授翰林院庶吉士，其科場之失意可見。蓋東原雖名高學博，然不擅場屋文字，遂致屢試不售。前引胡虔《柿葉軒筆記》引韓錫胙語，已足以說明此點。（見〈戴東原與清代考證學風〉，注51）章實齋的

考試經驗也和東原有極相似之處。實齋〈與汪龍莊簡〉云：「然登第在四十外，則命使然。中間七應科場，三中（兼副榜），一荐、一備、二落。」（《章氏遺書．卷二十九．外集二》，第五冊，頁一〇八）實齋中舉人在乾隆四十二年（一七七七），亦恰是四十歲，與東原同。（見胡適，《章實齋年譜》，頁三六）所不同者，實齋中舉之次年（一七七八）即成進士（《章實齋年譜》，頁四二）視東原為差幸耳。舊時科舉對於一般讀書人的升沉榮辱關係甚大，東原與實齋雖別有學問上的寄托，未必把這種世俗的得失看得很重，但這些一再失敗的經驗對他們的心理終不能絕無影響。這一層，也是研究戴、章思想與生活者所必須注意的。

胡適在《章實齋年譜》中曾說實齋「七應鄉試」（頁三六）。這個斷案是正確的。可是《年譜》自乾隆二十五年（一七六〇）至四十二年（一七七七）一共衹記載了實齋六次參加鄉試，顯然漏列了一次。倪文孫注意到這個問題，所以他把〈與汪龍莊簡〉中所謂「七應科場」，解釋為六次鄉試和一次會試。(*The Life and Thought of Chang Hsüeh-ch'eng*, p. 53, note e) 倪文孫在另一處又說道：「章學誠沒有參加一七七一年（按：乾隆三十六年辛卯）秋季的舉人考試。這時他仍在服父喪期間，因此不能參加。」(*The Life and Thought of Chang Hsüeh-ch'eng*, p. 37, note) 倪文孫雖注意到實齋考試的次數問題，但是他解實齋「七應科場」為六次鄉試和一次會試則斷然是錯誤的。實齋在〈與史氏諸表姪論策對書〉中明明說「自庚辰以後，七應鄉試」。（見《章氏遺書逸篇》，收入四川省立圖書館編輯，《圖書集刊》，第二期，頁四三）這句話決不容有其他的解釋。胡適與姚名達未見此文，尚知「七應科場」是「七應鄉試」之意，倪文孫曾參考及《逸篇》（見觸，都靠編纂地方志及其他文獻整理工作謀生，都終身從事於學問的追求而未嘗正式入仕等等。所以他們可以代表清代中葉學者生涯的一種典型。

從思想史的觀點來說，他們最大的相同之點，同時也是最有意義的一點，則是同具「刺

The Life and Thought of Chang Hsüeh-ch'eng, p. 90, note d），反有此誤，殊屬疏漏。

尤有趣者，倪文孫謂實齋一七七一年正在父喪期間，故不能參預鄉試。殊不知實齋是年確嘗入試場，不過胡適的《章實齋年譜》適於此年漏列之耳。何以知實齋嘗參加一七七一年鄉試？因自一七六〇（庚辰）至一七七七年（乾隆四十二年丁酉）一共僅有七次鄉試。除庚辰為恩科外，其餘六次（即一七六二、一七六五、一七六八、一七七一、一七七四、一七七七）都是每三年例行的考試。實齋若漏去其中任何一次，即無從得「七應鄉試」之數了。至於倪氏說一七七一年實齋因父喪期間，不能參加考試，初聽起來雖似合理，而細察亦屬誤解。實齋的父親驤衢先生死在一七六八年（乾隆三十三年戊子）的冬天。自一七六八年冬至一七七一年秋，至少已經過了兩年零七、八個月。古代所謂「三年之喪」並非指三十六個月整數而言。《禮記》「三年問」已言「三年之喪，二十五月而畢。」更重要的，清代自雍正十三年（一七三五）起，士子服父母之喪只需足十二個月即可參加考試。（見《欽定科場條例》，一七九〇年本，卷三，頁三a－四a）所以一七七一年秋季，實齋的父親已死了三十個月以上，他決無不能參加鄉試之理。倪文孫未深考清制，其誤顯然。

蝟」的本性而生當「狐狸」得勢的時代。但同中又復有其異。實齋是一個絲毫不肯妥協的「刺蝟」，一生都在和「狐狸」的勢力正面搏鬥之中。東原則以「刺蝟」而深具「狐狸」的本領（正像托爾斯泰以「狐狸」而具有「刺蝟」的才能一樣），而且一開始便被「狐狸」誤認作同類，成為群「狐」之首，因此他和「狐狸」的關係變得十分微妙：即有妥協的一面，也有衝突的一面。故表現在外者，東原便不似實齋之坦率。實齋逕名其文史議論之作為通義，而東原卻稱其平生最大的哲學著作為字義疏證。僅此一端，已可見兩人的態度如何不同。不過，通東原一生論學的見解觀之，則東原雖偶有與「狐狸」敷衍妥協之處，而最後並沒有喪失他自己的「刺蝟」立場。

一七九六年實齋在〈與汪龍莊書〉中說：「近日學者風氣，徵實太多，發揮太少，有如桑蠶食葉而不能抽絲。」[2]在這種風氣之下，東原和實齋的「發揮」之作都得不到當時學術界的同情和瞭解。東原的《原善》、《論性》諸篇時人以為「空說義理，可以無作」，而實齋的〈原道〉篇初出，傳稿京師，據邵晉涵說，「同人素愛章氏文者皆不滿意，謂蹈宋人語錄習氣，不免陳腐取憎，與其平日為文不類，至有移書相規戒者。」[3]戴、章兩人的理論作品在當

2 《文史通義・外篇三》，頁二九九。

3 《文史通義・內篇二》，頁四三。

時所遭受到的歧視竟先後如出一轍。從這一點看，實齋之認東原作同道，以別於並世的一般學人，的確是有根據的。這正是「刺蝟」生在「狐狸」時代的悲劇。

實齋和東原的學術性格與當世學風之間的格格不相入，在兩人的心理上都曾激起了深微的反應。這一點，我們在上面中已經隨處指出了。我們更看到，由於他們所處的地位相異，他們的反應的方式則各有不同。實齋的反應是顯然的激憤，公開的控訴，所以他的不合時宜是人人都看得見的。研究實齋生平的人一般都是根據他那種落落寡合的怪癖性格來解釋他的言論。有人甚至以為實齋過分地誇張了他的不幸遭遇，因而表現出一種強烈的被迫害感 (persecution mania)。[4]這樣的說法自然也很有理由。但是往深一層看，實齋的激憤決非單純地起於世途的坎坷。在價值取向上，實齋毫無疑問是以學問為他的生命的中心意義之所寄，而實齋在這一方面受到的冷落以至誤解也最甚。儘管他曾一再地宣稱他對外在的毀譽已完全置之度外，而事實上他在給幾位比較知己的友人如邵二雲、朱少白的信札上，卻時時流露出強烈的怨望之情。我相信實齋所表現出來的被迫害感，其最深、最後的根源便在於他的學問成

---

4 見 P. Demiéville, "Chang Hsüeh-ch'eng and His Historiography," in W. G. Beasley and E. G. Pulleyblank, eds., *Historians of China and Japan*, p. 173. 參看 David S. Nivison, *The Life and Thought of Chang Hsüeh-ch'eng*, p. 19.

就始終未能獲得當時學術界的承認。因為以實齋的價值系統而論，學問上的委屈是他在生命途程中所遭到的最大的挫折，在這一挫折的前面，其他一切委屈都是微不足道的。

東原的反應則遠較實齋為隱而微。首先是一般研究東原的人尚不十分清楚他所承受的心理壓力之沉重，更不瞭解這種壓力的性質。在漢學考證運動中，東原是當時學人所一致推崇的領袖人物。大家雖然知道他的義理作品不很受考證學家的賞識，但總以為東原與考證學派之間的關係，大體上應該是水乳交融的。而東原與其他幾位重要的考證學家在反宋學這一點上的結盟，更使這種誤解加深了一層。事實上，考證在東原的生命中具有兩種不同的意義：一是職業的意義。就這一點說，考證是他的衣食之所從出，其重要性自不待論。一是學術的意義。在這一方面，我很同意李慈銘的說法，東原之學是「由訓詁以究性理」。用托爾斯泰的比喻來說，在東原的整個學問系統中，考證只是「花朵」，義理才是「根本」。東原本人的性情基本上是喜愛義理的，所以他每寫一部義理著作時都有特殊的興奮；《原善》之「樂不可言」、《緒言》之「發狂」、疏證之為「生平論述最大者」，都是很明顯的表示。但考證是當時衡量學術成就的唯一價值標準，雖以章實齋之絕俗亦莫能自外。故實齋說：「天下但有學問家數，考據者，乃學問所有事，本無考據家。」[5] 東原之學本從名物訓詁起腳，後來又成為考證學的最高權威。這就使得他無法像實齋那樣乾脆地擺脫掉考證派的羈絆。因此他在表面上對考證派的尊重遂不免遠遠超過了考證在他的學問系統中的真地位。而另一方面，東原和一般考證學家雖然是反宋儒的同志，但東原是別持自得的義理來取代宋儒的義理，所以義理是他的學術的終點。而考證學家之反宋儒則以其為義理之學而鄙棄之，因此東原的《原善》以及實齋的〈原道〉等篇雖是清儒的義理，亦同在他們的反對之列，故考證學家的學術的始點與終點都在考證，他們根本沒有「超越的衝動」；他們縱使討論到義理的問題，其討論的層次也是考證的，而非義理的。我們把東原本人的學問觀與當時的考證學風這樣配合起來看，便可知兩者之間出入甚大：東原極重義理，而義理之學則適為一般考證學家所鄙棄不屑道；當時學風以考證足以盡學問之全體，而考證在東原的學術系統中則居於從屬的地位，其意義僅限於方法論的層次。唯東原既被尊奉為經學考證的大師，不能不時時周旋、甚至依違於考證派之間，以致其正面的議論與其內心之所持守遂不盡能一一吻合無間。但是在學問方面，東原又並不真能屈己從人，因此他平時在口頭的談論或與友人信札中往往從側面透露出內心的真正意向。這些不經意時所說的話，經過仔細的分析之後，便可見其正是針對著考證派的壓力而發的。如「《原善》之書欲希兩廡牲牢」、「義理為考覈之源」、「惟義理可以養心」、「六

5 《文史通義・外篇三・與吳胥石簡》，頁二八六。

書九數如轎夫然」、「學貴精不貴博」、「當代學者吾以曉徵為第二人」等語，合攏起來看，無往而不見其尊義理抑考證之意。當乾隆之世，章實齋最為東原的學術知己，而於東原此類口語亦渺不知其命意之所在，其他人則更可想而知矣。然猶幸實齋著述中保存東原的口語最多，更幸而實齋最早發現東原的筆舌之間有不一致的現象，所以我們在兩百年後還能根據實齋所提供的線索來抉出東原內心的緊張之源。

東原與實齋的論學觀點雖與同時的一般考證學家大異其趣，但他們的理論卻正是清代考證運動的產物，而且也唯有通過他們——尤其是實齋——的理論，考證運動在近世儒學發展史上的意義才能由隱晦而轉為顯豁。由於清儒自始便以批判宋明理學的姿態出現在歷史舞臺上，近代學人幾乎已看不出乾嘉考證學與宋明理學之間有任何思想史上的內在聯繫。實齋的浙東、浙西之分，朱陸異同之辨，雖不必盡合於儒學發展的實況，卻首先揭開了一項重大的歷史隱秘：即清代經史考證之學乃從程朱、陸王兩派的義理爭辯中逐漸演變而來，不過面目已殊，辨識不易而已。循著實齋的指示而上溯至清初，則可見其時為考證之學者都明顯地具有義理的背景。陳乾初之辨《大學》，毛西河之言《大學》古本、辨太極先天，黃梨洲、晦木兄弟之辨《易》圖，表面上都是考證之學，而骨子裡面則是要摧破程、朱義理的根據地。顧亭林倡「經學即理學」之論，後來成為乾嘉考證的最高指導原則，而溯其初意則實針對王學末流而發。閻百詩辨《古文尚書》之偽，亦是對陸、王心學為釜底抽薪之暗襲，故毛西河說他「忽詬及金谿（陸），並及姚江（王），則又借端作橫枝矣。」陳、黃、毛諸人恰屬於陸、王系統，顧、閻兩氏則恰宗主程、朱，這決不可能是出於偶然巧合。其實清初考證家之具有義理背景一層，乾嘉學人中尚有知之者。凌廷堪（一七五五～一八〇九）嘗說：

> 近時如崑山顧氏、蕭山毛氏，世稱博極群書者也。而崑山攻姚江，不出羅整庵之剩言，蕭山攻新安，但舉賀凌臺之緒語，皆入主出奴餘習，未嘗洞見學術之隱微也。[6]

次仲原文本在辨儒釋，和我們的論旨初不相涉，而無意之間竟點破了清初考證學與程朱、陸王之爭的思想淵源。蓋次仲深識清代學術之流變，宜其卓見及此也。

清初儒學處於從「尊德性」轉入「道問學」的過渡階段，所以理學與考證學之間的接筍處，痕跡猶宛然可見；下逮乾嘉之世，此一重大轉變已在暗中完成，而思想史上的問題也隨之而異。以前程朱與陸王之爭至此已失去其中心意義，代之而起的是所謂漢學與宋學之爭。

6 見《校禮堂文集・卷十六・好惡說下》，頁六 a。

但漢宋之爭祇是表象，實質上則是考證與義理之爭；而考證與義理之爭仍未能盡其底蘊，其究極之義則當於儒學內部「道問學」與「尊德性」兩個傳統的互相爭持中求之。乾嘉學人之所以反宋儒是因為宋儒所從事者為義理之學；而他們之所以對義理之學抱極端懷疑的態度，則又是因為義理之學的立足點在「尊德性」，缺乏堅固的「道問學」的基礎。離開了「道問學」的義理之學，在他們看來，其結果必流為「空言」或「虛理」，絕不足以取信於人。把漢宋之爭還原到「道問學」與「尊德性」之爭，我們便可以清楚地看到宋明理學轉化為清代考證學的內在線索。但其中還有一層重要的分別。程朱與陸王之爭在一般的意義上雖也是「道問學」與「尊德性」之爭，然而他們共同的基調則是「尊德性」。換言之，「尊德性」是第一義，「道問學」祇能居第二義。所以陸象山才說：「既不知尊德性，焉有所謂道問學？」[7]但在乾嘉時代，儒學的基調已根本改變，正如龔定菴所說的，「入我朝，儒術博矣，然其運實為道問學。」因此東原遂說：「然舍夫道問學，則惡可命之尊德性乎？」東原之反詰與象山之質問恰好針鋒相對，僅此兩語即是六百年間儒學移步換形的最確切的寫照也。

東原的新義理是清代「道問學」發展到成熟階段的儒學代表理論。在方法論上，他主張

7見《象山先生年譜》，收入《象山先生全集・卷三十六》（《四部叢刊初編》縮本），頁三二一。

由故訓以明義理，因而使顧亭林「經學即理學」的綱領更為具體化與落實化；在基本立場上，他顛倒了宋明理學家的說法，而謂德性始乎蒙昧，必資於學問而後纔能進於聖智。實齋說東原之學出於朱子，正是因為東原將朱子的「道問學」傳統發揮到了盡頭。朱子站在「尊德性」的立場上，深取程伊川「涵養須用敬，進學則在致知」之說。但朱子畢竟偏向於「道問學」上面較多，所以從來不肯單恃一個「敬」字，而特提「窮理致知」以支撐之。故曰：「若不能致知，又如何成得這敬？」[8]東原則完全撇開了「敬」，而專講「致知」。故一則曰：「不知必敬必正，而理猶未得」，再則評程、朱曰：「詳於論敬而略於論學」。要之，朱子當時認為第二義者，在東原已轉為第一義，而朱子所謂第一義者，在東原則已置之不論。不但東原如此，即其後陳澧（一八一〇～一八八二）欲為漢宋持平，且嘗細讀朱子之書，而論及朱子所謂窮理為第一事、第一義，讀書為第二事、第二義，也下轉語說：「然則第一事必在乎第二事，第一義必在乎第二義也。……除此第二事、第二義，更無捷徑也。若以為第二而輕視之，則誤矣。」[9]可見東塾在此大關節處仍不免遠於朱子而近於東原。清初顏習齋嘗曰：「朱子論學，只是論讀書。」[10]其實此說於朱子失之甚遠，而移之以贈乾嘉諸君子則洵為的評。

8參看錢穆，《朱子新學案》，第二冊，臺北，一九七一，頁三二八－三三〇所引朱子論敬諸條。

9見《東塾讀書記・卷二十一》（萬有文庫本），第二冊，頁二七一。

清代儒學發展至東原、實齋，其「道問學」之涵義始全出。但我們今天之所以能夠把握到這一中心涵義，則頗賴於實齋的親切指點。實齋最擅於辨識古今學術流變，故於東原及其本人在思想史上所處的位置都有很深刻的瞭解。東原之學出自朱子「道問學」的傳統，但同時又將此傳統向前推進了一大步，這一層在實齋的〈朱陸〉篇中已有明確的指示。而更重要的則是實齋本人對陸、王的「尊德性」傳統的改造；他之把王陽明的「德性之良知」轉化為智性之良知，以及他所堅持的「浙東之學，言性命者必究於史」的論點，都顯然是自覺地要將陸王的傳統導入清代儒學的「道問學」之運。實齋對陸王傳統所做的智識化的努力，一方面是為了和東原相對抗，而另一方面則正是模仿東原而來。關於對抗的一方面，我們在前面已有詳細的分析，此處不再重複。現在讓我們看看實齋在學問上如何處處奉東原為典範。

實齋自從接受了東原的「考證挑戰」之後，即深知空言不足以取信於人，一切理論都必須建立在實學的基礎之上。但東原的考證主要是與經學相結合的，而實齋的學術基地則在史學，其中尤以「文史校讎」為他的治學重點之所在。所以為了與東原的經學考證對抗，他強調史學中也有考訂一門。今存〈史籍考總目〉中，史學部中首列「考訂」一項，即可見其重

10《四存編・存學編卷四》，古籍出版社，一九五七，頁一〇四。

視考訂之意。他在〈史考摘錄〉中對史學考訂復有如下的說明：

> 考訂之學，古無有也。專門家學，尊知行聞，一而已矣，何所容考訂哉？官師失守，百家繁興，述事而有真偽，詮理而有是非。學者生承其後，不得不有所辨別，以尊一是。而辨別又不可以空言勝也，則推此證彼，引事切理，而考訂出焉，史遷所謂「載籍極博，尤考信於六藝」是也。……音訓解詁附書而行，意在疏通證明，其於本書，猶臣僕也。考訂辨論，別自為書，兼正書之得失，其於本書，猶諍友也。求史學於音訓解詁之外，考訂在所必資。[11]

可見實齋的史學考訂恰相當於經學考證，其作用也是通過文獻的考辨來確定事理之真。這是史學上以實學代替空言的不二法門。實齋特別自覺到他的學術工作也有類似「考證」這樣一種過程，因此他在〈與孫淵如觀察論學十規〉中說道：

---

11 見《章氏遺書逸篇》，《圖書集刊》，第二期，頁五一。

鄙人所業，文史校讎。文史之爭義例，校讎之辨源流，與執事所為考覈疏證之文，途轍雖異，作用頗同，皆不能不駁正古人，譬如官御史者不能無彈劾，官刑曹者不能不執法，天性於此見優，亦我輩之不幸耳。古人差謬，我輩既已明知，豈容為諱！但期於明道，非爭勝氣也。[12]

懂得了實齋這種心理，我們才明白他為甚麼要說「考據者乃學問所有事，本無考據家」：他是要把「考證」從經學家的壟斷中解放出來，使它也成為史學（包括所謂「文史校讎」）中的一個必有的環節。考證本為乾嘉經學家手中的一個最重要的武器，今實齋入室操矛，以戰略言之，則敵人長江之險已奪得其半矣。

實齋既深入敵陣，擄獲利器以歸，遂進一步而有「學問」與「功力」之辨。他在〈博約中〉說：

王（應麟）氏諸書，謂之纂輯可也，謂之著述則不可也，謂之學者求知之功力可也，

12《章氏遺書逸篇》，《圖書集刊》，第二期，頁三三—三四。

謂之成家之學術則未可也。今之博雅君子，疲精勞神於經傳子史，而終身無得於學者，正坐宗仰王氏，而悞執求知之功力以為學即在是爾。學與功力實相似而不同，學不可以驟幾，人當致攻乎功力則可耳，指功力以謂學，是猶指秫黍以謂酒也。[13]

在〈與林秀才〉中則說：

孔孟言道，亦未嘗離於文也；但成者為道，未成者為功力，學問之事，則由功力以至於道之梯航也。文章者，隨時表其學問所見之具也。[14]

依照實齋的觀念，則考證祇能是「求知之功力」，它本身並無獨立性，也不能逕至於「道」。在「功力」與「道」之間，尚有「學問」之一境，是每一個學人所必須努力攀躋的。「學問」成功了，然後纔能聞「道」；這就是「成者為道」一語的旨義所在。甚麼叫做「成學」？「成學」在實齋的系統中即是「成一家之言」，也即是成「專家」或「守欲其約」。由「學問」可

13 《文史通義・內篇二》，頁四九。

14 《文史通義・外篇三》，頁三二四。

以見「道」是因為「學問」中包涵了「思」或「義理」的成分。但這種義理或思則來自「功力」；沒「功力」作基礎，義理便要流為空言了。所以實齋說：「言義理者似能思矣，而不知義理虛懸而無薄，則義理亦無當於道矣。」[15]細察實齋的「功力——學問——道」的公式，我們不難看出這正是模仿東原晚年的論學見解而來。東原晚年以義理為考覈之源，即是以義理為比考覈高出一個層次；也就是說，唯有通過義理而後始能接觸到道。東原在〈古經解鉤沉序〉中說「知此學之不僅在故訓，則以志乎聞道」，此「不僅在故訓」者當然衹能是義理。他又在〈與某書〉中說：「治經先考字義，次通文理，志存聞道，必空所依傍。」[16]這個「空所依傍」的部分即指超越於訓詁名物以上的識斷而言，與實齋所謂的「學問」是相應的。至於東原的義理必以訓詁名物為基礎，自然是更不消說的了。段玉裁為東原下轉語道：「義理、文章，未有不由考覈而得者」，確合乎東原平生「由訓詁以究性理」（李慈銘語）的治學精神。而上引實齋語，謂「學不可以驟幾，人當致攻乎功力」也正見其是由東原處轉手而來。所以實齋學術之內涵儘管和東原有異，甚至不免處處針鋒相對，可是若就學術的規模而言，則實

15《文史通義・內篇二》，頁四七。

16東原〈與某書〉實齋必嘗見及，參看錢穆，《中國近三百年學術史》，上冊，頁三三三。關於實齋得見經韻樓本《東原文集》，見本書內篇〈四、章實齋的史學觀點之建立〉，註11。

齋效法東原幾乎到了亦步亦趨的地步。這真是一個極值得玩味的現象。

但實齋卻並不是機械地模仿東原；他一方面奉東原為治學的典範，另一方面則又對東原的論點有所發揮與提高，使之適合自己的需要。他以「功力」來代替「考證」便是要把「考證」加以抽象化和普遍化，使它不復成為經學家所獨佔的武器。「功力」可以包括「考證」，但「考證」並不是「功力」的唯一表現方式。無論是義理之學、詞章之學、或是「文史校讎」，都有它的獨特的「功力」基礎。實齋採用「功力」一詞還另有其特殊的學派背景。清初黃宗羲曾有「心無本體，功力所至，即其本體」的名論。這是針對著王學良知末流只講本體，遺棄功夫的流弊而發的。所以「功力」（或「功夫」）在浙東傳統中本是一個富於德性意義的名詞。現在實齋賦予它以純粹智性的內涵，並用它來概括當時最流行的「考證」，確是再恰當不過的了。這樣做，他一方面不失其浙東學派的立場，而另一方面則又在不知不覺中把陸王一系「尊德性」的傳統導入了「道問學」的方向。實齋用「學問」一詞亦同見其有斟酌。以「學問」較之義理、詞章，或經學、史學，則顯見為高一級的概念，其抽象性與普遍性正與「功力」一詞相同。大概在實齋心目中，經學亦僅是「學問」之一種，不能以經學當「學問」之全體。實齋在此處亦有貶抑經學之意，與「六經皆史」說消息暗通。不但如此，實齋之「學問」既涵成家、成學之義，則其中自然以思想或義理佔主導成分。但是用「學問」一詞則可以避免給予人以實齋所謂「義理虛懸而無薄」的印象，這在儒家「道問學」的歷史階段上也是再恰當不過的了。

最後，在結束本篇之前，我願意對下面這個問題提出一種嘗試性的解答：即東原與實齋是乾隆時代的經史考證學運動的理論代言人，既如上述，然則何以他們的理論卻反而最不能為一般考證學家所賞識呢？依我的看法，問題的關鍵乃在於儒家道問學傳統的本身蘊藏著一種不可避免的弊端，即陸象山所謂之「支離」是也。兩漢是儒家道問學的第一個盛世，而經學終流入章句繁瑣一途，以致俗儒全不能把握到經義的大體。朱子在宋儒中最重「道問學」，故不僅象山以「支離」相譏，即他本人也有時自承有「支離之病」。後來有人說朱子以後儒學患了過實之症，當用瀉藥治之，也是針對著支離繁瑣的流弊而言的。清代考證家以「漢學」之名為標榜，他們的經學雖截然與兩漢經學異致，但他們所表現的「道問學」的精神則確與兩漢學風有其一脈相承之處，故其支離之病亦不減漢儒。從這個觀點說，清人之自號「漢學」也是有根據的。清代儒家「道問學」的流弊有它自己的特殊面貌，這就是章實齋所謂的「襞績補苴」。稍後焦里堂論清代經學著述，分為五派，曰通核、曰據守、曰校讎、曰摭拾、曰叢綴。里堂主通核而黜據守，其餘更非所取。通核即相當於實齋之「學問」，據守以下則僅足當實齋所謂之「功力」而已。然而在摭實有餘蹈虛不足的「道問學」風氣下，一般學人往往悞執求知之「功力」以為即是「學問」，其結果便是對一切思想性或理論性的問題都失去了感覺。所以實齋提出了「世儒之患，起於學而不思」這樣一個新穎的見解，而復深喜其說為前人所未發。[17] 其實這種「見樹不見林」的毛病也並非儒學傳統所獨有，中古晚期基督教的經學也同樣曾發展出它的繁瑣的「章句」("Sentences")，新舊約都被分解得不成片斷，變成了一個「文獻庫」("an arsenal of texts")，經義大體遂致闇而不彰。[18] 十四、五世紀西方「學術復興」(Revival of Learning) 的重要產品之一即是「博而寡要」("indiscriminate erudition") 或「雜而無統」("scholarship without focus")，如畢柯 (Pico, 1463–1494) 其人者，博雅至無涯涘，近代卡西勒 (Ernst Cassirer) 嘗比畢氏之學如布魯諾 (Bruno) 的宇宙，「其中心無所不在，而其外緣則不知所在。」("Its center was everywhere, its periphery nowhere.")[19] 這些史例可以充分地說明西方「道問學」的傳統也同樣地帶來了「支離」的流弊。支離之病，有重有輕，重者便成為實

17《文史通義・內篇二・原學下》，頁四六及《文史通義・外篇三・與陳鑑亭論學》，頁三一一—三一二。

18 見 Frederic Seebohm, *The Oxford Reformers*, London, Everyman, 1914, p. 17; P. Albert Duhamel, "The Oxford Lectures of John Colet," *Journal of the History of Ideas*, XIV (Oct. 1953), p. 496.

19 Ernst Cassirer, "Giovanni Pico della Mirandola," *Journal of the History of Ideas*, III (1943), p. 337.

齋所說的「學而不思」的「世儒」，不復能有所謂「超越的衝動」，更不能亦不求歸宿於任何綜合性、統一性的「道」了。如果用一種較為普遍性的名詞來表達之，我們可以說，智識主義 (intellectualism) 無論是基督教的、佛教的、或儒家的，發展到一定的程度時常不免流入文獻主義 (textualism)。上面所提到的新舊約之變為「文獻庫」，清代經學考證之轉成校讎、摭拾、叢綴之類的「文獻學」，都是極其明顯的例證。湯用彤曾說：

> 大凡世界聖教演進，如至於繁瑣失真，則常生復古之要求。耶穌新教，倡言反求《聖經》(return to the *Bible*)。佛教經量部稱以慶喜（阿難）為師。均斥後世經師失教祖之原旨，而重尋求其最初之根據也。[20]

所謂「繁瑣失真」即是文獻主義的必然結果，但反求《聖經》、尋最初之根據，至少可以有兩種不同的途徑：一是廢棄傳註，逕返原典，如韓愈贈盧仝詩所云：「春秋三傳束高閣，獨對遺經究始終。」這一條路是看重經典的精神 (spirit) 過於它的文字 (letter)，但如發展至極端則

20 湯用彤，《魏晉玄學論稿》，北京，一九五七，頁八七。

會走向反智識主義 (anti-intellectualism)。禪宗的「直指本心，不立文字」和馬丁路德 (Martin Luther) 的「由信仰而得救」(salvation by faith) 都具有明顯的反智傾向。另一途徑則是借助於古注古訓以明教祖之原旨。伊拉斯瑪斯之主張由博學 (eruditio) 以重建基督教的信仰 (fides)[21]以及清儒之由訓詁以明義理皆屬此類。這一路數的復古運動最後則仍將歸於智識主義的舊流，不過在初期有清整傳統之功而已。數傳之後，博學與信仰之間失去平衡，新的文獻主義便不免會代之而起。乾嘉時代，戴東原與章實齋是依然能保持這種平衡的人，而一般考證學家則已失去了這種平衡，倒向博學的一邊，終至變成沒有「超越衝動」的文獻主義者。他們不但自己缺乏抽象思考的能力和興趣，並且也看不出東原和實齋的義理系統正是為他們的存在提供了最有力的理論根據。這纔是「狐狸」世界的最大的自我諷刺！

---

21 見 Myron P. Gilmore, "*Fides et Eruditio*, Erasmus and the Study of History," in *Humanists and Jurists, Six Studies in the Renaissance*, Harvard University Press, 1963, pp. 87–114.

八、補論：章學誠文史校讎考論

本文一方面呈現章學誠學術發展的歷程，另方面則藉它認識清代中葉的學術風貌。本文是在新史料的基礎上論證：章學誠是以「文史校讎」之學——也就是由釐清古今著作的源流，進而探文史的義例，最後則由文史以明「道」，來對抗當時經學家所提倡的透過對六經進行文字訓詁以明「道」之學。其目標則是要奪六經之「道」以歸之於史。

本文首先糾正了自胡適以來，認為《文史通義・內篇》作於《校讎通義》之前的觀點，證明《校讎通義》不但成書在前，而且《文史通義》正是建於其上的七寶樓臺。第二、本文論證「文史通義」一詞有廣狹二義。在早期是籠統地包括章氏的所有著述，到後來才狹義地指今本《文史通義》。第三、章氏雖然另闢以文史見道的途徑，但是他持之以與經學家們相抗的「文史校讎」之學仍不可避免地落入當時經學家的道問學模式中。

章學誠（一七三八～一八〇一）的文史校讎之學自清末以來已成為顯學之一。章氏「六經皆史」之旨深為晚清古文派經師所取，故章炳麟、劉師培等都推重章氏及聞其風而起的龔自珍（一七九二～一八四一）。所以《國粹學報．發刊辭》（一九〇五年正月號）說：

自漢氏後二千餘年，儒林文苑相望而起縱其間，遞興遞衰，莫不有一時好尚以成其所學之盛。然學術流別，茫乎未聞。惟近儒章氏、龔氏崛起浙西，由漢志之微言，上窺官守師儒之成法，較之鄭（樵）、焦（竑），蓋有進矣。

可見中國近代有關學術史的研究，章學誠的文史校讎確提供了一個重要的理論始點，與乾嘉的訓詁考證和今文派的疑古辨偽適成鼎足之局。

民國以後，章學誠的研究更為蓬勃，胡適《章實齋先生年譜》（一九二二）尤具普及之功。同時章氏著作的抄本也不斷出現，學者對章氏的瞭解也越來越深刻。一九二二年劉氏嘉業堂所刊《章氏遺書》是當時收集得最完備的一個本子。但此後仍有遺文逸篇的發現，最重要的是北京大學所藏章華紱的抄本。此本由先師錢穆在一九三六年鑑定，並將其中未刊而較重要的十七篇輯為《章氏遺書逸篇》刊布於四川省立圖書館的《圖書集刊》第二、三期（一九四二）。一九五六年北京古籍出版社重印《文史通義》，曾將《逸篇》中最有關係的五篇收入書末「補遺續」中。最近，文物出版社據嘉業堂本斷句影印，又選錄北大藏章華紱抄本及北京圖書館藏朱氏椒花唫抄本中文字共十八篇，作為「佚篇」，標點排印於全書之後，總其名為《章學誠遺書》（北京，一九八五）。章氏的著作至此得一大集結，為研究者提供了很大的便利。

有關章學誠的生平及其成學的經過，七、八十年來中國、日本、歐洲和美國的論著多至不可勝計，幾乎已達到了「題無賸義」的地步。但是最近我重讀《章學誠遺書》，由於受到新材料的啟發，竟有一個十分意外的發現。而這一發現的影響所及則使我們必須重新解釋章學誠的思想發展的歷程，並重新認識他和乾嘉時代經學、訓詁之間的複雜關係。

章學誠一生有兩部系統性的著作，即《文史通義》與《校讎通義》。此兩書自大梁本（一八三二）以來即屬合刻，而以《文史通義》總其名。在十九世紀末年，此書已漸為流行，不過它的價值還沒有得到普遍的承認而已。光緒二十年（一八九四）正月初六孫寶瑄（一八七四～一九二四）在日記中寫道：

覽章實齋《文史通義》，筆墨蕪冗，議論雖有可採，然識解頗小。可見著書立說之難。[1]

孫寶瑄這時不過才二十歲，自然還沒有足夠的學力來判斷他的同鄉先賢的「議論」和「識解」。但由此也可見章氏的《文史通義》已走進了一般讀者的書齋。晚清通行的《文史通義》共有《粵雅堂叢書》本（一八五一）、浙江書局據大梁本補刻本（一八七三）、及貴陽本（一八七七）三種，所收文字當然都不完備。[2] 孫氏所讀當不出此三本之外。一九二八年姚名達訂補胡適《章實齋先生年譜》，在書末說：「十一年（一九二二）春，本書初版出版，國人始知章先生。」這話則未免誇張了。

《文史通義》和《校讎通義》雖然行世甚早，二者之間的關係究竟如何，至今尚不清楚。最近我才偶然發現了其中的曲折，現在讓我把這一段曲折寫出來，以求正於研究章學誠的專家。

章學誠〈候國子司業朱春浦先生書〉說：

1 孫寶瑄，《忘山廬日記》，上海古籍出版社，一九八三，上冊，頁二四。

2 見張述祖，〈文史通義版本考〉，《史學年報》，第三卷，第一期，一九三九年十二月，頁七五—七八。

> 是以出都以來，頗事著述。斟酌藝林，作為《文史通義》。書雖未成，大指已見辛楣先生候牘所錄內篇三首，併以附呈。[3]

此書作於一七七二年秋冬間，因此近代學者都一致斷定這是《文史通義》始撰之年。在〈跋酉冬戌春（一七八九～一七九〇）志餘草〉中，章氏說：

> 但己亥（一七七九）著《校讎通義》四卷，自未赴大梁時，知好家前鈔存三卷者，已有數本。及余失去原稿，其第四卷竟不可得。索還諸家所存之前卷，則互有異同，難以懸斷。余亦自忘其真稿果何如矣。遂仍訛襲舛，一併鈔之。戊申（一七八八）在歸德書院，別自校正一番，又以意為更定，與諸家所存又大異矣。[4]

據此，則《校讎通義》四卷始撰於一七七九年，後來原稿失去，又於一七八八年重就友人抄存之三卷本加以改定。總之，《文史通義》屬稿早於《校讎通義》七年，似乎明白無疑。

3 《章學誠遺書》（以下簡稱《遺書》），北京，文物出版社，一九八五，頁二二五。

4 《遺書》，頁三二五。

但是問題也就發生在這裡。七十年來的不斷研究已可確定《文史通義》內篇的主要論文都寫成甚晚，絕大部分是在《校讎通義》之後。內篇二〈朱陸〉一文專為評論戴震而作，可能成於戴死之年（一七七七）。此外較早的如〈詩教〉、〈言公〉（各三篇）成於一七八三年，其次則〈禮教〉、〈易教〉（三篇）或成於一七八八年，與《校讎通義》定本約略同時。其餘內篇的中心文字都成於一七八九年以後，而尤以一七八九年這一年最為重要。[5]因此過去研究的人都感到十分困惑，不知道〈候朱春浦書〉中所說的《文史通義》「內篇三首」究竟相當於今本《文史通義·內篇》中哪三篇文字？此〈書〉中提到「辛楣先生候牘」，這祇能是指《遺書》外集二所收的〈上錢辛楣宮詹書〉。章氏在此〈書〉開頭便說：

> 學誠從事於文史校讎，蓋將有所發明。然辯論之間，頗乖時人好惡，故不欲多為人知。所上敝帚，乞勿為外人道也。[6]

5 詳見胡適著、姚名達訂補，《章實齋先生年譜》，臺北，遠流出版公司，一九八六；錢穆《中國近三百年學術史》，上海，商務印書館，一九三七年，上冊，頁四一七—四二八〈實齋文字編年要目〉；吳孝琳，《章實齋年譜》補正〉，《說文月刊》，第二卷合訂本，一九四二年十二月，頁二四七—三〇三。

這幾句話確與〈候朱春浦書〉相合。不過此〈書〉中有「戴東原嘗於筵間偶議秀水朱氏，籜石宗伯至於終身切齒」一語，似已在錢載（一七〇八～一七九三）身後。無論如何，「宗伯」一詞在清代指禮部侍郎，而錢載任禮部左侍郎始乾隆四十五年三月（一七八〇），迄四十八年三月（一七八三）。[7]則章氏此書若非寫在一七八〇年以後，也必經晚年改定，決非一七七二年的原文。此〈書〉中最值得注意的是「學誠從事於文史校讎」一語。此處「文史校讎」四字並非指他的兩部《通義》，而是描述他自己的學術工作的性質。這四個字是他針對著當時所謂漢學家，尤其是戴震的「經學訓詁」而特別提出來的。[8]所以，具體地說，他以「文史」為範圍而與「經學」相抗，以「校讎」為方法而與「訓詁」相抗。戴震由訓詁以通經而明「道」，

6《遺書》，頁三三二。按：《遺書》中章氏致錢大昕書，僅此一見。至於《文史通義．外篇三》中〈為畢制軍與錢辛楣宮詹論續鑑書〉則是代畢沅寫的。

7見《清史稿．卷一八四．部院大臣年表四上》（中華書局標點本），第二十二冊，北京，一九七六，頁六六五六—六六六〇。

8例如他在〈書朱陸篇後〉說：「凡戴君所學，深通訓詁，究於名物制度，而得其所以然，將以明道也。」（《遺書》，頁十六）又在〈記與戴東原論修志〉中說：「戴君經術淹貫。……而不解史學。」（《遺書》，頁一二八）此類例證甚多，不勝枚舉。

他則由校讎以通文史而明「道」。[9] 這正是他特別向錢大昕說明「從事於文史校讎」的命意所在。由此而論，「文史校讎」雖渾然一體，但在治學程序上則仍有重點的不同。正如戴震由詁訓而通經義一樣，他也必須先從校讎入手，然後才能通文史之「義」。一七七二年時他的校讎工作才剛剛開始，怎麼會一躍而寫起今本《文史通義・內篇》中那些具有高度概括性、理論性的文字來了呢？而且這和他此一階段的思想狀態也全不相合。（後詳）從這一疑點出發，我們再讀他早期有關《文史通義》的敘述，便會得到一個完全不同的理解。

一七七三年春，章氏有〈與嚴冬友侍讀〉書，也談到《文史通義》，恰可與上一年〈候朱春浦書〉互相參證。他說：

> 日月倏忽，得過日多；檢點前後，識力頗進，而記誦益衰。思斂精神為校讎之學。上探班、劉，溯源官、禮，下該《雕龍》、《史通》。甄別名實，品藻流別，為《文史通義》一書。草創未多，頗用自賞。曾錄內篇三首。似慕堂光祿，乞就觀之，暇更當錄

9 關於章學誠和戴震的對抗，已見本書內篇。內篇撰於一九七四至一九七五年，當時對於《文史通義》與《校讎通義》二書的關係尚從舊說。此〈補論〉乃最近的新發現，前人尚未有討論及此者。竊以為此文所考始探驪得珠，盡發實齋成學過程的底蘊，而他與東原對抗的意識也顯露無遺。

寄也。[10]

此書中也提及《文史通義》的「內篇三首」與前書合，必指同樣的三篇文字。但此書明說「為校讎之學」，又列舉古代典籍（「官、禮」）及後世著作如《文心雕龍》、《史通》之類，則此一「草創未多」的所謂《文史通義》和今本《文史通義》在內容上截然有別。一七七二～一七七三年的《文史通義》在範圍上誠然是「文史」，但實際討論的是古今書籍的流別、分類等「校讎」的問題。換句話說，〈與嚴冬友〉書所刻劃的毋寧更適合於《校讎通義》。這一點在一七七四年的〈和州志隅自敘〉中更獲得進一步的證實。〈自敘〉云：

> 鄭樵有史識而未有史學；曾鞏具史學而不具史法；劉知幾得史法而不得史意。此予《文史通義》所為作也。《通義》示人，而人猶疑信參之，蓋空言不及徵諸實事也。《志隅》二十篇，略示推行之一端。能反其隅，《通義》非迂言可也。[11]

---

10 《遺書》，頁三三三。「似慕堂」即曹學閔，見胡適《章實齋先生年譜》，頁六六。曹學閔（一七二〇～一七八八），字孝如，故號「似慕堂」。傳見《清史列傳・卷七十二》（中華書局標點本），北京，第十八冊，頁五九〇二—五九〇三。

這裡所說的《文史通義》，若指今天的通行本而言，則絕不可通。今本《文史通義・內篇》六卷無論如何也難以「推行」到《和州志》上去的。相反的，如果我們把《校讎通義・內篇》和《和州志・藝文志》加以對照，便立即可以發現：後者確是前者「略示推行之一端」。例如《校讎通義・內篇》的〈原道第一〉即「推行」到《和州・藝文志》中的首篇〈原道〉上，連文字也大同小異。又如《校讎通義》的〈宗劉第二〉列舉五個理由說明「四部不能返七略」。而《和州・藝文志》的第二篇〈明時〉也列舉四項理由說明為什麼「七略流而為四部」。《和州・藝文志》以下三篇——〈復古〉、〈家法〉和〈例志〉——也無不可以在《校讎通義・內篇一》的其他各文中找到根據，特別是〈互著〉、〈別裁〉兩文。兩書最大的不同是《校讎通義》具全面的系統和詳盡的分析，《和州志隅》則限於一「隅」而遠為簡「略」而已。因此倪文孫 (David S. Nivison) 在比較了此兩書之後，認為《校讎通義》是由《和州志隅》發展出來的。[12] 我的看法稍有不同。我認為章氏在上引好幾封信中都提到的「《文史通義・內篇》三首」，恐怕便是《校讎通義・內篇》中〈原道〉、〈宗劉〉、〈別裁〉諸文的初稿。他在〈自敘〉

11《遺書》，頁五五二。

12 見《遺書》，頁九五－九九及頁五五六－五五八。David S. Nivison, *The Life and Thought of Chang Hsüeh-ch'eng*（《章學誠的生活與思想》）, Stanford University Press, 1966, pp. 57–60.

中所說「《通義》示人，而人猶疑信參之……《志隅》二十篇，略示推行之一端」云云，決無不可信之理。否則他的師友如朱春浦、嚴冬友等人豈不立即發現他在說假話？不過他由於修方志（特別是《和州志》）的緣故，更系統而全面地發展了有關校讎的理論，則是非常可能的。一七七七～一七七九年，他又修成了《永清縣志》，而《校讎通義》初稿四卷便恰好在一七七九年寫定，這是極值得注意的。

張述祖在〈文史通義版本考〉一文中提出了一個很有啟示性的見解。他認為章氏本意是要把他的一切文字，凡「足以入著述之林者」，都收集在《文史通義》的總名之下。所以《文史通義》也包括《校讎通義》、方志、以及其他散篇文字。張氏所舉的證據多堅明可信。[13]但是我們也必須考慮到另一個可能性。章學誠在一七七二年初採《文史通義》的書名時，他的心目中也許衹有一個籠統的「文史校讎」的概念；他似乎不可能預見到修方志的事，更不可能預知因修志而系統地發展出一整套有關校讎文史的理論，以致必須另寫一部《校讎通義》。後來他寫出了今本《文史通義・內篇》的中心文字，但他似乎仍有意保留《文史通義》為總集之名，誠如張述祖之所言。總之，章氏「文史通義」一詞有廣狹兩種涵義：廣義包括他的一

13見前引文，頁七三－七四。按：最近承王汎森君影印寄示一抄本章氏《和州志》（藏臺北中央研究院傅斯年圖書館）的〈志隅自敘〉，其下也題作〈文史通義外篇〉。這也可以證實張述祖的推測。

切「著作」，狹義則指今本《文史通義》一書。這是我們對於書名的理解容易發生錯覺的根源所在。一七七二～一七七四年間章氏提到的《文史通義・內篇》其實是後來《校讎通義・內篇》中某些文字的初稿。其時今本《文史通義・內篇》中的主要文字不但尚未寫出，甚至是否在觀念上已開始萌芽也大有可疑。

以我們今天對於章氏成學過程的瞭解而言，我們已可斷定在一七七九年之前，即《校讎通義》四卷本初稿撰成之前，他的主要著作是以校讎之學為重點的。換句話說，他前期的工作重心是通過班固、劉向、劉歆的校讎方法來考辨文史之學的源流。這是他的學問的基礎功夫。至於今本《文史通義・內篇》中的絕大理論如「六經皆史」，如道始於三人居室，不在政教典章人倫日用之外，如史學所以經世等等，都是一七八八年以後才逐漸發展出來的。[14]這是

14《文史通義・內篇一》所收六文，唯〈詩教〉（上下篇）成於一七八三年。其首篇〈易教上〉，開頭便說「六經皆史也」。此篇創稿或在一七八八年，因是年五月二十三日有〈報孫淵如書〉云：「愚之所見，以為盈天地間，凡涉著作之林，皆是史學。六經特聖人取此六種之史以垂訓者耳。」（《遺書》，頁八六）這是他初次闡述「六經皆史」的理論。由此可推斷〈易教〉之作不能早於此年。又〈禮教〉篇已引及〈易教〉，因而也有人相信〈禮教〉一文成於一七八八年。但《文史通義・內篇一》各文初刻於一七九五年前後，章氏此諸文寫成後或仍有改定。所以即使〈禮教〉成

他成學的最高境界，但並非一蹴即至，而是建立在長期的校讎功夫之上。一七七八年章氏有〈與錢獻之書〉，這是前所未見的新史料。此書恰可證明他在一七七九年以前治學的重點在校讎方面，尚未達到後期思想上的飛躍階段。他說：

足下淵邃精密，由訓詁文字，疏通名物象數，而達於古人之精微；其詣甚深。而學誠猶通大義，不能研究文字，自以意之所至，而侈談班、劉述業，欲以疏別著述淵源，究未知于古人之志，有當與否？[15]

錢獻之名坫（一七四一～一八〇六），是錢大昕的族人，此時正專治經學訓詁。書中章氏自道其學，云「侈談班、劉述業，欲以疏別著述淵源」，這是特指校讎之學。所以知此語特指校讎者，因為他在〈與孫淵如觀察論學十規〉（一七九六）中說：

於一七八八年，我們也不能因篇中提及〈易教〉，便斷定它的寫成必在一七八八年或更在其前。何況〈禮教〉一文究竟定稿於何時尚有爭議呢？（參看胡適，《章實齋先生年譜》，頁九九）

15　《遺書》，頁六九四。

鄙人所業，文史校讎；文史之爭義例，校讎之辨源流，與執事所為考覈疏證之文，途轍雖異，作用頗同。[16]

〈與錢獻之書〉僅言「疏別著述淵源」，未道及「義例」，可知一七七八年時章氏治學重點確偏在校讎方面。所以此書最可證明章氏在一七七二～一七七四年間屢次提及的「《文史通義》內篇三首」，事實上祇能向《校讎通義・內篇》中去尋找，而決定不在今本《文史通義・內篇》之中。[17]

16《遺書》，頁六三九。又《校讎通義・敘》云：「校讎之義蓋自劉向父子部次條別，將以辨章學術，考鏡源流。」（《遺書》，頁九五）正可和〈與錢獻之書〉中之「疏別著述淵源」及〈十規〉中之「校讎之辨源流」兩語互證。

17〈與錢獻之書〉中「侈談班、劉述業」一語也專指校讎之學，即班固的〈藝文志〉和劉向、歆父子的《別錄》、《七略》。〈與嚴冬友侍讀〉中論「校讎之學」也說「上探班、劉」，可證。唯〈十規〉又云：「鄙人於文史自馬、班而下，校讎自中壘父子而下，凡所攻刺，古人未有能解免者。」（《遺書》，頁六三九）因恐讀者或據此而疑「班、劉述業」兼指「文史」與「校讎」，則不得不作以下的說明：即章氏以班、劉並舉，專指校讎。最明顯的如《校讎通義・內篇二》〈補校漢藝文志第十〉云：「鄭樵校讎諸論，於漢志尤疏略。蓋樵不取班氏之學故也。然班、劉異同，

〈與錢獻之書〉及〈論學十規〉兩文不但使我們瞭解章氏心目中怎樣劃分「文史」與「校讎」，而且也證實了他確是有意識地以「文史校讎」與當時「經學訓詁」相抗衡。他自審「不能研究文字」，故不走經學訓詁的道路，但卻自信他的「文史校讎」與孫星衍的「考覈疏證」是殊途同歸。為了更進一步說明章氏關於「文史」與「校讎」的劃分，我們必須追溯一下《文史通義》的撰寫過程。

如果我們根據章氏治學重點的轉移，把他的學術發展劃成前後兩期，則一七八三年也許可以算是一個分水線。他的《校讎通義》已完成於一七七九年，基本上結束了前期。一七八三年他有《癸卯通義草》十篇，包括〈詩教〉、〈言公〉等主要文字。這才是今本《文史通義》撰寫的開始，由此進入了後期。這一分期自然不是絕對的，不應理解為前期僅有校讎而不涉文史，後期祇論文史而不顧校讎。前面早已指出，章氏的文史校讎正如戴震的經學訓詁一樣，在概念上原是一不可分的整體。戴氏治訓詁，即所以明六經的「義理」；章氏由校讎入手，也是為了辨文史中的「義例」。此處也必須指出，一七八三年時他的整體系統還沒有建立起

樵亦未嘗深考。」（《遺書》，頁九九）章氏論文史則以司馬遷與班固相提並論，稱之馬、班。最明顯的如《文史通義・內篇一・書教下》云：「史氏繼春秋而有作，莫如馬、班。馬則近於圓而神，班則近於方以智也。」（《遺書》，頁四）此種細微分別，關係甚鉅，讀者幸勿忽之。

來。他在乾隆六十年乙卯（一七九五）歲末所撰〈跋甲乙剩稿〉中說：

> 前此十年為甲辰、乙巳（一七八四～一七八五），則蓮池主講。所作亦有斐然可觀，而未通變也。[18]

這已在《癸卯通義草》之後，從他後期成熟的眼光來看，則仍「未通變」。但這無妨於我們把一七八三年定為後期的開始。

以前我研究戴震的學術發展，曾發現一個有趣的現象。戴氏雖以訓詁考證為世所尊，但他自己卻最重視《原善》、《緒言》、《孟子字義疏證》等義理之作。每寫一書成，即不勝其躊躇自喜。[19]章學誠草創《文史通義》也留下了類似的心理過程的紀錄，值得加以抉發。一七八三年章氏撰成〈詩教〉、〈言公〉之後，曾有信給友人說：

> 近日生徒散去，荒齋闃然，補苴《文史通義．內篇》，撰〈言公〉上中下三篇、〈詩教〉

---

18 《遺書》，頁三一九。

19 詳見本書內篇〈六、戴東原與清代考證學風〉，頁一四八—一五三。

上下二篇。其言實有開鑿鴻濛之功，立言家於是必將有取。……先以〈言公〉三篇致邵二雲。〈詩教〉二篇，俟續寄去。足下不可不與聞也。或令人鈔去，置之座右。較之〈史例〉、〈校讎〉諸篇，似有進矣。[20]

他自許其文「有開鑿鴻濛之功」，又要友人「置之座右」，則得意之情可以想見。尤應注意的是他自認〈詩教〉、〈言公〉等篇較〈史例〉（疑是〈史篇別錄例議〉的初稿）和〈校讎〉為「有進」，更可知他對《文史通義》的評價高於《校讎通義》，而二者撰寫的先後也由此略可推斷。

一七八八和一七八九年是《文史通義》撰述最重要的兩年，章氏在這兩年也留下了紀錄。〈跋戊申（一七八八）秋課〉云：

20 〈再答周筤谷（震榮）論課蒙書〉，見《遺書》，頁八八。又〈癸卯（一七八三）通義草書後〉也說：「若其著述之旨引得自矜腑，隨其意趣所至。固未嘗有意趨時，亦不敢立心矯異；言惟其是，理愜於心。後有立言君子，或有取於斯焉。」（《遺書》，頁三二五）此〈書後〉與〈再答周筤谷書〉當成於同時，故所流露的喜不自禁之情亦同。

性命之文，盡於《通義》一書。今秋所作，又得十篇，另編專卷。……檢視前後，殊少長進，甚滋日暮途長之懼也。[21]

首先要解釋的是「性命之文，盡於《通義》一書」這句奇怪的話。我想此語主要似乎應該以〈朱陸〉篇（一七七七）開宗明義之言為解：

天人性命之理，經傳備矣。經傳非一人之言，而宗旨未嘗不一者，其理著於事物，而不託於空言也。

這一觀念後來在〈浙東學術〉（一八〇〇）中則發展成下面的說法：

天人性命之學，不可以空言講也，故司馬遷本董氏天人性命之說而為經世之書。……故善言性天人命，未有不切於人事者。三代學術，有知史而不知有經，切人事也。……

21《遺書》，頁三二五。

浙東之學，言性命者必究於史，此其所卓也。[22]

「性命」即指「道」而言，章氏不取當時經學家的訓詁，另闢由文史以見「道」的途徑。（見後）此時章氏已發明了「六經皆史」之說，因此說《通義》所收都是「性命之文」。此《通義》自非《文史通義》莫屬。但一七八八年他的重要文字尚未寫出，〈禮教〉、〈易教〉是否已完成也還有爭議。現在他說「檢視前後，殊少長進」，可見此年的思想進展至少不很顯著。[23]但是一七八九年則大不相同。這一年他在〈姑孰夏課乙編小引〉中說：

22 此兩條均見《遺書》，頁十五。按：「性命之文」也可有另一種解釋。一七九〇年他在〈與邵二雲論學〉中說：「僕則五十又過三矣。古人五十無聞，謂不足畏。所謂聞者，不僅遠近稱述，知其能文善學而已也。蓋必實有可據，於己性命休戚其中，如公輸之巧，師曠之聰，舉其事即可知其為人。」（《遺書》，頁八〇）這是指發乎真性情的文字。此解與正文所說的「性命」不同，但並不衝突。也許章氏的「性命之文」兼包此兩義在內。

23 據前燕京大學藏武昌柯氏的《章氏遺書抄本》題下附注各文撰寫年代，則此年（一七八八）僅有〈禮教〉而無〈易教〉，且重要文字均未寫成。參看錢穆《中國近三百年學術史》，頁四二一；胡適《章實齋先生年譜》，頁九五—九九。

起四月十一，訖五月初八，得《通義・內外》二十三篇，約二萬餘言。生平為文，未有捷於此者。……殆如夢惠連得春草句，亦且不自知也。此編皆專論文史，新著十一篇，附存舊作二篇。本與甲編同時雜出，特以類例分之。[24]

最重要的文字如〈原道〉、〈原學〉、〈博約〉、〈經解〉等都成於此時。其他文字可繫於此年者尚多，不備舉。從「生平為文，未有捷於此者」及從「殆如夢惠連得春草句，亦且不自知也」等語，便可知他這時大有水到渠成之樂。

同年的〈姑孰夏課甲編小引〉中更有一段極重要的自白：

余僅能議文史耳，非知道者也。然議文史而自拒文史於道外，則文史亦不成其為文史矣。因推原道術，為書得十三篇，以為文史緣起，亦見儒之流於文史。儒者自誤以謂有道在文史外耳。[25]

24《遺書》，頁三二五。

25《遺書》，頁三二五。

這段話表面上自謙，其實則十分自負。這時他的〈原道〉篇已寫成，所以自信已由「文史」而見「道」。上一年（一七八八）他說「性命之文，盡於《通義》一書」，正可與〈甲編小引〉互相闡證。不但如此，由於《文史通義》的理論系統至此已基本成立，他更深信文史之學相對於「明道」而言，其作用至少與經學相等，甚且過之。因為「六經皆史」，所以〈甲編小引〉中所謂「儒者自誤以謂有道在文史外」，即是對當時經學家（特別是戴震）的一種駁斥。何以知之？請讀他在同年或次年（一七九〇）〈又與正甫論文〉中的話：

馬、班之史，韓、柳之文，其與於道，猶馬、鄭之訓詁，賈、孔之疏義也。戴（震）氏則謂彼皆藝而非道，此猶資舟楫以入都，而謂陸程非京路也。[26]

戴震在什麼地方說過這句話呢？戴氏在〈與方希原書〉中說：

事於文章者，等而末者也。然自子長、孟堅、退之、子厚諸君子之為文，曰：「是道

26 《遺書》，頁三三八。

也，非藝也。」以云道，道固有存焉者矣，如諸君子之文，亦惡覩其非藝歟？[27]

戴氏在此書中特別強調「聖人之道在六經」，故不許馬、班、韓、柳之文為「道」之所存。這正是章氏所必爭的一個觀點，因為它是《文史通義》的宗旨所在。通觀一七八九年前後章氏有關新寫成的論著的自我評價，我們不難想像他對《文史通義》系統的建立感到多麼的興奮和滿足。

一七九二年章氏撰成〈書教〉上中下三篇後，又寫信給邵晉涵說：

近撰〈書教〉之篇，所見較前似有進境，與〈方志三書〉之議同出新著。……其以圓神方智定史學之兩大宗門，而撰述之書，不可律以記注一成之法。……〈袁樞〉《紀事本末》，本無深意，而因事命題，不為成法；則引而伸之，擴而充之，遂覺體圓用神。《尚書》神聖制作，數千年來可仰望而不可接者，至此可以仰追。豈非窮變通久，自有其會。……而天誘僕衷，為從此百千年後史學開蠶叢乎！[28]

27《戴震文集》，香港，中華書局，一九七四，頁一四三—一四四。

28《遺書》，頁八一。

〈書教〉是《文史通義・內篇一》中最後寫成的文字，今本〈內篇一〉所收易、書、詩、禮和「經解」五題，旨在建立「六經皆史」的大理論，同時更要說明「經之流變必入於史」（亦即〈姑孰夏課甲編小引〉中所謂「儒之流於文史」）。[29]因此〈書教〉一文實佔有樞紐性的地位。章氏此文遲遲落筆，而文成之後又不勝其躊躇滿志之情，至於自稱「天誘僕衷」，為千百年後史學開山，這種心情是值得玩味的。

我們追蹤了章學誠撰寫《文史通義》的整個心理過程之後，今本《文史通義》並不存在於一七七二～一七七四年間的結論便更不易動搖了。自一九二二年胡適據〈候朱春浦書〉定《文史通義》創始於一七七二年以來，這一論斷即成定案。[30]這是因為字面上的證據太堅強了，幾乎使人沒有致疑的餘隙。本文的考辨即在澄清一個關鍵性的事實：我們今天所熟知的《文史通義・內篇》事實上要遲至一七八三年（或稍前一、二年）才開始萌芽；一七七二年的所謂《文史通義・內篇》大概祇能是今本《校讎通義・內篇》的某些初稿。這一事實的發現有

29 「經之流變必入於史」一語見〈與汪龍莊書〉，《遺書》，頁八二。此書作於一七九六年，其中論及《文史通義》尤為自負。「拙撰《文史通義》，中間議論開闢，實有不得已而發揮，為千古史學闢其榛蕪。然恐驚世駭俗，為不知己者詬厲。」此節常為近代學者所徵引，讀者當耳熟能詳。

30 胡適，《章實齋先生年譜》，頁六三。

什麼重要性呢？我以為可以從兩方面來說：第一是它清楚地呈現出章學誠的學術發展的歷程；第二是它大有助於我們對於清代中葉學術風氣的認識。

從章氏個人方面說，如果我們接受舊解，認為《文史通義》草創於一七七二年，即早於《校讎通義》七年（一七七九），那麼章氏的工作程序似乎顛倒了。「校讎」是他的學術基礎；通過校讎之學，他才能釐清古今著作的源流，以進而探「文史」的「義例」。最後一步則是由「文史」以「明道」。一七七二年時他的研究工作不過開始了一年左右，他怎麼會一躍而寫起《文史通義》來了呢？前面曾指出，這一顛倒的程序和他此時對於學問的看法不合。現在讓我簡單作一交代。一七六六年他初次和戴震晤談，深為其由訓詁以通經學的觀點所震動，至有「我輩於《四書》一經，正乃未嘗開卷」的愧惕。後來他雖然從這一震動中恢復了過來，但對於「空談義理」之戒則終身守之不敢或失。[31]他不肯違背自己的性情而勉強走訓詁的道路。為了和當時「經學訓詁」的風氣相抗，他終於選擇了「文史校讎」的方向。因此才有一七七二年「斟酌藝林」（〈候朱春浦書〉）和一七七三年「思歛精神為校讎之學」（〈與嚴冬友〉）的堅苦努力。《和州志》的修纂更使他有機會在實際研究中發展他的校讎理論。而且即使在後期

31 詳見本書內篇〈二、章實齋與戴東原的初晤〉，頁九—一二。

「文史」階段，他的「義例」也是在廣泛閱讀典籍中逐步發展出來的。「六經皆史」的大理論便得力於一七八八年開始編纂《史籍考》。而《史籍考》本身也是一種規模浩大的「校讎」工作，不過是為畢沅代編而已。他在一七八八年〈與孫淵如書〉中曾明說：「為中丞編《史籍考》，泛覽典籍，亦小有長進；《文史通義》庶可藉是以告成矣。」[32] 果然，第二年（一七八九）《文史通義》的中心文字便大量湧現了。現在我們發現了《校讎通義》的撰寫早於《文史通義》約十年之久，章氏的成學程序已怡然順理，更無窒礙難通之處。他的治學重點早期偏於「校讎」，後期偏於「文史」，也由此可定。

就乾嘉的學風而言，這一事實的澄清則更有力地說明了「道問學」的精神籠罩一世，雖豪傑之士莫能自外。章氏論戴學有云：

> 戴君學術，實自朱子道問學而得之，故戒人以鑿空言理。其說深探本源，不可易矣。[33]

章氏雖然在反抗「經學訓詁」上表現了大無畏的勇氣，但是他持以相抗的「文史校讎」卻依

32 《遺書》，頁三三五。參看本書內篇〈四、章實齋的史學觀點之建立〉，頁六四—六九。

33 〈書朱陸篇後〉，見《遺書》，頁十六。

然落在道問學的模式之內。戴震由訓詁而通經以明道，章氏則代之以由校讎而通文史以明道，如是而已。

近代學人論戴震與章學誠所代表的乾嘉之學往往強調其現代精神。從某些方面說，這一觀察確有根據。但是我們也必須記住，乾嘉學者包括戴、章兩人在內，畢竟生活在傳統社會尚未解體之前；因此他們也不可能完全擺脫傳統的思想格局。在考辨章氏「文史校讎」的過程中，我連帶發現了一個有趣的現象，即變相的道統意識依然存在於號稱「實事求是」的乾、嘉學者的心中。現在讓我對這一問題略作討論，以結束這篇文字。

乾嘉經學家都接受一個基本假定，即道在六經，而六經則是由古代的語言文字所構成。因此明道必須從研究訓詁開始。如戴震說得最清楚，「經之至者道也，所以明道者其詞也，所以成詞者字也。由字以通其詞，由詞以通其道，必有漸。」[34] 與此相隨而來的還有另一個共同假定，即「漢人去古未遠」，其訓詁較能得六經語言的本意。因此許慎《說文解字》和鄭玄的經注成為一時的顯學。經學家也往往以「漢學」為標榜。但他們一方面堅持祇有通過經學訓詁才能「明道」，另一方面又指斥宋儒「鑿空言理」，並誤以釋氏之道為孔、孟之道。這無疑

34 〈與是仲明論學書〉，收入《戴震文集》，頁一四〇。但所引末句在原書中，標點有誤，已改正。

是在向宋儒（程、朱）爭道統。據章學誠所引戴震平時的口談：「自戴氏出，而朱子徼倖為世所宗已五百年，其運亦當漸替。」[35] 又〈答邵二雲書〉云：

> 戴氏……騰之於口，則醜詈程、朱，詆侮董、韓，自許孟子後之一人。……以僕所聞，一時通人，表表於人望者，有謂「異日戴氏學昌，斥朱子如拉朽」者矣。[36]

戴震究竟有沒有說過這些話，我們已無從確定，但當時「漢學家」中曾流行過這種議論，大概是事實。從學術思想史的觀點說，這種議論自然毫無意義，但可見確有一部分人相信清代的經學訓詁已足以取代程朱的道統。

章學誠畢生持「文史校讎」與戴震的「經學訓詁」相抗衡，也有一種爭道統的意識在暗中作祟。所以〈原道〉一文成為《文史通義》中畫龍點睛之筆。戴震屢言「道在六經」，唯訓詁足以明之。章氏則創為「六經皆史」之說，於是奪六經之道而歸於史。章氏對於《文史通義》各重要篇章的撰述每若不勝其自珍自惜之情，正是由於他自信發千載之覆，得見「道」

35 《遺書・書朱陸篇後》，頁十六。

36 《遺書・佚篇》，頁六四五。

之本源。他重視後期的《文史通義》過於前期的《校讎通義》則因為「校讎」尚是奠基工作，今本《文史通義・內篇》才是建立在「校讎」之上的七寶樓臺。〈詩教〉上下篇成於一七八三年，其自註中屢引及〈外篇校讎略〉諸文，似乎即是《校讎通義》未遺失前的初稿。可見《校讎通義》本名《校讎略》，一度列為《文史通義》的〈外篇〉。不過《校讎略》稱為〈外篇〉也許是一七八三年〈詩教〉、〈言公〉諸文寫成以後才改定的。在此以前，我們並未發現他別有《文史通義・內篇》（除了〈朱陸〉一文以外）。無論如何，〈詩教〉的自註可證「校讎」先於「文史」，並且是《文史通義・內篇》立說的根據，正如「訓詁」之於「經學」。今本《校讎通義・內篇第一・原道》在初稿則稱作「著錄先明大道」，這似乎表示他在校讎的階段已「志在聞道」了。這和戴震早期的學術路向幾乎如出一轍。[37]《校讎通義・內篇第二・宗劉》也特別值得注意。乾嘉的經學訓詁奉許慎、鄭玄為宗師，號稱「漢學」，而章氏的文史校讎則立足於劉向、歆父子的業績之上，也恰好是漢人之學。章氏並不標榜「漢學」以與「宋學」爭衡，但他特倡劉、班校讎，則非出於偶然，恐不免有與許、鄭訓詁暗中爭勝之意。一七九六年他初刻《文史通義》〈易教〉、〈詩教〉、〈書教〉等篇，寄呈朱珪，並附有長函，其末

37 見戴震，〈與段若膺論理書〉，收入《戴震全集》，第一冊，北京，清華大學出版社，一九九一，頁二一三。

節曰：

> 近刻數篇呈誨，題似說經，而文實論史。議者頗譏小子攻史而強說經，以為有意爭衡，此不足辨也。戴東原之經詁可謂深矣，乃譏朱竹垞氏本非經學而強為《經義考》以爭名，使人啞然笑也。朱氏《經義考》乃史學之支流，劉、班《七略》、《藝文》之義例也，何嘗有爭經學意哉！且古人之於經史，何嘗有彼疆此界，妄分孰輕孰重哉！小子不避狂簡，妄謂史學不明，經師即伏、孔、賈、鄭祇是得半之道。《通義》所爭，但求古人大體，初不知有經史門戶之見也。[38]

這一段話，涵義極其豐富，茲略作疏證如下：第一、章氏《文史通義》內篇諸文，時人已說他有意與戴氏爭經學。他認為這是誤解，因為此諸篇「題似說經，文實論史」。他誠然不是「爭經學」，但並不能否認他是在「爭」。第二、他承認戴氏「經詁深矣」，卻譏其不識史學。這是他自一七七三年以來對戴氏的一貫批評。[39] 此處他明引「劉、班義例」，即所以駁戴氏「經

38 〈上朱中堂世叔〉，見《遺書》，頁三一五。

39 即〈記與戴東原論修志〉所云：「戴君經術淹貫，名久著公卿間，而不解史學。」見《遺書》，

詁」不足盡恃，其以「校讎」抗「訓詁」之意至為明顯。第三、他說古無經史之分，表面上誠似非爭「經學」。但我們衹要想到他的「六經皆史」之說，便可知他實在已將「經」變為「史」的一部分，此可謂「不爭之爭」。更重要的是「史學不明，經師即伏、孔、賈、鄭祇是得半之道」那句話。此語是項莊舞劍，意在沛公，即戴氏不解史學，最多不過能得「道」的一半而已。第四、末語自承「《通義》所爭，但求古人大體」。此「古人大體」四字非泛泛之語，其出處在《莊子・天下》：「後世之學者，不幸不見天地之純，古人之大體，道術將為天下裂。」《文史通義》中時時引之。換句話說，所「爭」即在「道」之全體。

經過以上的分析，如果我們說章氏撰《文史通義》，其中存在著與經學家（特別是戴震）「爭」道統的潛意識，恐怕不算是過甚之詞吧。

頁一二八。

外篇

一、戴震的《經考》與早期學術路向
——兼論戴震與江永的關係

戴震的《經考》五卷和《經考附錄》七卷為孔刻《戴氏遺書》所未收，故讀者甚少。《經考》五卷後來收在南陵徐氏的《鄦齋叢書》裡，因此尚受到學者的注意。[1]《經考附錄》七卷則知者更少，直到一九三六年《安徽叢書》刊行第六期，始據抄本影印，與《經考》五卷一併收入《戴東原先生全集》中。《戴氏全集》雖標明民國二十五年（一九三六）印行，但卷首胡樸安和許承堯的兩篇序文都是在民國二十六年一月撰寫的。所以《全集》的出版事實上正值抗戰軍興之際。自一九三七年以至今日，中國學術界對乾嘉諸大師的興趣已不及以前濃厚；兼之，《安徽叢書》本《戴氏全集》流傳有限，故《經考》與《經考附錄》始終在若存若亡之

1 見胡適，《戴東原的哲學》，商務，一九二七，頁二二；梁啟超，〈戴東原著述纂校書目考〉，收入《近代中國學術論叢》，香港崇文書店，一九七三，頁二五三—二五四。

間，未能引起廣泛的注意。胡適之先生晚年治戴學甚力，但目光所注唯在《水經注》一案，我曾遍查《胡適手稿》十集，未見適之先生提到此兩書，則他可能根本沒有機會細看全集本。近年來治清代學術思想史的人，祇有楊向奎參考過《經考》和《經考附錄》，但所言亦極簡略。[2]所以一般而言，這兩本著作在東原一生的成學過程中究竟佔據何種位置，尚未獲得比較深入的檢討。本文撰寫之際，手頭並無原書，徵引悉本之以前讀書筆記。故討論不僅不能全面，而且恐尚多謬誤，詳細補正，唯有俟諸異日。

(一)《經考》與《經考附錄》

關於此兩書之來歷，許承堯記之甚詳，茲摘錄於下：

> 戴東原先生著有《經考》五卷，近年南陵徐君積餘假福山王氏天壤閣傳鈔本刻之，無序跋。卷首僅「休寧戴震記」五字。卷尾題云：「是書從河間紀先生處借錄，經餘姚邵二雲手校一過，無甚譌誤矣。乾隆己丑九月十八日益都李文藻記於京城虎坊橋北百

2 楊向奎，《中國古代社會與古代思想研究》，下冊，上海，一九六四，頁九二〇－九二二。

順胡同寓舍。」又另行題：「甲子八月據李南澗原本重校正。」是東原先生著有《經考》五卷，雖不見於先生《年譜》所列著作中，而已灼然無疑。因段若膺作《年譜》於先生晚年事特詳。其中年以前事，如從江慎修先生讀書不疏園皆不著，似本不能盡知也。承堯所得是書共七卷，題曰：《經考附錄》，不著撰人姓名。然按其體例與《經考》同，皆博引眾說，間加按語。其按語之精審嚴密亦同。以二書互校，則《附錄》者乃補《經考》所未備，而為之疏通證明。承堯以為此二書皆先生早年治學時札記之書，在先生未視為要籍，故段氏未之聞耳。承堯得此書時共三冊，二巨冊為《經考附錄》，一為先生所撰《屈原賦注》之首冊，皆乾隆時寫本，皆湖田草堂舊藏，皆有墨印匡格。其匡格之尺寸大小亦同。《屈賦注》只有不疏園刊板，微波榭未重刊，見《年譜》。此首冊前無盧學士序，寫極精工，當為不疏園初寫本無疑。則此《附錄》二冊亦出不疏園同時寫本無疑矣。湖田草堂藏書皆咸豐亂後得之，其由不疏園流轉而出，揣之近理。且《經考附錄》書題起有三、四二字，而一、二缺。就《經考附錄》自卷一至卷七完全無缺，則所缺一二兩冊，其必為《經考》又無疑。[3]

3 見《經考附錄》跋，收入《安徽叢書》，第六期，一九三六，頁一a—二b。

據許承堯此跋，則《經考附錄》七卷發現尤晚，無怪乎知其書者之少也。

至於兩書之撰述時期，羅更校記云：

> 贋孔安國書傳條謂「錢編修曉徵嘗與予論及此。」[4]考先生與錢大昕相識在乾隆二十年乙亥入都以後，時先生三十三歲。而《大戴禮記》目錄後語二作於乾隆丁丑孟夏，又後於乙亥兩歲。《大戴》後語二云：「今春正月盧編修召弓以其校本示余，又得改正數事。公冠篇譌為公符。」[5]今按《家語》贋本襲《大戴》記條有史繩祖引公冠篇語，公符即作公冠。[6]是先生此書雖為早年治經時札記之書，而其寫定尚在丁丑三十五歲以後也。[7]

按：羅更校記中有一小錯，即謂東原初識錢竹汀在乾隆乙亥（一七五五）。此蓋誤從段玉裁的

4見《經考附錄》，卷二，頁七五b—七六a。

5見趙玉新點校，《戴震文集》，香港中華書局，一九七四，頁十七—十八。

6見《經考附錄》，卷四，頁十九b。

7《經考附錄》，校記，頁九a—b。

《戴東原先生年譜》。東原入都之年共有兩說：洪榜〈戴先生行狀〉謂「先生於乾隆乙亥歲北上京師。」[8]而王昶〈戴東原先生墓誌銘〉則云：

> 余之獲交東原蓋在乾隆甲戌之春，維時秦文恭公蕙田方纂《五禮通考》，延致於味經軒，偕余同輯「時享」一類，凡五閱月而別。[9]

錢大昕自訂《年譜》亦言：

> 乾隆十九年甲戌，年二十七歲。是歲移寓橫街，撰次《三統歷術》四卷。無錫秦文恭公，邀予商訂《五禮通考》。休寧戴東原初入都，造寓談竟日，歎其學精博。明日言於文恭公，公即欣然與居士（按：竹汀自稱）同車出，親訪之，因為延譽，自是知名海內。[10]

8 見《戴震文集・附錄》，頁二五五。

9 《戴震文集・附錄》，頁二六〇。

10 錢大昕，《竹汀居士自訂年譜》，崇文書店，一九七四，頁十二。

錢賓四師據此兩條定東原入都在甲戌（一七五四），並謂王錢兩人皆事屬親歷，不容有誤。[11]其說至確。而且東原之識竹汀、述菴都與《五禮通考》之編纂有關，竹汀復於是年有遷居之事，更不易記錯。由於段編《戴譜》權威性甚高，恐學者或不免疑惑，特再為鄭重揭出之如上。[12]

羅更校記謂《經考附錄》為早年著作，而寫定尚在丁丑（一七五七），此說大致可信。梁任公先生考訂《經考》撰述年代，結論亦復相同。其言曰：

> 此書殆作於早年。卷四「《大戴禮記》八十五篇」條下，有按語題「乾隆丁丑夏東原氏記」。丁丑為乾隆二十二年，先生三十五歲。大抵全書皆丁丑前後作也。[13]

---

11 錢穆，《中國近三百年學術史》，上冊，商務，一九三七，頁三一六。

12 許承堯跋《經考附錄》云：「因段若膺作《年譜》，於先生晚年事特詳。其中年以前事，如從江慎修先生讀書不疏園皆不著，似本不能盡知也」。（頁一a）惟許氏序《東原全集》雖明知王昶撰〈墓誌銘〉謂東原甲戌入都，而仍從段《譜》作乙亥（頁三a－b）。此即是過分推崇段《譜》權威性之一顯例。

13 梁啟超，《戴東原著述纂校書目考》，頁二五三－二五四。

據我的印象，《經考》和《經考附錄》中雖有東原丁丑改筆，但大體寫定尚在入都以前；此可證之於〈與是仲明論學書〉。段玉裁編《東原文集》繫此書於癸酉（一七五三）。然考之《舜山是仲明先生年譜》，此書殆作於己巳（一七四九）或庚午（一七五〇），[14] 而《經考》草創則猶在其前。故東原〈與是仲明書〉開首便說：

> 僕所為《經考》，未嘗敢以聞於人，恐聞之而驚顧狂惑者眾。[15]

這裡《經考》兩字是書名，並非經學考證的泛稱。〈與是仲明書〉有下面一段有名的說法：

14《舜山是仲明先生年譜》（無撰人，有金吳瀾一八八七年跋），頁四三a及四五b。參看錢穆，《中國近三百年學術史》，上冊，頁三一二。

15《戴震文集》，頁一三九。按：點校者趙玉新於「經考」之旁未加﹏﹏書號，足見誤認《經考》為經學考證之泛稱也。又按《經考》與《經考附錄》，誠如許承堯所云：「皆博引眾說，間加按語」。梁任公亦謂《經考》「所記，諸經皆徧。每條皆錄前人之說，末加按語，亦有並無按語者。蓋隨時劄記作為資料，實長篇（按：「篇」當作「編」）之體也。」（《戴東原著述纂校書目考》，頁二五三）而東原〈與是仲明書〉竟謂是書「未嘗敢以聞於人，恐聞之而驚顧狂惑者眾」。實難免大言欺人之誚。

僕聞事於經學，蓋有三難：淹博難，識斷難，精審難。三者，僕誠不足與於其間，其私自持，暨為書之大概，端在乎是。前人博聞強識，如鄭漁仲、楊用修諸君子，著書滿家，淹博有之，精審未也。

今查此說全本之《經考》。《經考》云：

宋吳棫才老始作《韻補》……明楊慎用修又增益之……余謂凡著述有三難：淹博難、識斷難、精審難。二家淹博有之，識斷、精審則未也。[16]

可見三難之論東原已先於《經考》中發之；及寫〈與是仲明書〉時，不過易吳才老之例為鄭漁仲而已。

總之，以《經考》與《經考附錄》校之《東原文集》，可以肯定這兩部書基本上是東原入都前的作品。（尚有他證，見後文。）其撰述時代之下限大約在丁丑，而上限則不易確定。但

16《經考．卷三．古音叶韻》，頁二一a。

至少己巳、庚午已成卷帙。因為即使依段編《戴集》言〈與是仲明書〉撰於癸酉，其時是仲明已聞東原有《經考》一書而欲索閱，則《經考》在東原學友中或已頗有口碑也。由是言之，此二書實為考論東原早年學術見解的最好材料。

(二)戴東原之早期學術路向

近代研究東原的學者雖都同意他的思想發展分為前後兩期，而以丁丑（一七五七）為其分水嶺，但仍有說法不同的兩派。梁任公與胡適之兩先生據戴望《顏氏學記》，以為東原丁丑游揚州以後與清初顏、李思想有接觸，遂發展出此後反理學的理論。[17] 錢賓四師則謂東原受顏李影響，其說無據；並考定東原遊揚識惠定宇後，議論始變。[18] 兩派相較，錢說後出而得其實。[19] 余讀《經考》與《經考附錄》，發現東原後期思想的發展大致都可在此早期作品中得其根

17 梁啟超，〈戴東原哲學〉，收入《近代中國學術論叢》，頁一九四—一九五；胡適，《戴東原的哲學》，頁二二—二六。

18 錢穆，《中國近三百年學術史》，上冊，頁三一八—三二二。

19 稍後論東原思想者多注意惠定宇之影響，不復遠溯之顏、李。見侯外廬主編，《中國思想通史》，第五卷，北京，一九五八，頁四一二—四一四；楊向奎，前引書，下冊，頁九一八—九一九。

源，而東原未入都以前的學術路向亦因此兩書而益為清晰。茲略事徵引並加推論如次。

東原乙亥（一七五五）有〈與方希原書〉曰：

> 諸君子之為道也，譬猶仰觀泰山，知群山之卑；臨視北海，知眾流之小。今有人履泰山之巔，跨北海之涯，所見不又懸殊乎哉？……聖人之道在六經：漢儒得其制數，失其義理；宋儒得其義理，失其制數。譬有人焉，履泰山之巔，可以言山；有人焉跨北海之涯，可以言水；二人者不相謀。天地之鉅觀，目不全收其可哉？[20]

又同年〈與姚孝廉姬傳書〉云：

> 先儒之學，如漢鄭氏，宋程子、張子、朱子，其為書至詳博，然猶得失中判。其得者，取義遠，資理閎，書不克盡言，言不克盡意；學者深思自得，漸近其區；不深思自得，斯草薉於畦而茅塞其陸。其失者，即目未覩淵泉所導，手未披枝肆所歧者也；而為說

20《戴震文集》，頁一四四。

轉易曉，學者淺涉而堅信之，用自滿其量之能容受，不復求遠者閎者。故誦法康成、程、朱，不必無人，而皆失康成、程、朱於誦法中，則不志乎聞道之過也。誠有能志乎聞道，必去其兩失，殫力於其兩得，既深思自得而近之矣，然後知孰為十分之見，孰為未至十分之見。[21]

據此，則東原以義理推尊宋儒，以名物制度推尊漢儒，其意態是非常鮮明的。今按：《經考》有「理明義精之學」一條，備引程子、張子、朱子、黃澤諸家之說，唯未加按語。[22]然推其意固似以「理明義精」許程、朱諸子。這與他在一七六九年為余古農（仲林）寫〈古經解鉤沉序〉時的態度恰成強烈的對照。〈序〉云：

後之論漢儒者，輒曰故訓之學云爾，未與於理精而義明。則試詰以求理義於古經之外乎？若猶存古經中也，則鑿空者得乎？[23]

21《戴震文集》，頁一四二。

22《經考》，卷五，頁七a—八a。

23《戴震文集》，頁一四六。

其實東原在這裡正是用他中年以後的見解來否定《經考》時代的自己。《經考》中頗有鑿空說經，為程、朱辯護的地方，東原在「二程子更定《大學》」條中說：

> 自程子發明格物致知之說，始知《大學》有闕文。凡後儒謂格物致知不必補，皆不深究聖賢為學之要而好為異端，其亦謬妄也矣！[24]

程、朱一派的格物致知論，其經典上之根據厥在《大學》一篇。而此後陸、王一派之反對程、朱者亦無不從《大學》入手。故朱子自言其於《大學》，亦如司馬溫公之於《通鑑》，蓋「平生精力盡在此書。」[25]其〈格物補傳〉一文，雖僅寥寥百餘字，實為哲學史上劃時代的文獻。而象山高弟楊慈湖（簡）則謂《大學》所言為學次第失之支離，疑非聖人之言；王陽明復疑朱子《大學章句》非聖門本旨，格物一章亦無缺傳可補，因此亟亟以恢復《大學》古本為念。自南宋以迄清代，學者之為尊朱、尊陸，大抵可視其人對《大學》之態度而判。今東原於此點，意態極為斬截，是其早年服膺朱子「道問學」之教之顯證；〈與是仲明書〉於

24 《經考附錄》，卷四，頁二一a。

25 《朱子語類・卷十四・大學一・綱領》（臺北正中書局影印本，一九六二），第一冊，頁四七二。

前引「三難」之後繼云：

> 別有略是而謂大道可以徑至者，如宋之陸、明之陳、王，廢講習討論之學，假所謂「尊德性」以美其名，然舍夫「道問學」，則惡可命之「尊德性」乎？

這尤其是東原早年宗主程、朱而排斥陸、王之一種明確的表示。《經考附錄》「變亂《大學》」條末有一段很長的按語，更可以說明東原入都以前的思想傾向。其言曰：

> 按《大學》明明德、新民，是為修己治人兩大端。然而析理有未精，則所以修己治人者胥不免於差謬，故更言止至善。雖若上二者要其終，實為上二者正其始也。必析理極精，知其至善而止之，然而能得止，而明明德、新民可以不至於或失。此三綱領下即接知止一節之故。若所以知止之功，此尚未言。待八條目中格物致知乃詳之。《大學》之格物、致知即《中庸》之明善、擇善，孟子之盡心、知性、知天。古聖賢窮理精義實事也。其曰知所先後、曰知本者，則又為下學言之。欲其知先治己而後治人，

先明明善而後能誠身耳。此所知者止是為學次第，非如格物致知之知，主乎理精義明也。董氏諸人於程子、朱子格物致知之說初未有得，遂謂《大學》無闕文，而欲以「知止」至「則近道矣」及「聽訟」節為格物致知之義，其亦謬矣。夫古人之書不必無殘闕；知其有闕而未言者，則書雖闕而理可得而全。苟穿鑿附會，強謂之全書，害於理轉大。讀古人之書，貴心通乎道；尋章摘句之儒徒滋異說以誤後學，非吾所聞也。[26]

此節所言極不類東原入都以後之論學觀點。茲擇其要點分解如下：東原晚年頗抨擊程、朱理學，固無論矣，即乙亥（一七五五）與方希原、姚姬傳兩書，亦謂程、朱之學得失中判。今此文則趨隨程、朱，唯恐或失。如從程、朱之易「親民」為「新民」及堅謂《大學》有闕文，皆可證。此其一。東原己丑（一七六九）撰〈古經解鈎沉序〉頗不以講「理精義明」之學為然，而此文則屢言「窮理精義」或「理精義明」。這是東原入都前後在思想上一個絕大的轉變。此其二。東原乙酉（一七六五）〈題惠定宇先生授經圖〉曰：

26《經考附錄》，卷四，頁二二b—二三a。

> 言者輒曰：「有漢儒經學，有宋儒經學，一主於故訓，一主於義理。」此誠震之大不解也者。夫所謂理義，苟可以舍經而空凭胸臆，將人人鑿空得之，奚有於經學之云乎哉？惟空凭胸臆之卒無當於賢人聖人之理義，然後求之古經；求之古經而遺文垂絕，今古縣隔也，然後求之故訓。故訓明則古經明，古經明則賢人聖人之理義明，而我心之所同然者，乃因之而明。賢人聖人之理義非它，存乎典章制度者是也。[27]

足見東原此時已不復承認宋人義理有當於聖賢之本旨，因其鑿空得之，而不由故訓也。以此校之《經考附錄》所言「書雖闕而理可得而全」，「讀古人之書，貴心通乎道；尋章摘句之儒徒滋異說以誤後學」云云幾不能令人遽信係出自同一人之手筆。此其三。

「變亂《大學》」條按語中提及「董氏諸人於程子、朱子格物致知之說初未有得」，考之上文，蓋指董槐、朱彝尊等人。反對程、朱《大學》有闕文之說，實以董槐為最先。東原引黃震之言曰：

27《戴震文集》，頁一六八。

辛酉歲見「董丞相槐行實」載此章，謂經本無闕文，此特錯簡之釐正未盡者爾！[28]

東原引文在《黃氏日抄》卷二十八。槐字庭植，嘉定六年（一二一三）進士，嘗從朱子弟子輔廣問學，《宋史》卷四一四有傳。自此以後，下及清代，附和董氏者代有其人。日人海保漁村《大學鄭氏義》卷一曰：

矩堂董氏槐始謂〔經本無闕文〕。……葉夢鼎、車若水、黃震、王柏、吳澂、景星、王巽卿、王褘、宋濂、方孝孺、鄭濟、鄭濂、程敏政、蔡清、都穆、顧炎武、趙翼、袁枚輩哄然附和之，雖有小異，要皆董本之學也。[29]

海保氏所開列名單已甚可觀，而仍不盡，如東原所舉朱彝尊即不在其內。[30]今東原獨排眾議，

28《經考附錄》，卷四，頁二一a－b。
29轉引自麓保孝，〈大學を中心としずろ宋代儒學〉，《支那學研究》，第三編（一九三三年六月），頁十八。
30見《經考附錄》，卷四，頁二二a。

一以程、朱為準，而所持之理由復不在訓詁校勘，而在義理，則其早年奉膺程、朱之情不亦居可見乎？

東原初入都，嘗與姚姬傳論及「十分之見」，今人頗多稱引其說者。東原之言曰：

> 凡僕所以尋求於遺經，懼聖人之緒言闇汶於後世也。然尋求而獲，有十分之見，有未至十分之見。所謂十分之見，必徵之古而靡不條貫，合諸道而不留餘議，鉅細畢究，本末兼察。若夫依於傳聞以擬其是，擇於眾說以裁其優，出於空言以定其論，據於孤證以信其通，雖溯流可以知源，不目睹淵泉所導；循根可以達杪，不手披枝肆所歧，皆未至十分之見也。[31]

此節議論是東原講考據方法至精至嚴之說，然實從朱子來。《朱子語類》卷十五云：

> 格物須是窮盡得到十分，方是格物。

31 《戴震文集》，頁一四一。

物有十分道理，若只見三二分便是見不盡。須是推來推去，要見盡十分方是格物。既見盡十分便是知止。

致知格物，十事格得九事通透，一事不通，不妨。一事只格得九分，一分不透，最不可。[32]

《語類》卷十八又云：

所謂格物者，常人於此理或能知一二分，即其一二之所知者推之，直要推到十分，窮得來無去處，方是格物。[33]

朱子講「十分」乃就致知格物而泛言之，東原則移之以論經學考據。就規模與氣魄言，東原

32 分見《朱子語類・卷十五・大學二》，經下各條。（第一冊，頁五一三、五三一、五四九。）又段茂堂嘗記東原之語曰：「知得十件，而都不到地，不如知得一件，卻到地也。」（《戴東原先生年譜》，見《戴震文集・附錄》，頁二四八。）此亦明是承朱子之教。

33 《朱子語類》，第二冊，頁七一三。

雖遜朱子，但正因東原「格物致知」之範圍較狹，其專精之處亦轉有超出朱子以上者。故以東原較之朱子，一方面固顯見為儒家致知世界之退縮，而另一方面則亦可說是儒家「致知格物」論之具體化與落實化。東原晚年頗斥程、朱理欲之辨，故友生多謂其反朱而不悟其學即出於朱子「道問學」之教。當時唯一章實齋能識其思想之來歷。善乎實齋之言曰：

今人有薄朱氏之學者，即朱氏之數傳而後起者也，其與朱氏為難，學百倍於陸、王之末流，思更深於朱門之從學。充其所極，朱子不免先賢之畏後生矣。然究其承學，實朱子數傳之後起也，其人亦不自知也。

又曰：

戴君學術，實自朱子道問學而得之，故戒人以鑿空言理，其說深探本源不可易矣。顧以訓詁名義偶有出於朱子所不及者，因而醜貶朱子，至斥以悖謬，詆以妄作。且云自戴氏出，而朱子徽偉為世所宗已五百年，其運亦當漸替。此則謬妄甚矣。[34]

實齋未見東原《孟子字義疏證》，其所聞東原排朱之論皆得之口傳，故僅知東原以名物訓詁貶朱，而未深曉東原實欲以義理奪朱之席也。[35]

今讀《經考》與《經考附錄》，則東原早年無論義理、考證皆不背朱子之教，益可證實齋謂東原學術得之朱子道問學者，洵為巨眼卓識也。《經考附錄》「先後天圖」條按語云：

> 按朱子《易學啟蒙》載伏羲先天、文王後天諸圖。其圖傳自邵康節。……凡圖特以釋理，使學者易尋者耳。不知者妄意伏羲曾為是圖，文王曾為是圖，而目象象說卦若因圖為之說者，則大惑矣。[36]

---

34 章學誠，《文史通義》，北京，一九五六，頁五五、五八。

35 但同時姚姬傳嘗曰：「戴東原言考證豈不佳，而欲言義理以奪洛、閩之席，可謂愚妄不自量力之甚矣！」（《惜抱尺牘．六》，引自胡適，《戴東原的哲學》，頁一〇〇）姬傳評語之是非，姑不置論，然實深得東原之隱情也。實齋晚年（一七九七）與姬傳有過從，或於東原之學術心理所見益深，亦未可知。參看胡適，《章實齋年譜》，上海，一九三三，頁一二五。

36《經考附錄》，卷一，頁二二a。

朱子《易學》，頗襲陳摶、邵雍之說，最為清儒所訾議。清初黃宗羲、宗炎兄弟、朱彝尊、毛奇齡、胡渭諸人皆力辨《易》圖出於道流，蓋即所以排朱，東原固知之甚悉。今觀東原此條，則其意顯在為朱子開脫。又《經考》卷一「《易》取變易之義」條，東原按語曰：

> 按《易》之名惟取變易之義。故曰營而成，易謂之變也。變易之義足以盡之。朱子兼交易為言，就成卦以後圖位明之耳。變易中能兼交易。聖人命名祇歸於一。漢人謂一名而含三義者，尤疏遠。[37]

東原此處略有不同意於朱子之處，然仍維護朱子，謂「變易中能兼交易」，而於漢儒「一名含三義」之說則譏評甚苛。又朱子《周易本義》，尤為後儒集矢之所在，而東原復解之曰：

> 又按宋寶祐中克齋董楷正叔纂《周易傳義附錄》，紛亂朱子《本義》元本，實始於此。[38]

37　《經考》，卷一，頁三a。

38　《經考》，卷一，「宋儒復《易》古本」條，頁十九b。

其苦心護朱如此。清初閻若璩百詩著《四書釋地》，欲在考證上補朱子之不足，以支持朱子的義理。故其後江藩謂百詩《釋地》意在「曲護紫陽」。[39]今讀《經考》，知東原早年學術亦是此一路。然東原不僅為一經學家，且復為一思想家，其學與思皆與年俱進。極其所詣，卒非朱子之藩籬所能限。

東原論學見解雖有早年與中年以後之不同，然其後期思想中之若干中心觀念在《經考》中亦已略見端倪。王鳴盛曾對惠棟與戴震作過如下的比較。他說：

> 方今學者斷推兩先生，惠君之治經求其古，戴君求其是，究之，舍古亦無以為是。[40]

「舍古亦無以為是」之說，其是非姑置不論，但東原治經「求其是」，則確乎可信。王鳴盛的話必須用東原晚年〈與某書〉加以註釋。〈與某書〉曰：

> 治經先考字義，次通文理，志存聞道，必空所依傍。漢儒故訓有師承，亦有時傅會；

39 江藩，《漢學師承記》(萬有文庫本)，第二冊，頁五八。

40 見洪榜，〈戴先生行狀〉，收入《戴震文集・附錄》，頁二五五。

> 晉人傅會鑿空益多；宋人則恃胸臆為斷，故其襲取者多謬，而不謬者在其所棄。我輩讀書，原非與後儒競立說，宜平心體會經文，有一字非其的解，則於所言之意必差，而道從此失。[41]

此處「志存聞道，必空所依傍」一語正是東原一生論學之根本精神之所寄。東原晚年不復為朱子所囿，而在思想上自出手眼，亦從「空所依傍」四字而來。東原治經，力戒鑿空，不存漢、宋時代之見，《經考》中屢屢言之。「比月書日食」條云：

> 按日食後越五、六月皆可再食，無比月頻食之理。……說者或援漢高帝及文帝時兩頻食證古或有之。以推步上考高帝三年十一月甲戌合朔入食限，十二月癸卯合朔不入食限。而《漢志》誤以甲戌為十月晦，癸卯為十一月晦，漢人曆法之疏如是。又考文帝三年十一月丁酉合朔入食限，十二月丁卯合朔不入食限。《漢志》亦如前。此非空言說經所可知也。[42]

---

41 何文光整理，《孟子字義疏證》，北京，一九六一，頁一七三。

42 《經考》，卷五，頁四五b—四六a。

東原精於曆法，故能抉漢人之失，此條極可見其並不唯漢是從。且東原持後世進步之曆法以治古經，誠合乎近世所謂「以科學方法整理國故」，故王鳴盛謂東原治經但「求其是」，殊為知言。然王氏「舍古亦無以為是」一語，則嫌其過於調停，而未必有當於東原論學之淵旨也。

與此條相類者尚有「周正朔」一條。其言曰：

> 按夏時、周正，其說甚異，實由程子假天時以立義一語，尹氏、胡氏、蔡氏緣之，而議論滋紛矣。程子曰：「周正非春也。」夫謂周正月非夏時之春則可，謂周正月周不謂之春則不可。吾友吳行先告余曰：「程子及胡氏之意，周雖改正朔，而周正月之非春，雖周亦謂之冬，不謂之春。」……余曰：……以周人言，商、周改月如梓慎〈英時案：《左傳》昭公十七年梓慎曰：「火出於夏為三月，於商為四月，於周則五月。」〉以漢人言商、周改時如陳寵，〈英時案：《後漢書》卷七十六本傳陳寵引〈時令〉謂十一月「天以為正，周以為春」，十二月「地以為正，殷以為春」，十三月「人以為正，夏以為春。」〉皆明據也。後儒去古彌遠，歷不可得見，又未能坐知千歲日至，徒以空言說經，往往失之。凡立言者慎之又慎，有疑則闕，毋鑿說，毋改經，其斯為今日讀書之法典歟！[43]

此條按語最可見東原在方法論上的謹嚴。「後儒去古彌遠」一語亦正與乾、嘉考據學者所謂「漢人去古未遠」之論相桴鼓。所不同者，東原並不盲從漢儒而已。又此條於宋儒之空言說經頗有微詞，蓋可視為晚年〈與某書〉中批評宋人治經「恃胸臆為斷」之濫觴，惟下語不似後期之嚴峻耳。

〈與某書〉謂「漢儒故訓有師承，亦有時傅會。」此意東原亦先於《經考》中發之。《經考》「爾雅」條云：

> 按釋詁最古，釋言、釋訓似後人附益，然皆不足深據。……然今所見傳注莫先《毛詩》，其書又在《爾雅》後。……〔其他〕毛氏誤用《爾雅》者尚多可證。《爾雅》非本今所見之傳注；若《說文》視《爾雅》、《毛詩》，固最後，沿襲處多，要亦各有師承。《爾雅》以衣涉水為厲，繇帶以上為厲。《說文》砅履石渡水也，引《詩》深則砅亦作濿。《詩》又以淇梁、淇厲、淇側並稱。厲者不成梁之名。此字《說文》得其傳，《爾雅》乃失其傳。逐字推求，遽數之不能終其物。用此見漢人之書就一書中有師承

43 《經考》，卷五，頁二〇a—二二b。

可據者，亦有失傳傅會者，在好學之士善辨其間而已。[44]

按：東原於《爾雅》一書用力甚深，早歲著有《爾雅文字考》十卷，惜未刊行。其〈自序〉曰：

余竊謂儒者治經，宜自《爾雅》始。取而讀之，殫心於茲十年。……夫援《爾雅》以釋《詩》、《書》，據《詩》、《書》以證《爾雅》，由是旁及先秦已上，凡古籍之存者，綜覈條貫，而又本之六書、音聲，確然於故訓之原，庶幾可與於學，余未之能也。偶有所記，懼過而旋忘，錄之成袟，為題曰若干卷《爾雅文字考》，亦聊以自課而已。[45]

今《經考》所存有關《爾雅》諸條，殆即當時「偶有所記」之一部分。東原論故訓並不存愈古愈是之偏見，故於《爾雅》與《說文》之得失皆逐字逐義以求。足徵東原謂漢儒故訓有師承亦有傅會，確有堅強之根據，而所謂「志存聞道，必空所依傍」者，亦東原早年即已具有

44 《經考》，卷五，頁五〇b—五一b。

45 《戴震文集》，頁四四。

之治學精神也。

東原平生論學尚有一中心觀念，即所謂訓詁明而後義理明是已。此觀念亦東原早年治學所深造自得者，非必有取於他人也。前引「爾雅」一條已可說明東原之重視訓詁。而態度尤明顯者則在《經考附錄》中論「易、彖、象三字皆六書之假借」一條。此條先引各家之說，如張子之日月為易，陸佃之蜥易，吾邱衍之彖象皆假畜獸，黃宗炎「易取象蟲，其色一時一變」，以及王弘撰謂「古篆文，易從日從月」等之說法。東原評曰：

按六書之假借，《說文》序云：「本無其字，依聲托事，」是也。凡六書之字，古人謂之名。名者聲之為也。既已聲名之，從而為之字。假借者本為（英時按：當是「無」字之誤）其字而假他字以寄是名者也。或兩名聲同，則為同聲之假借。上古但有語言，未有文字；語言每多於文字，亦先於文字。事物之變換遷移謂之易，此一名也。蜥易之為物，以雙聲名之，此又一名也。未立蜥易字之前，不可謂無變易之語。專就蜥易傅會變易之義，可乎？易之為變易，象之為像，無涉於蟲獸。說者支離穿鑿，由六書不明，不知假借之說耳。日月為易尤謬。[46]

此番議論，純從文字學之觀點出發，實為由訓詁以明義理之最具體之例證。近人闡述東原此一論點，往往根據〈與是仲明論學書〉、〈題惠定宇先生授經圖〉及〈古經解鈎沉序〉諸文。〈題授經圖〉撰於乙酉（一七六五），〈經解序〉撰於己丑（一七六九），而〈與是仲明書〉段玉裁《東原年譜》又誤繫之丁丑（一七五七），[47] 頗似東原此論乃甲戌（一七五四）入都以後所發。其實東原論學已早蘊此想，此即就《經考》之取徑可證，但未加理論化耳。余考東原〈爾雅文字考序〉有曰：

> 古故訓之書，其傳者莫先於《爾雅》。六藝之賴是以明也，所以通古今之異言，然後能諷誦乎章句，以求適於至道。

46《經考附錄》，卷一，頁五a－b。

47見《戴震文集．附錄》頁二二三。段《譜》之誤，錢賓四師已加駁正，見《中國近三百年學術史》，上冊，頁三一二－三一三。今按：茂堂《戴譜》中所以言東原不重是仲明，而以此書諷之者，亦自有故。蓋仲明晚年行為不檢，曾招物議。事見阮葵生，《茶餘客話．是鏡醜態》，北京，一九六〇，第一冊，頁二三二。《茶餘客話》約撰成於一七七一年，尚在東原生前也。

此即〈與是仲明書〉中所謂「經之至者道也，所以明道者其詞也，所以成詞者字也。由字以通其詞，由詞以通其道，必有漸。」〈序〉成於己巳（一七四九），與《經考》之撰述相先後，其為東原早年之見解，確無可疑。然不有《經考》與《經考附錄》兩書，僅恃〈爾雅文字考序〉之孤證，今日又烏從定其讞乎？

㈢戴東原與江慎修

《經考》與《經考附錄》兩書為東原早年讀書札記，故書中偶有涉及江永慎修之處。取而與後期材料相參證，頗可以窺見東原早年對慎修之態度。東原與慎修間之關係，為清代學術史上一大公案，自來尚無滿意之解答。今茲所論亦僅屬一種推測，然視前此諸家之說或亦略有進境也。

百餘年來，論江、戴關係者多謂東原為慎修弟子而晚年背師。茲引魏源與王國維兩家之說如下。魏源〈書趙校水經注後〉之末節曰：

> 戴為婺源江永門人，凡六書、三禮、九數之學，無一不受諸江氏，有同門方晞所作《群經補義序》稱曰「同門戴震」可證。及戴名既盛，凡己書中稱引師說，但稱為「同里

老儒江慎修」而不稱師說，亦不稱先生。其背師盜名，合逢蒙、齊豹為一人。[48]

王國維〈聚珍本戴校水經注跋〉則謂東原：

平生學術出於江慎修。故其古韻之學根於等韻，象數之學根於西法，與江氏同；而不肯公言等韻、西法，與江氏異。其於江氏亦未嘗篤在三之誼，但呼之曰「婺源老儒江慎修」而已。[49]

胡適有〈戴震對江永的始終敬禮〉一短文，專為東原辨誣。此文先引張穆、魏源、王國維三家之說，繼曰：

我曾遍查孔刻本《戴氏遺書》，只見東原一生對於江慎修真是處處敬禮，從沒有一點不恭敬的態度，也沒有一句不恭敬的話。

48 見〈魏默深遺文〉，載周壽昌，《思益堂日札》（光緒戊子夏刊本），卷五，頁六a。

49 王國維，《觀堂集林・卷十二・史林四》，臺北，世界書局影印本，頁五八〇。

胡氏於列舉東原著作提及「江先生」「江慎修先生」各條之後，又曰：

> 東原二十歲始從江慎修問學。我們看他從二十四歲到五十四歲，從少年到他臨死，提到慎修，都稱「江先生」。……東原的一切著作裡，每提到江慎修，必稱「江先生」，只兩處敘述古音的歷史，說鄭庠、顧炎武、江永三個人的古韻分部，因為作歷史的記載，特別用「吾郡老儒江慎修永」的稱呼。……我請一切讀書的人細讀這兩段歷史敘述，請問這一句「吾郡老儒江慎修永」有一絲一毫不恭敬的意思嗎？於亭林則直稱「崑山顧炎武」，於慎修則特別尊稱為「吾郡老儒江慎修永」，這不是特別表示敬意嗎？「吾郡老儒」豈不等於說「吾郡的一位老先生」嗎？[50]

以上兩說雖截然相反，然皆肯定東原早年曾師事慎修。其實此中涉及兩相關而不全相同之問題。其一為江、戴過從之時代，其二為江、戴有無正式師生關係。段編《東原年譜》乾隆七年壬戌（一七四二）條云：

---

50 《胡適手稿》，第一集，上冊，臺北，一九六六，卷一，頁二九—三〇。此文原載於《經世日報》，《讀書週刊》，第三期，一九四六年八月二十八日。

是年自邵武歸。同邑程中允洵一見大愛重之！……婺源江慎修先生永治經數十年，精於三《禮》及步算、鐘律、聲韻、地名沿革、博綜淹貫，巋然大師。先生一見傾心，取平日所學就正焉。[51]

據此則江、戴相識早在東原二十歲時，但《譜》僅言東原問學於慎修，不謂有師弟關係也。然東原自邵武歸，即問學於慎修一層實有問題。余考洪榜撰〈戴先生行狀〉曰：

先生之自邵武歸也，年甫二十。同縣程中允洵一見大愛重之。……先生家極貧，無以為業。至是始為科舉文。……同族戴長源先生瀚以此名於時，家於江寧。文林公（按：東原父也）因往江寧，命先生步隨以從，就謁長源先生。……因館於其家，令與諸子圍棋談說，不關以文事。既月餘，一日，取案上〈檀弓〉，令先生口講其義。先生每講終一節，未嘗不稱善。因命題令為時文一通，先生援筆立成，大加嗟賞。翌日，謂文林公曰：「是子誠不能限其所至，今歸矣，所業甚精，可無以示人。」先生自江寧歸，

51《戴震文集・附錄》，頁二一七。

時淳安方楘如先生掌教紫陽書院，一見先生文，深折服，謂己所不及。……時郡守何公，常以月某日，延郡之名人宿學，講論經義於書院之懷古堂。婺源江先生永治經數十年，精於三《禮》及步算、鐘律、聲韻、地名沿革。博綜淹貫，巋然大師。先生一見傾心，因取平日所學就質正焉。江先生見其盛年博學，相得甚歡。……時先生同志密友，郡人鄭牧、汪肇龍、程瑤田、方矩、金榜六七君，日從江先生、方先生從容質疑問難。蓋先生律曆聲韻之學，亦江先生有以發之也。[52]

余頗疑段玉裁編《東原年譜》即刪節〈行狀〉之文以成而復有誤解。所以知《年譜》取材於〈行狀〉者，《年譜》「自邵武歸」以下至「就質正焉」，幾與〈行狀〉有關部分一字不差，其證一也。茂堂撰譜在嘉慶甲戌（一八一四），年已八十，[53]而洪榜〈行狀〉成於東原卒後僅一年（一七七八）。據東原子中立是年與茂堂書，〈行狀〉稿本即已同時寄與茂堂過目。[54]其證二也。所以知茂堂有誤解者，因〈行狀〉自「先生之自邵武歸也，年甫二十」以下，敘述東原學時

52《戴震文集．附錄》，頁二五四－二五五。

53 劉盼遂，《段玉裁先生年譜》（香港崇文書店影印本），一九七一，頁九六。

54 見《戴東原、戴子高手札真蹟》（中華叢書本），臺北，一九五六，無頁數。

文及去之江寧一大段，年月皆失載，中間僅有「既月餘」一語，遽讀之頗似皆一年內之事。段《譜》以東原學術發展為主，而略於事跡；入都以前，《譜》主事跡幾乎全屬空白。又茂堂或不以其師習舉業事為足輕重，故竟略去江寧之行，而逕接下文從游江慎修一節。致將前後數年內之事併歸於壬戌一年之中也。

東原始識慎修不在壬戌，而遲在數年之後，許承堯之考證極翔實可信。許氏之言曰：

考何達善守徽在乾隆己巳（一七四九），先生年二十七。明年庚午（一七五〇）方椠如應聘講紫陽，定新安三子課藝。三子者先生與鄭牧、汪梧鳳也。又二年壬申（一七五二）夏程讓堂姊婿汪松岑言於其從祖之弟在湘。在湘因延先生至其家，教其子。在湘、梧鳳字，歙之西溪人，家有園名不疏。園多藏書。其《松溪文集》〈送劉大櫆序〉云：「余生二十五年從游淳安方朴山先生。後三年從游星源江慎齋先生。」梧鳳生雍正丙午（一七二六），少先生三歲。其從方椠如年二十五，正在庚午。而後三年從江慎修，則在癸酉（一七五三）。汪容甫為梧鳳〈墓志〉云：「江、戴二人孤介少合，君獨禮致諸其家。」是江亦館汪氏。先生與江蹤跡之密殆無逾於此時。又二年乙亥（一七五五），先生入都。（原註：王昶撰先生〈墓志銘〉作甲戌之春。此從段玉裁《年譜》。）

後七年壬午（一七六二），江卒於家。先生撰〈事略狀〉上之續文獻通考館、史館。蓋江氏之學得先生而後表章。而先生與江自庚午相見至乙亥，不過五年，誼在師友之間，原未嘗著籍稱弟子。[55]

許氏所考，除入都之年誤從段《譜》外，餘皆確鑿有據。據何達善守徽及方棨如掌教紫陽之年，則江、戴初晤在庚午不在壬戌，其讞可以定。

惟此案尚有二疑點須略加辨析。其一，東原有〈答江慎修先生論小學〉書，今收入《戴氏文集》卷三。段茂堂繫此書於乾隆十年乙丑（一七四五），似江、戴相見應遠在庚午之前。然茂堂在《年譜》是年條末注曰：

按先生是書作於何年未有可詳，而《六書論》成於乙丑，則此書當附見於乙丑。

可見茂堂繫此書之年不過方便行事，本無確據。故《年譜》此條殊不足以動搖庚午之結論也。

55 許承堯，《戴東原先生全集・序》，頁二b－三b。

其二，胡適之查出東原《考工記圖注》一書提及江慎修者凡三次。此書撰成在乾隆十一年丙寅（一七四六），所以胡適之謂東原自二十四歲至五十四歲，提及慎修，皆稱「江先生」。此條反證最不利於庚午說。然進而一考《考工記圖》之刊刻，則此反證亦不能成立。據段編《年譜》，乾隆乙亥（一七五五）冬紀昀曉嵐刻《考工記圖注》成。同年東原與姬傳書曰：

> 日者，紀太史曉嵐欲刻僕所為《考工記圖》，是以向足下言，欲改定。足下應詞非所敢聞，而意主不必汲汲成書，僕於時若雷霆驚耳。……僕於《考工記圖》，重違知己之意，遂欲刪取成書，亦以其義淺，特考覈之一端，差可自決，足下之教其敢忽諸？[56]

可徵刻《考工記圖》之前，姚姬傳曾戒東原勿亟於成書，而東原則自信甚堅。東原此信既云「改定」又曰「刪取」，則乙亥所刊刻者必嘗有所刪改，非復丙寅初成時之舊貌，從可知矣。據與姚姬傳書可以判定刻本《考工記圖》中之稱引江慎修，乃乙亥付刻前所增入。故吾人亦不得據《考工記圖》而致疑於庚午說，而胡適之謂東原自二十四歲起即稱引江氏，實為段編

56《戴震文集》，頁一四一－一四二。

《年譜》所誤也。

根據以上所考辨，可以斷定江、戴庚午（一七五〇）初識於徽州之紫陽書院，甲戌（一七五四）分手於歙之西溪之汪氏不疏園，先後不過四、五年。

江、戴過從之時代既明，茲請進而一論兩人間之關係。張石舟、魏默深、王靜安諸人均謂東原早年師事慎修而晚年背之，此一說也。胡適之謂東原自從師之後，一生敬禮慎修，此二說也。許承堯謂江、戴誼在師友之間，未嘗著籍為弟子，此三說也。三者相較，余取許說。許說之所以可從者，因現存第一手史料皆不言東原為慎修弟子故也。洪榜〈行狀〉於東原取平日所學就正慎修之下續云：

> 江先生見其盛年博學，相得甚歡。一日舉歷算中數事問先生曰：「吾有所疑，十餘年未能決」。先生請其書，諦觀之，因為剖析比較，言其所以然。江先生驚喜，歎曰：「累歲之疑，一日而釋，其敏不可及也。」先生亦嘆江先生之學，周詳精整。

據此則江、戴關係確在師友之間，非正式著籍之師弟也。王昶〈戴東原先生墓誌銘〉云：

婺源江先生永治經數十年，精於三《禮》及步算、鐘律、聲韻、地理。東原取平日所學，質之江先生，為之駭嘆。[57]

蘭泉所述，亦僅謂東原以後學資格請益於鄉先輩而已。錢大昕〈戴先生震傳〉曰：

少從婺源江慎修遊，講貫禮經制度名物及推步天象，皆洞徹其原本。[58]

又〈江先生永傳〉則曰：

休寧戴震少不譽於鄉曲，先生獨重之，引為忘年交。震之學得諸先生為多。[59]

曉徵於戴傳僅言東原少從慎修遊，於江傳更云慎修引東原為忘年交，此皆所謂誼在師友之間。

57《戴震文集・附錄》，頁二六二。

58《潛研堂文集》（萬有文庫本），第五冊，卷三十九，頁六一九。

59同上，頁六一六。

故遍檢東原生前相知所為傳記，固無一人曾謂江、戴有正式師弟關係也。又考余廷燦〈戴東原先生事略〉云：

> 初，君與其同郡鄉先生江慎修永相講貫、友善。

廷燦（一七三五～一七九八）與東原同時而略後，據其自言：

> 廷燦未識君面而喜讀君書，後君之死十有二年來京師，從士大夫後，聞君之學與君之人，恐久就墮逸，因敘次其事略，以待史館採擇焉。[60]

廷燦所得資料，當出於東原生平從遊者之口，不得視為直接證據，然至少可見東原死後十餘年間，江、戴是否師弟尚無定說。又章學誠實齋平生極詆東原心術，嘗斥東原排朱子為飲水忘源，而並無一語及東原背師。其〈書朱陸篇後〉亦撰於東原卒後之十有二年（一七八九）。

60《戴震文集・附錄》，頁二七四－二七五。

使時人有東原背師之傳言，實齋必不肯輕易放過。且實齋〈朱陸〉篇撰於東原卒前，其中歷數清代朱學傳統，顧亭林、閻百詩而下，逕接東原，慎修不與焉。此亦江、戴師生說之確立，其事頗晚之一旁證也。61

東原於慎修既未嘗正式執弟子禮，則自無所謂背師問題。但東原是否自庚午以後於慎修敬禮之情始終未變，此又為別一問題。而《經考》則適可以為此問題提供進一步之答案。胡適之謂東原著作中提及慎修必稱「江先生」，此結論大體自不誤。但當注意者，此皆東原甲戌入都以後之筆也。至於東原早歲稱引及於慎修，今猶可於《經考》中見之者，則遣詞與中年以後微異。「卦變」條曰：

61 今按：東原〈答江慎修先生論小學〉書，雖敬禮慎修甚至，而語氣中並不流露弟子與業師之關係。東原自稱為「震」，即決非弟子所應爾。（見《戴震文集》，頁六一－六四）而癸未（一七六三）撰〈顧氏音論跋〉之末曾提及此書云：「見答江丈論小學書」。（《戴震文集》，頁八八）尤可見東原係以後輩身分問學於慎修也。又按：盧文弨〈江慎修河洛精蘊序〉（乙巳，一七八五）云：「向吾友戴東原在京師嘗為余道其師江慎修先生之學。」見《抱經堂文集》（《四部叢刊初編》縮本），卷六，頁五九。此可見東原死後第八年盧文弨已認為東原是江永的弟子。但此仍不是第一手的證據。

江昚齋先生曰：文王之《易》以反對為次序，否反為泰，三陰往居外，三陽來居內。……[62]

又「古音叶韻」條曰：

江昚齋先生曰：唐人釋經不具古音，且云：古人韻緩，不煩改字。[63]

又「大衍」條曰：

江昚齋先生曰：大衍之數五十，先儒說者皆未盡。……[64]

「昚」即「慎」字，見《史記》卷七十六「虞卿傳」徐廣注。而《經考》中同時稱及顧炎武、

62 《經考》，卷一，頁十三 a。
63 《經考》，卷三，頁二一 a。
64 《經考附錄》，卷一，頁十九 b。

閻若璩諸人則逕引其名諱。此尤可見東原早年於慎修特致鄭重隆敬之意。然則東原又何以不曰：「江慎修先生」（見《文集》卷四〈答段若膺論韻〉，一七七六）而必稱「江眘齋先生」耶？是亦有說。東原早年亦字「慎修」，與江永之字雷同。此見於洪榜所撰〈行狀〉，稍後江藩《漢學師承記．戴震傳》從之。王昶〈東原墓誌銘〉及錢大昕〈東原傳〉皆不載。當東原撰此諸條之時，因避免與己之字全同，故代之以「眘齋」二字耳。其後東原並廢去「慎修」不用，遂獨以「東原」之字行世。許承堯駁王靜安之言曰：

> 先生書中（按：指《經考》）於江多稱眘齋先生。且先生本亦字慎修，後遂不用，其尊之者至矣。靜安所云亦未諦也。[65]

許說確得其情實，然殊不足以釋王靜安之疑，蓋所謂「婺源老儒」本指東原晚年背師也。

東原於《經考》時代尊稱江永為「眘齋先生」並廢去「慎修」本字，實皆經鄭重考慮而後為之，此可證之於「程子《易傳》」條所引朱彝尊之言。其文如下：

65《戴東原先生全集・序》，頁三b。

伊川撰〈明道行狀〉云：先生為學自十五六時聞汝南周茂叔論道，遂厭科舉之業，慨然有求道之志。未知其要，泛濫於諸家，出入於老、釋者幾十年，返求諸六經而後得之。繹其文，若似乎未受業於元公者，不然何以求道未知其要，復出入於老、釋耶！潘興嗣志元公墓，亦不及二程子從遊事。明道之卒，而其弟子友朋若范淳夫、朱公掞、邢和叔、游定夫敘其行事，皆不言其以元公為師。惟劉斯立謂從周茂叔問學。斯猶孔子問禮於老子，問樂於萇弘，問官於郯子云然，蓋與受業者有間矣。呂與叔《東見錄》則有昔受學於周茂叔之語。然弟子稱師無直呼其字者，而《遺書》凡及元公必直呼其字。且元公初名惇實，後避英宗藩邸嫌名，改惇頤。夫既以學傳伊川矣，不應下同其名；而伊川亦不引避。昔朱子表程正思墓，稱其名下字同周、程，亟請其父而更焉。孰謂二程子而智出正思下哉！此皆事之可疑者也。[66]

此文出於朱彝尊〈太極圖授受考〉，東原引文大體皆正確。[67]唯《經考》此條本論「程子《易

66《經考附錄》，卷一，頁二五a—二六a。

67 原文見《曝書亭集》（萬有文庫本），第十冊，卷五十八，頁九二六。余嘗細校兩文，大體皆不誤，唯東原所引稍有省略。「而《遺書》凡及元公，必直呼其字」一句，竹垞原文較長。其文曰：

傳》」，而忽插入此一段討論宋儒師弟關係之文字，與題旨殊不甚相涉，此則頗可詫異。細察引文內容，乃知此番討論完全適用於東原與慎修間之關係，而東原之所以全數抄入者，殆亦因深有感於此歟？

引文中所涉及之問題有二：一為師弟之關係，一為弟子須避師之名諱。所謂師弟之關係，專指受業而言，非普通問學之謂。故孔子之於老子、萇弘、郯子，二程之於周敦頤，皆有問學之關係，而無師弟之關係。正式師弟則如漢人之例，所謂「親受業者為弟子」是也。所謂弟子須避師之名諱，涵有二義，其一、弟子不當直呼其師之字，如二程如為周敦頤弟子，則不能呼周為「茂叔」。其二、弟子之名如恰同於師，則當改易。是以伊川既名頤，即可證其非周敦頤之受業弟子。南宋時程正思因師事朱子，而朱子上承周、程之緒，故程正思本名「端頤」，遂改作「端蒙」。[68]

「而《遺書》凡司馬君實、邵堯夫、皆目之曰：先生，惟元公必直呼其字。至以窮禪客目元公，尤非弟子義所當出。」

68 按：朱熹撰〈程君正思墓表〉云：「程君端蒙正思……既見予於婺源，……退即慨然發憤以求道修身為己任。始時名下之字同於周、程。至是亟請其父而更焉！」（《朱文公文集》，《四部叢刊》縮本，第八冊，卷九十，頁一六〇〇）可見程正思原名「端頤」，因師事朱子，而朱子復直承周、以上所述諸原則，雖出朱竹垞之手，然實為東原所認可，否則《經考》中竄入此一段文字豈非毫無意義乎？且東原不僅早年之觀念如此，即中歲以後持論亦不異。段茂堂嘗記東原口語曰：

唐以前師弟道重，宋人言學，尚有漢人師弟之意。[69]

又東原中年以後所撰《緒言》亦云：

朱子以周子為二程子所師，故信之篤，考其實固不然。程叔子撰〈明道先生行狀〉言「自十五、六時聞周茂叔論道（略）」其不得於周子明矣！且直字之曰周茂叔，其未嘗師事亦明矣！[70]

程之統，故改名為端蒙也。

69《戴震文集・附錄》，頁二四九。

70 見何文光整理，《孟子字義疏證》，中華書局，一九六一，頁一二一。又見《孟子私淑錄》，收入何文光整理，《孟子字義疏證》，頁一五五。

則全本之上引竹垞〈太極圖授受考〉之文。故東原一生於師弟之道極為鄭重，從不肯輕易收弟子。乙亥（一七五五）在京師，姚姬傳鼐欲以東原為師，東原復書曰：

至欲以僕為師，則別有說：非徒自顧不足為師；亦非謂所學如足下，斷然以不敏謝也。古之所謂友，固分師之半。僕與足下，無妨交相師，而參互以求十分之見，苟有過則相親，使道在人不在言，斯不失友之謂，固大善。昨辱簡，自謙太過，稱夫子，非所敢當之，謹奉繳。[71]

又據段茂堂〈東原先生札冊跋〉云：

余辛巳（一七六一）不第，旅食都門。癸未（一七六三）東原先生至，心慕其學，屢請正師弟之稱，不許。先生不第歸，遂致書稱弟子。丙戌（一七六六）相見，遽言尊東久欲奉還，朋友自可取益，奚必此也。今冊中猶存三札，繳還稱謂。於以知先生德

71 《戴震文集》，頁一四二。

盛禮纂，遠出昌黎氏抗顏之上。[72]

今據東原丙戌與茂堂札手蹟云：

再者，上年承賜札，弟收藏俟繳，致離舍時匆匆檢尋不出。在吾兄實出於好學之盛心，弟亦非謙退不敢也。古人所謂友原有相師之義。我輩但還古之友道，可耳！來札奉繳，不宣。喬林大哥，震頓首。[73]

是東原繳還茂堂稱弟子之札，其所持之理由與乙亥之辭姚姬傳全然相同也。其後茂堂己丑（一七六九）謁東原復堅稱弟子，東原始勉從之。故朱珪曰：「汝二人竟如古之師、弟子，得孔門、漢代之家法也。」[74]足徵東原於師弟關係持義之高，則竹垞〈太極圖授受考〉一文所影響於東原者，不可謂不深切矣。

72見《經韻樓集》（經韻樓本），卷七，頁四八b—四九a。

73《戴東原、戴子高手札真蹟》，丙戌第二函。

74段編《戴東原先生年譜》，乾隆三十年丙戌條，收入《戴震文集．附錄》，頁二二七。

今本東原所引竹垞之文，以推測東原早年與江慎修之關係，則其間又有甚難解說者。根據現存史料而言，東原之於慎修並未著籍為弟子。故江、戴之間僅為問學關係，而無受業關係。然《經考》凡及慎修必尊之曰「江脊齋先生」，而不呼其字，如二程於周茂叔之例，此可異者，一也。東原既非江氏弟子，則毋須廢其本字。易言之，東原於此，應法程伊川之保留「頤」字，而不應效程正思之改「頤」為「蒙」也。但東原卒棄其「慎修」兩字不用，以避江永字諱，此可異者，二也。由是觀之，東原早年之於慎修，凡弟子之所當禮於其師者，胥一一為之。持此兩事以證東原嘗為慎修弟子則誠不足，然以證東原內心崇敬慎修有類於受業，則綽綽乎而有餘。

胡適之為東原辨誣，謂「吾郡老儒江慎修永」一語並無貶義，猶今人謂「吾郡的一位老先生」。胡適之譯文言為白話，實已失去「老儒」所涵之語氣，恐不免曲護東原之嫌。其實文言中亦有「先生」一詞，東原何不逕曰：「吾郡江慎修先生永」耶？蓋「老儒」雖不必有貶義，但亦乏崇敬之意味。使東原果為慎修弟子，如胡氏所假定者，則本諸上引「弟子稱師無直呼其字者」之義，東原中年以後之不敬慎修，其案已定矣。今幸東原之於慎修屬問學關係，非受業關係，然以「吾郡老儒江慎修永」較之《經考》中「江脊齋先生」之稱，終不能不令人生前恭後倨之感。

胡適之又云，魏默深、王靜安諸人之所以誤解「老儒」之稱，蓋由於未考東原用此稱謂時之上下文。東原用「吾郡老儒江慎修永」凡兩次，皆涉及鄭庠、顧炎武、江永三人之古韻分部，「因為作歷史的記載」故稱之如此。且東原於亭林亦直稱「崑山顧炎武」，則其稱江氏為「老儒」，實為「特別表示敬意」。胡氏之辯，驟視之亦甚有理。但因未與《經考》中「江脊齋先生」之稱對照，故結論仍可商。今按：《經考》中稱「江脊齋先生」有三處，兩條論《易經》，一條則正是論古韻分部，其中亦提及顧亭林，並亦直稱其名諱。《經考》為東原早年讀書筆記，後來之正式撰述往往本之，論古音一條亦其例也。故東原後期著述中之「吾郡老儒江慎修永」實即從《經考》中之「江脊齋先生」改易而來。就東原平生對師弟關係之鄭重及其抄錄朱竹垞〈太極圖授受考〉之事觀之，此種改易定是經斟酌以後所為者，其於東原本人必具某種深刻之意義，蓋可以斷言也。

吾人不必視此一改易為東原不敬慎修之證。但此種改易確反映慎修在東原心中之地位先後不同，則昭昭明甚。今當進而探求者，即何以東原心理上發生此一深微之變化？

東原平生論學，以道為極。丁酉（一七七七）正月十四日與段茂堂書有云：

> 僕自十七歲時，有志聞道，謂非求之六經、孔、孟不得，非從事於字義、制度、名物，

無由以通其語言。為之三十餘年，灼然知古今治亂之源在是。[75]

段茂堂嘗記其口語曰：

先生初謂：「天下有義理之源，有考覈之源，有文章之源，吾於三者皆庶得其源。」後數年又曰：「義理即考覈、文章二者之源也，義理又何源哉？吾前言過矣。」[76]

所謂「源」者即乙亥〈與方希原書〉中所言之「大本」，蓋即道也。聞道之說東原屢屢言之，如〈與是仲明書〉、〈答鄭丈用牧書〉、及〈與某書〉等皆其證。而東原論師友關係亦綰合於道，故〈與姚姬傳書〉有「使道在人不在言」之語。東原問學於慎修在庚午至甲戌數年之間。其時東原於考據方面如三《禮》、步算、鐘律、聲韻、地名沿革之類，傾服慎修，固無論矣，即在義理方面，東原亦未與慎修立異。慎修嘗撰《近思錄集註》，於義理推尊朱子備至。其在

75 《戴東原、戴子高手札真蹟》，丁酉第一函。又見《戴東原先生年譜》，收入《戴震文集．附錄》，頁二四〇。

76 《戴震文集．附錄》，頁二四六。

名物制度方面改正宋儒正是發揮朱子格物之教，殆與清初閻若璩取徑相近。東原入都前後，亦是此一路數。此所以東原〈與方希原書〉尚謂「宋儒得其義理」，而《經考》中亦處處為朱子辯解也。故江、戴相聚之數年中，東原必以慎修之學足當「聞道」之稱而無愧。其廢去「慎修」之字不用及尊稱「江脊齋先生」，當即由此而來，蓋東原雖未嘗正式著籍為江門弟子，而內心固已師事慎修矣。

然東原甲戌入都以後論學見解頗有變化。大要言之，可分為兩階段。[77]第一階段在丁丑（一七五七）游揚識惠定宇以後。此一階段中，東原持訓詁之觀點甚力，故有「故訓明則古經明，古經明則賢人聖人之理義明」之語。而當時北京學者如錢竹汀、王西莊、朱笥河等之推尊東原亦在其名物考訂。純就考證言，東原與慎修固未嘗分幟。時人既重東原，遂亦推而及於慎修。且東原此時雖於宋儒義理深致不滿，然亦僅具一方法論上之抽象觀點，尚無自得之義理可以取代宋儒也。慎修卒於乾隆二十七年壬午（一七六二），東原撰〈江慎修先生事略狀〉，極稱慎修考證之學，謂「自漢經師康成之後，罕其儔匹。」[78]其敬禮慎修之情，似未稍減。

77 近代學者論東原思想之發展皆分前後兩期言之，而以丁丑（一七五七）遊揚州為其分水嶺。據余所見，東原遊揚後尚有一次轉變。大約自一七六六至一七七七年之最後十餘年為東原思想之歸宿期也。

顧東原雖以考證之學為世所浮慕，揆其內心，則實以義理為學之極致。段茂堂記東原之言曰：

> 六書、九數等事如轎夫然，所以舁轎中人也。以六書、九數等事盡我，是猶誤轎夫為轎中人也。[79]

蓋東原自十七歲即有志於聞道，其考訂名物、制度，僅為通古代聖賢語言之手段，其最終目的固仍在求孔、孟、六經之義理。但在第一階段中，東原既未有自得之義理，且又力倡訓詁觀點，故尚視義理與考據為平行之關係。此即段茂堂所聞「天下有義理之源，有考覈之源，有文章之源」之時也。

78《戴震文集》，頁一八一。

79《戴東原集・序》（《四部叢刊初編》縮本）。章學誠〈書朱陸篇後〉亦記東原之口語曰：「余於訓詁、聲韻、天象、地理四者，如肩輿之隸也；余所明道，則乘輿之大人也；當世號為通人，僅堪與余輿隸通寒溫耳。」（《文史通義》，頁五七）語氣雖失之刻薄，然其意正與段茂堂所稱引者無甚出入也。

東原入都後論學見解之再變，應始於乾隆丙戌（一七六六）。據段編《戴譜》：

是年玉裁入都會試，見先生云「近日做得講理學一書」，謂《孟子字義疏證》也。玉裁未能遽請讀，先生歿後孔戶部付刻，乃得見，近日始窺其閫奧。[80]

據錢賓四師考證，東原《疏證》成書在晚年，丙戌所做講理學之書蓋是《原善》三篇之擴大本。[81] 今按東原丙戌與茂堂書手蹟云：

來《水經注》九本已收。此實舊本，弟處本係江西劉內翰暨汪明兄分借去未還。其《原善》、《原象》等亦在汪公處。俱俟改日呈上。[82]

茂堂癸未（一七六三），嘗抄謄《原善》三篇。其時東原語茂堂曰：「作《原善》首篇成，樂

80 《戴震文集・附錄》，頁二二八。

81 《中國近三百年學術史》，上冊，頁三二六—三二七。

82 《戴東原、戴子高手札真蹟》，丙戌第二函。

不可言，吃飯亦別有甘味。」[83]丙戌戴、段再晤，上距癸未僅三年，東原不應健忘至此而欲以茂堂曾抄錄之《原善》舊稿相示也。則丙戌講理學之書乃《原善》之改定本，可謂信而有徵矣。故丙戌實東原治義理之學而深造有得之一年也。《原善．自序》云：

余始為《原善》之書三章，懼學者蔽以異趣也，復援據經言疏通證明之，而以三章者分為建首，次成上中下卷。比類合義，燦然端委畢著矣，天人之道，經之大訓萃焉。[84]

今《原善》舊稿尚存《文集》，取而校之，亦可證定本始將自得之義理與六經、孔、孟之道融合為一。易言之，東原自丙戌擴大《原善》成書，乃真於彼所欲聞之「道」有真知灼見。同年春夏之交，章實齋初見東原於北京休寧會館，亦深賞《原善》等篇為「深識古人大體，進窺天地之純」也。[85]自丙戌迄丁酉（一七七七），東原於義理方面迭有進展。《緒言》創刱於己丑（一七六九），《疏證》成書在丁酉，而中間復有《孟子私淑錄》之過渡。[86]東原己丑撰寫《緒

83　《戴震文集．附錄》，頁二二六。

84　《孟子字義疏證》，頁六一。

85　《文史通義．補遺續．答邵二雲書》，頁三六八。

言》時，正在山西布政司使朱珪署中。據程易疇轉述，東原嘗偽病十數日，起而語朱珪曰：「我非真病，乃發狂打破宋儒家中《太極圖》耳！」[87] 蓋己丑以後東原自家之義理已經到手，遂明白宣稱程、朱「理精義明之學」無當於六經、孔、孟之道矣。[88] 故東原在此第二階段中，對義理與考據之關係有新體悟。茂堂所記東原後數年謂「義理即考覈、文章二者之源也，義理又何源哉！」實可視為東原之晚年定論。準此而論，則義理與考據非復平行關係，而為主從關係。所謂「後數年」，今已不易確定的在何年。唯茂堂與東原相聚先後僅有五次：一在癸未（一七六三）初識，一在丙戌（一七六六），東原面辭師弟之稱，一在丁亥（一七六七），

86 錢穆，〈記鈔本戴東原孟子私淑錄〉，四川省立圖書館編輯，《圖書集刊》，創刊號（一九四二年三月），頁十一－十六。

87 段玉裁，《經韻樓集．卷七．答程易田丈書》，頁五四 a－b。

88 錢賓四師考出東原自己丑（一七六九）撰《緒言》以後始公開攻擊宋儒，至《孟子字義疏證》則詆宋儒益烈。（見《三百年學術史》，上冊，頁三二四－三五五。）最近何文光整理東原哲學論著，則全本賓四師之說。見何君《孟子字義疏證》之〈點校說明〉，頁二。惟東原《原善》雖未顯斥宋儒，但已可視為在義理上與宋儒立異之始。東原子中立戊戌（一七七八）與段茂堂書（見《戴東原、戴子高手札真蹟》），開列其父之著作甚詳。而《原善》三卷之下中立注有「駁宋儒」三字。中立之造詣似不足以知其父之學，頗疑此語或得之庭訓也。

東原過訪茂堂於北京于雯峻戶部家，一在己丑（一七六九），東原偕茂堂之山西，最後一次則在壬辰（一七七二），茂堂見東原於洪榜之寓宅。後四次之中，壬辰相聚似甚短促，或未必有機會從容論學；[89]故東原「後數年」之改變觀點當以丙戌、丁亥或己丑為較可能，而尤以丙戌之可能性為高，因是年東原嘗面告茂堂「做得講理學一書」也。

今考東原稱慎修為「吾郡老儒」凡兩次，一在《聲韻考》卷三，一在為茂堂《六書音均表》所撰之序文。《聲韻考》成書在丙戌（一七六六），《六書音均表》序則撰於丁酉（一七七七）正月上旬，距東原之卒僅四月耳。易言之，「老儒」之稱適在東原論學之最後階段，亦即

89 按：《戴東原、戴子高手札真蹟》中載有東原十月三十日燈下自北京與茂堂一札，云：「去夏一晤，倉遽即別。」此札之末茂堂原注「癸巳奉召在都」六字，則作於一七七三年也。札言「去夏一晤」，則正指上一年壬辰（一七七二）茂堂見東原於洪榜寓宅事。可證此次段、戴晤面之匆促。唯段編《戴譜》，繫此十月三十日手札於甲午年（一七七四）。以引文校之原蹟，確為同一札。其中必有一誤。但茂堂撰《譜》在嘉慶十九年甲戌（一八一四），年已八十，記憶頗有模糊處。故當以原注癸巳為是，且按之「去夏」一語亦恰合也。陳柱跋此札亦云：「惟札注癸巳，而《年譜》列於甲午，相差一年。據札文，『今益以在都』云云，又『數月來』云云，則似此札所記癸巳為塙。蓋八月至都，十月三十日作札，故稱『數月』。若在翌年十月，則當稱『年來』矣。」柱尊所言甚確，惜未注意開首「去夏」一語，尚不免見其小（月）而遺其大（年）耳。

視義理為考覈之源之時代也。在此階段中，東原既降考據為第二義之學，復別有自得之義理以替代宋儒之說，則慎修在東原心中之地位相應而有所降低，固為極自然之事。蓋慎修畢生成就全在名物制度之考訂方面，至於義理則不出程、朱之舊軌，就東原晚期之見解言之，慎修之學已不足以言「聞道」矣。東原早年以師禮尊慎修，乃由「道」之立場出發，晚歲之改稱「江脊齋先生」為「吾郡老儒江慎修永」，恐亦與東原對「道」之新體認有關。此所以東原雖於慎修「始終敬禮」，而先後稱呼仍有顯著之差異也。此種心理上之微妙變化即在當事人亦未必明白覺察，故遠非傳統考證方法所能澈底解決。余茲所論，頗異於自來致疑於東原「心術」之說，信否未敢自必，然或不失為「吾郡老儒」之謎增一新解歟？

二、戴東原與伊藤仁齋

一九二六年日本學者青木晦藏撰〈伊藤仁齋と戴東原〉一長文，[1]指出東原哲學思想酷似日本古學派大儒之伊藤仁齋（一六二七～一七〇五）。而尤可注意者仁齋思想主要見於其《語孟字義》二卷，此與東原的《孟子字義疏證》不僅內容相近，且書名亦相符，其巧合已達到了極為驚人的程度。但由於仁齋早於東原約一世紀，故青木氏頗疑東原曾見仁齋之書，唯尚未得確據耳。東原何以名其義理之作曰《字義疏證》，本是一值得研究的問題。如青木氏所疑屬實，則東原此書創作之背景又多一層糾纏矣。[2]

1 分見《斯文》，第八編，第一號，頁二一—四九；第二號，頁十六—四三；第四號，頁二〇—二七；第八號，頁二五—三〇；第九編，第一號，頁十九—二五；第二號，頁二一—三一。

2 關於《孟子字義疏證》之命名，余別有考辨。見本書內篇第六章。關於東原可能受仁齋書名啟示近來日本學者論彼邦儒學史，推衍青木晦藏之論，至謂仁齋與另一古學大師荻生徂徠（即物茂卿，又號蘐園，一六六六～一七二八）[3]對清代考證學皆頗具影響，並進而推定徂徠學在整個東洋儒學史上的重要性云云。[4]余按仁齋著作清代中葉曾否輸入中國尚無證據。徂徠《論語徵》、《大學解》、《中庸解》，則遲至一八〇九年始傳來，故十九世紀之中國經學家頗多稱引其說者。而《論語徵》一書尤受重視；劉寶楠（一七九一～一八五五）《論語正義》嘗兩引其說。此外如戴望、李慈銘、俞樾諸人亦均於其書有所評隲。[5]又徂徠高弟山井鼎（一六八二～一七二八）有《七經孟子考文》三十三卷，其書傳入中國較早，阮元一七九七年（嘉慶二年）嘗為之序，《十三經注疏校勘記》中亦備引之。其書又收入《四庫全書》，則受重視之程度益

之討論，見青木之文，《斯文》，第八編，第一號，頁二七－二八。

3 William Theodore Bary 在其 "Some Common Tendencies in Neo-Confucianism" 文中，則以為徂徠與東原在思想史上的地位相似，即堅決反朱子也。見 David S. Nivison and Arthur F. Wright, eds., *Confucianism in Action*, Stanford, 1959, p. 31.

4 見今中寬司，《徂徠學の基礎的研究》，東京，一九六六，頁四九八－五〇〇。

5 詳見藤冢鄰，〈物徂徠の論語徵と清朝の經師〉，《支那學研究》，第四編，一九三五，頁一－一六一；朱謙之，《日本的古學及陽明學》，一九六二，頁一七五－一七八。

可知。

根據上述事實，則日本古學派，尤其是徂徠一系與清代經學確有淵源，但其事大抵皆在嘉慶以後，而尤以晚清為然。故謂仁齋、徂徠影響及於乾隆朝漢學之發展，則頗嫌不實。我曾細讀青木晦藏之長文，據他所徵引之仁齋與東原兩人在宇宙論及人生論各方面的議論，有些地方的確是如出一口，如果東原未嘗見仁齋《語孟字義》，我們便只能驚歎於東原「閉門造車，出門合轍」之巧了。不過，這種巧合，從比較思想史的觀點來看，也未嘗不能得到一種合理的解釋。

考十七世紀日本古學之興起，和明末清初之間中國儒學的動向在思想上具有相近之背景。仁齋徂徠之學初皆由程朱入手，而後來又轉過來批評程朱。「蠹生於木，還食其木」，與清初王船山、顏習齋以至此後之戴東原取徑頗相近。仁齋關於理氣之說，日本學者多謂其承自明末中國學者吳廷翰。廷翰字蘇原，明正德間（一五〇六～一五二一）進士，一五四三年著《吉齋漫錄》二卷，一五八七年刊行，仁齋即讀此書而開悟者也。吳廷翰其人其書，在中國久已不為人所知，但在日本甚受重視。《漫錄》中對仁齋影響最大的說法有如下數條：[6]

6 參看朱謙之，《日本的古學及陽明學》，頁二〇三－二〇六；今中寬司，《徂徠學の基礎的研究》，頁五〇〇。

何謂道？一陰一陽之謂道。何謂氣？一陰一陽之謂氣。然則陰陽何物乎？曰氣。然則何以謂之道？曰氣即道，道即氣，天地之初一氣而已矣，非為所謂道者別為一物，以並出乎其間也。氣之混淪，為天地萬物之祖，至尊而無上，至極而無以加，則謂之太極。及其分也，輕清者敷施而發散；重濁者翕聚而凝結，故謂之陰陽。陰陽既分，而兩儀四象，五行四時，萬化萬事皆由此出，故謂之道。[7] 道者以此氣之為天地人物所由以出而言也，非有二者也。然又以其變易則謂之易，生生之謂易是也。

理者氣得其理之名，非氣之外別有理也。[8]

今按：吳廷翰在十六世紀的中國並非一具有創造性的思想家；他此處關於道與氣、理與氣等等說法大抵皆取自同時理學家的議論。如王廷相（一四七四～一五四四）云：

天地之先，元氣而已矣。元氣之上無物，故元氣為道之本。[9]

---

7 引自青木晦藏前引文，《斯文》，第八編，第一號，頁二九。

8 此兩條引自朱謙之前引書，頁二九。

此即廷翰「道即氣，天地之初一氣而已矣」之說也。後來伊藤仁齋本之。在《語孟字義》中開宗明義便說：「蓋天地之間一元氣而已。」羅欽順（一四六五～一五四七）則云：

> 理果何物也哉？蓋通天地，亙古今，無非一氣而已。氣本一也，而一動一靜，一往一來，一闔一闢，一升一降，循環無已，積微而著，由著而微，為四時之溫涼寒暑，為萬物之生長收藏，為斯民之日用彝倫，為人事之成敗得失，千條萬緒，紛紜膠轕，而卒不可亂，有莫知其所以然而然，是即所謂理也；初非別有一物，依於氣而立，附於氣以行也。[10]

此即吳廷翰「非氣之外別有理」之說也。王廷相與羅欽順皆年輩略早於吳廷翰，而廷翰撰《吉齋漫錄》之年（一五四三）則適當王羅兩人之晚歲，其間或有思想上之淵源，亦未可知。

9 見《雅述》，收入《王廷相哲學選集》，中華書局，一九六五，上篇，頁八五。《吳廷翰集》現已有容肇祖點校本行世（北京，中華書局，一九八四）。他受王廷相的影響已獲得證實。參看卷首所刊容肇祖，〈吳廷翰的哲學思想概述〉一文。

10 見《明儒學案》（《四部備要》本），第九冊，卷四十七，頁三b－四a。

此後的中國思想界，意見逐漸接近羅欽順、王廷相一路。劉宗周最為明末理學大師，其言理氣亦與宋儒二元之論截然相反。他說：

盈天地間，一氣而已矣。有氣斯有數，有數斯有象，有象斯有名，有名斯有物，有物斯有性，有性斯有道。故道其後起也。而求道者輒求之未始有氣之先，以為道生氣，則道亦何物也，而遂能生氣乎？

又說：

理即是氣之理，斷然不在氣先，不在氣外。知此則知道心即人心之本心，義理之性即氣質之本性，千古支離之說可以盡掃。[11]

下逮清初，陳確、黃宗羲、王夫之、顏元、李塨持論均極相近，不必多事徵引。戴東原的思

11 均見《明儒學案》（《四部備要》本），第十二冊，卷六十二，頁九a—九b。

想即是此一歷史背景下之產物。東原與陳確、王夫之、顏、李等之肖似處，近人已多所摘發，然東原思想亦不必直接得之以上諸人也。

日本十七世紀古學派之興起，亦正具有同一背景。仁齋與徂徠之反程朱亦頗有與清初諸人暗合者。以徂徠為例，其重功利實用則儼然顏李也。徂徠言復古最重禮樂，言古學則限於《詩》、《書》、六藝，而言「物」更特拈出周官之鄉三物（六德六行六藝），皆與習齋如出一轍。[12]另一方面，他在主張返之六經以求古代道之真相時，立說又酷似顧炎武以來「經學即理學」之說。他在《辨名》一書中說：

> 欲求聖人之道者，必求諸六經以識其物，求諸秦漢以前書以識其名，名與物不外，而後聖人之道可得而言焉已。[13]

這種說法幾乎與乾隆時代的訓詁明然後義理明之論全相一致了。再傳至太宰春臺（一六八〇～一七四七），反宋情緒之激烈遂與同時之惠棟相埒。春臺曰：

12 參看朱謙之，前引書，頁一五三—一六五。

13 引自朱謙之，前引書，頁一四五。

宋儒之厄斯道，大于秦火萬萬，吾儕為仲尼之徒者，得不疾而惡之哉！[14]

而惠棟則云：

棟則以為宋儒之禍，甚於秦灰。[15]

凡此之類皆因雙方所根據之文獻相同，所面臨之學術問題相近，所處之思想史的階段相似，而儒學在中國本土之發展又復時時波及日本，故言思之間不覺密合至此。我們固不必致疑於中日個別思想家之間，彼此有任何剿襲之事也。

伊藤仁齋與戴東原在思想上的不謀而同，正可以從日本古學和清代儒學在歷史地位上具有共同性這一點上去求得解答。青木晦藏指出清學與日本古學之興起有兩個共同的原因：遠因是儒學內部的兩大流派彼起此伏。所謂兩大流派者即是孔子的博學於文之教與性與天道之論。前者青木氏稱之為「經驗派」，後者則稱之為「理性派」。此二派皆源出孔氏，但在後世

14 引自同上書，頁一九四。

15 李集，《鶴徵錄》（漾葭老屋本），卷三，頁十二b。

則分途發展。宋明理學是「理性派」的全盛期，然盛極必衰，此下便轉入了「經驗派」的時代。此在清代遂有經學考證之出現，而在德川時代之日本（一六〇〇～一八六八）則為復古學派之興起。近因則同為對宋明理學之反動，要以孔孟之真義來掃除宋明以來挾雜著釋老之見的儒學。青木氏這遠近兩因，其實是密切相關的。de Bary 教授論中日近世儒學的共同趨向，則以日本古學派之三大師（仁齋徂徠之外，尚有稍早之山鹿素行，一六二二～一六八五）同具兩大特色，即復古論 (revivalism) 與返本論 (fundamentalism)。前者是指回到未經釋老竄亂的古代儒學，後者是指孔、孟的基本教義。[16]不用說，這兩個特色也恰是清代儒學所具有的。「以程朱之旨還之程朱，以六經孔孟之旨還之六經孔孟」，即所謂「復古」也；東原《孟子字義疏證》於原始儒家之基本觀念如理、天道、性、才、道、仁、義、理、智、誠、權等一一加以分疏，即所謂「返本」也。

從我們所持的清代儒學發展史之內在理路言之，日本古學亦有從「尊德性」轉入「道問學」的意味。故青木氏所借用的西方「經驗論」與「理性論」兩辭，如果易為儒家本有之名稱則更為適合。「經驗論」相當於「道問學」，因其所重者在「博學於文」；「理性論」相當

16 見前引文，*Confucianism in Action*, p. 46.

於「尊德性」，因其所重之「性與天道」屬於德性之知之範圍也。在這一總趨勢之下，日本古學家議論之足與東原相闡發者決不止仁齋一人。徂徠之說，前已略舉之，茲再引山鹿素行為證。山鹿素行說道：

到程子發明一個敬字，是聖學之蔽塞切迫，而不致知之失也。[17]

他又說：

伊川曰：「入道莫如敬，未有能致知而不在敬。」是皆持敬之說，而朱子以為程子所以有功於後學者，最是敬之一字。自是後學相續而唱和，聖學之徒悉陷迫切急卒也。[18]

這正是東原批評程朱「詳於論敬，而略於論學」之意。東原臨卒前數月嘗說：

17《山鹿語類》，收入《日本倫理匯編》，第四冊，明治三十五年，卷三十三，頁一四六。

18《山鹿語類》，收入《日本倫理匯編》，第四冊，明治三十五年，卷三十三，頁一六一。

> 後儒以理欲相對，實雜老氏無欲之說，其視理欲也，僅僅為邪正之別；其言存理也，又僅僅為敬肆之別，不知必敬必正而理猶未得。[19]

尤可見東原對程朱所鄭重提出的「敬」之一字之態度。「涵養須用敬，進學則在致知」，此為程朱扶翼儒學之兩輪，今東原素行棄其主敬之說而皆不廢「致知」，此亦可以覘中日儒學之動向也。素行又說：

> 程朱窮理之說，其重在理之一字。言天地間雖事物之萬差，索其本，則一理而為分殊。……理雖散在萬物，而其用之微妙，實不外乎一人之心，是理之極處未嘗不通之謂。而其窮究底者，以類推之，積習久而一旦豁然，是程朱格物窮理之極也，其說於《章句或問》盡之。愚謂天地萬物，其形像因陰陽五行，其本一，而既為天地，既為萬物，則不可以一理論之。聖人既曰格物，則以窮理不可易之。窮理之字出《大傳》；凡窮理者，窮盡其條理也。[20]

19 丁酉正月十四日與段玉裁書，見劉盼遂，《段玉裁先生年譜》（香港崇文書店影印本），一九七一，頁二七。

今按：東原著《孟子字義疏證》，極不取「理一分殊」之說。其言略曰：

宋儒亦知就事物求理也，特因先入於釋氏，轉其所指為神識者以指理，故視理「如有物焉」，不徒曰「事物之理」，而曰「理散在事物」。事物之理，必就事物剖析至微而後理得；理散在事物，於是冥心求理，謂「一本萬殊」，謂「放之則彌六合，卷之則退藏於密」，實從釋氏所云「徧見俱該法界，收攝在一微塵」者比類得之。[21]

則東原批判程朱之「窮理」又與素行符同。此處所謂「事物之理，必就事物剖析至微而後理得」者，即《疏證》開卷所說理為「條理」之義，而尤與素行「凡窮理者，窮盡其條理」之語，如出一口焉。

伊藤仁齋之成學經過更可以說明日本古學之發展亦有「經學即理學」的一番轉折。仁齋自述道：

20《山鹿語類》，收入《日本倫理匯編》，第四冊，明治三十五年，卷三十三，頁一五三—一五四。

21《孟子字義疏證・卷下・權》，頁五四。

> 余十六、七歲時讀朱子《四書》，竊以為是訓詁之學，非聖門德行之學，然家無他書，《語錄》、《或問》、《近思錄》、《性理大全》等，尊信珍重，熟思體翫，積以歲月，漸得其肯綮。二十七歲時著《太極論》，二十八、九歲時著《性善論》，後又著《心學原論》，備述危微精一之旨，自以為深得其底蘊，而發宋儒之所未發。然竊不安。又求之於陽明近溪等書，雖有合於心，益不能安，或合或離，或從或違，不知其幾回。於是悉廢《語錄》註腳，直求之於《語孟》二書，寤寐以求，跬步以思，從容體驗，有以自定，醇如也。於是知余前所著諸論皆與孔、孟背馳，反與佛老相鄰。[22]

據此則仁齋最初亦出入程、朱、陸、王之間，而終覺其近於老、釋，心不自安，乃折而返之《論語》《孟子》。宋明理學之折入清代經學考證，其內在線索之一即是程、朱與陸、王兩派因義理互爭不下，最後遂不得不回到經典原文，以求真是之所在。羅欽順認為義理的是非須「取證於經書」已開清代「經學即理學」之門。此下明末焦竑（一五四〇～一六二〇）及清初萬斯同（一六三八～一七〇二）也都具此傾向。[23]今觀仁齋之成學，其中即經過一個程、朱

---

22 《同志會筆記》，轉引自青木晦藏之文，《斯文》，第八編，第一號，頁二六。按：青木所引為日文，此處曾參照朱謙之前引書，頁六二－六三，所引之漢文本，唯末句略有異同。

與陸、王兩派互相衝突之階段，然後始歸宿於經典本文，是不啻為明、清儒學發展之一縮影也。仁齋因與陽明之學有過一番奮鬥，故知識主義的意味較為顯著。他曾說：

王陽明亦以見聞學知為意見，以良知良能為真知。其以良知為真知，似矣，然以見聞學知為意見者，亦猶佛氏之見也。[24]

仁齋不廢良知之說，然其特提「見聞學知」，則正是糾彈王學末流之歧德性之知與聞見之知為二，而復輕視聞見也。劉宗周在《論語學案》中解「多聞擇善，多見而識」章，便與仁齋此節之命意極相近似。

仁齋全部理論中最與東原相契合者，在其言理、言道、言性諸條。《語孟字義》卷上云：

故知天地之間，只是此一元氣而已矣。可見非有理而後生斯氣。所謂理者只是氣中之

23 見余英時，〈從宋明儒學的發展論清代思想史〉，《中國學人》，第二期（一九七〇年九月），頁十九—四一。本文現已收入本書外篇，頁四二五—四七二。

24 青木文所引，同上，頁二七。

條理而已。[25]

同書又云：

道字本活字，所以形容其生生化化之妙也；若理字本死字，從玉理聲，謂玉石之文理，可以形容事物之條理，而不足以形容天地生生化化之妙也。[26]

訓「理」為「條理」，東原持之甚力。《緒言》卷上云：

問：理之名起於條理歟？曰：凡物之質，皆有文理，粲然昭著曰文，循而分之，端緒不亂曰理。故理又訓分，而言治亦通曰理。理字偏旁從玉，玉之文理也。蓋氣初生物，順而融之以成質，莫不具有分理，則有條而不紊，是以謂之條理。……理字之本訓如是。因而推之，舉凡天地、人物、事為、虛以明夫不易之則曰理。[27]

25 《日本倫理匯編》，第五冊，頁十二。

26 《日本倫理匯編》，頁二二。

東原論道則曰：

大致在天地則氣化流行，生生不息，是謂道；在人物則人倫日用，凡生生所有事，亦如氣化之不可已，是謂道。[28]

此等處，仁齋與東原所見全同，即遣詞用證亦無大異。無怪乎青木晦藏要疑心東原或嘗見及《語孟字義》了。然東原之先，顏元李塨亦已發理是條理之說。顏元曰：

理者，木中紋理也，其中原有條理。故諺云，順條順理。[29]

李塨則曰：

27《孟子字義疏證》，頁八四。

28《緒言》，卷上，收入《孟子字義疏證》，頁七九。

29《四書正誤・卷六・孟子下》（四存學會校刊本），頁十四b。

《中庸》文理與孟子條理同。這道秩然有條，猶玉有脈理，亦虛字也。[30]

此又是梁啟超與胡適堅謂東原思想淵源自顏李的根據。[31] 其實東原既主由詞通道，由訓詁通義理，則「理」字之初訓當為玉之紋理以至條理，在東原的思想系統中可以說是必至的結論。東原閉門造車而出門竟能合轍者，蓋因十七八世紀的儒家思想史正進入一個新的「車同軌」的階段也。

仁齋論性曰：

先儒用復性復初等語，亦皆出於莊子。蓋老子之意以謂萬物皆生於無。故人之性也，其初真而靜。形既生矣，而欲動情勝，眾惡交攻，故其道專主滅欲以復性。此復性復初等語所由而起也。儒者之學則不然。人之有四端也，猶其有四體，苟有養之，則猶火燃泉達，不能自已，足以成仁義禮智之德而保四海。故曰：苟得其養，無物不長；

30 《論語傳注問・學而一》（四存學會校刊本），頁二b。

31 見梁啟超，〈戴東原哲學〉，收入《近代中國學術論叢》，香港崇文書店，一九七三，頁一九四—一九五。及胡適，《戴東原的哲學》，頁二二—二六。

苟失其養，無物不消，初無滅欲復性之說。老莊之學與儒者之學固有生死水火之別，其源實判於此。[32]

繼此仁齋復進一步從「擴充」言性，其言曰：

四端者，吾心之固有，而仁義禮智，天下之大德也。四端之心雖微，然擴而充之，則能成仁義禮智之德，而足以保四海。……孟子嘗言，人皆有所不忍，達之於其所忍，仁也。人皆有所不為，達之於其所為，義也，所謂達者即擴充之謂，而擴充，學問之事也。[33]

此一番議論與東原所見尤為絲絲入扣，東原亦最不契於宋儒「復其初」之說，他指出：

宋儒……見於古聖賢之論學，與老莊釋氏之廢學，截然殊致，因謂「理為形氣所污壞，

32《語孟字義》，卷上，頁三五—三六。

33 轉引自青木之文，《斯文》，第八編，第二號，頁四一。

> 故學焉以復其初」。「復其初」之云，見莊周書。[34]

是東原與仁齋同認為「復其初」之語出於莊子也。東原正面提出他自己關於「性」的見解如下：

> 試以人之形體與人之德性比而論之，形體始乎幼小，終乎長大；德性始乎蒙昧，終乎聖智。其形體之長大也，資於飲食之養，乃長日加益，非「復其初」；德性資於學問，進而聖智，非「復其初」明矣。人物以類區分，而人之所稟受，其氣清明，異於禽獸之不可開通。然人與人較，其材質等差凡幾？古賢聖知人之材質有等差，是以重問學，貴擴充。[35]

則東原謂德性必待學問以擴充之，又全同於仁齋，唯下語似更為透徹明快耳。今僅就東原與仁齋兩家之說比觀之，誠令人懷疑東原或嘗有取於仁齋之緒論。但若進而一考清初學者關於

34《孟子字義疏證》，卷上，頁十三。

35同上，頁十五。

同類問題之看法，則我們實可說兩家之言乃儒學由「尊德性」轉入「道問學」後所必有的一個內在的發展。反對宋儒滅欲復性之論，陳確（一六〇四～一六七七）已先發之於〈無欲作聖辨〉一文。[36] 論孟子之性善乃於「擴充盡才後見之」，亦陳確《性解》上篇中之主要見解。[37]《性解》下篇復明言「物之成以氣，人之成以學」。[38] 此尤與仁齋東原重問學貴擴充之意不殊。而王夫之言「性」，持「日生日成」之論，且云：「然則飲食起居，見聞言動，所以斟酌飽滿於健順五常之正者，奚不日以成性之善……哉！」[39] 斯說也，豈非與上述三家之觀點又無以別乎？

從此點更引而申之，則宋儒所提出的「義理之性」與「氣質之性」的分別遂亦不得不遭受排斥。仁齋即本其「性」之發展觀來否定宋儒之二元論，並謂人僅有氣質之性，所謂本然（即義理）之性即存於氣質之中者也。[40] 徂徠在這一方面的見解亦與仁齋全相一致。[41] 在中國方

---

36 見《陳確哲學選集》，一九五九，頁七九。

37 同上，頁六九。

38 同上，頁七〇。

39《尚書引義・卷三・太甲二》，中華書局，一九六二，頁五七。

40 參看岩橋遵成，《徂徠研究》，東京，一九六九，頁六八－六九。

面，不僅東原如此主張，劉宗周、陳確、黃宗羲、顏元、王夫之亦無不如此說。其中除劉陳黃三家有傳授淵源外，其餘諸人皆獨立發明斯旨，斷非有所剿襲也。陳確年輩長於伊藤仁齋，其《〈大學〉辨》一文謂「《大學》首章非聖經，其傳十章非賢傳」，在清初嘗激起學術界極大之波瀾。而仁齋亦嘗列舉十證，作〈《大學》非孔子之道辨〉，附於《語孟字義》之卷末。然仁齋亦斷非聞陳乾初之風而起者。近世中日儒學史上此類平行發展之現象，遽數之不能終其物，然皆未可單從時間先後斷定其間必有淵源影響之事也。

仁齋的「一元氣」說，日本人多謂其得之明代吳廷翰的啟發，現在今中寬司則謂山縣周南（一六八七～一七五二）之否定論已成定說。其實這件事否認起來比較不易。[42]而承認了也無損於仁齋在儒學史上的地位。最初，青木晦藏指出東原可能受到仁齋《語孟字義》的影響時，其下語尚頗謹慎，且未嘗牽連及於徂徠，而今中寬司據青木之文加以發揮，特別強調仁齋的「一元氣」說與徂徠的「氣質」說是近世中國經學史上劃時代的思想。又謂東原的經學與徂徠學頗類似，但徂徠之時代早於東原約五十年云。[43]此種說法殊足引起誤會。未寓目青木

41 見朱謙之前引書，頁一四八－一四九。

42 參看朱謙之前引書，頁三〇－三一。

43 見《徂徠學の基礎的研究》，頁四九九。

氏之原著者或將以為東原義理襲自仁齋，考證取途徂徠，則東原受誣不亦過甚乎？東原身後因《水經注》一案，屢招謗議。胡適之先生晚年曾全力為之昭雪，惜未及勒成專書，故其事迄今尚未能大白於世。後之學者，倘據今中寬司之論，再加推衍，則東原生平治學無論義理、考證將皆不免蒙盜竊之名矣。余故略舉日本古學興起前後吾國儒者議論足與彼邦諸大師相闡發者，以見雙方學術動向之一斑。蓋東原言義理雖多深造自得之語，然亦有本土思想史上之運會為之暗中主持，而為當身者所不自知。《孟子字義疏證》之肖似《語孟字義》，自比較思想史之觀點言之，殆亦未足深異也。

三、章實齋與柯靈烏的歷史思想

——中西歷史哲學的一點比較

引　言

「歷史哲學」一詞在中國已流行了幾十年之久，但一般智識界對它的了解似乎還是很模糊。中國談這門學問的人主要都是受了黑格爾那部《歷史哲學》(*Philosophy of History*) 的影響，他如馬克斯、斯賓格勒等也都是黑氏一派的後起之秀。這一類的歷史哲學的最大特色在於強調歷史上這樣或那樣現象的重要性，並依之而建立一整套哲學系統，以解釋全部歷史過程。這種歷史哲學自亦有其價值，但是中國人對它的推崇卻似乎超過了它本身應有的限度。過分強調史學的哲學性最後必然使史學流於空疏，失去任何客觀的標準。於是哲學家就可以把歷史家看作他的僕役，而歷史家的任務也就限於如何為哲學家提供「建造系統」的材料了！

把歷史哲學推展到這一步田地，它對於人類知識的增加，不但沒有幫助，而且還極端有害，這是喜歡說「歷史哲學」的人所不能沒有的警覺。

在本文中我所要涉及的「歷史哲學」與黑格爾一派的說法與涵義都全不相同。這裡所謂的「歷史哲學」或「歷史思想」乃是最近數十年來英、美若干哲學家所開闢的一條新途徑。我說「新」，並不表示其中所討論的問題從未經前人道過；相反地，用歷史眼光來看，中西史家早在兩千年前便都已零星地接觸到此中所涉及的問題的某些方面。柯靈烏的《歷史之觀念》(*The Idea of History*) 一書即追溯這一路思想的遠源至希臘的史家如 Herodotus 及 Thucydides，而我在下面討論中國歷史思想時也把時間上推至孔子。凡此皆足說明，這門學問本身雖尚待我們繼續探求，但所探求的問題卻不必全是新穎的。

我這篇文字是比較章實齋與柯靈烏的歷史思想，其中所涉及的問題僅是新興的歷史哲學中很小的一部分。為了使讀者對此一知識領域的全貌略有所窺起見，我願意極簡要地說一說歷史哲學的最近發展。英、美的哲學家現在已將歷史哲學分為兩個主要派別，一是黑格爾一系的「玄想的歷史哲學」(Speculative philosophy of history)；另一則是由英、美經驗論一派哲學中所發展出來的「批評的歷史哲學」(Critical philosophy of history)。就玄想派而言，往前追溯我們可以提到聖奧古斯汀 (St. Augustine)，在近代我們亦當先注意康德與赫德爾 (Herder)，黑格爾以下則馬克斯、斯賓格勒為後起健者，至於當代則以湯因比(Toynbee)為最顯著之代表。中國的讀者頗震於湯氏的淵博，並從他《歷史之研究》中所包括的史料之豐富而斷定他為注重經驗的歷史科學家，以為與黑氏路數不同。其實這完全是一種的誤會。湯氏確是一位不折不扣的玄想派歷史哲學家。他與其他同路哲人不同之處最主要是在於他比別人用力較勤，肯花工夫尋找更多的史料以填入他的歷史哲學系統之中。我們祇要一讀他自己敘述他預定撰書計劃之經過的短文，即可了然他是如何先玄想了一套理論架子，然後再動手找材料的。[1]所以西方一般歷史家與哲學家對《歷史之研究》的批評是：作為歷史著作，它的取證仍嫌貧乏，但作為哲學系統，又似累贅而不稱。當然，這不是說湯氏與黑格爾、斯賓格勒等一點分別都沒有；若進一步加以分別，我們固不妨說黑氏是「哲學為體，歷史為用」，斯氏是較含文學色彩，而湯氏則史學氣息稍濃。[2]但通體而論，他們卻無疑都屬於玄想派的陣營。玄想的歷史哲

1 關於湯因比的自敘及近人對其《歷史之研究》一書的批評可參看一九五六年出版的 *Toynbee and History*。此書係由 M. F. Ashlcy Montagu 編集而成，其中收集了湯氏自敘及答辯文字三篇，各家批評論文三十篇，實為研究歷史哲學及湯因比的人所不可不讀之書。

2 我這種說法雖不免有些武斷，但也不全是無根之談。黑格爾之以哲學涵蓋歷史已為世人所熟知，無待詳說。斯氏之作品具文學氣質可自其在一九二二年修正版的《西方之沒落》序言中得一證

學發展到湯因比也許已達登峰造極之境。目前歷史哲學界似乎已漸漸厭棄這種路數，向這一方面用心的人也日少一日。至少，我們暫時還看不出這一路歷史哲學可能有什麼更高的發展。

另一方面，批評的歷史哲學卻顯然方興未艾。這一派歷史哲學據近人的意見，在英國方面首當推布萊德勒 (Bradley) 在一八七四年所發表的一篇論文——The Presupposition of Critical History——為發難之作。[3] 此後則德國的狄而塞 (Dilthey)，意大利的克羅齊 (Croce) 等均對這門學問有所貢獻。這一派歷史哲學又可分為兩支：一是狄而塞、克羅齊、竇克紹（M. J. Oakeshott 著 *Experience and Its Modes*, 1933）以及柯靈烏等所代表的理想主義，另一則是最

明，在該序言中他特別說明歌德與尼采對他的影響；他說：「歌德給予我方法，尼采給予我提出問題的能力」。吾人若縱讀斯氏全書，當不難深感其具有一種文學性的啟發力量。至於湯因比之《歷史之研究》，西方學者都承認他在方法上是嚴格的經驗派的 (strictly empirical)。讀者可參看 W. H. Walsh, *An Introduction to Philosophy of History*, 1951, pp. 164–168. 儘管美國 Edward Fiess 曾說過湯因比是以詩人的情懷來寫《歷史之研究》的，而湯氏自己也頗欣賞 Fiess 的說法，但一般而論，我倒覺得這項評語轉贈給斯賓格勒更為適當。（見 Fiess 所寫 "Toynbee as a Poet"，原載 *Journal of the History of Ideas*, vol. 16, 1955, pp. 275–280，此文又收在 *Toynbee and History* 中，pp. 378–384）

3 參看柯靈烏的 *The Idea of History*, pp. 238–239，及 W. H. Walsh 同書 pp. 106–107、169。

近的哲學家如 C. G. Hempel, M. White, K. R. Popper, P. Gardiner, William H. Dray 等所從事的語言分析或一般性的歷史知識的檢討。批評派歷史哲學不同於玄想的歷史哲學之處最根本的在於前者所注重的乃在於歷史知識之成立如何可能，換言之，即我們怎樣才能確定過去所發生過的事實為真實不虛，而後者則注重歷史事件之本身在整個發展過程中具有何種意義，並如何能解釋全部歷史進程為一必然之歸趨。在兩派哲學中「解釋」雖同樣存在，但卻具有極大的差異，不可不辨。玄想派的「解釋」一詞我以為在英文中是 interpretation，而批評派則當是 explanation。[4] Explanation（亦可譯作「解說」或「說明」）的作用是將許多孤立的史實的真正關係尋找出來，使歷史事件成為可以理解的。這種解釋乃是歷史事實的一部分，決不容分割。離開了這種解釋則歷史學便根本不能成立，而史籍也祇能流為一種流水帳了。Interpretation 則是人所加予歷史事實的一種主觀看法，如黑格爾在歷史上看出了「世界精神」、「理性」、「自由」等是也。這種解釋很難說有什麼客觀性，因之也是因人而異的。有些

4 關於歷史的解釋，可參看 Patrick Gardiner, *The Nature of Historical Explanation*, Oxford, 1952; William Dray, *Laws and Explanation in History*, Oxford, 1957. 又 Patrick Gardiner 所編 *Theories of History*, The Free Press, 1959，收有關於 explanation 之論文多篇，可資參考。見 Part II, pp. 344–475。

人往往不清楚「解釋」有這兩種區別，以致以為史事之考訂及整理與「解釋」可以分為兩事。說這種話的人，其本意極可能是指 interpretation 而言，但顯然會引起嚴重的誤解。

一般地說，批評派歷史哲學尚未發展至成熟的階段，到目前為止，除了柯靈烏這本書外，討論全部批評派歷史哲學中種種問題的著作尚不多見。從討論這一方面文獻來看，它的範圍包括史學與其他學問的關係、歷史的真理與事實、歷史學的客觀性，以及歷史的解釋 (explanation) 等問題。[5] 本文不能對這些問題的內容加以討論，甚至連略一提及都不可能。我感覺中國史學界對這一方面還相當隔膜，而這一方面的發展也的確需要充分的介紹，但這祇有等以後有機會再談了。以上所說的最近歷史哲學的發展趨勢，僅僅是為了給下文作引子而寫的，使讀者對於正文所討論的問題在目前歷史哲學中的位置有一初步的了解。由於中國過去所謂的「歷史哲學」祇是指著玄想派的哲學而言，此一引言尤為必要；不然讀者必然會責難我所討論的問題根本就不屬於「歷史哲學」的範圍了！

本文名為比較章實齋與柯靈烏的歷史思想，實則有些處不免要涉及中國史學中之其他重

5 比較簡略地討論到最新歷史哲學的若干方面的著作，除 W. H. Walsh 的《歷史哲學概論》外，尚有 William H. Dray, *Philosophy of History*, Prentice-Hall, 1964 和 Morton White, *Foundations of Historical Knowledge*, New York, 1965。

要問題。故也可以說是從柯靈烏的觀點來檢討中國傳統的歷史哲學。但由於篇幅所限，所論皆極為簡略，疏漏是不可避免的。關於柯靈烏之歷史哲學，讀者最好讀其原書。我曾撰〈一個人文主義的歷史觀〉一文，刊於《祖國》周刊十四卷十期，介紹柯氏之歷史哲學，讀者亦可參考。

一九五七、四、五、於美國劍橋旅次

按：自一九五七年以來批評的歷史哲學已成為一時之顯學，著作至多。最重要的是一九六一年創刊的 *History and Theory:Studies in the Philosophy of History* 學報。又柯靈烏的歷史哲學著作，現又增一種，即 William Debbins 所編 *Essays in the Philosophy of History*, Texas, 1965。

一九七五、三、廿、英時重訂於香港

中國史學史具有兩個最大的特點：一是源遠流長，一是史學傳統一脈相承，不因政治社會的遷變而中斷。中國是一個注重歷史的民族；撇開以後歷代官修史書的傳統不說，春秋以前便早已有了史官的制度。但就歷史之成為一門學問而言，我們祇能從孔子修《春秋》說起。孔子修《春秋》一方面開私人修史的先河，另一方面也為中國史學奠定了基礎。故其後司馬遷著《史記》也以上承孔子《春秋》自許。孔子以降史才輩出，不勝枚舉。但是我們的史學儘管發達，而歷史哲學的園地卻十分荒蕪。嚴格地說，我們缺乏玄想的歷史哲學，西漢公羊派的歷史觀也和西方式的玄想不同。倘以歷史理論專家而言，則劉知幾與章學誠可為代表人物。劉氏的《史通》和章氏的《文史通義》同被國人推為評史的傑作。若更進一步分析，則《史通》所討論的問題僅限於史籍的各種體裁，如紀傳、編年之類的利害之得失以及歷史方法論等等，至於對史學本身及其有關各方面作有系統的哲學性的思考，則兩千餘年來，我們祇能舉出章學誠一人，而《文史通義》一書也是唯一的歷史哲學的專著。[6]

另一方面，我們也必須指出，中國儘管缺乏嚴格意義上的歷史哲學，卻並不必然表示歷史哲學在劉知幾或章學誠以前根本便不存在。相反地，歷史哲學的歷史與史學本身同其古老，

6 說實在的，劉知幾決非章實齋之比。吾人試將《文史通義》與《史通》加以對照，即可了解前者之博大精深處。前者貫通了全部中國學術史，而後者所觸及的問題始終未能邁出撰史體裁的範疇。章實齋自己也曾說：「吾於史學蓋有天授。自信發凡起例，多為後世開山，而人乃擬吾於劉知幾，不知劉言史法，吾言史意。劉議館局纂修，吾議一家著述，截然兩途，不相入也。」（《章氏遺書・卷九・家書二》，商務印書館排印本，一九三六）又說：「鄭樵有史識而未有史學，曾鞏具史學而不具史法，劉知幾得史法而不得史意，此予《文史通義》所為作也。」（《章氏遺書・外編卷十六・和州志》）章氏所謂「史意」細按之則正是西方批評派的歷史哲學。我之尊他為中國二千年來唯一的歷史哲學家，正以此故。

自有歷史的著作便存在了歷史哲學。《春秋》以下的史籍中均多少包含了某些歷史思想。不過這些零零碎碎的思想直到劉知幾，或者更確切地說，直到章學誠時才獲得有意識的檢討與系統化罷了！就這種意義說，章氏歷史哲學的重要性不僅在於它表現了章氏個人思想的天才卓越，而尤在於它匯集了以往許多零星的歷史觀念，因而構成了一套較有系統的中國歷史哲學。

本文的目的並不是對章氏的歷史哲學作全面的檢討，而祇是將章氏哲學中可以與柯靈烏的觀點相對照的部分加以剔出，並略作分析和比較，以使《文史通義》一書中某些觀念因此而益為明晰。

㈠中國史學中的人文傳統

柯靈烏曾指出歷史學具有四大特徵，其中最後一個是：

> 歷史是人為了求自知而有的學問。……因此它的價值也就在於指示我們：人曾經做了什麼並因而顯出人究竟是什麼。[7]

7 Collingwood, op. cit, p. 10.

同時他於駁斥了人性的科學可以用類似自然科學的方法建立起來的說法之後，更進一步地指出：

> 我所要爭論的是：人性科學 (Science of human nature) 所做的工作實際上已由，而且也祇能由歷史學完成之；歷史學即是研究人性的科學，同時洛克 (Locke) 也是正確的，(不論他自己對他所說的話了解得多麼少) 當他說研究人性的正當方法乃是歷史的、平常的方法的時候。[8]

這裡我們接觸到了歷史的功能的問題。我們已很清楚地看到柯氏強調歷史是一種重人之學。因它是重人的，所以它所應當記載的乃是人類的言行，而非神的活動，亦非自然的現象。換言之，神話必須摒除於歷史學的範圍以外，而歷史的過程與自然的過程二者之間的區別，亦必須加以劃分。舉例來說，中國顧頡剛氏所倡導的《古史辯》派，儘管討論有過激處，但在中國近代史學的科學化歷程中卻曾起著推進的作用。此一推進的作用，質言之，即將古史

8 Ibid., p. 209.

中的神話成分摒除於歷史範圍之外，使人們認清，後代傳說的古史是如何「累層地造成的」。如此種神話性的古史，柯靈烏稱之為 Theocratic history。如古巴比倫的創世紀詩（Poem on the Creation，約成於紀元前七世紀），又如 *Hebrew Scriptures* 中所敘述的宇宙萬物以及人類的起源，與中國盤古開天闢地之說在本質上正復不殊，同非現代歷史家所能信據。再就自然過程 (natural process) 與歷史過程 (historical process) 的區別說，中西史學史上亦同具有有趣的例證。就中國現存的古史說，自《春秋》、《史記》以降都保存了許多關於天象的記載如日蝕月蝕之類。班孟堅作《漢書》復專立〈五行志〉以記載此類變異的自然現象，（班氏之先劉向已有是作，但其書不傳，班氏〈五行志〉蓋承劉作而來。）並附會其與人事之間的因果關係。此自柯靈烏的觀點言之，即為自然過程與歷史過程混而不分的結果。在西洋史學史上，我們也同樣找到此種混自然過程於歷史過程之中的階段。蓋中古時代，編年史家都喜記載月蝕、隕星、以及其他各種變異。他們不僅記載這類現象，而且也和中國的史家一樣，把它們和人間的災難如戰爭、瘟疫、水災、旱災……等連繫起來，中、西史學史上這一點相同之處也許並不完全是出於偶然。因為我們知道，這種歷史觀是有其思想根源的，那便是占星學 (Astrology)，亦即相信天體的運動可以影響人事的變化。漢代董仲舒的天人相應的災異論，一部分便是承襲了古代占星學的結果。災異論在漢代具有特殊重要的政治意義，大臣奏議每藉之立說。在西方，占星學至羅馬帝國時代亦與實際政治發生聯繫。羅馬諸帝自 Augustus, Tiberius 以降每相信占星之術，而占星術亦往往假天象以造謠或預言，故常與 Emperor 與 Senate 之間種種陰謀有密切關聯，此為稍知羅馬史者所熟悉的事實，毋待贅言。降至中古時代占星學與基督教中之神祕論相結合，於是自然災異均被解釋為上帝不樂之表現，此可說是一種神人相應論，與中國的天人相應論極其相似。我們由此可見，中、西史學都曾經受過占星學的影響，因而才同樣產生了天人相應的歷史哲學，自然過程與歷史過程之間的界線遂一度泯而難分。[9]

中國傳統史學中，儘管存在著上述的分不清歷史與自然的小毛病，但通體而論，它實具有極深厚的人文傳統，正如柯靈烏所說的，是人所以求自知的學問。這一人文傳統似乎可以孔子修《春秋》為其開始。孟子曾經告訴過我們《春秋》的性質，他說：

9 關於占星學的起源問題，至今仍未能獲得確定性的解答。歷史家僅知其起源極古，係 Chaldean 或埃及人所發明，希臘人初不知此術，及至亞力山大東征，始將之帶回西方，然後才逐漸流行於西方世界。中國占星學之起源尚未有人考出，吾人殊不能確定其究屬本土的抑是外來的。關於此問題，可看李漢三，《先秦兩漢之陰陽五行學說》，臺北，一九六七。

世衰道微，邪說暴行有作，臣弒其君者有之，子弒其父者有之。孔子懼，作《春秋》。《春秋》，天子之事也。是故孔子曰：知我者，其惟《春秋》乎？罪我者，其惟《春秋》乎？[10]

司馬遷亦嘗論及孔子寫《春秋》之動機，及其書之功用：

上大夫壺遂曰：昔孔子何為而作《春秋》哉？太史公曰：余聞董生曰，……夫《春秋》上明三王之道，下辨人事之紀，別嫌疑，明是非，定猶豫，善善、惡惡，賢賢、賤不肖，存亡國、繼絕世，補敝起廢，王道之大者也。[11]

從以上兩節論《春秋》的文字中，我們知道，孔子修《春秋》實是以人為中心的，質言之，即欲藉歷史以教人，而思於世道人心有所裨益。我們都知《春秋》寓褒貶之意，至少後人多如此相信，而褒貶之前提即人具有自由意志，故可以並必須對其自己的行為負責。承認

10 《孟子・滕文公下》。

11 《史記・卷一三〇》。

個人有意志自由乃是近代人文主義的歷史哲學中的重要一環，亦是否定各式各樣的歷史決定論 (historical determinism) 之基本論據之一。[12]孔子既對歷史人物加以褒貶，他的歷史觀則無疑是人文主義的。尤有進者，孔子復為中國人文思想的創始者，從來「不語怪、力、亂、神」，[13]因之我們自更不應懷疑他的歷史人文主義 (historical humanism) 了。至於《春秋》中所記載的日月蝕、地震等自然現象，我們認為孔子的本意祇是用之以警戒人君，並不涵神的力量直接干預人事之意，所以根本上不妨害他的歷史人文主義。清儒劉寶楠對此點有很好的解釋，其言曰：

> 至日食、地震、山崩之類皆是災變與怪不同，故《春秋》紀之獨詳，欲以深戒人君，當修德力政，不諱言之矣！[14]

---

12 章實齋也說：「至於史文有襃貶，《春秋》以來，未有易焉者也。」《章氏遺書・外篇卷十一・永清縣志六》。關於自由意志與決定論之討論，讀者可參看 Isaiah Berlin, *Historical Inevitability*, Oxford, 1954, pp. 25–27.

13 《論語・述而篇》。

14 劉寶楠，《論語正義》，卷八。

但是孔子的褒貶一方面固然承認了人的意志自由，另一方面卻又給中國傳統史學蒙上了一層倫理的色彩。近代中國的歷史家們頗攻擊這種倫理的色彩，以為有害於歷史的客觀性。我們覺得這種責難是需要重新加以考慮的。誠然，在近代科學歷史家中頗有人反對對歷史事件或人物加予道德性的評判 (moral judgement)，可是我們也不應忘記，直到今天，關於道德因素是否必須完全摒除於史學之外的問題仍在聚訟紛紜的階段。[15]因之，我們便不能對孔子曾用道德眼光看歷史一點單獨加以苛刻的責難。西方最早的史學家如 Herodotus 與 Thucydides 都具有歷史的道德意識，也就是說，對史事曾加以價值的判斷，然而西方學者仍然承認他們是偉大的歷史家。[16]若更進一步分析，孔子的褒貶的看法亦自有其遠源可尋。如齊之太史兄弟

15 近代西洋史學界關於 moral judgement 之爭論，以 Lord Acton 與 Mandell Creighton 二人對《宗教革命時代的教庭史》(*History of the Papacy During the Reformation*，此為 Creighton 之著作，由 Lord Acton 寫書評，於是爭端以起。) 辯難最為著名，也最具代表性。讀者可參看 Acton-Creighton Correspondence 載 Lord Acton: *Essays on Freedom and Power*, Meridian Book ed., 1955, pp. 328–345。至於最近歷史哲學家對此問題的討論則可讀 H. Butterfield, *History and Human Relations*, London,1951, pp.101–130 ("Moral Judgement in History") 及其 *The Whig Interpretation of History*, New York, 1951, pp. 107–132。又 Maurice Mandelbaum 在 *The Problem of Historical Knowledge*, New York, 1938, pp. 194–202 中亦有所討論。

因書「崔杼弒其君」，被殺者先後二人，而其弟猶書之。南史氏聞太史盡死，執簡以往，聞既書矣，乃還。[17]更著名的如董狐大書「趙盾弒其君，以示於朝」。[18]此種秉筆直書的精神，實即孔子褒貶之史法之所承。孔子自己就說過：「董狐古之良史也，書法不隱。」[19]我們由此可見，孔子雖為私家修史之第一人，但他並非褒貶史法的真正創始人，而是承繼了古代史官的成規。關於這一點，班孟堅《漢書》中曾為我們保存了一條最好的證據，其言曰：

> 周室既微，載籍殘缺，仲尼思存前聖之業。……以魯周公之國，禮文備物，史官有法，故與左丘明觀其史記，據行事，仍人道，因興以立功，敗以成罰，假日月以定歷數，藉朝聘以正禮樂，有所褒諱貶損。[20]

---

16 見 J. W. Thompson, *History of Historical Writing*, New York, 1942, vol. I, pp. 26, 32，Thompson 曾稱此二人為道德論者 (moralists)。

17 《左傳》，襄公二十五年條。

18 《左傳》，宣公二年條。

19 《左傳》，宣公二年條。

20 《漢書・藝文志》，《春秋》條下。

這裡特別值得我們注意的是「史官有法」一語，因為它點明了孔子史法之所出。下文「有所褒諱貶損」語正承「史官有法」而來。古代史官之制今已不可詳考，然就上引諸條言之，則秉筆直書，以保存史事之真相必為史官職責之一種，無可疑者。後人推尊孔子頗有過分處，遂以褒貶之法創自尼山，殊未得史跡之真也。我們既知褒貶之史法係由史官直筆一脈相承而來，不過隨時勢之不同而略一轉變，而直筆之本意正在於記載事實之真象，則《春秋》之書法——今人所謂以道德判斷加諸史事者——不但沒有歪曲，反而倒保存了歷史的客觀性。孔子因生值社會大變遷的時代，周代舊制正在解體之際，史官的優良傳統已很難持續下去，所以發憤以私人身分繼承史官的事業。孔子以前無私人撰史之事，故孟子說：「《春秋》天子之事也」。孔子修《春秋》，一方面希望別人瞭解他保存史官傳統的用心，另一方面卻又怕別人責備他不該無官守無言責而僭越史官的職權，故說：「知我者其惟《春秋》乎？罪我者其惟《春秋》乎？」[21]

21我們試想班固生在東漢的時代，尚且因被控「私改作國史」而繫獄（《後漢書・卷七十・本傳上》），孔子的「一則以喜，一則以懼」的心理就更不難理解了。我們說孔子之褒貶史法，上承古代史官成法而來，但並不意味古代史官皆能有極大之自由，盡如劉子玄所謂「昔董狐之書法也，以示於朝，南史之書弒也，執簡以往。」浦起龍釋曰：「謂古時良史秉直公朝」。（《史通通釋・

對中國史學之起源略加檢討之後，我們才可以進一步去瞭解章實齋對史學源流的見解。章氏認為史學之初祖不在《尚書》而在孔子的《春秋》，他先辨明《尚書》非後世之史學曰：

上古簡質，結繩未遠，文字肇興，書取足以達微隱，通形名而已矣。因事命篇，本無成法，不得如後史之方圓求備，拘於一定之名義者也。夫子敘而述之，取其疏通知遠，

忤時》）蓋史官雖有直筆之責，能忠於職守者畢竟不多，此孔子所以於董狐深致其讚嘆也。劉氏身列史館，因感於修史之不自由，（唐代如太宗之豁達猶不能放心近臣所記之起居注，其他可推想。）故而想慕古代史官之「秉直公朝」，實則非古代史官人人皆是南史、董狐也。又孔子之褒貶初意實在保存史事之真，與史官直筆，用心一貫，至於後人一意模倣《春秋》以致形成濃厚的倫理史觀，則非孔子所能負責，且早已為學者所批評矣！李宗侗《中國史學史》云：「宋人論史，常泥於《春秋》大義，歐陽修其代表也。所修《新唐書》及《新五代史記》，皆注重獎善懲惡，而忽於考證史實，沿至朱熹《通鑑綱目》，專以此為目的，然亦有人反對此種觀念。」（臺北，一九五三年，頁八八）又本文寫好後我又檢閱《胡適論學近著》中〈論春秋答錢玄同〉一文，胡先生有兩點意思應該寫在這裡作參考：一、他也認為董狐、齊史都在孔子之前，史官的權威已經成立了，孔子「竊取」了史官所已建立之義。二、《春秋》之使亂臣賊子懼，乃因它「敢說老實話，敢記真實事。」（頁五六五—五六六）

足以垂教矣。世儒不達，以謂史家之初祖實在《尚書》，固取後代一成之史法紛紛擬《書》者皆妄也。[22]

推章氏之意，蓋謂上古之所謂「史」祇是政府的官書，因而不足以成為學問。[23]根據這種認識再進一步發揮，他便獲得了《春秋》為史學之開山，孔子是中國第一個史學家的結論：

孟子曰：王者之迹息而《詩》亡，《詩》亡然後《春秋》作。蓋言王化之不行也。推原《春秋》之用也。不知周官之法廢而《書》亡，《書》亡而後《春秋》作，則言王章之不立也。可識《春秋》之體也。

他指出這是一種自然的歷史變遷：

22 章學誠，《文史通義・卷一・書教上》（萬有文庫本）。

23 《文史通義》開宗明義就說：「六經皆史也，古人不著書，古人未嘗離事而言理，六經皆先王之政典也。」（〈易教上〉）

六藝並立，《樂》亡而入於《詩》、《禮》，《書》亡而入於《春秋》，皆天時人事，不知其然而然也。[24]

我們在前面曾指出孔子修《春秋》曾承襲了古代史官的成法，現在章氏認為《春秋》之學（亦即史學）係從《尚書》變化而出，而《尚書》則正是史官所記之書；[25]由此可見肯定孔子以私人身分修史係繼承史官的統緒也是章氏史學理論中一個重要的環節。不過他更強調——非常正確地——從《尚書》到《春秋》為中國史學上一大躍進耳！自《尚書》至《春秋》一方面固為中國史學之一飛躍階段，另一方面也顯示出中國史學

24 均見〈書教上〉，這一類的話甚多，如「班氏董、賈二傳，則以《春秋》之學為《尚書》也。」自注云：「即《尚書》折入《春秋》之證也。」（〈書教中〉）又云：「《尚書》、《春秋》皆聖人之典也。《尚書》無定法而《春秋》有成例，故《書》之支裔折入《春秋》。」（〈書教下〉）

25 《尚書》為史官所記，古人言之者甚多，最著者如《漢書・藝文志》「左史記言，言為《尚書》。」王充《論衡》則云：「《尚書》者以為上古帝王之書，或以為上所為，下所書。」（卷二十八，〈正統〉篇）劉知幾亦引王肅言，謂為「上所言，下為史所書。」（《史通通釋・卷一・六家》）

精神之一脈相傳，綿延不斷。這一精神究竟是什麼呢？依我們的看法，就是前面已說過的歷史的人文主義。關於這一點我們可以從章實齋的話裡得到證明。章氏引孔子「疏通知遠」之義以解釋中國史學之精神，我們剛才已徵引過了。依章氏的意思，孔子僅取《尚書》中「疏通知遠」之義以垂教後世，但把歷史當一種專門學問來說，《尚書》本身卻夠不上作中國史學的初祖。

由於孔子取《尚書》「疏通知遠」之教奠定了中國歷史哲學的基礎，而此後的歷史家自司馬遷以降又多信奉而不衰，故我們實可以說，「疏通知遠」一語是中國歷史的人文主義的最扼要的說明。[26]唯此語太簡略，我們生當千載之下，已甚難確知其本意，不過後來司馬遷有幾句話卻大可以與此語相發明，他在〈報任安書〉中曾這樣說到他著《史記》的動機：

亦欲以究天人之際，通古今之變，成一家之言。[27]

26 「疏通知遠」之語源出《禮記・經訓》篇：「孔子曰：入其國，其教可知也。其為人也，……疏通知遠，《書》教也。故……《書》失之誣。疏通知遠而不誣，則深於《書》者也。」此雖似對人而言，實亦為普遍性之原理，未可過於拘泥求解也。

27 《漢書・卷六十二・司馬遷傳》。

我們覺得用「究天人之際，通古今之變」來註解「疏通知遠」似乎並不太牽強附會。司馬遷的話說得比較具體，用現代的話來說，他企圖對以往的歷史加以哲學性的反省，俾求得一種會通的瞭解。這種理想也就是後來鄭漁仲、章實齋以及近代中國史學家提倡通史的理論根據。但是這種理論儘管極為動人，卻也有它的危險性。因為抱著這種想法而撰史的人，如果不受嚴格的科學方法的限制，則很容易走上曲解史實以勉強求通的路子。這一弊病在西方近代史學上表現得最為明顯。黑格爾、馬克斯、以至斯賓格勒等人有關歷史哲學的著作——簡言之即玄想派的歷史哲學——便常常不惜有意歪曲或忽略史實以求合於他們的「一家之言」。[28]這種歪曲或忽略，如用中國古典名詞表達之，則為「誣妄」。所以孔子在「疏通知遠、《書》教也」一語之後，緊接著警告我們：「《書》失之誣，疏通知遠而不誣，則深於《書》者也。」

章實齋不僅承襲了此一傳統的人文史觀，而且還作了更進一步的發揮，故推尊歷史的人文精神達於極端，而歸之於「經世」。他一方面說歷史的意義在於能「綱紀天人，推明大道」、「通古今之變而成一家之言」。[29]另一方面則說：

28 這一類歪曲史實的例子甚多，讀者或已知之甚詳，毋待一一舉例。讀者如有興趣則不妨參看柯靈烏，*The Idea of History*, pp. 182–183 對 Spengler 曲解史實的指摘。

> 三代學術知有史而不知經，切人事也。後人貴經術，以其即三代之史耳！[30]……史學所以經世，固非空言著述也。且如六經同出於孔子，先儒以為其功莫大於《春秋》，正以切合當時人事耳！後之言著述者舍今而求古，舍人事而言性天，則吾不得而知之矣！學者不知斯義，不足言史學也。（又自註云：「整輯排比，謂之史纂；參互搜討，謂之史考；皆非史學。」）[31]

從「疏通知遠」的歷史哲學發展到史學經世論，這真是中國傳統的歷史人文主義的極境！柯靈烏謂 Thucydides「強調歷史具有人文目的及自我展示的功能」；[32]我們若以此語來形容中

---

29 《文史通義・卷五・答客問上》。

30 此實章氏「六經皆史」一語本意所在。近人或釋「六經皆史」之「史」為「史料」之義，殊失之，故於「六經皆史」之旨不能暢曉。看胡適、姚名達《章實齋年譜》，頁一三七—一三八，又金毓黻《中國史學史》（頁二二一—二二三）批評章氏「六經皆史」之論亦出於誤解。蓋章氏此處所用之「史」字，既不得解為史料，亦與史學無涉，讀者如能自章氏所謂「六經皆先王之政典」以及「三代學術知有史而不知有經，即人事也。」等處用心，則可以思過半矣！參看錢穆，《中國近三百年學術史》，上冊，頁三九〇—三九二。

31 《文史通義・卷五・浙東學術》。

國史學從孔子至章實齋這一悠久的人文傳統也是十分恰當的！

(二)史學中言與事之合一

柯靈烏的名言「一切歷史都是思想的歷史」(All history is the history of thought) 在中國傳統的史學，特別是章氏的歷史哲學中也可以找到相近的說法。柯靈烏認為任何歷史事件都有兩個方面，即內在的與外在的。他說：

> 我所謂事件之外在面，即該事件中一切可以用形體及其運動來加以說明之部分 (in terms of bodies and their movements)……，我所謂事件之內在面則為該事件中祇能用思想來加以說明之部分。……歷史家從不祇顧其中之一面而不管另一面。他所探求的並不僅是單純的「事」（按：即 events，原注云：「此所謂事即祇有外在而無內在面者」），而是行動 (Actions)，而行動則為事之外在與內在兩面之合一。[33]

32 Collingwood, *The Idea of History*, p. 19.

33 Ibid., p. 23.

在未討論章實齋的觀點以前，為了使問題獲得比較徹底的解決，我們仍須從中國史學的遠源談起。根據若干舊籍之記載，古代史官有所謂「左史」「右史」之分，比較通行的說法是「左史記言，右史記事，言為《尚書》，事為《春秋》」[34]，依照這種說法，中國在極古遠的時代即已有兩派史家，一記言（相當柯氏所謂思想或內在面），一記事（相當柯氏所謂單純的

34 關於左史右史之分的問題，古今學者討論者甚多，惟因與本文主旨關涉甚少，毋須詳加考辨。茲略述問題之源流於下：此說初見於《禮記・卷六・玉藻》：「動則左史書之，言則右史書之」，稍後《漢書・藝文志》在《春秋》條後則有下面的記載：「古之王者世有史官，君舉必書，所以慎言行，昭法式也。左史記言，右史記事，事為《春秋》，言為《尚書》。」若細按之，此二記載實互相衝突，蓋依前者則當為「左史記事，右史記言」也。故〈玉藻〉疏謂《漢書》之言「於傳記不合，其義非也。」此後如荀悅《申鑒》（〈時事〉篇）、劉氏《史通》（〈載言〉篇、〈史官建置〉篇）從後說，而劉勰《文心雕龍・史傳》篇則從前說。近代學者則多不信史官職掌之劃分能如是之清晰。參看傅振倫，《中國史學概要》，頁十九及李宗侗，《中國史學史》，頁七。金毓黻《中國史學史》第一章則採黃以周之說，是《漢書・藝文志》而非〈玉藻〉，並謂左史右史即內史大史，此又一說也。（頁七—九）但最近李宗侗在〈史官制度——附論對傳統之尊重〉一文中曾駁黃以周之說，可以參看。（見《臺灣大學文史哲學報》，第十四期，一九六五，十一月，頁一二六）

「事」或外在面），各不相涉。古代是否真有記言記事之分，就本文的題旨說，是無關重要的。值得我們注意的是，這一說法之出現至少已說明，在中國歷史哲學中歷史這一觀念曾一度分裂為二：柯氏所謂歷史事件之內在與外在面蓋未能合而為一整體。此種嚴格的分類本不可通，故劉知幾已謂《尚書》所載並不盡是記言之文：

> 蓋《書》之所主本於號令，所以宣王道之正義，發話言於臣下，故其所載皆典謨、訓誥、誓命之文。（釋：數語勒清記言）至於堯、舜二典，直序人事；〈禹貢〉一篇，唯言地理；〈洪範〉總述災祥，〈顧命〉都陳喪禮。茲亦為例不純者也。（釋：數語以《書》有兼及記事之文，摘出言之）[35]

但是真正能對此一問題作透闢深入之批評而自成新說者則是章實齋。章氏從其「六經皆史」，皆所以切人事而非個人之私言的觀點出發，認定言與事為不可分：

35《史通通釋・卷一・六家》。

記曰：右史記言，左史記動，其職不見於《周官》，其書不傳於後世，殆禮家之愆文歟？後儒不察，而以《尚書》分屬記言，《春秋》分屬記事，則失之甚也。夫《春秋》不能舍《傳》而空存其事目；則左氏所記之言不啻千萬矣！《尚書》典謨之篇，記事而言亦具焉；訓誥之篇，記言而事亦見焉。古人事見於言，言以為事，未嘗分事言為二物也。劉知幾以二典〈貢〉〈範〉諸篇之錯出，轉譏《尚書》義例之不純，毋乃因後世之空言而疑古人之實事乎？記曰：疏通知遠，《書》教也，豈曰記言之謂哉！[36]

推章氏此處之意，蓋謂古代政教未分，政治史與思想史遂不得分而為二；上古無私門之著述，故無空言，言必有事之背景。但章氏之事言合一論並不僅為《尚書》而發。他進一步認為自孔子修《春秋》，建立中國史學以來，事與言即已合一。所以他接著說：

36 《史通通義・卷一・書教上》。浦起龍亦不信古史有言事二分之說，以為係漢儒所造，其言曰：「王者亦事而有言，有言必有事，理勢本自相連，珥筆如何分記，況左右配屬，班、荀之與鄭、戴又各牴牾，此等皆出漢儒，難可偏據。」（《史通通釋・卷一》）浦氏之說當即章實齋事言合一論之所本，故又曰：「古人無空言，安有記言之專書哉！漢儒誤信〈玉藻〉記文，而以《尚書》為記言之專書焉！」（《文史通義・卷一・書教中》）

六藝並立，《樂》亡而入於《詩》《禮》，《書》亡而入於《春秋》，皆天時人事，不知其然而然也。《春秋》之事則齊桓晉文，而宰孔之命齊侯，王子虎之命晉侯，皆訓詁之文也。而左氏附《傳》以翼經，夫子不與〈文侯之命〉同著於編，則《書》入《春秋》之明證也。馬遷紹法《春秋》，而刪潤〈典〉〈謨〉以入紀傳，班固承遷有作，而〈禹貢〉取冠地理，〈洪範〉特志五行。而《書》與《春秋》不得不合而為一矣！[37]

他不但認為史學中言與事必須合一，同時復以為後世私人文字之中亦含有事在，他說：

蕭統《文選》以還，為之者眾。今之表表者姚氏之《唐文粹》，呂氏之《宋文鑑》，蘇氏之《元文類》，並欲包括全代，與史相輔。此則轉有似乎言事分書，其實諸選乃是春華，正史其秋實爾。（自注云：「史與文選各有其言與事，故僅可分華與實，不可分言與事。」）[38]

37 《文史通義·卷一·書教上》

38 《文史通義·卷一·書教中》，按：此處所說華與實乃真近乎近人所謂史學與史料之分。文選可補史籍之不足，故曰「與史相輔。」

我們細心體味章氏這幾段文字，便顯然可以看出，在章氏歷史思想的背後，隱藏著一種與柯靈烏非常接近的歷史觀——即視人類已往的業績為一系列的「行動」（柯靈烏特用的 Action）所構成，在每一行動之中均包含了「言」與「事」（也就是柯氏所謂 inside 與 outside 或 thought 與 event）兩面。此所以章氏不但認為《尚書》中言與事並存，上古之人未嘗分言與事為二，而且中國史學自孔子修《春秋》而馬班繼之以後，「言」與「事」亦同樣合而不分——至少真正的史學著述（即章氏所謂「撰述」，後文另有論及）必須同時涵攝此二因素。其不能識此義而強分言與事為二之後世陋儒，則深為章氏所譏焉！

惟柯氏歷史哲學之勝義並不止於指出了每一歷史事件均有內外兩面以及歷史家必須合二者為一；這祇是柯氏歷史哲學中消極的一面。它的積極的一面則是肯定在歷史過程中，內在思想乃是核心，而外在之事反為次要。他認為歷史家研究歷史事件時必須深入當時人們的思想之中。祇要他真能摸索到歷史過程（即一連串行動）中的思想過程 (process of thought)，那麼他就已找到了該事件發生的真正原因。這就是柯氏「一切歷史都是思想的歷史」的著名原則之中心意義。[39]

39 Collingwood, op. cit., pp. 214–220.

在這一點上，柯氏不但與章實齋的一家之言極為近似，而且還符合中國一般的傳統歷史思想的路數。我們實可說，中國的史學，自孔子修《春秋》以降，即注重思想。《孟子》中有這樣的記載：

晉之《乘》，楚之《檮杌》，魯之《春秋》，一也。其事則齊桓、晉文，其文則史；孔子曰：其義則丘竊取之矣！[40]

依據這一分析，則孔子的史學中至少含有三種因素：事、文與義。事與文二者，雖亦為歷史哲學中的重要項目，然與本文主旨無關，可以不論。此處我們所須注意的乃是孔子所特取之「義」。昔賢注疏此字者多賦予此字以倫理的意義。如焦循引萬氏《大學春秋隨筆》云：

《春秋》書弒君，誅亂賊也，等而趙盾崔杼之事，時史亦直載其名，安見亂賊之懼獨在《春秋》而不在諸史？曰：孟子言之矣！《春秋》之文則史也，其義則孔子取之。

40 《孟子・離婁》章句下。

諸史無義而《春秋》有義也。義有變有因，……因與變相參，斯有美必著，無惡不顯，三綱以明，人道斯立。《春秋》之義遂與天地同功。

又引何休注說：

則義指貶刺撥亂可知。[41]

此種政治倫理的解釋，蓋由孟子開其端而漢人信之尤篤，司馬遷說：

《春秋》之義行，則天下亂臣賊子懼焉！[42]

近代學者也有人承認古代史書確具有此種作用者。[43]這種解釋的建立一方面形成了我們在

41 焦循，《孟子正義．卷八》。
42 《史記．卷四十七．孔子世家》。
43 李宗侗，《中國史學史》，頁十六。

上一節中所說的「歷史人文主義」，另一方面也顯示出中國史學中重思想的傾向。因為歷史人文主義與重史事之內在面原為不可分的。我們於此必須對柯靈烏所謂「一切歷史都是思想的歷史」一語之涵義加以較深入之檢討。如果斷章取義地瞭解，則此語不僅過於武斷偏激，其至可說是不通。因為「思想」非歷史之唯一因素，亦如經濟非歷史之唯一因素，其事甚顯，不待智者而後知。實則柯氏所謂「思想的歷史」並非我們所習知的「思想史」之同義語。他把人類的行為分為兩類，一為「自然過程」，如飲食男女之類，此非歷史家所欲過問之事，另一則為「歷史過程」，蓋即人類自覺地創造的種種習慣與制度之類——易言之，即文化耳——這才是歷史研究的主題。柯氏所說的「行動」便是外在行為之含有思想意識者，也就是一種自覺的行動。他之以情緒、情感與思想相對待，而謂前二者為心理學所研討之對象；後者始為歷史家所當用心之所在，尤能透露出他的歷史人文主義的立場。[44]

本此而論，則我們說中國史學中重「思想」之傾向，實即指中國歷史家常以載諸史籍的

44 柯氏原文見 *The Idea of History*, pp. 215–219。Walsh 批評柯氏，謂彼所用「思想」一詞須狹義的，乃謂 "intellectual operations" 而言。他又指出柯氏之「思想」非「抽象的玄思」(abstract speculation)，而是「行動中之思想」(thought in action)，見 *An Introduction to Philosophy of History*, pp. 50–53。

人類行為多係自覺的行動。舉例來說，如《左傳》宣公二年。

> 趙穿攻靈公於桃園，宣子未出山而復。太史書曰：趙盾弒其君。以示於朝。宣子曰：不然。對曰：子為正卿，亡不越竟，反不討賊，非子而誰？

董狐把弒君的罪名歸之於趙宣子，若就現代史學觀點說，實為不真實之極，而孔子反因此稱贊他「書法不隱」，是古之良史。這是什麼緣故呢？我們若用柯氏的觀點解釋之，則此事並非不可理解。這是因為中國史家太注重史事之內在面——用章實齋的話說，即人之心術是也。作者並無意提倡此種史法。相反地，我們倒可以從這一例證中，瞭解柯氏之歷史觀如發展到極端——即從無行動中推出人之思想——是十分危險的。但是這一例子至少也證明了我們要證明的一點：即中國傳統史學的確是注重柯氏所謂的「思想」或「歷史的內在面」的。在史學中重倫理的因素一方面，如我們已經指出的，是歷史人文主義之一形態，另一方面亦為極端強調人的歷史行為的自覺性之一表現。因為褒貶之所以可能，係以人能對其自己之行為負責為前提；而人能對自己之行為負責則顯為人在行動中有意志自由之另一說法。此亦為我們所已論及者。如果我們肯定了這一點，那麼祇要我們再向前邁進一步，就立刻可以達到

「一切真正具有歷史性的行動都是自覺的行動或為『思想』所貫注的行動」這一結論。這就是柯氏歷史哲學中的中心觀點之一，亦即與中國傳統歷史思想深相吻合之一點也。

章實齋為中國傳統歷史思想之集大成者，故其歷史哲學中亦有重政治倫理之一面。章氏所特倡的「史德」說，一部分意義即在此。他說：

> 史所貴者義也，而所具者事也，所憑者文也。孟子曰：其事則齊桓、晉文，其文則史，義則夫子自謂竊取之矣！非識無以斷其義，……能具史識者必知史德。德者何？謂著書者之心術也。[45]

可見章氏在此處以孔子所竊取之「義」為史德。章氏史德之說於史學中重天人之辨，其主旨雖在說明歷史家於善惡是非之際必須力求公正，毋使一己偏私之見（人）損害歷史的「大道之公」（天）！但是這種天人之辨仍與西方近代史學界所常討論的歷史的客觀性和主觀性有不同處。[46]蓋章氏的天人之辨並非針對著歷史知識之真偽問題而發。我們必須知道，他的話是

45 《文史通義・卷三・史德》。

46 何炳松氏即以為章氏所說的「天」相當於西方史學中所謂客觀主義，而「人」則相當於「主觀主

站在中國傳統史學中的倫理層面上說的。因此他才這樣為司馬遷辯護道：

> 後世論文，以史遷為譏謗之能事，以微文為史職之大權，或從而羨慕而倣效為之，是直以亂臣賊子之居心而妄附《春秋》之筆削，不亦悖乎！

又說：

> 吾則以為史遷未敢謗主，讀者之心自不平耳！夫以一身坎坷，怨誹及於君父，且欲以是邀千古之名，此乃愚不安分，名教中之罪人，天理所誅，又何著述之可傳乎？[47]

唯章氏除從政治倫理的觀點解釋孔子之「義」外，同時又賦予它一種新的內涵。他說：

> 夫子因魯史而作《春秋》。孟子曰：其事齊桓、晉文，其文則史，孔子自謂竊取其義焉

義」。見他為胡適、姚名達的《章實齋年譜》所寫的序。（頁十七—十九）

47 均見《文史通義・卷三・史德》。

耳。載筆之士，有志《春秋》之業，固將惟義之求，其事與文所以藉為存義之資也。[48]

又說：

孔子作《春秋》，蓋曰其事則齊桓、晉文，其文則史，其義則孔子自謂有取乎爾。夫事即後世考據家之所尚也，文即後世詞章家之所重也，然夫子所取，不在彼而在此，則史家著述之道，豈可不求義意所歸乎？[49]

這裡所說的「義」則是指著使史學成為史學的那個要素而言的。晚近論孔子之義者已有人主是說。[50] 依章氏的看法，史學能否成為一種專門的學問，要視撰史者是否於事與文之外尚

48《文史通義．卷二．言公上》。

49《文史通義．卷五．申鄭》。

50 姚永樸《史學研究法》有〈史義〉篇，謂「義為史家之所尚，其來遠矣！」惟其釋「義」有六義，頗嫌瑣碎耳！（頁八－十六）金毓黻《中國史學史》亦說「所謂義者，即《史記》所謂制義法，後人或談史法或明史義與史意，皆即今人所謂史學也。」（頁二五）

能得史義而定。這種「義」，就史家本身言就是要具備一種特殊的心靈能力——章氏所常說的「別識心裁」。[51]所以章氏在我們前引〈申鄭〉篇之文後，接著說道：

> 自遷、固而後史家既無別識心裁，所求者徒在其事其文。惟鄭樵稍有志乎求義。

可見史學中之「義」與史家之「別識心裁」為不可分。章氏於「別識心裁」之外又常引史遷「好學深思，心知其意」一語，此二者互為表裡，遂形成他的歷史知識論中之重要環節。這一史學致知的途徑也恰恰與柯靈烏的歷史方法論相近似。我們在此祇需引柯氏一段話，以與章氏之說相參證：

> 思想史以及一切歷史著作都是歷史家在自己頭腦中對已往的思想加以重演

---

51 「別識心裁」一語章氏用之極多，毋須一一舉例。此處所謂「特殊的心靈能力」並非謂史學家有某種天賦才力，而為其他學者所不具備者。此種「特殊能力」實指史家經過史學之特殊訓練後而產生的一套特殊技能而言。就此種意義說，則每學一科的專家都有其「特殊的心靈能力」。恐滋誤會，特為申明如此。

(reenactment) 的結果。……歷史家並不是單純的重演已往的思想，他是把它放在他的知識系統中而重演的。因之，在重演時，他還批評它，形成他對它的價值判斷，改正他所能察出的一切錯誤。[52]

對史事之內在面作深入之「重演」是柯氏歷史哲學中非常重要的一端，他在《歷史之觀念》一書中曾立專節討論之（題為 History as Reenactment of Past Experience, pp. 282–302）。柯氏「重演」之方法論係以其「一切歷史都是思想的歷史」的原則為前提，而章氏所主張的「好學深思，心知其意」與「別識心裁」之歷史的認知途徑，也必須從其重史事之內在面一點上去求深解。關於這一點，我們將在下一節中再作較深入的比較，此處暫不多贅。

㈢筆削之義與一家之言

在章氏的歷史思想中「筆削」與「一家之言」亦同為重要的概念，且與上節已提到的「別識心裁」的歷史認知法密切相關。「筆削」之說始於孔子著《春秋》，「一家之言」則為史遷所

52 柯氏前引書，頁二一五。

創。此二概念久已為中國歷史哲學中之要素，此一般讀者所已熟知者。「筆削」一辭過去一直被賦予政治倫理的意義：《春秋》之微言大義即見於孔子之筆削。[53]關於此一問題，我們前面也業已論及。惟章氏所說的「筆削」則在傳統的解釋之外另予以近代史學中的涵義，此則直接關係新史學的撰述，也是我們現在所要討論的題旨之一。我們先看看章實齋的說法：

史之大原本乎《春秋》，《春秋》之義昭乎筆削；筆削之義不僅事具始末，文成規矩已也。以夫子義則竊取之旨觀之，固將綱紀天人，推明大道。所以通古今之變而成一家之言者，必有詳人之所略，異人之所同，重人之所輕而忽人之所謹；繩墨之所不可得而拘，類例之所不可得而泥。而後微茫杪忽之際有以獨斷於一心。及其書之成也，自然可以參天地而質鬼神，契前修而俟後聖，此家學之所以可貴也。[54]

章氏此節文字，言簡而旨遠，若不用現代術語加以分析，則其真義頗易為我們所忽略。我們首當檢討的便是「筆削」之義。柯靈烏曾說：

53《史記‧卷四十七‧孔子世家》謂孔子「為《春秋》，筆則筆，削則削。」

54《文史通義‧卷五‧答客問上》。

> 史學思想的自主性最初見於史料取捨工作的最簡單形式之中。[55]

若僅就字面的意義說，柯氏所謂「史料取捨工作」(work of selection) 與「筆削」頗為相近。但是我們通觀章氏史學理論之全，則「筆削」一段的內涵實遠較「史料取捨」為豐富，而當包括柯氏所說的史料取捨、歷史建構、與歷史批評三者——柯氏持此三元素以說明史學思想的自主性 (the autonomy of historical thought)，意即謂史學的堂廡賴此三大支柱而建立的。章實齋屢以《春秋》為中國史學之始祖，其論「筆削」之義亦以《春秋》為依歸。因此，實齋心中的「筆削」是否兼具此三要素當從《春秋》本身的性質來推斷。但《春秋》的成書經過今已不可知，我們祇能退而求之於史學傳統中所理解的《春秋》，因為實齋的觀點是完全建立在這個傳統上面的。司馬遷說孔子：

> 故西觀周室，論史記舊聞，……約其辭文，去其煩重，以制義法。[56]

---

55 Collingwood, *The Idea of History*, p. 236.

56《史記・十二諸侯年表》。

依此說，則孔子不但曾對史料有所取捨，且其取捨之標準即為「義法」，亦即孔子自承竊取之「義」也。前引章氏之文，固已言及之。我們如合實齋所謂「必有詳人之所略，異人之所同，重人之所輕，而忽人之所謹」之語而觀之，則《春秋》具備第一條件——易言之，即章氏史學思想中所用「筆削」之詞涵有「史料取捨」之義，殆為不容置疑之事。

其次當論及「歷史建構」。讓我們先看看柯靈烏的解釋：

歷史家先以某些權威著作為根據，這些權威告訴他這個或那個歷史過程中的某一階段，但在此過程之中尚有許多其他中間階段而為這些權威所略而不論者；歷史家就得自己把這些階段添增上去。因之，他對他的研究主題所描繪的全景，其中雖有一部分陳述係直接採自以往的權威，但還有一部分陳述則是他根據自己標準、方法和價值系統而推論得之；而且歷史家的史才愈高則其後一部份在全景中所佔的分量也愈多。[57]

《春秋》既為一歷史著作，自不能缺少柯氏所說的「歷史建構」。司馬遷謂《春秋》「存亡國、

57 柯靈烏前引書，頁二三七。

繼絕世」，班固亦云「仲尼思存前聖之業」，這都必須假定孔子對古史有一通體之瞭解。所以章實齋說：「筆削之義不僅事具始末，文成規矩已也。」蓋單純的「事具始末」便是完全接受以往權威的陳述（所謂「史記舊聞」）；在「事具始末」之外另有所裁斷，這才合於柯氏「歷史建構」之說。在實齋心目中，中國最早的一部史學著作——《春秋》——顯然是包涵了所謂「歷史建構」。

最後當說到「歷史批評」。柯靈烏解釋此詞時說：

> 歷史家把他所依據的權威著作安排在證人席上，反覆加以詢問，以便從其中追出它們本來不願說出或未嘗具備的消息。[58]

孔子在修《春秋》時有沒有經過這一層批評的程序呢？由於史料不足，我們已不能確說。但一般地說，孔子是頗富有批評精神的，《論語》上載他自己的話說：

---

58 同上。

夏禮吾能言之，杞不足徵也；殷禮吾能言之，宋不足徵也，文獻不足故也。足則吾能徵之矣！[59]

班固亦引此語以說明孔子修史之動機與態度，[60]似乎他認為批評精神已存在於《春秋》之中，此所以孔子筆削「子夏之徒不能贊一辭」歟？尤有進者，杜預曾說：

仲尼因魯史策成文，考其真偽。[61]

這是把考證辨偽的批評精神上溯至《春秋》了。至少我們可以說，自班固、杜預以來，中國傳統歷史家大體都相信孔子修《春秋》時已運用了「歷史批評」的精神。但這並不是說孔子已將「史學方法」發展至二十世紀柯靈烏所說的成熟階段。以上所論，其主旨不過在指出中國的傳統史學確已出現了柯氏所列舉的三要素而已！[62]章實齋生當清代考據學鼎盛之際，對「歷

59　《論語・八佾》。
60　《漢書・藝文志》《春秋》條下。
61　《春秋左氏傳・序》。

史批評」自不會沒有深刻的認識，他所耽心的倒是史學不能為史考所代替罷了，所以他說：

> 整輯排比，謂之史纂；參互搜討，謂之史考；皆非史學。

其中「參互搜討」一語尤和柯氏「反覆詢問」(cross-guestioning) 之說巧相闇合，足見二人思路之近。他又說：

> ……記誦家精其考核，其於史學，似乎小有所補，而循流忘源，不知大體。

這些話並非輕視「歷史批評」的價值，而是糾正其末流之偏見。我們必須把章氏的見解配合到他所處的學術空氣中去求瞭解，才能明其真義之所在。

62 本文論《春秋》皆非真討論《春秋》一書本身之性質，特不過因章氏屢引之以說明史學之要義，故順其思路，循其引證，以與柯氏之說相參證耳。章氏曰：「《春秋》不能舍傳而空存其事目，則左氏所記之言不啻千萬矣！」是合《春秋》原文與《左傳》為一也。故本文論《春秋》悉從章氏之原意，非敢於《春秋》本身有何論列。至希讀者勿於此等處對作者之疏謬有所指責是幸。

我們在前面曾提到，章實齋認為「筆削」與「別識心裁」頗有關聯。那麼這二者之間究竟存在著一種什麼關聯呢？章氏所謂「微茫秒忽之際有以獨斷於一心」又是什麼意思呢？我們在此首須說明者，即中國傳統學術中哲學與邏輯分析均未能獲得充分之發展，以致古人運字用詞之間頗欠明晰。但若以西方哲學為參證，則此等隱晦之處亦未嘗不可轉為明晰。故在未解答上述問題之前，我們最好仍先引柯靈烏之說為比照。柯靈烏在討論史學三要素時，認為我們必須先有一標準以為史料取捨、歷史建構與批評之依據，此言甚是。此一標準，據柯氏自言，乃是「先驗的想像」(apriori imagination)，他的結論說：

> 此一標準即是歷史觀念之自身：也就是將過去構成一幅想像的圖景之觀念。這一觀念，用笛卡兒的話說，是內在的"innate"，用康德的語句表達之，則為先驗的。[63]

柯氏的話對於我們瞭解章實齋極有幫助。我們實可說，章氏的「別識心裁」與柯氏的「先驗的想像」可以互通，是指一種整體性的直覺。明乎此，則章氏「微茫秒忽之際」一語亦無

---

63 關於此問題之詳細討論見柯氏前引書，頁二三六—二四九。

神祕性，而是可以理解的了。

章氏亦知「別識心裁」的運用不能如無轡之馬，所以他另一方面又強調批評精神之重要，這和柯靈烏認為「先驗的想像」須時時受證據之限制以免流為游說無根，用意也相近。章氏本此而倡史學中須備闕文一格，復上推此意至孔子及其《春秋》。他說：

孔子曰：吾猶及見史之闕文也。又曰：多聞闕疑，慎言其餘。夫網羅散失，紬繹簡編，所見所聞，時得疑似，非貴闕然不講也。[64]

此種精神即胡適所謂「有一分證據說一分話」是已。他又追溯「闕文」這一觀念在中國史學思想史上的演變，而深慨於馬、班以下，此義久已不為人所知，其言曰：

史家闕文之義備於《春秋》，兩漢以還，伏、鄭傳經，馬、班著史；經守師說，而史取心裁。於是六藝有闕簡之文，而三傳無互文之例矣！夫經尊而傳別其文，故入主出奴，

64《和州志三・闕訪》，收入《章氏遺書・外篇・卷十八》。

體不妨於並載；史直而語統於一，則因削明筆，例不可以兼存，固其勢也。……馬、班而下，存其信而不著所疑以待訪，是直所謂疑者削之而已矣，又復何闕之有哉？[65]

他更明白地指出何以「別識心裁」須有「闕疑」之類的批評精神為之輔佐：

史無別識心裁便如文案孔目，苟具別識心裁，不以闕訪存其補救，則才非素王，筆削必多失乎。[66]

由此可見，章氏對濫用「別識心裁」所可能產生的危險並非盲無所睹也。柯靈烏亦深明此義，所以他說：

最重要的，歷史家所描繪的圖景和證據有一種特別的關係；歷史家或任何人能判斷——即便是初步地——這種圖景的真實性，唯一的辦法便是考慮這重關係。[67]

65 《永清縣志七・闕訪》，收入《章氏遺書・外篇・卷十二》。

66 《永清縣志七・闕訪》，收入《章氏遺書・外篇・卷十二》。

其次，我們當接著討論中國史學中所謂「一家之言」。「一家之言」之說始於司馬遷，此後即為中國歷史家所樂道。此一觀念，也同樣為柯靈烏歷史哲學系統的重要構成分子。柯氏曾將史學分為兩類，一是剪貼的史學 (scissor-and-paste history)，一是科學的史學 (scientific history)。所謂剪貼的史學，意即把以往史學權威的著作當作權威來接受之，所以在剪貼的史學著作中祇有一些以往權威的現成的陳述 (ready-made statements)；而科學的史學則恰恰與此相反，它不把以往的權威視之為權威；在科學的歷史家看來，一切權威都祇是他立論的證據而已。科學的歷史家之最後目的是要建立起自己的權威 (constitution of one's own authority)，柯靈烏說：

> 在這一部分工作上（按：指歷史建構），歷史家永不依賴他的權威，所謂依賴權威意即重複權威所告訴他的一切；他祇仰賴自己的力量並建立他自己的權威；這時所謂他的權威則已不復為權威，祇是證據而已。[68]

67 柯氏前引書，頁二四六。

68 同書，頁二三七。又關於剪貼史學與科學史學之分別，請參看同書，頁二五七—二六一。

我們仔細分析柯氏所謂「建立自己的權威」，便不能不承認這祇是中國史學中所謂「成一家之言」的另一說法；我們甚至可以說，如果不是由於語言的差異，這兩個說法應該是可以互易的。尤其當我們把柯氏之說和章實齋對「一家之言」的解釋作一比較的時候，這二者之間的距離——如果有的話——更是縮短了。章實齋也將中國史籍分為兩大類：一為撰述，一為記注，他說：

> 撰述欲其圓而神，記注欲其方以智也。夫智以藏往，神以知來；記注欲往事之不忘，撰述欲來者之興起。故記注藏往似智而撰述知來擬神也。藏往欲其賅備無遺，故體有一定，而其德為方；知來欲其抉擇去取，故例不拘常，而其德為圓。[69]

撰述即所以成一家之言，相當於柯氏所說「科學的史學」，故云：

> 鄭樵生千載而後，慨然有見於古人著述之源，而知作者之旨不徒以詞采為文，考據為

69《文史通義・書教下》。

學也，於是遂欲匡正史遷，益以博雅；貶損班固，譏其因襲，而獨取三千年來遺文故冊，運以別識心裁，蓋承通史家風而自為經緯，成一家言者也。[70]

又云：

既為著作，自命專家，則列傳去取必有別識心裁，成其家言，而不能盡類以收，同於排纂，亦其勢也。[71]

這兩段文字很可幫助我們澄清「別識心裁」、「撰述」、「一家之言」等概念並進而瞭解其間的關係。我們從此等處細心體會章氏之意，就可以懂得他的「撰述」之史確與柯靈烏的「科學的史學」用心相近。但章氏所謂「記注」之史卻不能與「剪貼的史學」等量齊觀。推章氏之意，「記注」之史蓋指史料之保存與編纂而言，相當於劉知幾所謂「書事記言，出自當時之簡」和鄭漁仲所謂之「史」。[72]故「記注」亦即「比類」或「比次」或「纂輯」或「整齊故事」。

70 《文史通義・申鄭》。

71 《章氏遺書》卷十五〈方志略〉，〈亳州志人物表例議上〉。

實齋在〈報黃大俞先生書〉中說：

古人一事必具數家之學：著述與比類其大要也。……兩家本自相因而不相妨害。拙刻〈書教〉篇中所謂圓神方智，亦此意也。[73]

〈答客問〉上又云：

若夫君臣事蹟，官司典章，王者易姓受命，綜核前代，纂輯比類，以存一代之舊物，是所謂整齊故事之業也。……豈所語於專門著作之倫乎？

〈答客問〉中則曰：

72 何炳松以為章氏「撰述」與「記注」之分已由劉、鄭二氏發其端，其言甚是，參看《章實齋年譜・序》。

73 《章氏遺書・卷九》。

天下有比次之書，有獨斷之學，有考索之功。……若夫比次之書，則掌故令史之孔目，簿書記注之成格。其原雖本柱下之所藏，其用止於備稽檢而供採擇，初無他奇也。然而獨斷之學非是不為取裁，考索之功非是不為按據，如旨酒之不離乎糟粕，嘉禾之不離乎糞土。[74]

由上可知章氏雖擬「比次」「比類」之書於糟粕、糞土，但並無任何貶義，不過視之為史料編纂，不可與著述之史相混耳！而柯靈烏之以「剪貼的史學」與「科學的史學」並舉則於前者頗存譏諷之意。此二者之異也。但是若從「成一家之言」或「建立自己的權威」的角度來看，「撰述」與「記注」之關係實同於「科學的史學」與「剪貼的史學」的關係。因「撰述」固是「建立自己的權威」而「記注」也正是接受以往的「現成陳述」。我們知道，在中國史學史上，「一家之言」差不多是和「剽竊」或「抄襲」相對待的。著

74 以上兩條均見《文史通義・卷五》。關於近人對「撰述」與「記注」之兩分法的討論，讀者亦可參看金毓黻，《中國史學史》，頁二三八—二三九；傅振倫，《中國史學概要》，頁八一—八三；李宗侗，《中國史學史》，頁一六三—一六五。三書論此段大體皆相同，殆皆本於胡適《年譜》及何炳松〈序〉而立論者也。

史而不能「成一家之言」往往受「剽竊」之譏。例如班固《漢書》即被鄭樵譏之為「剽竊」，其言曰：

班固者浮華之士也。全無學術，專事剽竊。……自高祖至武帝凡六世之前，盡竊遷書，不以為慚；自昭帝至平帝凡六世，資於賈逵、劉歆，復不以為恥。[75]

而後人之輕鄭樵《通志》者亦多謂其抄襲前史，粗疏為不可掩。獨章實齋起而為之辯護。他說：

若鄭氏《通志》，卓識名理，獨見別裁，古人不能任其先聲，後代不能出其規範；雖事實無殊舊錄，而辨名正物，諸子之意寓於史裁，終為不朽之業矣。[76]

75 鄭樵，《通志・序》。唯章氏認以《漢書》為撰述，於近方近智之中仍有圓且神者，以為之裁制，是以能成家。較之鄭氏之批評公允多矣！（《文史通義・書教下》）

76 《文史通義・卷四・釋通》。

又說鄭樵運以別識心裁，成一家之言，而後之

學者少見多怪，不究其發凡起例，絕識曠論，所以斟酌群言，為史學要刪；而徒摘其援據之疎略，裁剪未定者，紛紛攻擊，勢若不共戴天，古人復起，奚足當吹劍之一吷乎？[77]

這個例子可以使我們瞭解「一家之言」在中國傳統史學思想中的重要性。章實齋認為史學著作能否成一家之言須視其中有無「別識心裁」而定，此已可由上文中推知者。但是史料既為人之所共有，則不同觀點的史學著作仍不免要採用相同的史料。因之，根據兩本書中所用的史料相同或大致相同而斷定其間存在著抄襲的關係，顯然是一種很危險的方法論。章氏有鑒於此，所以告訴我們說：

夫古人著書，即彼陳編，就我創制，所以成專門之業也。後人併省凡目，取便檢閱，

77《文史通義・申鄭》。鄭樵「成一家之言」在其生時已為世人所承認，如宋高宗初見樵時即曰：「聞卿名久矣！敷陳古義，自成一家」。（《宋史・卷四三六・鄭樵傳》）

所以入記誦之陋也。夫經師但殊章句，即自名家；史書因襲相沿，無妨並見。（自注云：如史遷本《春秋》、《國策》諸書，《漢書》本史遷所記及劉歆所著者，當時兩書並存，不以因襲為嫌。）專門之業，別具心裁，不嫌貌似也。勦襲講義，沿習久而本旨已非；摘比典故，原書出而舛訛莫掩。記誦之陋，漫無家法，易為剽竊也。然而專門之精與剽竊之陋，其相判也蓋在幾希之間，則別擇之不可不慎者也。[78]

從上面的討論我們知道，在章氏的史學思想中，積極方面「撰述」必須自成一家之言；消極方面史家必不能接受以前權威之現成陳述，質言之亦即不能對權威著作有過分的尊崇。此中關鍵則繫於我們對「別識心裁」之運用如何。這樣的史學「撰述」與柯靈烏所倡導的「科學的史學」在精神上實多互通之處。[79]

78 《文史通義・釋通》。章氏又論及僅收集史料不能成為史學著作：「聚公私之記載，參百家之短長，不能自具心裁，而斤斤焉徒為文案之孔目，何以使觀者興起，而遽欲刊垂不朽耶！」（《和州志三・列傳一》，收入《章氏遺書・外篇・卷十八》）。

79 自柯靈烏觀念看，中國史學的科學性可謂早已始於孔子的《春秋》，其後史遷師法《春秋》而有《史記》，班固取史氏之意而有《漢書》之作。此數書者皆有史義可求，亦皆能自成一家之言也。

我們試再進一步將柯靈烏與章實齋二人對「證據」的看法加以比較。柯氏認為史家所描繪的歷史圖案不可無證據之支持，前已略及之！茲再引他的一段話於下：

> 歷史家所獲得的歷史知識，乃是他的證據對若干事件加以證明的知識。[80]

柯氏之重視「證據」觀此可知。對「證據」的重要性之瞭解在138中國歷史思想上也是源遠流長的。「無徵不信」之教即出於孔子。章實齋說：

> 夏禮能言，殷禮能言，皆曰無徵不信，則夫子所言，必取徵於事物，而非徒託空言以為明道也。[81]

馬、班以降迄於章氏，因良史之不世出以致記注、比次之作汗牛充棟而撰述家學數百年不一見，遂使中國史學形成一雜而不純之局；但在中國史學思想中則「成一家之言」始終懸為史家著述之鵠的。（參看金毓黻，《中國史學史》，頁四六—四七。）西方史學直到十七世紀以後科學的史學始漸代剪貼史學而起。

80 柯氏前引書，頁二五二。

章氏承受了中國史學中重證據的傳統，因而有下面一段精警的論斷：

> 史家之文惟恐出之於己，……史體述而不造。史文而出於己，是謂言之無徵。無徵、且不信於後也。……是故文獻未集，則搜羅咨訪不易為功。……及其紛然雜陳，則貴抉擇去取。[82]

此段謂史家撰述處處得隨證據走，故在動手寫作之前必須盡量搜集史料，及至史料完備才談得到抉擇去取。這正合乎近代西方科學的史學家的觀點，所以也特別為近人之受西方史學影響者所稱道。[83]柯靈烏曾說過：

81　《文史通義・卷二・原道下》。

82　與陳觀民工部論史學，見《章氏遺書・卷十四・方志略》。

83　胡適以倡「拿證據來」及「有一分證據說一分話」著稱，亦特稱此段文字為「數千年史家未發之至論。」（《年譜》，頁一一三）何炳松治西史聞於時，亦極稱賞此書，並謂胡氏之讚美猶不足以盡其價值，他說：「這是一段對於我們現在所謂『歷史研究法』的極簡括而且極精闢的綱要。」（同書〈何序〉）

在科學的史學中任何可以用為證據的東西都是證據，同時沒有人能知道某種事物是否可為證據之用，除非它有機會被用作證據。[84]

章實齋也很瞭解這個道理，所以他特別提倡保存棄而不用的史料：

或曰：子修方志更於三書之外，別有叢談一書何為邪？曰：此徵材之所餘也。古人書欲成家非誇多而求盡也。然不博覽無以為約取地；既約取矣，博覽所餘攔入則不倫，棄之則可惜。故附稗野說部之流而作叢談。[85]

在論及史無闕訪的十弊之中，其中兩點即為保存未用之史料以待以後有被採用的機會：

一己之見折衷群說，稍有失中，後人無由辨正。其弊一也。……載籍易散難聚，不為存證崖略，則一時之書遂與篇目俱亡，後人雖欲考求，淵源無自。其弊五也。……[86]

84 柯氏前引書，頁二八〇。

85 〈方志立三書議〉見《章氏遺書》卷十四，〈方志略〉。

合此兩節觀之，則章、柯二氏對證據的觀點也顯然相去不遠。

最後，在本節結束之前，還有一點值得附帶說一說。柯靈烏頗贊同艾克頓 (Lord Acton) 的名言，以為科學的歷史家當「研究問題而不是時代」(study problems not periods)。[87] 這一點也恰恰與章氏的觀點若合符節。我們知道，章氏曾對袁樞的《紀事本末》體裁特致讚揚，他說：

> 袁樞《紀事本末》又病《通鑑》之合而分之以事類。按《本末》之為體也，因事命篇，不為常格。非深知古今大體，天下經綸，不能網羅隱括，無遺無濫。文省於紀傳，事豁於編年，決斷去取，體圓用神，斯真《尚書》之遺也。[88]

袁氏之體裁正合乎西方近代史學的著作形式，也是近人之治西史者所特別欣賞之一點。[89]

---

86 《永清縣志七．闕訪》，收入《章氏遺書．外篇．卷十二》。

87 柯氏前引書，頁二八一。

88 《文史通義．書教下》。

89 胡適，《年譜》何序。金毓黻也說：「故樞所創紀事本末之法，實與近世新史之體例為近。」（《中國史學史》，頁一九八）

「因事命篇，不為常格」正是「研究問題」這一觀念的實際表現。章氏與柯靈烏的歷史思想同其發展方向，在這一點小節上也得到了印證。

㈣結　語

以上三節是章實齋與柯靈烏兩人的歷史哲學的大體上的比較。我們雖不能說這裡面已包含了他們兩人關於歷史哲學的全部理論，但他們理論中最重要之點則確可從以上的比較中窺見。這兩人的相似之處可以說是十分驚人的。當然，由於中、西史學的發展各有其不同的具體問題，他們的討論在文字的層面上是有相當的距離的——這在部分上也是因為中國傳統思想家沒有走上「離事而言理」的途徑的緣故。但是，如果我們承認透過思想的特定的表現形式和具體的內容去瞭解它的抽象道理是可能的話，那麼，我相信我所做的比較工作並沒有很牽強附會的地方。

章實齋和柯靈烏兩人在歷史觀念方面如此地不謀而合，自然不是全出於偶然。就某種意義說，這正象徵著中、西史學思想在發展過程上有其大體相近似之處。因此，章實齋處處上推中國史學的大原至孔子及馬、班，而柯靈烏也追溯西方歷史觀念的遠源至Herodotus與Thucydides。換句話說，他們兩人的歷史理論都各自有其全部史學發展史作為後盾。中國史學發展至章實齋，西方史學發展至柯靈烏，已到了相當成熟之境；因之，在他們兩人的歷史思想之間，其最突出的共同之點便是對「史學自主」(autonomy of history) 的強烈要求。這一點又必須從他們所處的特殊的學術和思想的境遇中去求得瞭解。

柯氏的歷史理論基本上是對於西方近代史學思想中兩個重要流派的反動與修正。這兩個流派便是「實證論」(positivism) 和「歷史主義」(historicism)。由於近代自然科學的輝煌成就，人們對於研究自然現象的科學方法產生了無比的信心。不少學人因此深信，同樣的方法也必然可以成功地運用於人文及社會現象的研究。現代社會學的始祖孔德 (Auguste Comte) 便是「實證論」的最重要的倡導人。實證論者相信科學的普遍性：一切知識，除了數學和邏輯以外，如果要具有科學性的話，都必須經過完全相同的基本程序——觀察 (observation)、概念思考 (conceptual reflection) 和實證 (verification)。觀察是搜集大量的事實，概念思考即是用歸納的方法建立通則 (general laws)，而實證則是再根據事實來檢證所建立的法則的有效性。這其中，自然以觀察和概念思考為最基本的兩個步驟；因為實證這一步如果發生了問題，其結果仍不過是根據新的事實來修訂通則而已。因此孔德才要求建立一門新的科學——社會學；而孔德心目中的社會學則不啻為一種「超級史學」(super-history)。照他的說法，歷史事實只能是原料，更重要地，則是如何在許多史實之間找出因果關係，易言之即發現通則。這就屬於社會學家的工作範圍之內了。這種說法自然嚴重地影響到史學的自主性，因為史學如果停留在個別史實的搜集和鑑定（即「觀察」）的階段，那麼它根本就夠不上稱為一門「科學」；但如果史學也踏入建立通則（即「概念思考」）的層次，那麼它便與社會學無以分別了。從十九世紀到二十世紀，實證論本身自有長足的發展，它已脫離了早期的粗糙形式而進入了極精微的境界。但是在貶抑史學自主性這一點上，二十世紀的實證論者（或新實證論者 neo-positivists）和孔德則毫無二致。例如在 **Karl R. Popper** 的眼中，史學的職責在於研究個別的事實，而不須涉及高級領域內的通則問題。但是這樣的學問卻不具備「科學」的身分，它是次於科學的，或者說是社會科學的應用之學。

柯靈烏是二十世紀新理想主義 (New-idealism) 的一個重鎮，他堅持史學的獨立自主性，而同時又肯定史學不折不扣地是一門科學，和科學立於同一層面。然而由於史學所處理的是人文現象而非自然現象，因此其研究的程序並不能完全與自然科學等同起來。

在另一戰場上，柯氏則與「歷史主義」爭持。所謂「歷史主義」最早可溯源至蘭克 (L. von Ranke, 1795–1886)。蘭克及其同派的史家如古朗士 (Fustel de Coulanges, 1830–1889)、蒙森 (Theodor Mommsen, 1817–1903) 等人都是職業史家，並且都以訓詁考證 (philology) 為治史的基礎。他們專講歷史上一件一件的特殊事實，而不侈言任何通則。用蘭克的名言來說，即尋求「歷史上真正發生過什麼事。」就這一點言，他們是在維護史學的自主和尊嚴，而與實證論的觀點相對抗。但歷史主義並未能完全擺脫實證論的影響。歷史主義者在拒絕尋求通則之後，轉以考訂史實真相與辨別史料真偽為史學之全部工作。這就是說，他們仍然接受了實證論者所提出的科學研究程序中的第一個步驟——觀察或搜集事實。而且，更要緊的是他們對於所謂「事實」(fact) 的瞭解也不脫實證論的窠臼。第一、他們把每一個事實看作是可以孤立研究的對象，因此整個史學的知識領域被切成了無數片斷的個別事實。第二、他們認為一件事實不但與其他事實是彼此獨立的，而且事實也獨立於史家的主觀看法之外。因此史家只能完全客觀地報導事實，而不應對事實下任何判斷。這兩種對待事實的態度自然都有其積極的功效：前者使史家在鑑定史實及編輯史料時可以達到最高度的精確性，後者則訓練史家盡量避免給他的研究題旨塗上一己的情緒色彩。

但是在柯靈烏看來，這兩種對待事實的態度也產生了極大的流弊；這種流弊到了十九世紀末期和二十世紀初年更顯得嚴重。第一種態度使得史家只能考據小問題和整理史料，而失去了處理重大的歷史問題的能力；第二種態度使史家把人文事實與自然事實混同了起來，因而完全不能接觸到價值問題。我們知道，柯氏認為歷史的事實是具有內外兩面的；內在是「思想」(thought)，外在是「事」(event)。歷史主義者的觀點發展到極端，勢將只見「事」而不見「思想」。其結果便是歷史自然主義取代了歷史人文主義。在自然主義的籠罩之下，史家便必然把一切歷史上的事件解釋為「社會規律」或「超越的力量」所決定，而人在歷史過程中將不復有任何選擇的自由。[90]

我們瞭解了柯靈烏的歷史觀的特殊思想背景，再轉而將章實齋的歷史觀和中國的史學傳統以及乾隆時代的學術空氣聯繫起來看，則章、柯兩人何以地懸萬里，時隔百年而運思竟能大端密合至此，其故便較易尋求了。

我們在前面已經指出，中國史學自始便孕育在儒家的人文傳統之中；孔子一方面是儒家的創始者，一方面又是中國史學的開山，其間的關係是值得我們尋味的。中國史學傳統中的人文精神特別表現在兩個顯著的特色上面：一是自《史記》以下正史中人物傳記的豐富。一部二十四史基本上是無數歷史人物的活動史。儘管從現代的眼光看，正史中列傳的選擇和編寫都有不少缺點，[91]但中國史家把人物活動看作歷史的中心部分是很明顯的。中國史學的第二

90 關於 Positivism 對史學的功過問題，請看柯靈烏前書，頁一二六—一三三；W. H. Walsh, *An Introduction to Philosophy of History*, pp. 45–47.

91 見 D. C. Twitchett, "Chinese Biographical Writing," in W. G. Beasley and E. G. Pulleyblank, eds., *Historians of China and Japan*, Oxford, 1961, pp. 95–114.

個特色是《春秋》以來的重視褒貶。過分講求褒貶本是中國傳統史學的一個缺點，然而褒貶的觀念顯然假定人應該而且必須對他自己的行為負責，易言之，即假定人有選擇的自由。如果歷史人物的所做所為都是為「社會規律」或「超越的力量」所決定，則史家將無所施其褒貶了。章實齋的史學經世論即承此人文傳統而來。不但如此，他在重釋儒家所謂「道」時，也特別賦予「道」以歷史的性格。而他在「原道」篇中則說：「三人居室而道形矣」，又說：「道無可見，即眾人之不知其然而然，聖人所藉以見道者也。」這種以人為中心的歷史觀的出現也必須向中國史學的人文傳統中去求其淵源。

再就史學的獨立自主性而言，中國也有其久遠的傳統。中國的史官制度，以及孔子、司馬遷承此傳統而修史，早已為史學的尊嚴與獨立奠定了基礎。從觀念上說，魏、晉之際李充、荀勖把傳統學術分為經、史、子、集四部即可以看作是史學獨立自主的正式建立。而「史學」一名之成立亦在南、北朝時代。[92] 劉知幾於七一〇年完成了《史通》一書，這是世界上討論史

92 《晉書・卷一〇五・載記五》：「元帝太興二年，石勒自立為趙王，以任播、崔濬為史學祭酒。」又《宋書・卷九十三・隱逸雷次宗傳》亦云：「文帝元嘉十五年徵次宗至京師。……會稽朱膺之潁川庾蔚之並以儒學監總諸生；時國子學未立，上留心藝術，使丹陽尹何尚之立玄學，太子率更令何承立史學，司徒參軍謝元立文學。凡四學。」是史學至此已正式與儒、玄、文並立為

學體例的第一部系統著作。[93]下逮宋代，史學尤其有輝煌的成就，史學的自主性至此可說已完全建立起來了。中國史學一方面既有源遠流長的自主性，而另一方面又沒有遭遇到類似西方近代科學「代庖」的威脅，然則何以章實齋竟和柯靈烏一樣地為史學自主性而大聲疾呼呢？要解答這一問題，我們首先必須瞭解清代經學考證對於史學的嚴重影響。陳寅恪曾指出清代經學發展過甚，因而轉致史學之不振。[94]陳先生的說法是有根據的。江藩便告訴我們乾隆之世錢大昕已極不滿時人之重經貶史，「嘗謂自惠（棟）、戴（震）之學盛行於世，天下學者但治古經，略涉《三史》，《三史》以下，茫然不知，得謂之通儒乎？」[95]錢大昕曾經很露骨地說：

> 經與史豈有二學哉！昔宣尼贊修六經，而《尚書》《春秋》實為史家之權輿，漢世劉向父子校理秘文，為《六略》，而《世本》、《楚漢春秋》、《太史公書》，漢著記列於《春四學之一矣！（參看傅振倫，《中國史學概要》，頁三）

93 E. G. Pulleyblank, "Chinese Historical Criticism: Liu Chih-Chi and Ssuma Kuang," in *Historians of China and Japan*, p. 136.

94 《陳寅恪先生文史論集》，下冊，香港，一九七三，頁三二六。

95 江藩，《漢學師承記・卷三・錢大昕傳》。

> 秋》家；《高祖傳》、《孝文傳》列於儒家，初無經史之別。厥後蘭臺東觀作者益繁。李充、荀勗等剏立四部而經史始分，然不聞陋史而榮經也。自王安石以猖狂詭誕之學要君竊位，自造《三經新義》，驅海內而誦習之，甚至詆《春秋》為斷爛朝報。章、蔡用事，祖述荊、舒，屏棄《通鑑》為元祐學，而《十七史》皆束之高閣矣！嗣是道學諸儒講求心性，懼門弟子之泛濫無所歸也，則有訶讀史為玩物喪志者，又有謂讀史令人心粗者。此特有為言之而空疏淺薄者託以藉口。由是說經者日多，治史者日少。彼之言曰：經精而史粗也，經正而史雜也！[96]

這番話表面上是在責備宋儒，而事實上正是對清代經學考證表示一種極為強烈的抗議，其為史學爭自主的意態是十分明顯的。

這也就是章實齋為史學爭獨立自主的具體的思想背景。因此他在〈浙東學術〉篇中才說：

> 三代學術，知有史而不知有經，切人事也。

96 錢大昕，《廿二史劄記・序》。

而在〈原道〉篇又說：

> 事變之出於後者，六經不能言。

清代經學本建立在訓詁考證的基礎之上。就這一點言，它與西方十九世紀蘭克以來的「歷史主義」在精神上確有其契合之處。清人之考訂個別事實與辨別材料真偽，與西方的「歷史主義」取徑尤為近似，故其流弊亦相同，如「見樹不見林」，不能觸及價值問題（即柯靈烏所謂史事之內在的一面）等皆其著者。這就難怪章實齋要說：

> 整輯排比，謂之史纂；參求搜討，謂之史考；皆非史學。

又說：

> 至於辭章家舒其文辭，記誦家精其考核，其於史學似乎小有所補，而循流忘源，不知大體，用功愈勤，而識解所至亦去古愈遠，愈無所當。

章、柯雙方立說之背景既明，則兩人的思想議論雖然異時、異地而竟若互為唱和者，其故自不難明矣。

不幸的是，至少就今天中國史學界的情況說，章、柯兩人的批評尚未完全失去時效。二十世紀上半葉的中國史學，是以乾、嘉考證學和西方蘭克以後歷史主義的匯流為其最顯著的特色。在這個潮流之下，不少史家相信史學可以完全客觀化與科學化，最後將達到與物理學、化學、生物學等全無區別的境地。同時，這些史家對於歷史事實的認識也在基本上接受了西方實證論的觀點。但是由於最近二十餘年來西方歷史哲學方面若干突破性的發展，我們可以大膽地說，乾、嘉考證和歷史主義統治中國史學界的時代是過去了，至少也快要過去了。然而另一方面，實證論在史學界的影響卻依然未可忽視。在實證論的影響下，史學與社會科學的理論和方法之間究竟應該存在著一種怎樣的關係是目前最重要的問題。我必須強調，在技術層面上史學現在已離不開社會科學。但是史學家如何能一方面吸取社會科學的成果使之為史學服務，而另一方面又能在史學與社會科學之間劃清界限，使前者不致為後者所越俎代庖，則是一個極為困難的課題。[97] 換句話說，章、柯兩人所最為關懷的史學自主性是仍舊需要我們

97 所謂科學包辦史學的思想，大致可分為兩類：一是自然科學及其方法籠罩史學的研究，另一則是社會科學理論及其方法「決定」史學的發展。第一類說法流行於十九世紀至二十世紀初葉，當時

人寫史學原理都喜用「歷史的科學」(The Science of History) 之名，如一八六四年 J. A. Froude 的書和一八八六年 T. Caird 的著作都採用同一書名。持這一說者以 J. B. Bury 為典型代表，他的思想是在實證論空氣極端濃厚的環境中成長的，因而有「歷史乃是一種科學，一點不多也一點不少。」的名言。本世紀歷史哲學發展的結果，已經沒有人再相信史學可以成為物理或化學那樣的科學了。如 F. T. C. Hearnshaw 在一九三二年所寫的 "The Science of History" 一文（載 *An Outline of Modern Knowledge*, edited by William Rose, London, 1932）就認為歷史之為科學當同於考古學和地質學，而不當與物理學或數學並論 (pp. 774–779)。同時他復認為 Comte, Buckle, Mill 等人把史學與物理學等量齊觀，是與史學性質不相稱的。(pp. 800–802) 又如 Maurice Mandelbaum 在他的 *The Problem of Historical Knowledge* 裡亦謂史學旨在敘述個別的事件與物理科學之以尋求法則為職志者不類。(pp. 13–14) 即使是現代的科學方法論家，也不能不把史學、社會科學和自然科學在方法論上加以分別，如 J. W. N. Watkins 在其一九五二年所發表的 "Ideal Types and Historical Explanation" 一文中就承認這一點。（此文轉載於 *Readings in the Philosophy of Science*, edited by Feigl and Brodbeck, New York, 1953，參看 p. 729）至於將史學擬之社會科學者，現在英美哲學界亦大有人在，例如 Morton G. White 在他一九四三年發表的 "Historical Explanation" 一文中就把「歷史的解釋」與「社會學的解釋」看作完全合一的。(*Mind*, vol. 52, 1943, pp. 212ff.) 這種思想另一極端的表現則是取消史學中的綜合的與理論的部分，認為歷史家只須管一件一件的「事」，至於理論工作或貫通一切事的綜合工作都當由理論科學如社會學、經濟學等來管。持這種觀點者我們又可以舉 Karl R. Popper 為代表。他在其名著 *The Open Society and Its Enemies* 中就把「歷史科學」與「理論科學」(Historical and Generalizing or Theoretical Sciences) 截然分開。所謂「理論科學」，依他的解釋，包括物理、生物、社會學等等。他根本否定史學與任何種類的「一般性的法則」(General Laws) 有關，否定史學家應作任何通論性的工作 (generalizations)。(Revised edition, 1950, pp. 443–454) 至於反對的一方面，即堅決強調史學自成一類，不與其他科學相通者，則以柯靈烏為最極端的代表。英人 Patrick Gardiner 著 *The Nature of Historical Explanation* 一書，則對此二派立論有比較客觀的分析與檢討。他一方面承認史學有其獨特範圍，另一方面則否定史學可以完全關閉門戶，不與其他科學交往。同時，他又以為史學工作仍可有 generalization 並形成「一般性的法則」。此人可以說是中立派，但立說卻甚謹嚴精細，頗多持平之論，值得我們注意。(請參看該書第二部 "The Subject-matter of History", pp. 28–64) 還有一點我們必須記住，即近來反對科學包辦史學的人，多為從事過實際歷史研究的歷史家。柯靈烏雖以哲學聞於世，但同時也是有成就的史學家。他所著 *Roman Britain and the English Settlements* (與 Myres 合寫) 乃一頗負盛名之作，列為《牛津英國史》第一冊。同時，著名的《劍橋古代史》(*Cambridge Ancient History*) 第十、十一兩冊中有關羅馬時代的英國史諸章即由柯氏執筆。此外如荷蘭的著名歷史家 Pieter Geyl 於一九五四年來美國耶魯大學講他的歷史哲學，也攻擊「科學」可以包辦史學的觀念。(見他的 *Use and Abuse of History*, 1955, pp. 47–49) 如果我們認為經驗是值得尊重的，那麼這些史學家的意見無論如何是應該嚴肅地加以考慮的。

功能。我們決不應把史學降為社會科學的應用之學。[98]是生活在整個社會或文化中的人。從這一角度去著想，我們終將找到史學本身的獨特領域和孤立的、個別的、以至片面的個人（如社會學上、經濟學上、或心理學上所研究的個人），而繼續加以密切的注視。我個人相信，史學似乎還是應該以人為中心。而所謂「人」，則並不指

必須說明，我沒有意思在這篇文字裡表示我個人對歷史哲學的意見。就本文的性質言，我所做的工作僅是一種歷史性的工作。我祇是儘可能地將章實齋與柯靈烏的思想作客觀的陳述與比較；但這決不意味著，我完全贊同他們的說法。中、西史學發展到章實齋和柯靈烏雖已相當成熟，卻顯然不能說已達到了完美的境界。因此他們兩人的歷史思想都是有毛病可尋的。舉例來說，章實齋的歷史觀中即存在著很濃厚的傳統政治倫理的味道。這是現代史家所不能接受的。[99]又如柯靈烏的歷史哲學，因為太強調「思想」的因素，而成為現代唯心史觀的極端代表。這也局限了他的史觀的有效性。一般言之，他的史觀用之於研究思想史以至政治史是可以有很好的收穫的，但卻不甚能解釋經濟史的發展以及大規模的社會變動。[100]就我個人

---

98 余英時，〈史學、史家與時代〉，《幼獅月刊》，第三十九卷，第五期（一九七四年五月）。

99 參看李宗侗，《中國史學史》，頁一六七。

100 看 Walsh, *An Introduction to Philosophy of History*, pp. 52–59.

理解所及，我也覺得他一方面過分注重歷史的「內在面」與夫「將心比心」的領悟，另一方面又極力強調「證據」的重要性，也是一嚴重的矛盾。因為當我們在設身處地「重演」(re-enact) 古人的意境時，我們很難找到任何證據來「證明」古人的思路正是如我頭腦中現在所「重演」的。這中間的分寸如何界定，也是歷史哲學中尚待探究的課題。[101]

101 此點近來已漸有人批評。如 H. A. Hodges 在 *The Philosophy of Wilhelm Dilthey* (London, 1952) 中即認為柯氏對「思想」在歷史之作用，估價過高。(p. 335) Carl G. Hempel 早在一九四二年所發表的 "The Function of General Laws in History" 一文中即認為歷史家所常說的 the method of empathetic understanding（按：即我們在本文所說的「設身處地重演古人的思境」）不僅為不必要，而且也不可靠。（此文載於 Feigl & Sellars 所編的 *Readings in Philosophical Analysis* 中，見 pp. 467–468）此文發表在柯氏《歷史之觀念》全書出版之前，並非直接對柯氏而發，但 Watkins 在 Ideal Types and Historical Explanation 中則引用 Hempel 之說駁柯靈烏，故亦可視為對柯氏之批評。（見 *Readings in the Philosophy of Science*, p. 740）G. N. Renier 對柯氏 re-enactment of the Past 之說亦有嚴格的批評，見 *History—Its Purpose and Method*, Boston, 1950, pp. 45–50。

四、章實齋與童二樹

——一條史料的辯證

錢林《文獻徵存錄．卷八．邵晉涵傳》末云：

晉涵友會稽張學誠……以明經終。少從山陰劉文蔚豹君、童鈺二樹游，習聞蕺山、南雷之說，言明季黨禍緣起，奄寺亂政，及唐、魯二王本末，往往出於正史之外。自學誠謝世，而南江之文獻亡矣！[1]

《徵存錄》以章為「張」，又謂實齋「以明經終」，其誤甚顯。故胡適撰《實齋年譜》，不取

1《文獻徵存錄》（有嘉樹軒本，一八五八年刻），卷八，頁五四a。

《徵存錄》之說，因而未敘及實齋從遊劉文蔚與童二樹之事。這是胡先生取材審慎之處。[2]但此後研究實齋生平的人則都頗看重此一條記載，茲舉數例於下：

一、吳孝琳〈《章實齋年譜》補正〉即補了「先生少嘗從童鈺遊」一句，並註曰：《文獻徵存》。足見對《徵存錄》所記深信不疑。[3]

二、吳天任撰〈胡著姚訂章實齋年譜商榷〉，在「事文的漏誤」項下，即列有實齋少從劉文蔚與童鈺受學一節，全本《徵存錄》立論，以為對實齋學術淵源，大有關係。他說道：

> 至於直接影響（實齋學術）的，自然要算少年從遊的劉文蔚童鈺二人了。實齋因他們而習聞蕺山南雷之說，這是萬萬不能缺略的。《清史稿·章學誠傳》，也據此敘入，而諸本年譜卻偏不錄及，實不可解。[4]

三、日本學者三田村泰助在〈章學誠の「史學」立場〉一文中，也指出實齋少年時代遊

2見胡適，《章實齋年譜·自序》，頁一。

3見《說文月刊》，第二卷合訂本（一九四二年十二月再版），頁二六五下欄。

4見吳天任，《章實齋的史學》，香港，一九五八，頁二六五—二六七。

於劉文蔚之門，對實齋思想的形成有極重要的影響。不過三田氏所根據的資料，不是《文獻徵存錄》，而是楊鍾羲的《雪橋詩話》。[5]

四、倪文孫在《章學誠的生活與思想》專著中，根據《章氏遺書》附錄中所引《文獻徵存錄》之文及吳孝琳的〈補正〉，也傾向於接受實齋早年從遊童二樹的說法。[6]

以上所舉中國學者二人，日本與美國學者各一人，治章氏之學態度都極為嚴肅。可是他們在不同的程度上都肯定了《文獻徵存錄》的記載。足見實齋與童二樹、劉豹君之間有無師生淵源，仍是一個需要進一步探討的問題。即使是持論謹嚴的人也不免要認為《徵存錄》的記載必有其來歷，決不是錢林憑空揑造的。[7]

但是要認真地解決這個問題，我們不能片面地根據《文獻徵存錄》，更不能援引從《徵存

5 見《東洋史研究》，第十二卷，第一號（一九五二年九月），頁十六，註一二。按：《雪橋詩話》（求恕齋本）卷十云：「章實齋……從山陰劉文蔚豹君、童鈺二樹遊，習聞蕺山、南雷之說。言明季黨禍緣起及唐、魯二王本末，往往出於正史之外。」（頁六b）《雪橋詩話》此條材料，與《清史稿・章學誠本傳》一樣，顯然是從《文獻徵存錄》轉手而來的。

6 David S. Nivison, *The Life and Thought of Chang Hsüeh-ch'eng*, p. 265, note m.

7 見錢穆，《中國近三百年學術史》，上冊，頁四一五。

錄》轉手而來的《清史稿》和《雪橋詩話》為證。首先，我們必須檢查一下實齋本人的著作，看看其中有無痕跡可尋。《章氏遺書》中似乎不曾提到劉文蔚，但實齋在批評袁枚的《詩話》時卻兩度涉及童二樹。茲徵引原文如下，再加討論。實齋的〈書坊刻詩話後〉云：

偶見《詩話》中記吾鄉童二樹先生，以謂論詩少所許可，惟傾倒於此人，甚至不辭跋涉，遠訪不值。童病將死，猶力疾畫梅寄贈，題詩其上，未竟而逝。生死不忘，欲伊作序，伊感其意，為定詩十二卷，序而行之。此則誣罔太甚，不可不辨白也。童君為吾鄉高士，生平和易近人，非矜高少許可者。惟見江湖聲氣一流，惡其纖佻儇俗，絕不與通交往。此人素有江湖俗氣，故蹤跡最近，而聲聞從不相及。蓋童君論詩尚品，此人無品而才亦不高，童君目中，視此等人若糞土然，雖使匍匐納交於童君，童君亦必宛轉避之，無端乃死生之際，力疾畫梅，求伊為序，真顛倒是非，誣枉清白之甚者矣。且此人逢迎貴顯，結交聲望，浪得虛名，已數十年，童君歷聘諸公亦三十餘年，其間彼此聞名已非一日，童君果肯傾倒此人，則數十年中，蹤跡又不甚遠，何至全無片簡往還，直待將死，方為力疾畫梅，題詩絕氣，結此身後之緣！即以情理推之，亦萬無此事也。由是觀之，則其敘述貴顯鉅公與聲望名宿種種傾佩納交之事，亦半屬子虛亡是之言，讀者幸勿為所愚也！（原註：童君不尚標榜，生平從無求人作序之事。）[8]

實齋又有〈題隨園詩話〉七絕十二首，其中兩首是關於童二樹的。其一曰：

二樹高名老布衣，生平和易不規隨。忽稱少可多排斥，獨許隨園事太奇！

其二曰：

冰寒蠅垢不相宜，儒局名場共一時。絕口無言三十載，如何絕筆畫梅詩？（原注云：《詩話》謂二樹臨終，恨不見隨園，畫梅贈之，題詩未終，落筆而逝。）[9]

實齋於隨園，時時彈詆逾量。〈書坊刻詩話後〉中說二樹視隨園若糞土，並斷定二人之間絕無

8 《文史通義・內篇五》，頁一六六—一六七。

9 《文史通義・內篇五》，頁一六八。

交往之事，則恐不免過於武斷。周作人曾考察過二樹詩集數種，據他的意見：

袁子才好名，《詩話》所記多過於誇詡，文章亦特無趣味，蓋其缺點也，惟二樹之推崇隨園蓋亦係事實，《詩略》卷四有題袁香亭《轂音集詩》，其二有云：「楚中昔日稱三道，（註，謂中郎兄弟，）吳下今知有二袁。」可以推見。但此等事禁不起本人自述，況袁公又缺蘊藉之致耶。[10]

知堂所論似較實齋為允，但這不是本文的主旨所在，不須深論。從上引實齋文字中，我們顯然可以斷言實齋與二樹之間決無師弟關係。實齋稱二樹為「吾鄉童二樹先生」、「童君」、「二樹老布衣」，皆絕非受業弟子所宜爾。戴東原「吾郡老儒江慎修永」之稱，曾大招後世謗議，以為是「叛師」的明據。實齋如果早年嘗從遊於童二樹之門，豈能在詩文中僅視二樹為一普通的同鄉前輩，而絲毫不以師禮尊之乎？且按之《章氏遺書》，亦殊不見實齋熟於明季及南明史事的痕跡。所以根據第一手的資料，《文獻徵存錄》的記載是絕不足徵的。

10 周作人，〈關於童二樹〉，收入《瓜豆集》（香港影印本），一九六九，頁一九六。

然則《徵存錄》之說究竟何所本乎？余考錢大昕撰〈邵君（晉涵）墓誌銘〉云：

> 君生長浙東，習聞蕺山、南雷諸先生緒論，於明季朋黨，奄寺亂政，及唐、魯二王起兵本末，口講手畫，往往出於正史之外。自君謝世，而南江文獻，無可徵矣！[11]

以此條校之《徵存錄》，可決其所指者為同一人。然邵二雲為錢竹汀親取之士，生平過從亦密，〈墓誌銘〉所言自是第一手史料，無可置疑。錢林（一七六二～一八二八）則時代較後，又未嘗親與實齋、二雲遊，故《徵存錄》的史料價值絕無法與〈邵君墓誌銘〉相提並論。由是言之，我們已可初步斷定《徵存錄》是將邵二雲的事情誤收入章實齋的傳記中去了。但是《徵存錄》又決非直接取材於竹汀的〈墓誌銘〉，因銘文中並未提及二雲有少從劉文蔚、童鈺遊之事。那麼，《徵存錄》的材料來源究竟在那裡呢？我的答案是江藩《國朝漢學師承記》中的〈邵晉涵傳〉。江鄭堂在邵傳之末寫道：

11 《潛研堂文集‧卷四十三》（萬有文庫本），第六冊，頁六八七。

> 君少從山陰劉文蔚豹君、童君二樹遊，習聞蕺山、南雷之說，於明季黨禍緣起，奄寺亂政，及唐、魯二王本末，從容談論，往往出於正史之外。自君謝世，而南江之文獻亡矣！[12]

此段文字與《徵存錄》幾乎一字不差，故可斷定其間必有直接的關係。但邵二雲少年從遊童二樹之事別有直接史料足資證明，無可置疑。[13]則此兩節文字之關係，必是《徵存錄》襲取《師承記》而復誤邵二雲為章實齋之所致也。鄭堂（一七六一～一八三一）與東生為並世之人，我們又何能遽斷必是《徵存錄》誤襲《師承記》耶？此點當從兩書刊佈之先後求之。《師承記》八卷係鄭堂於一八一八年（嘉慶二十三年）刻於廣州；而《徵存錄》則遲至一八五八年（咸豐八年）始問世，相隔四十年之久。所以事實上江鄭堂不可能見及《徵存錄》也。更重要者，《徵存錄》並非錢東生生前完稿，而是死後由他的門弟子王藻（字菽原）補綴而成的。王菽原為《文獻徵存錄》所撰敘文對此書撰集經過曾有詳細的敘述。茲摘其最有關之語於下：

12 江藩，《漢學師承記》（萬有文庫本），第二冊，頁二二。

13 參看黃雲眉，《邵二雲先生年譜》，南京，一九三三，頁十八b－十九a。

先生……搜討極勤，蠅頭細字，或行或楷，隨筆著錄，間有塗抹，至不可辨識。茲所輯皆當代名流紀事，凡十一冊，廿餘年來未成書也。先生既歸道山，藁本為汪君喜孫（按：字孟慈，一七八六～一八四七）取去。……先生歿數年矣，甲午歲孟慈忽詣余，告以紀事底藁若干冊。余亟詢之，先索得五本，粗觀大略，深知先生用功之勤。不數日孟慈走索，余欲覩其餘，而孟慈色吝甚，詭曰：塗抹處甚多，恐一時難遍觀也。彼時正為老友俞理初（按：名正燮，一七七五～一八四〇）刻《癸巳類稿》，因舉以授理初。理初知藁本未全，為余畫策，轉向春海（按：即程恩澤，字雲芬，號春海，一七八五～一八三七）言之，屬其轉索，因并餘六冊取來，細加繙閱。會理初匆匆南旋，鈔寫未及蕆事。……咸豐初元，適陳碩甫（按：即陳奐，一七八六～一八六三）渡江來訪，余又以此書屬之。朝夕盤桓，商榷此事，而遲延未果。……是年秋有《崇川制藝彙存》之刻，……尚未竣事，即於其間竭昕夕之力，手自編次，亦倩及門諸子暨兒子輩晨夜鈔錄。除理初、碩甫先已理成四冊外，又編成六冊，付諸手民。[14]

14 《文獻徵存錄・敘》，頁二a—七b。

細讀此「敘」，可見《徵存錄》之輯成實輾轉眾手，而最後編定付刻復極倉卒。其時王藻已七十高齡，主要鈔錄工作都是他的門生和兒子輩做的，以致筆誤及錯簡之事在所難免。實齋之訛為「張」姓即是筆誤的結果；邵二雲早年的師承移到了實齋的名下則顯係由於錯簡而致。蓋《徵存錄》中的實齋傳本非獨立成篇，僅附在〈二雲傳〉之末，而《師承記》載二雲少從遊劉豹君、童二樹之語又適在邵傳之尾也。諒必此數語誤錄入實齋條下，編者轉恐「自君謝世」之「君」字將使人誤會係指二雲而言，遂逕易「君」為「學誠」兩字。如此一來，竟使此一錯簡現象益難為人察覺。《徵存錄》既錯簡於前，《清史稿》與《雪橋詩話》又復誤從於後，實齋與童二樹、劉豹君之間的關係終於積非成是。我之詳辨此一條史料的來龍去脈，即在鄭重指出史料審查對於歷史斷案的無比重要性。近代中國史學界曾一度流行過所謂「史學即史料學」的說法，這自然是一偏之見。但史學必須建立在堅固的史料基礎之上，則將永遠是史學研究中一個顛撲不破的真理。

五、從宋明儒學的發展論清代思想史

——宋明儒學中智識主義的傳統

(一)引　言

關於清代思想與宋明儒學傳統的關係，自來有兩種不同的看法：第一種看法是把它當作對理學的全面反動。梁任公與胡適之兩先生持此說最力。他們認為十七世紀中葉以後的中國學術思想史走上了一條與宋明以來截然不同的新趨向。這一新趨向，在消極方面表現為反玄學的運動；在積極方面，則發展為經學考據。在這兩個方面，顧炎武的業蹟都具有開創性。因為亭林不僅深斥「昔之清談，談老莊；今之清談，談孔孟」，而且還提出了「經學即理學」的明確口號，要用經典研究的實學來代替明心見性的虛理。第二種看法則是對第一種看法的修正。它並不否認清學有其創新的一面，但強調宋明理學的傳統在清代仍有其生命。至少晚明諸遺老，還是盪漾在理學的餘波之中。錢賓四師對此一觀點闡發得最明白，他說：

言漢學淵源者必溯諸晚明諸遺老。然其時如夏峰、梨洲、二曲、船山、桴亭、亭林、蒿菴、習齋，一世魁碩，靡不寢饋於宋學。繼此而降，如恕谷、望溪、穆堂、謝山乃至慎修諸人，皆於宋學有甚深契詣，而於時已及乾隆，漢學之名始稍稍起。而漢學諸家之高下淺深，亦往往視其宋學之高下淺深以為判。[1]

此外，馮友蘭先生在他的《中國哲學史》中也專闢〈清代道學之繼續〉一章，討論到漢學與宋學的關係。在他看來，清代漢學家於講及義理之學時，其所討論之問題與所據之典籍都未能佚出宋明理學的範圍。因此，他的結論是：「漢學家之義理之學，表面上雖為反道學，而實則係一部分道學之繼續發展也。」[2]

這兩種看法的區別，具體地說，在前者強調清學在歷史上的創新意義，而後者則注重宋學在清代的延續性。從學術思想演變的一般過程來看，後說自較為近情理。因為不僅前一時

1 《中國近三百年學術史》，上冊，頁一。

2 《中國哲學史》，下冊，頁九七四—九七五。

代的思想不可能在後一時代突然消失無蹤，而且後一時代的新思潮也必然可以在前一時代中找到它的萌芽。事實上，清儒的博雅考訂之學也有其宋明遠源可尋。這一點在下面將會談到。梁任公在《清代學術概論》中曾以西方文藝復興比敷清學，其說頗可商榷。但從史學史的觀點看，梁、胡兩人對清代學術的歷史意義的解釋確和布哈德 (Jacob Burckhardt) 對意大利文藝復興的解釋有相近之處。布氏所描繪的文藝復興乃是與中古時期截然不同的嶄新文化。易言之，它是中古與近代的分水嶺。但是一百年來的史學研究卻使我們愈來愈明白，幾乎文藝復興的所有「新」的成分都可以在中古找到遠源。時至今日，史學家甚至需要爭辯文藝復興究竟應該算作中古的結束抑或近代的開始。我們對於清代學術思想史的研究自然尚不能與西方學者對文藝復興的研究相提並論。然而僅就已有的修正意見言之，我們至少有充分的理由對清學與宋明儒學的關係重加考慮。

另一方面，上述兩種看法雖然不同，卻有一個基本上共同的出發點：即以討論理、氣、性、命的所謂「義理」之學為宋明儒學的典型，而以之與乾嘉時代名物訓詁的「考據」之學相對照。這種漢宋（即所謂考據與義理）的對峙，自十八世紀中葉以來即已顯然。推原其始，實由於清代考據學者立意自別於宋、明儒，以爭取在整個儒學史上的正統地位。換句話說，漢、宋之辨主要是清儒宗派意識的產物，是否與宋、明以來儒學發展的史實相應，頗成問題。

因此即在清代已有人提出疑問。江鄭堂（藩，一七六一～一八三一）寫《國朝漢學師承記》為漢宋分疆。而同時龔定菴（自珍，一七九二～一八四一）即遺書商榷，謂「漢學」之名有十未安，其最有關係之三點如下：

> 若以漢與宋為對峙，尤非大方之言；漢人何嘗不談性道？五也。宋人何嘗不談名物訓詁？不足概服宋儒之心。六也。近有一類人，以名物訓詁為盡聖人之道，經師收之，人師擯之，不忍深論，以誣漢人，漢人不受。七也。[3]

定菴此疑特別涉及宋、明以來儒學的定義問題。心性之學本是宋代儒學復興中最新穎與最突出的一環，這一點自無諍議的餘地。但若逕以心性之學為宋學的唯一內容，則未免將近一千年來的儒家門庭過分狹隘化了。其實當宋代儒學初興之際，經典整理本有其重要性。全謝山編《宋元學案》，以胡瑗與孫復為宋學先河，而安定教學則分經義與治事兩齋。這已可見經典整理在宋初儒學中所佔的比重。後來熙寧二年（一〇六九）安定高弟劉彝在答復神宗詢問胡

3〈與江子屏牋〉，見《龔自珍全集》（王佩諍校本），中華書局，下冊，頁三四七。

瑗和王安石孰優時，曾對儒學有如下的界說：

> 臣聞聖人之道，有體、有用、有文。君臣父子仁義禮樂歷世不可變者，其體也；詩書史傳子集垂法後世者，其文也；舉而措之天下，能潤澤斯民，歸于皇極者，其用也。[4]

這裡所說的「文」更顯然是指與儒學直接有關的文獻而言。尤可注意者，其範圍且不限於原始經典，而擴大到經、史、子、集各方面。全氏《學案》又特立「盧陵」一卷，首載其《易童子問》，足見對歐公經學的重視。永叔於經史詞章都有卓越的成就，但獨不喜言性，致為後儒所譏。[5]則謝山不以心性之學為宋學的唯一標幟，其意固極昭著。宋儒的經典整理工作至朱熹而告一段落。僅就考據之學言，朱熹的貢獻也是驚人的。龔定菴說「宋人何嘗不談名物訓詁」實是持平之論。

---

4 《宋元學案．卷一》（萬有文庫薈要本），頁二六。關於這一儒學定義的討論，可參看 W. Theodore de Bary, "A Reappraisal of Neo-Confucianism," in Arthur F. Wright, ed., *Studies in Chinese Thought*, Chicago, 1953, pp. 89–91.

5 參看劉子健，《歐陽修的治學與從政》，頁三三—三四。

我們當然不能否認，南宋以後經典整理工作在儒學復興的大運動中，最多只能佔據次要的地位。無論是「六經註我」的陸子靜或「泛觀博覽」的朱元晦都一樣沒有教人「為讀書而讀書」的意思。讀書如果有意義，則祇能因為這樣可以使我們在聖賢的道理上討得分曉。在這個層次上看，宋學確乎是「義理之學」，與清代乾嘉的「考據之學」適成一強烈的對照。但問題並不止此。在肯定了求義理的大前提之後，我們還得要面臨讀不讀書的選擇問題。這一點上，朱陸的異同仍有其重要的意義，雖則我們所談的異同，從純哲學的眼光看，也許根本不存在。這裡涉及哲學史和一般思想史的分野問題。朱陸的歧見，據〈象山年譜〉(《象山先生全集．卷三十六》) 淳熙二年條記云：

> 鵝湖之會，論及教人。元晦之意欲令人泛觀博覽，而後歸之約。二陸之意欲先發明人之本心，而後使之博覽。朱以陸之教人為太簡；陸以朱之教人為支離。此頗不合。先生更欲與元晦辯，以為堯舜之前何書可讀？復齋（即九齡）止之。

後來的儒者更把二者之異同簡化為「尊德性」與「道問學」之別。[6] 這類的看法自然祇是表面的，並沒有觸及朱陸兩家理論系統的內層。因此，從哲學史的觀點看，也許很少意義可說。

然而，由於這種常識上的分別長期地存在於一般儒者的意識之中，並對後世朱陸異同的爭論有深遠的影響，它們反而成了思想史上必須討論的題旨。

(二)宋明理學中智識主義與反智識主義的對立

朱陸的異同，若從此淺顯處去說，便必然要歸結到讀書的問題上。所以鵝湖之會象山最後提出了「堯舜之前何書可讀」的質難。這裡轉出了思想史上一個帶有普遍性的問題：即智識主義 (Intellectualism) 與反智識主義 (Anti-intellectualism) 的衝突。西方基督教傳統中的「信仰」(faith) 與「學問」(scholarship) 的對立，便是這種衝突的一個例證。在《新約》中耶穌一方面認為知識學問是虔誠信仰的阻礙，另一方面又表現出對古經文有深入的研究。後來基督教中重信與重學的兩派因之都可以在《新約》中找到根據。但一般而論，在十五、六世紀的所謂學術復興 (Revival of Learning) 以前，西方思想基本上是偏向於信仰一邊的。在信仰空氣瀰漫之下，希臘古典學術極受排斥，Tertullian（公元二二二年卒）的反智識主義的名論最足代表重信輕學一派人的態度。他公然宣稱雅典與耶路撒冷沒有絲毫共同之處，也否認希臘古

6 參看《宋元學案・卷五十八》，第十五冊，黃宗羲案語，頁六。按：此分別朱子已自言之，見後。

典哲學可以對基督教義有任何助益。一言以蔽之，「自有耶穌基督以來，我們已毋須乎好奇：自有福音以來，我們再也用不著求知。」[7] 西方中古「信仰」與「學問」的對峙，從歷史上考察，是希伯來宗教文化和希臘古典文化相互激盪的一種表現。[8] 就這一點說，它和宋代以來儒學演變的歷史頗有不同。第一、儒學雖也有智識主義與反智識主義的對立，但遠不像西方所表現的那樣強烈。第二、這種對立並非兩種截然相異的文化衝突的結果，而是起於儒學內部學者對「道問學」與「尊德性」之間的畸輕畸重有所不同。朱子〈答項平父書〉云：

> ……大抵子思以來，教人之法，惟以尊德性、道問學兩事為用力之要。今子靜所說專

7 關於基督教中這兩方面的衝突，英文著作甚多，以上所論大體根據下列幾種書籍：E. Harris Harbison, *The Christian Scholar in the Age of Reformation*, 1956, pp. 1–3; Charles Norris Cochrane, *Christianity and Classical Culture*, A Galaxy Book, 1957, pp. 222–223; Etienne Gilson, *Reason and Revelation in the Middle Ages*, 1938, pp. 8–10; John Herman Randall, Jr., *The Role of Knowledge in Western Religion*, 1958.

8 此層論者甚多，不煩詳及。簡明的解說可看 Frederick B. Artz, *The Mind of the Middle Ages*, 3rd edition, 1962，第一及第二章。

是尊德性事，而熹平日所論卻是問學上多了……。

在答項平父另一書中又云：

……近世學者務反求者，便以博觀為外馳；務博觀者又以內省為隘狹。左右佩劍，各主一偏，而道術分裂，不可復合。此學者之大病也……。[9]

這兩段話正可看作常識中所瞭解的朱陸異同一種最明白的註釋。從朱子的話裡，我們知道，他不但已自覺到他的基本立場是偏於學的一面，而且有意糾正這種偏向。另一方面，陸象山也並非真的主張束書不觀，否定一切經典注疏的價值。不過象山偏向於「先立其大」一邊，深恐「泛觀博覽」之必流於「支離」而已。據呂祖謙寫給朱子的信說：

子壽前日經過，留此二十餘日。幡然以鵝湖前見為非，甚欲著實看書講論。心平氣下，

9 均見《朱文正公文集》（《四部叢刊初編》縮本），卷五十四，頁九六二。

相識中甚難得也。[10]

似乎陸九齡在鵝湖會後有轉重「道問學」的傾向。（唯象山則似持舊說未變，故朱子答書曰：「子靜似猶有舊來意思。子壽言其雖已轉步，而未曾移身。」同上引）全謝山調停朱陸，說：

斯蓋其從入之途，各有所重。至于聖學之全，則未嘗得其一而遺其一也。[11]

這在最淺的層次上是可以成立的。因此，就整個宋代儒學來看，智識主義與反智識主義的對立，雖然存在，但並不十分尖銳。其所以如此者，或是由於在兩宋時，二氏之學（尤其是禪學）尚盛，儒者忙於應付外敵，內部的歧見因此還沒有機會獲得充分的發展。

下逮明代，王陽明學說的出現把儒學內部反智識主義的傾向推拓盡致。說王學是儒家反智識主義的高潮並不含蘊王陽明本人絕對棄絕書本知識之意。從他的思想立場上看，博學對

10《宋元學案・卷五十七》，第十四冊，頁一二九。

11見〈淳熙四先生祠堂碑文〉，收入《鮚埼亭集・外編・卷十四》（萬有文庫本），第八冊，頁八三九—八四〇。

於人的成聖功夫言，只是不相干。所以我們既不必過分重視它，也不必著意敵視它。一五一六年（丙子），他給陸元靜的信中對這一點說得最明白：

> ……博學之說，向已詳論……使在我果無功利之心，雖錢穀兵甲、搬柴運水，何往而非實學，何事而非天理，況子史詩文之類乎？使在我尚存功利之心，則雖日談道德仁義，亦只是功利之事，況子史詩文之類乎？一切屏絕之說是猶泥於舊習。平日用功未有得力處，故云爾。[12]

想必陸元靜原信本有屏絕子、史、詩、文之說，而陽明不以為然，故答語如此。但陽明時學者對朱陸異同有一普遍性的誤解，即謂朱子專以道問學為事，而象山則專主尊德性。[13]朱子「道問學」之教不僅遭受了誤解，同時這種誤解還具有廣泛的影響。因此陽明在矯正朱學流弊時遂主要集中在讀書問題上。《傳習錄》中〈答顧東橋書〉（即「拔本塞源論」）有云：

12《王文成公全書》（《四部叢刊初編》縮本），卷四，頁一八六。

13參看〈王陽明年譜〉，正德四年「論晦菴象山之學」條，《全書》，卷三十二，頁九一二—九一三。

……有訓詁之學，而傳之以為名；有記誦之學，而言之以為博；有詞章之學，而侈之以為麗。若是者紛紛籍籍，群起角立於天下，又不知其幾家。萬徑千蹊，莫知所適。……記誦之廣，適以長其傲也；知識之多，適以行其惡也；聞見之博，適以肆其辨也；辭章之富，適以飾其偽也。……[14]

這一段話極力說明離開「尊德性」而務博學之失，可以說是陽明反智識主義的最明確的表示。陽明對朱子的評議特別著重於讀書博學適足以害道一點，最可以從他的《朱子晚年定論》中得其消息。《定論》中所錄朱子的書簡，幾乎全是關於讀書無益而有害的議論。《論》末附錄吳草廬（澄）一文，正代表陽明自己所要說的話：

……程氏四傳而至朱，文義之精密又孟氏以來所未有者。其學徒往往滯於此而溺其心。夫既以世儒記誦詞章為俗學矣，而其為學亦未離乎言語文字之末，此則嘉定以後，朱門末學之敝，而未有能救之者也。……訓詁之精，講說之密，如北溪之陳，雙峰之饒，

14《全書》，卷二，頁一〇一—一〇二。

則與彼記誦詞章之俗學，相去何能以寸哉！[15]

蓋元明以來，朝廷用《四書集註》取士，朱子博覽之訓隨之而深入人心。一般學者從朱子入儒門也都不免流於訓詁講說一途。陽明對症下藥，乃不得不極力撥除文字障。這裡透露出一個重要消息，即宋代儒學復興中的重「文」精神自元迄明始終是思想界一伏流。其所以只成一伏流者，則因為經典整理工作在宋明儒學傳統中畢竟是次要的。這幾百年中的第一流學術人才主要都在心性辨析上用功夫。所以朱熹儘管在訓詁考釋方面有卓越的貢獻，基本上他仍然是一位理學家，而不是考據家。但是這一伏流的存在，從思想史的觀點看，卻具有重大的意義。儒家的智識主義正托身於此。忽略了這一重要的歷史事實，我們便很難將清學在中國近世思想史上安排一個適當的地位。

從近世儒學的發展歷程上看，宋代（包括元代）是一個階段，明代是另一個階段。概括言之，宋代的規模較廣，而明代則所入較深。所謂宋代規模較廣者，就本文的範圍言，是指它同時包羅了「尊德性」和「道問學」兩方面，比較上能不墮於一邊。所謂明代所入較深者，

15《全書》，卷三，頁一六八—一六九。

則指其在心性之學上有突出的貢獻，把「尊德性」領域內的各種境界開拓到了盡頭。黃宗羲在《明儒學案》的「凡例」中說得最明白：

嘗謂有明文章事功皆不及前代；獨於理學，前代所不及也。牛毛繭絲，無不辨晰，真能發先儒之所未發。程、朱之闢釋氏，其說雖繁，總是在迹上。其彌近理而亂真者終是指他不出。明儒於毫釐之際，使無遁影。

正因為明代儒學偏在象山「尊德性」一面，故反智識主義的氣氛幾乎籠罩了全部明代思想史，實不僅陽明一人而已。在明代主要思想家中，前如陳獻章（一四二八～一五〇〇），後如劉宗周（一五七八～一六四五）皆於讀書窮理之說持懷疑的態度。白沙說：

學勞擾，則無由見道。故觀書博識，不如靜坐。[16]

16《明儒學案・卷五》，（萬有文庫本），第一冊，頁五三。

又說：

> 人之所以學者，欲聞道也。求之書籍而弗得，則求之吾心可也。惡累於外哉！此事定要覷破。若覷不破，雖日從事於學，亦為人耳！……詩文末習，著述等路頭，一齊塞斷，一齊掃去，毋令半點芥蒂於胸中，然後善端可養，靜可能也。[17]

黃宗羲謂「有明之學，至白沙始入精微……至陽明而後大。兩先生之學最為相近。」[18]蓋白沙治學雖從程朱入手，而其所深造自得者則近乎象山。此與陽明之由朱子格物之說，轉入象山簡易之教者，先後如出一轍。無怪乎他們兩人在這一問題上見解一致了。蕺山是明代理學的最後大師，他對程、朱與陸、王兩派雖都有所批評，[19]但大體上仍不出陸王樊籬。在讀書問題上，他頗同情於陽明的論點。他在〈讀書說〉中有這樣的話：

17《明儒學案・卷五》，（萬有文庫本），第一冊，頁七〇。

18《明儒學案・卷五》，（萬有文庫本），第一冊，頁四七。

19見《明儒學案・卷六十二》，第十二冊，頁六二―六三。

學者欲窺聖賢之心，尊吾道之正，舍《四書》六籍，無由而入矣。蓋聖賢之心即吾心也。善讀書者第求之吾心而已矣。舍吾心而求聖賢之心，即千言萬語，無有是處。陽明先生不喜人讀書，令學者直證本心，正為不善讀書者。舍吾心而求聖賢之心，一似沿門持鉢，無益貧兒。非謂讀書果可廢也。[20]

從表面上看，他是在主張書不可廢。但一究其實，讀書卻不為求知識，依然不脫陽明「證本心」的意思。前面曾說過，在陽明思想系統中，書本知識與成聖功夫可以不相干。今蕺山「沿門持鉢，無益貧兒」之喻，則正為此說添一有力的旁證。蕺山在〈應事說〉中云：

學者靜中既得力，又有一段讀書之功，自然遇事能應。若靜中不得力，所讀之書，又只是章句而已。[21]

按：朱子嘗教人「半日靜坐，半日讀書」，然並未說明何者較重要。而明代大儒在涉及這一點

20《明儒學案・卷六十二》，第十二冊，頁九〇。

21《明儒學案・卷六十二》，第十二冊，頁八七。

時，則往往重靜坐而輕讀書。陳白沙是如此，劉蕺山也是如此，陽明早期也主張用靜坐來「補小學收放心一段工夫」。[22]僅此一端，已可看出明代反智識主義的基本傾向。上引蕺山兩段話都說得比較含蓄，至少還承認讀書在儒學中的輔助作用。但他在解答讀書窮理的問題時，則祇認定靜坐是窮理的唯一法門，讀書致知反成歧出：

> 靜中自有一團生意不容已處，即仁體也。窮此之謂窮理，而書非理也。集此之謂集義，而義非外也。今但以辨晰義理為燕越分途，而又必假讀書以致其知，安知不墮於義外乎？[23]

這恐怕才是他對讀書問題的真正態度。

陳第（一五四一～一六一七）云：

> 書不必讀，自新會始也；物不必博，自餘姚始也。[24]

22《全書》，卷四，頁一七〇。

23《明儒學案‧答葉廷秀》，第十二冊，頁六四。

白沙、陽明所代表的反智識主義，在明代儒學史上誠佔有主導的地位。但當時持異議者亦大有人在。明代傾向於智識主義的儒者可以粗略地分為兩大派：一派是在哲學立場上接近朱子者，另一派則是從事實際考證工作者。前者是在理論上肯定知識的重要性；後者則從經驗中體會非博不足以言約。

白沙初受學於吳與弼（康齋），與胡居仁、婁諒同為「康齋之門最著者」。[25]而胡、婁兩人即與白沙意見不合。婁諒是「讀書窮理」派，著述甚豐，與白沙適相反。胡居仁則一方面主敬，一方面重致知，介乎陳、婁之間，因而對二者皆有批評。但若僅就讀書一端上說，胡、婁都可歸之於智識主義一派。居仁曾說：

> 婁克貞（諒）說，他非陸子之比。陸子不窮理，他卻肯窮理；公甫（白沙）不讀書，他勤讀書。以愚觀之，他亦不是窮理。他讀書，只是將聖賢言語來護己見；未嘗虛心求聖賢指意，舍己以從之也。[26]

24《謬言》，收入《一齋集》（道光重刻本），頁三五。轉引自容肇祖，《明代思想史》（臺灣開明本），頁二七三。

25《明儒學案・卷二》，第一冊，頁二三。

可見他不但主張讀書，而且強調讀書不可主觀，這正是承朱子虛心讀書之教。[27] 居仁又說：

孔門之教，惟博文、約禮二事。博文是讀書窮理事；不如此，則無以明諸心。約禮是操持力行事；不如此，無以有諸己。[28]

這是在理論上肯定讀書為儒學中必不可少的一個階梯。因此他屢說白沙為「禪」。[29] 又說：「陳公甫窺見些道理本原，因下面無循序工夫，故遂成空見。」[30]

與陽明同時，而持論相反者，則有羅欽順（整菴，一四六五～一五四七）。陽明編《朱子

26 《明儒學案・卷二》，第一冊，頁十六。

27 按：朱子論讀書須虛心，備見於《朱子語類・卷十一》（正中書局影印本），第一冊，「讀書法下」諸條，頁三三九－三四六。如朱子說：「今人觀書，先自立了意後方觀。盡率古人語言入做自家意思中來。如此只是推廣得自家意思，如何見得古人意思。」（頁三四五）尤可與居仁之說比觀。

28 《明儒學案》，第一冊，頁十八。

29 《明儒學案》，第一冊，頁十三。

30 《明儒學案》，第一冊，頁十六。

晚年定論》，整菴首先致書質難。整菴理氣之說雖與朱子不同，但其主「道問學」為「尊德性」的基址，則確然是「朱學的後勁」。[31]故整菴與陽明的對立，從本文觀點看，實可說是儒家智識主義與反智識主義的對立；從歷史的線索看，則也可說是宋代朱陸異同的重現。有人問高攀龍（一五六二～一六二六）「整菴、陽明俱是儒者，何議論相反？」他答道：

學問俱有一個脈絡，宋之朱、陸亦然。陸子之學直截從本心入，未免道理有疏略處。朱子卻確守定孔子家法，只以文行忠信為教，使人以漸而入。然而朱子大，能包得陸子；陸子麄，便包不得朱子。[32]

這顯是以羅、王為明代的朱、陸。高氏亦是程、朱派的儒者，故其言不免偏袒整菴。然其特提「脈絡」一點，則實具有思想史的觀點。象山嘗反駁朱子曰：「既不知尊德性，焉有所謂道問學？」[33]整菴評曰：

31 用容肇祖語，見其《明代思想史・朱學的後勁》（臺灣開明書店本），頁一八三－一九六。

32 《明儒學案・卷五十八》，第十一冊，頁九四。

33 事在一一八三年，象山年四十五，見〈象山年譜〉，收入《全集・卷三十六》，頁三二一。

> 此言未為不是。但恐差卻德性，則問學直差到底。原所以差認之故，亦只是欠卻問學功夫。要必如孟子所言，博學詳說，以反說約，方為善學。苟學之不博，說之不詳，而蔽其見於方寸之間，雖欲不差，弗可得已。[34]

故整菴極不滿象山「六經皆我註腳」之言。他說：

> 自陸象山有「六經皆我註腳」之言，流及近世，士之好高欲速者，將聖賢經書都作沒緊要看了。以為道理但當求之於心，書可不必讀。讀亦不必記，亦不必苦苦求解。看來若非要作應舉用，相將坐禪入定去，無復以讀書為矣。一言而貽後學無窮之禍，象山其罪首哉！[35]

是竟以明代反智識主義的風氣完全歸罪於象山了。稍後陳建（一四九七～一五六七）著《學蔀通辨》破陽明「晚年定論」之說，即聞整菴之風而起者。《通辨》卷五（後編中）討論象山

34　《困知記》（叢書集成本），卷一，頁六。

35　《困知記》（叢書集成本），卷三，頁二五－二六。

讀書諸條，即全本整菴評「六經註腳」一段，並引白沙、陽明之詩文，以實整菴之說。其中評白沙的一條云：

> 陳白沙詩云：古人棄糟粕，糟粕非真傳。吾能握其機，何用窺陳編。又曰：吾心內自得，糟粕安用邪！愚按糟粕之說，出自老、莊。王弼、何晏之徒，祖尚虛無，乃以六經為聖人糟粕，遂致壞亂天下。白沙奈何以為美談至教，與象山註腳之說相倡和哉！[36]

白沙糟粕之詩最為明代朱學一派所不滿。婁諒的弟子夏尚樸東巖有〈讀白沙與東白（張元楨）論學詩〉，疑之云：

> 愚謂六經載道之文，聖賢傳授心法在焉。而謂之糟粕非真傳何耶？[37]

是已先清瀾而發。[38] 清瀾又評及陽明云：

---

36 《學蔀通辨》（叢書集成本），頁六二—六三。
37 《明儒學案・卷四》，第一冊，頁四三。

王陽明嘗撰〈尊經閣記〉（即〈稽山書院尊經閣記〉，見全書卷七，頁二五〇—二五一），「謂聖人之述六經，猶世之祖父遺子孫以名狀數目，以記籍其家之產業庫藏而已。惟心乃產業庫藏之實也……。」嗚呼！陽明此言，直視六經為虛器贅物，真得糟粕、註腳之嫡傳矣！[39]

---

38 清瀾謂「糟粕之說，出自老、莊。王弼、何晏之徒，祖尚虛無，乃以六經為聖人糟粕」。大體雖是，細節多訛。《莊子・天道》輪扁問齊桓公所讀何言。「公曰：聖人之言也。曰：聖人在乎？公曰：已死矣！曰：然則君之所讀者，古人之糟魄已夫！」《淮南子・道應訓》亦載此故事。蓋謂死人之遺言，已不能盡其意也。是糟粕亦不必定指六經而言。王荊公讀史詩云：糟粕所傳非粹美，丹青難寫是精神。亦泛指古人陳編，可證。魏晉之際，首發糟粕六經之意者，為魏太和（二二七～二三二）時之荀粲。其言曰：「然則六籍雖存，固聖人之糠粃。」（見《三國志・魏志・荀彧傳注》及《世說新語・文學篇》注引〈粲別傳〉）其事尚在正始清談之前。今清瀾歸罪王、何，亦失之未考。（參看我所撰〈漢晉之際士之新自覺與思想〉，《新亞學報》，第四卷，第一期，一九五九年八月，特別是頁一〇〇—一〇四）至於「糠粃」之於「糟粕」，用語雖異，意指則一，置之不辨可也。

39 《學蔀通辨》，頁六三。

由此可見，在明代，不僅讀書博學成為一般人意識中朱陸異同的一個焦點，而且對經典的態度也是兩派分歧之所在。但是根據智識主義的觀點發展下去，則最後必然會導至義理的是非取決於經典的結論，看看誰的話是真正合乎聖賢的本意。這就要走上清儒訓詁考證的路上去了。所以儘管羅整菴是一個理學家，他有時也會訴諸訓詁的方法。試看下面一條：

程子言：性即理也；象山言：心即理也。至當歸一，精義無二。此是則彼非；彼是則此非。安可不明辨之？昔吾夫子贊《易》，言性屢矣。曰：乾道變化，各正性命。曰：成之者性。曰：聖人作《易》，以順性命之理。曰：窮理盡性，以至於命。但詳味此數言，性即理也，明矣！於心，亦屢言之。曰：聖人以此洗心。曰：易其心而後語。曰：能說諸心。夫心而曰洗、曰易、曰說，洗心而曰以此。試詳味此數語，謂心即理也，其可通乎？且孟子嘗言，理義之悅我心，猶芻豢之悅我口，尤為明白易見。故學而不取證於經書，一切師心自用，未有不自誤者也。[40]

40《困知記》，卷二，頁十三。

「性即理」或「心即理」是四百年來儒學史上一個最大的爭論。現在整菴對這一問題的解決竟要「取證於經書」，這是很可玩味的。這種從哲學論證到歷史考據的推移，其原因自然很複雜。其中之一即抽象的心性爭辯愈來愈缺乏說服力。所以整菴雖於理氣論有創見，卻不得不承認「心、性至為難明」。[41] 黃宗羲對整菴理氣論與心性論互相矛盾的批評是一篇極簡當的哲學分析文字。但他最後也要下一轉語，說：「心、性之難明，不自先生始也。」[42] 因此之故，理學家中竟也有人會對抽象的心性說採取一種近乎取消主義的態度。例如何塘（一四六四～一五四三）因反對陽明之學，至謂「本原性命非當務之急」。主張由「學」直接過渡到「政」，毋怪黃宗羲要說他是「本末倒置」了。[43]

就明代朱、陸兩派對經典的態度的分歧而言，智識主義與反智識主義的對立顯然已趨向兩極化。從一種意義看，這是儒學鞭辟向裡，雙方對彼此相異之點推究到底的結果。所以這一對立在宋代遠不及在明代顯朗。因此，朱子雖可說是一智識主義者，但他對六經的看法有時竟亦與象山相去不遠。象山「六經註腳」之說也並未引起朱子的批評。象山語錄中有兩處

41《困知記》，卷二，頁十五。

42《明儒學案・卷四十七》，第九冊，頁三六。

43《明儒學案・卷四十九》，第九冊，頁八〇－八二。

說及此。其一曰：

> 論語中多有無頭柄的說話……非學有本領，未易讀也……。學苟知本，六經皆我註腳。[44]

其二曰：

> 或問先生何不著書？對曰：六經註我，我註六經。[45]

細味此兩段，則象山並非存有輕蔑六經之意。其大旨不過謂善讀書者必須將書中道理與心中道理融合無間而已。其第一節強調《論語》未易讀，尤可見象山於六經未敢掉以輕心。第二節係針對著書之問而來。語雖簡略，意旨則甚明白。蓋謂若著書便是「我註六經」，不著書則是「六經註我」。象山認定他所瞭解的道理已備見於六經，所以覺得沒有著書的必要。這和後

44 《全集・卷三十四》，頁二五八。

45 《全集・卷三十四》，頁二六一。

來陳白沙「糟粕非真傳」、「何用窺陳編」的說法是很有距離的。僅就此點說，反智識主義在象山不過微見端緒；在白沙則已是暢發無遺。[46]其實朱子也說：

> 讀六經時，只如未有六經。只就自家身上討道理。經之有解，所以通經。經既通，自無事於解。借經以通乎理耳。理得則無俟乎經。[47]

正可與象山之言互證。推而上之，也可會通於《易．繫辭》所謂「言不盡意」及莊子所謂「得意忘言」的說法。我們這樣把朱子和象山對比，並不是要證明朱陸早異晚同或早同晚異。我

---

46 謂之「微見端緒」者，因推極象山之意，真理若本存在人心中，則亦可不藉書冊而得。陳清瀾著《通辨》，門戶意識太強，評語殊多失當，與其文獻編年部分，價值未可同日而語。如前引之文中，將「註腳」與「糟粕」等量齊觀，即是一例。反不如羅整菴「流及近世」之說，專從影響方面立論者，下語為少病也。近人容肇祖《明代思想史》頁三九，引白沙〈道學傳序〉論「六經糟粕」之文，以為純是象山「六經註腳」見解，亦沿明代以來舊說。象山此語，受誤會久矣。故特為辨正之如此。

47《朱子語類．卷十一》，頁三五七、三六五。

們只是要指出在朱陸當時，智識主義與反智識主義的壁壘尚不十分森嚴。這是近世儒學復興初期所以規模較廣的一個內在因素。到了明代以後，儒學內部兩派的分裂既顯，鬥爭亦劇。這樣就發生了誰壓倒誰的問題。就明代說，自然是反智識主義佔了上風。復由於明代儒學的發展正如黃宗羲所指出的，基本上是在義理一方面，因此智識主義與反智識主義的鬥爭也始終是在理論的層次上進行的。陸、王一系反讀書窮理者固不用說，即使是程朱一派主張格物致知的人也衹是在理論上肯定經典研究的價值，而未能實踐其說，如朱子之所為者。清人每言明代學術空疏，正是從實踐方面立論。但智識主義若要壓倒反智識主義，最後必然要歸宿到實踐，而不能長駐於理論的境域。這是因為它所採取的立場和反智識主義根本不同。一個反智識主義者既否定知識對他的思想或信仰有任何幫助，則他毋須乎借助他所否定的知識，來支持他的立場。相反地，一個智識主義者則必須說明他的持論和他所肯定的知識之間有什麼關係。這樣，他不但要建構理論，同時還要整理知識。並且，他的知識是否可靠基本上決定他的理論是否站得住。

以上是從一般典型的智識主義與反智識主義的分野而言的。若就歷史上任何特定學派或教派（如中國的儒學或西方的基督教）的實際發展來觀察，二者之間的交涉自不能如此涇渭分明。以宋明以來的儒學而言，其中尚涉及所謂「正統」的問題。無論是程朱派或陸王派都認為自己所主張的道理是承接著孔孟的。這就使採取了反智識主義立場的陸王派多了一層知識上的糾纏。如果反智識主義的儒者只是直截了當地提出自己所見的真理，如程明道所謂「天理二字是自家體貼出來」，或如象山所謂「因讀《孟子》而自得之於心」，則一切經典都成題外。因為讀古人之書得到啟發而見道是一事，但進一步強調此「道」即古聖相傳之「道」，則勢將陷入智識主義的泥淖而不自知。大體上說，象山在這一方面還比較斬截，始終能不落入訓詁的陷阱。所以他敢說東海、西海、南海、北海、千世之上、千世之下，此心同、此理同的話。王陽明便已不能擺脫經典的糾纏，因此，他要編《朱子晚年定論》，要重定《大學古本》。在陽明言，不過借《大學》為他的良知說張目，[48]並以箝反對者之口。殊不知這樣一來，反而授人以隙，引起此後訓詁辨偽種種節外之枝。陽明又嘗說：「夫學貴得之於心。求之於心而非也，雖其言之出於孔子，不敢以為是也。……求之於心而是也，雖其言之出於庸常，不敢以為非也。」[49]這才與他所採取的哲學立場，義成條貫。別人雖然還可以批評這種說法，但必須提高批評的理論層次，而不能僅僅根據經典來駁斥他了。[50]

48 劉蕺山即如此說，見《明儒學案》，第十二冊，頁八五。

49 《全書》，卷二，頁一一七。

50 例如顧憲成〈與李見羅書〉，見《明儒學案‧卷五十八》，第十一冊，頁六三—六四，唯顧氏引語另一方面，我們必須再鄭重聲明：我們說朱子及其明代的後學注重讀書，因而有智識主義的傾向，決不意味著他們的中心問題是知識問題（包括經典知識）。更不是說，朱陸異同可以簡化成智識主義與反智識主義的對壘。我們要指出：從思想史的觀點看，由於朱子教人偏在「道問學」一方面較多，故其明代的傳述者往往提倡讀書博學之說，做為反陸王一系的重要論據之一。事實上，明代正是儒學「尊德性」一面發展到巔峰的時代。朱學後勁關於讀書博學的主張也都是在「尊德性」的大前提下提出的。但既以「尊德性」為儒學最高標準，而程伊川已說「德性之知，不假見聞」，[51] 則讀書博學都不過是「聞見之知」，與「德性」本不相干。此所以在明代陸、王之學風靡一時，卒非朱學所能匹敵。

上面曾指出，王陽明為了替他的良知說找歷史的根據而重定《大學古本》，因而與儒家原始經典發生了糾纏。一涉及經典整理，偏重「道問學」一派的儒者便有了用武之地。宋明以來儒學中不絕如線的智識主義遂因此而得了發展的機會。羅整菴「取證於經典」的主張尚不過是反智識主義高漲的風氣下一個微弱的智識主義的呼聲。要貫徹這種主張卻絕不是一朝一夕所能奏功。這不但需要多數人繼續不斷的努力，而且首先必須有一個濃厚的智識主義的思

與原文略異。

51 《宋元學案・卷十五》，第五冊，頁五九。

想空氣。這兩個基本條件都要到清代才具備。從這個觀點看，清學便不能是宋明儒學的反命題，而是近世儒學復興中的第三個階段。在這一階段中，有兩項中心工作特別值得注意：第一是儒家經典的全面整理。這是朱子以後便沒有再暢進的一股潛流。由於清代在考證方法上的進步，其成績遂遠超過了宋明。第二是觀念還原的工作，即找出儒學中重要觀念的原始意義。這就是後來戴東原所謂「以六經、孔、孟之恉還之六經、孔、孟。」這一工作本與第一項密切相關，但並不相同，可以說是清學特見精神之所在。後來的人用考據兩字來概括清學，固有其理由；但這樣一來，清學與宋明以來的儒學傳統遂若邈不相接。其實若從思想史的綜合觀點看，清學正是在「尊德性」與「道問學」兩派爭執不決的情形下，儒學發展的必然歸趨，即義理的是非取決於經典。但是這一發展的結果，不僅儒家的智識主義得到了實踐的機會，因而從伏流轉變為主流，並且傳統的朱陸之爭也隨之而起了一種根本的變化。關於這一發展的曲折過程，本書內篇已通過戴震與章學誠的個案作了較詳細的討論，下面〈清代思想史的一個新解釋〉一篇也另有綜合的說明。

㈢經典考證的興起與儒學的轉向

在結束本篇之前，我們還要談一談明代若干考證學者和儒家智識主義發展的關係。以上的討論大旨只在指出：明代在哲學立場上接近朱子一派的儒者如何從理論方面強調讀書的重要。但這並不是說，明代的智識主義者僅限於程朱派的理學家。事實上，明代尚有不少理學門戶以外的儒者，雖不高談窮理致知，而實際上卻在博文方面有具體的貢獻。這些人的業蹟對後來清學的發展也有重要的影響。《四庫全書總目提要》說：

明之中葉，以博洽著稱者楊慎……次則焦竑，亦喜考證。……惟以智崛起崇禎中，考據精核，迥出其上。風氣既開，國初顧炎武、閻若璩、朱彝尊沿波而起。始一掃懸揣之空談。[52]

這顯然是以清代經史考證之學遠起於明之中葉。[53]清初費密（一六二五～一七〇一）著《道脉譜》歷引王鏊、鄭曉、歸有光等人推重漢唐經典註疏的話，胡適之先生據之，認為清代漢學風氣已起於明中葉以後。[54]這些證據都很堅明，但問題則在於我們怎樣處理這些證據。若根據

52《四庫全書總目提要・子部・雜家類三》（萬有文庫本），第二十三冊，方以智「通雅」條，頁五一。

53參看錢穆，《中國近三百年學術史》，上冊，頁一三五－一三七。

這些證據而肯定清學只是明中葉以後個別考證活動的匯流與擴大，則全部清代學術史就會被解釋成一個單純的方法論的運動。胡適之先生的結論正是如此。[55]這樣的說法自然不是沒有事實的根據。例如顧炎武研究古音，用「本證」和「旁證」的方法就源自陳第的《毛詩古音考》。又如閻若璩的《古文尚書疏證》是清初考據的最大著作之一。而其書亦有採於梅鷟的《古文尚書考異》。但是這個說法的最大的漏洞在於根本忽略了從顧炎武到乾嘉的漢學家所共持的中心理論。離開這一理論，我們便無法瞭解清學的發展何以採取那樣一個特殊的方式，而不循別種途徑。譬如胡先生自己就曾遭遇到這種困難而無法提出解答。他在比較三百年來中國和西方學術發展的分歧之後，很慨歎中國的「科學方法」僅在故紙堆中發揮了它的作用，而沒有像在西方那樣被應用到對自然界的研究上。這正是思想史家所要追究的關鍵性的問題，但胡先生把它輕輕放過了。至於中國的考證方法究竟是不是科學方法，自然又當別論。當然，胡先生和梁任公先生都說過：清學在中國思想史上的意義是「反理學」，而考證方法不過是一種工具。這個說法也是有理由的，但仍不免有可商榷之處。第一、它太強調清學的反面意義，

54《胡適文存》，第二集，臺北，一九五三，頁七〇—七一。

55見他的〈清代學者的治學方法〉，收入《胡適文存》，第一集，頁三八三—四一二，和〈治學的方法與材料〉，收入《胡適文存》，第三集，頁一〇九—一一二。

而不能說明其正面意義。依照這種邏輯，我們也可說，孟子的工作在於闢楊、墨，或宋、明理學的意義在於反佛、老。而事實上，我們都知道孟子和宋、明理學在全部儒學史上還有其更重要的正面意義。同樣地，清學在儒學傳統中也自然應有其正面的意義。這正是治思想史者所必須求解答的問題。第二、這種說法與事實亦不盡相合。若說從一六〇〇年以後中國思想界的主要工作便是反理學，[56]我們便無法解釋清學盛鼎時代許多並不反理學的第一流考據家的存在。梁任公先生也承認清學正統派人物「將宋學置之不議不論之列。」[57]第三、考證方法和反理學並無必然關係，在清代如此，在明代亦如此。楊慎（一四八八～一五五九）雖不喜白沙、陽明一派廢書不觀的態度，卻並未因此而否定理學本身的價值，且頗推重羅整菴之學。[58]我們固不得謂升菴從事考證是出於反理學的動機。陳第著《毛詩古音考》也不過是要糾正明人廢學之病。所以焦竑為之作序有云：

> 世有通經學古之士，必以此為津筏。而簡陋自安者，以好異目君，則不學之過矣！[59]

56 見胡適，〈幾個反理學的思想家〉，《胡適文存》，第二集，頁五三。

57《清代學術概論》（商務本），一九二一，頁八。

58 見《升菴全集・卷四十五》（萬有文庫本），第四冊，頁四五三—四五四。

在理學問題上，陳第尊重陽明，但不滿意王學末流之弊。他曾說：

> 我朝二百餘年，理學淵粹、功業炳燿，惟王文成。然文成之教主於簡易，故未及百年，弊已若斯。[60]

同時，他的格物說也與王陽明相近。[61]所以，說陳第論學傾向於智識主義則可，必謂其反理學則恐不符真相。[62]焦竑（一五四〇～一六二〇）更是一個有趣的例子。在清代，他是以考證聞名的；而在明代，他卻是一位理學領袖，為王門泰州一派的健者。黃宗羲說他「主持壇坫，

59《澹園集・卷十四》（《金陵叢書》乙集），頁二下。

60《書札燼存》，轉引自容肇祖，頁二七六。

61容肇祖，前引書，頁二七七－二七八。

62容肇祖論陳第之文，名為〈考證學與反玄學〉，然細按其所引諸文，雖有反對當時講學家之語，亦多反對博學不切實用之論，容文之末復備論陳第受陽明思想影響之深。而討論《毛詩古音考》一節，又未能舉出任何反玄學或反理學的證據。實有過分搭題之嫌。蓋容氏《明代思想史》一書的基本觀點完全採自胡適〈幾個反理學的思想家〉一文（《文存》，卷三，頁五三－一〇七），此觀其第一章可知。既有先入之見，遂不免下語過當。手頭無陳氏《一齋集》，不能深論。

如水赴壑。其以理學倡率，王弇州（世貞）所不如也。」[63] 弱侯的例子最可以說明考證與反理學不能混為一談。

現在我們要進一步追問：明中葉以後考證學的萌芽究竟可以說明什麼問題？從思想史的角度看，它是明代儒學在反智識主義發展到最高峰時開始向智識主義轉變的一種表示。前面已說過，就儒學內在的發展說，「尊德性」之境至王學末流已窮，而「道問學」之流在明代則始終不暢。雙方爭持之際，雖是前者佔絕對上風，但「道問學」一派中人所提出「取證於經書」的主張卻是一個有力的挑戰，使對方無法完全置之不理。而另一方面，「尊德性」一派的儒者為了要說明「古聖相傳只此心」，也多少要涉及原始儒學經典的整理問題。在這種情形之下，除非儒學能定於德性之一尊，或安於五經四書大全之功令，否則回到孔子的博文之教，對儒學的下一步發展來說，似乎是勢所必至的事。明中葉以後考證的興起便正是相應這一發展而來。所以在消極方面，當時富於考證興趣的儒者所最不滿意的就是陳白沙一派的極端反智識主義態度。前面我們已引及陳第「書不必讀，自新會始」的話。楊慎也說：

63《明儒學案・卷三十五》，第七冊，頁四六。

伊川謂治經遺道，引韓非子買櫝還珠。然猶知有經也。……今之學者謂六經皆聖人之蹟，不必學。又謂格物者非窮理也。……是全不在我，全不用工。是無櫝而欲市珠，無筌而欲得魚也。[64]

升菴意態激昂，有時竟以為離經即是叛道。故說：

逃儒叛聖者以六經為註腳；倦學頹息者謂忘言為妙筌。[65]

稍後方以智（一六一一～一六七一）在《通雅》自序中說道：

聞道者自立門庭，糟粕文字……其能曼詞者，又以其一得管見，洸洋自恣，逃之空虛。

這也顯然是對「糟粕六經」一系思想的駁議。他們既不滿意離開書籍而空談儒家的道理，自

64 《升菴全集・卷七十五》，第八冊，頁九八九。

65 《升菴全集・卷二・周官音詁序》，第一冊，頁十六。

然就要進一步注意到儒家舊有的智識主義傳統。謝與棟記焦竑在新安講學，有下面一段對話：

> 黃芊陽少參言：顏子歿而聖人之學亡。後世所傳是子貢多聞多見一派學問，非聖學也。先生曰：多聞擇其善者而從之，多見而識之，是孔子所自言，豈非聖學？孔子之博學於文，正以為約禮之地。蓋禮至約，非博無以通之。故曰：博學而詳說之，將以反說約也。[66]

這一番問答頗能透露儒學從反智識主義轉向智識主義的消息。黃芊陽之問自是代表明代一般儒者輕視知識的態度。焦弱侯的答語則強調兩點：一、知識本為孔子所重；二、非經博文的過程便不能達到約禮的境地。以明代而論，這卻是一個新的立場。在這個立場上，他已不知不覺地把「聖學」的領域擴大了：多聞博識也是儒家舊統，固不得摒之於孔門之外。而弱侯以一個王門理學家而從事博聞考訂功夫，則更可見儒家思想的動向。[67]

66《澹園集・卷四十二・古城答問》(《金陵叢書》乙集)，頁八。

67 按：焦弱侯師事耿定向、羅汝芳，又與李贄交密，從明代理學傳統言，殆已走上黃宗義所謂「能赤手以搏龍蛇」之境。(《明儒學案・卷三十二・泰州學案序》，第六冊，頁六二) 故以「佛學即為聖學」（《明儒學案・卷三十五》，第七冊，頁四六）。在心性問題上，他不承認儒釋分途。他曾說：「學者誠志於道，竊以為儒釋之短長，可置勿論，而第反諸我之心性。苟得其性，謂之梵學可也，謂之孔孟之學可也。即謂非梵學，非孔孟學，而自為一家之學亦可也。」（《澹園集・卷十二》，頁三下）這正是把陽明「學貴得之於心」之教發揮到了盡處。《四庫提要》至謂其與李贄「相率而為狂禪……尊崇楊墨，與孟子為難。」（子部雜家類存目二，「焦弱侯問答」條。）所以，在心性之學方面，弱侯實可說是一結束人物。此與其在博學考訂方面之為一開創人物，適成為有趣之對照。但他自己並不覺得其學之分為兩橛，有何內在矛盾。此正是象徵「尊德性」之境既窮不得不轉向「道問學」一途也。泰州學派中稍前有趙貞吉（一五〇八～一五七六）亦與弱侯途轍相近。他一方面公然承認自己是禪學；另一方面又從事大規模的著作。據黃宗羲說：「分作二通，以括古今之書。內篇曰經世通；外篇曰出世通。內篇又分二門：曰史，曰業。史之為部四：曰統，曰傳，曰制，曰誌。業之為部四：曰典，曰行，曰藝，曰術。外篇亦分二門：曰說，曰宗。說之為部三：曰經，曰律，曰論。宗之為部一：曰單傳直指。書雖未成，而其緒可尋也。」（《明儒學案・卷三十三》，第六冊，頁一〇〇）是不僅其談心性與著述分為兩橛，即其書之分為經世與出世兩篇，亦至堪玩味。觀其內篇子目，則其書若成，亦必於清代經史考證之學會有所影響。此亦儒學途窮將變之一顯例。若更推而上之，則泰州學派的創始者王艮心齋即已略露重知識的傾向，而與陽明良知之教有異。《心齋語錄》上說：「孔子雖天生聖人，亦少學詩、學禮、學易、逐段研磨，乃得明徹之至。」（《學案・卷三十二》，第六冊，頁七二）但說得更明白的則是他給錢德洪（緒山）的一封信：「……正諸先覺，考諸古訓，多識前言往行，而求以明之，此致良知之道也。觀諸孔子曰：不學詩，無以言。不學禮，無以立。五十以學易，可無大過。則可見矣。然子貢多學而識之，夫子又以為非者，何也？說者謂子貢不達其簡易之本，而從事其末。是以支離外求而失之也。故孔子曰：吾道一以貫之。一者，良知之本也，簡易之道也。貫者，良知之用也。體用一原也。使其以良知為之主本，而多識前言往行，以為蓄德，則何多識之病乎？昔者陸子以簡易為是，而以朱子多識窮理為非。朱子以多識窮理為是，而以陸子簡易為非。嗚呼！人生其間，則孰知其是非而從之乎？孟子曰：是非之心，人皆有之。此簡易之道也。充其是非之心，則知不可勝用，而達諸多識前言往行以蓄德矣。故曰：博學而詳說之，將以反說約也。」（《王心齋先生遺集・卷二》，一九〇九年東台袁氏重編本，頁十五－十六）雖然自表面觀之，心齋此論仍不離陽明良知之宗旨，但全文之意，則在強調博學多識並不必然有害於致良知一層上。至其游移於朱陸之間，而嘆是非之難定，則尤耐尋味。我們自不能以重知識為心齋學術之要點。據《心齋年譜》正德十五年（一五二〇），心齋初見陽明後，歸途過金陵與太學諸友講論六經大旨云：「夫六經者，吾心之註腳也，心即道。道明則經不必用；經明則傳復何益？經傳印證吾心而已矣！」（《遺集・卷三》，頁三）是純依陸王之教。其與錢緒山書，文末有「先師」之語，則已在陽明卒後。陽明死於一五二九年，心齋死於一五四一年。或者心齋晚年較注重博學多聞，亦未可知。又《語錄》云：「若能握其機，何必窺陳編。白沙之意在學者須善觀之。六經正好印證吾心。孔子之時中全在韋編三絕。」（《遺集・卷一》，頁五。）《語錄》亦出晚年。可見上述焦弱侯所強調的兩點，也正是其他考證學者所重視的問題。由於對多聞多見的傳統的重視，方以智遂得到「古今以智相積」的看法：

> 古今以智相積。……生今之世，承諸聖之表章，經群英之辯難，我得以坐集千古之智，折中其間，豈不幸乎？[68]

明季之尚考據者要數方以智的智識主義氣味最濃，幾幾乎已脫出了儒學的樊籬。此節論知識的累積性在明代固是空谷足音，而尤可注意者則是他對智性本身的重視。所以他又說：

> 大成貴集，述芗于删。千古之智，惟善讀書者享之！[69]

心齋雖始終「以經證心」之說未變，但其重點則轉在教人不可廢六經。故要人善觀白沙之意。心齋關於讀經與博學之主張，對於泰州後學必有影響。上引焦弱侯〈古城答問〉一節即全本其與錢緒山之書而立論者也。

68《通雅・卷首之一・考古通說》。

69《通雅・卷首之二・藏書删書類略》。

這種為著觀賞古人智慧而讀書的態度，決不是明代一般糟粕六經的儒者所能贊同的，但在考證家之間卻時有所見。如陳第也說：

> 余於傳註異同，最喜參看。譬如兩造具備，能以片言折之，使兩情俱服固善。不然如五色並列，五音並奏，亦見人心靈竅，此說之外，又有彼說，不為無益。[70]

頗可與方以智之說互證。

與重知識相隨而來的還有博與約之間的關係究當如何？這本是朱陸異同中的老問題，但明代考證學家重提這個問題時卻已給予它不同的意義。關於這一點，我們將在下篇討論清代思想時作較詳的解釋，因為此不同之處必須要等到清代考證學發展成熟以後才能完全顯露出來。現在我們只能這樣概括地指出：即博約問題在宋、明理學的系統中基本上是「尊德性」層次上的問題。換句話說，知識之有意義僅在於它能使人成就德性，而不是由於它本身的內在價值。晦菴與象山的爭論主要是在次序上，即由博返約抑或先立其大。(此「立其大」即後

70《松軒講義》，頁四七，引自容肇祖，頁二七九。

來陳白沙所謂「欛柄」或王陽明所謂「頭腦」）晦菴因為比較傾向知識主義，他的博約論有時亦不全就德性而言。這一層留待下面再說。及至考證學家重提博約問題時，他們的論點則已從「尊德性」的層次轉移到「道問學」的層次上了。這在明代中葉以後已見端倪。上引焦弱侯的話便有此意。不過弱侯同時也是理學家，因此他在別處論及博約問題時尚徘徊於兩個層次之間，不十分確定。[71]但方以智在前面所說的「集」與「刪」則已是從客觀知識的意義上討論「博」與「約」了。以智的《通雅》自序上還有更明顯的說法：

> 學惟古訓，博乃能約。當其博，即有約者通之。博學不能觀古今之通，又不能疑，焉貴書簏乎？

此處所謂博與約便完全跳出了「尊德性」的範圍。以智生當明清之際，其時知識主義已漸得勢，宜其立論與焦竑有別。但明代從知識觀點論博約者，楊慎實在焦、方諸人之先。《升菴全集》中有「博約」一條，所說極清晰：

71 參看《筆乘・卷四・尊德性而道問學》，頁二五—二六及《筆乘續集・卷一》，頁八—九。

博學而詳說之，將以反說約也。或問反約之後，博學詳說可廢乎？曰：不可。詩三百，一言以蔽之，曰：思無邪。禮三千三百，一言以蔽之，曰：毋不敬。今教人止誦思無邪、毋不敬六字，詩、禮盡廢可乎？[72]

這顯是純在讀書致知的境域內解釋博與約的關係。所以，不但未約之先須從博入，而且既約之後仍當不斷求博。其實朱子教人讀書，早已說到這一層。《朱子語類》卷十一云：

為學須是先立大本。其初甚約，中間一節甚廣大，到末梢又約。孟子曰：博學而詳說之，將以反說約也。……近日學者多喜從約，而不於博求之。不知不求於博，何以考驗其約？[73]

此節所論博約次序雖與升菴不同，用意則至近。同卷又一條云：

72 《升菴全集・卷十五》，第四冊，頁四六九。
73 《朱子語類・卷十一》，頁三五八。

學者觀書，先須讀得正文，記得注解，成誦精熟。注中訓釋文意、事物、名義，發明經指相穿紐處，一一認得，如自己做出來底一般，方能玩味反覆，向上有透處。若不如此，只是虛設議論，如舉業一般，非為己之學也。曾見有人說《詩》，問他〈關雎〉篇，於其訓詁名物全未曉，便說「樂而不淫，哀而不傷」。某因說與他道：公而今說《詩》，只消這八字，更添「思無邪」三字，共成十一字，便是一部《毛詩》了。其他三百篇皆成渣滓矣！[74]

合而觀之，朱子這裡也正是從「道問學」方面說博與約的交互為用。所以他第一節所謂「先立大本」也是就「為學」方面立論的，不可與象山「先立其大」之說混為一談。我們以升菴之論上合之朱子之教，便可見儒家智識主義的伏流，自宋迄明，始終未斷。升菴雖於朱子時有不滿之言，然其說讀書之博與約則並不能異乎朱子的緒論。這裡也可以看出，在儒學傳統內，知識的檢定自有其客觀性，不因哲學立場而變。後來章實齋以清代博雅考訂之學歸之朱子一脈，其一部分意義亦在於是，未可全以宗派之實際傳承說之。焦弱侯的出現尤其富有象

74 《朱子語類・卷十一》，頁三二六四。

徵意義。他的王學立場已不復能阻止他對「博學多識」的追尋。這表示儒家智識主義的力量已足以撼動舊有的理學門戶。程朱與陸王的爭論在「尊德性」的層次上已走到了盡頭，此後的異趨則將轉移到「道問學」的層次上去。故弱侯之兼治理學與考證，就其自身說誠不免分為兩橛，但就思想史的發展說，則適象徵儒學從「尊德性」階段到「道問學」階段之過渡。弱侯在〈鄧潛谷先生經繹序〉上說：

> 孔子之言曰：我非生而知之者，好古敏以求之者也。故興於詩、立於禮、成於樂。迨晚而學易，韋編三絕。曰：若是我於易則彬彬矣！蓋經之於學，譬之法家之條例，醫家之難經，字字皆法，言言皆理，有欲益損之而不能者。孔子以絕類離倫之聖，亦不能釋經以言學。他可知已！漢世經術盛行，而無當於身心。守陋保殘，道以寖晦。近世談玄課虛，爭自為言。而徐考其行，我之所崇重，經所絀也；我之所簡斥，經所與也。嚮道之謂何，而卒與遺經相刺謬。此如法不稟憲令，術不本軒岐，而欲以臆決為工。豈不悖哉！[75]

75《澹園續集．卷一》，頁十一－十二。

此序亦學風將變未變之際一極有意思之資料，其中有可注意者數點：一、論學扣緊經典不放，並說自孔子已然，顯與糟粕六經之說相反，而意在開闢經學的新途。二、對當時「談玄課虛」者之「以臆決為工」的風氣深致不滿，至謂經典如法家條例與醫家難經，其中「字字皆法，言言皆理」，則頗近乎羅整菴論心性必須「取證於經書」的主張。從此處再略一引申便是顧亭林「經學即理學」的理論。三、論經術仍鄙薄漢儒，謂其「無當於身心」，則猶是宋明理學家宿見，可見弱侯尚未完全放棄他的理學門面。就這一點言，他不但不像清儒那樣推崇漢代的經注，而且較之其他明代理學圈外的學者（如王鏊、鄭曉、歸有光、楊慎諸人）對漢儒的態度，也尚有距離。惟序文重點終在提倡治經，趨新的意味遠過於守舊，則顯然可見。故此序不徒反映出弱侯自身學術的歧點，而且極能說明何以儒家「尊德性」層次上的爭論發展到最高峰會逼到經典研究的路上去。清初萬斯同（季野，一六三八～一七〇二）曾述及他從理學爭辯轉到經典研究的過程，頗可與此序相參證。他說：

> 某少受學於黃梨洲先生，講宋明儒者緒言。後聞一潘先生（按：即潘平格，字用微）論學，謂陸釋、朱老，憬然於心。既而同學競起攻之，某遂置學不講，曰：予惟窮經而已。[76]

這不是逃避問題，而實是探本溯源的態度。《韓非子．顯學篇》有云：「孔子、墨子俱道堯、舜，而取舍不同，皆自謂真堯舜。堯舜不復生，將誰使定儒、墨之誠乎?」朱、陸則俱道孔、孟，而取舍亦異。所不同者，堯、舜無文字遺存，故其「誠」永不能定，而孔孟則有經典傳世，故後儒終相信其間是非可藉觀念之還原而明。此後清儒便是自覺地朝著這個目標努力，而上引弱侯的序文則已透露出此一儒學發展的新方向。所以，從思想史的觀點看，我們不能把明、清之際考證學的興起解釋為一種孤立的方法論的運動，它實與儒學之由「尊德性」轉入「道問學」，有著內在的相應性。

附記

本篇原為追溯清學的宋明遠源而作，其主旨僅在抉出宋、明儒學發展中與清學密切相應的背景部分。故既非泛論宋明理學，亦非辨朱陸異同，讀者幸勿誤會。

76 據李塨所記，見戴望，《顏氏學記·卷七》(中華書局本)，一九五八，頁一八九。

六、清代思想史的一個新解釋

緣起

這篇文字是根據我一九七五年二月十八日下午在臺灣大學歷史研究所的講演記錄修改而成的。我當時並沒有預備正式的講稿，祇是把近幾年來的研究所得作了一次扼要的口頭報告。五月間我在香港收到了錄音的文字記錄，恰值事忙，一時無暇整理。後來在修改過程中又發現我的講詞涉及人名、書名、專名較多，記錄頗有錯誤，要想修改得文從字順頗為不易。所以修改工作祇進行三分之一，我就放棄了。後面的三分之二，我是根據講詞的線索另行撰寫的，改撰的工作在離港前終於來不及完成，最近生活稍稍安定之後才重新鼓起勇氣來接著寫了下去。所以這篇文字越到後面便越不像是口語了。但這篇東西雖不是當時講詞的忠實記錄，而講演中的要點則都完全包括了進去。在舉證說明的方面，本文則比原講詞加詳了一些。全文寫成後，又分段加上小標題，但是劃分並不嚴格，取便讀者而已。

一九七〇年九月我曾發表了〈從宋明儒學的發展論清代思想史〉上篇。（《中國學人》第二期）該文衹寫到明末為止，清代部分則完全沒有討論到。該文發表以來，不斷有朋友促我續寫下篇。五年以來，我因研究工作尚在進行，自己的見解也時時在發展變化之中，所以始終不肯動手。而且如果讓我今天來重寫「上篇」的話，我在個別問題上的論點也將有所不同。現在這篇講稿則大體上可以代表我對於清代思想史的最新看法，所以本文事實上便是〈從宋明儒學的發展論清代思想史〉的「下篇」。其中論及宋、明的部分則與「上篇」詳略互見，有些地方則對「上篇」有所補正。

余英時

一九七五年十月五日於美國麻州之碧山

㈠為什麼要重新解釋清代思想史？

我這幾年的研究工作主要是「清代思想史」，研究清代思想史當然會牽涉到許多問題，其中最重要的一個，就是怎樣把清代思想史重新加以解釋。首先，我想先談談為什麼需要對清代思想史重新解釋。

這五、六十年以來，也就是說自「五四」以來，甚至還要再往上推到辛亥革命以前，自章太炎先生開始，對於清代的思想或學術史，有一種共同的看法。這種看法和我們當時的「反滿」意識有關。大家似乎都認定：清代的學術之所以變成考證、變成經學，主要是因為讀書人受到滿洲人的壓迫，不敢觸及思想問題，因此轉到考證方面。因為考證一名一物不會觸犯思想上的禁忌，引起文字獄。用章太炎的話說：「家有智慧，大湊於說經，亦以紓死。」這可以說是近人解釋清代思想史的一個重要觀點、一個中心理論。這個理論自然並不是全無根據，但是在應用這一理論的時候，它是不是被過分的誇張了呢？是不是整個清代二百多年的思想發展，只用這樣的一種外緣的因素就可以解釋得清楚呢？這是我自己經常反省、考慮的問題。另外我們還可以舉出幾個其他的理論，一是反理學，這又和反滿是密切相關的一種解釋。我們研究清代學術史，有一個共同的清晰印象，就是宋明理學到了清代好像一下子便中斷了，為什麼呢？清初不少大儒一方面反滿，一方面也反玄談。這兩者之間顯然有某種關聯。因此有些學者像梁啟超先生便認為清初一般讀書人痛定思痛，深恨清談心性誤國，因此都反理學，終於走上了經史實學的路子。跟反理學之說有關的一種解釋是說清代學術的發展，基本上是一個方法論的運動，由於反玄談、反理學，大家便從主觀冥想轉到客觀研究的新方法上來了。這些說法，在我看來，並不是不對，而是不足以稱為嚴格意義上的歷史解釋。因為它們只是一種描寫，對歷史現象的描寫。至於這種現象何以發生，在這些理論中則沒有解答，或解答得不夠澈底。我們還要問為什麼反理學？反玄談？不喜歡講心性？新方法又是怎樣出現的？難道這些問題都是「反滿」兩字可以解答得了的嗎？

讓我再講一個馬克思主義的解釋。大陸上有些學者如侯外廬提出一個說法，以為繼宋明理學之後，清代在思想史上的意義是一種啟蒙運動。這是搬的西洋名詞 Enlightenment。這種「啟蒙運動」照他們的階級分析說，則是代表一種市民階級的思想。這種說法當然是用馬克思的史觀來解釋清代思想的經濟背景，我也不願意說它完全沒有根據。比如說黃宗羲在《明夷待訪錄・財計篇》中曾反駁世儒「工商為末」之論，並明確提出「工商皆本」的命題。這與傳統儒家以農為本的思想大不相同。但如果我們因此就說顧炎武、黃宗羲這幾位大師的立說，全是為了代市民階級爭利益而來，恐怕還是難以成立的。我們不妨把這種說法擺在一邊，聊備一格。

總結我剛才所說的幾個理論，不出兩大類：一是反滿說，這是政治觀點的解釋；二是市民階級說，這是從經濟觀點來解釋的。無論是政治的解釋或是經濟的解釋，或是從政治解釋派生下來的反理學的說法，都是從外緣來解釋學術思想的演變，不是從思想史的內在發展著眼，忽略了思想史本身的生命。我們大家都知道，現在西方研究 intellectual history 或 history of ideas，有很多種看法。其中有一個最重要的觀念，就是把思想史本身看做有生命的、有傳統的。這個生命、這個傳統的成長並不是完全仰賴於外在刺激的，因此單純地用外緣來解釋思想史是不完備的。同樣的外在條件、同樣的政治壓迫、同樣的經濟背景，在不同的思想史傳統中可以產生不同的後果，得到不同的反應。所以在外緣之外，我們還特別要講到思想史的內在發展。我稱之為內在的理路 (inner logic)，也就是每一個特定的思想傳統本身都有一套問題，需要不斷地解決；這些問題，有的暫時解決了；有的沒有解決；有的當時重要，後來不重要，而且舊問題又衍生新問題，如此流傳不已。這中間是有線索條理可尋的。懷德海 (A. N. Whitehead) 曾說，一部西方哲學史可以看作是柏拉圖思想的註腳，其真實涵義便在於此。你要專從思想史的內在發展著眼，撇開政治、經濟及外面因素不問，也可以講出一套思想史。從宋明理學到清代經學這一階段的儒學發展史也正可以這樣來處理。

我為什麼要這樣說呢？因為在我們一般的印象中，六百年的宋明理學到清代突然中斷了，是真的中斷了嗎？還是我們沒有看見？或者是我們故意視而不見？我想這個問題值得我們好好地想一想。以清初的三大儒來說，王夫之也罷、顧炎武也罷、黃宗羲也罷，他們思想其實還是跟理學分不開的；他們有濃厚的理學興趣，至少腦子裡有理學的問題，因此跟後來的考證家還是相去很遠的。儘管這三位在考證方面都有貢獻，我們恐怕還是不能把他們當作純粹的考證學家。我們不免要問，那麼理學到底是從什麼時候才失蹤的呢？胡適之先生寫《戴東原的哲學》，他感慨地說六百年的哲學遺風到了清代忽然消歇了。為什麼消歇了呢？胡先生並沒有作進一步的說明。馮友蘭先生的《中國哲學史》有一章就叫做〈清代道學的繼續〉，他說道學在清代還繼續存在，但是相對於漢學而言，它已不是學術思想的主流了，祇是一個旁支而已。清朝人談到哲學問題，還是沿用舊的名詞，如性、命、理、氣，但是從哲學觀點看，清人並沒有突破性的成就，所以也不佔重要地位。這也是說，清代的宋學和漢學之間並沒有必然的內在關係。而且從歷史觀點看，漢學是對宋明理學的一種反動。可是我們往深一層想，如果說整個清代三百年的思想都從反抗理學而來，恐怕也不容易講得通。我們很難想像，只是反，便可以反出整個清代一套的學術思想來。貫穿於理學與清學之間有一個內在的生命。我們現在便要找出宋明理學和清代的學術的共同生命何在。

我認為這兩者之間是有線索可找的。我是經過多方面的考慮，才得到一個初步的看法。這個看法，並不和上面提到的幾個說法相衝突，因為那些說法都是從外面講的，都只注意思想史的外緣。而專靠外緣的因素則無法解釋清代學術思想發展的全部過程。以政治外緣為例，反滿並不足以解釋經學考證的興起和理學的衰落。我們研究《四庫全書》的纂修經過，的確看到清廷禁燬不少的書、也改易了不少的書中文字。不過再細究下去，便可見禁燬改易多限於史學方面，經學方面似乎沒有大影響。「集」部也是牽涉到夷狄等字眼才觸犯忌諱。關於經學方面，我們知道清朝的幾個皇帝是提倡經學的，也提倡理學。特別是程朱之學。當然也是別有用心、有政治作用。不過真正講理學也不會犯很大的忌。清初還有很多所謂理學的名臣。所以說把理學的衰落和漢學的發展完全歸之於清代政治壓迫的影響，是不周全的。再從社會經濟發展來講，「市民說」也是大有問題的，首先我們要找出一個所謂市民階級的存在。這還是一個大有爭論的問題。大陸上曾掀起過一場所謂「資本主義萌芽問題」的討論，可是並沒有得到一定的結論。

(二)宋代儒學及其內在問題

我現在想從思想史發展的內在理路方面提出一種看法，這個看法不僅涉及整個清代的學術，同時也牽涉到宋明理學的主要傳統。我們如何解釋宋明理學傳統的內涵，這又是一個重要問題。當然，宋明理學，從朱熹到王陽明，用現代觀點看，顯然是屬於形而上學的範疇。它講的是心、性、是性命之學，是道、是理、是抽象的，而清朝人則說它是虛的、玄的。可是虛的、玄的是一個相對的說法。究竟什麼是虛的、玄的，什麼是實的，是要看你自己的價值取向。譬如說，一個宗教感很強的人便會覺得清代那些實實在在的考證，反而是虛的，和自己的精神生命沒有關係。他反而覺得儒家的宗教思想的一方面，或者基督教宗教思想的一方面，是最真實的。所以虛和實，我們必須以相對的名詞來看待，並不是說清人對古書一本本的考證研究便一定是實的。事實上，清代考證學到後來跟人生、跟社會、跟一切都脫離了關係。雖然號稱樸學，當時已有人說是「華而非樸」。也就是說它是虛而不實的。

我想我們要講宋明理學跟清代學術的關係，應該對宋明理學的內涵重新作一檢討。照傳統的看法，宋明理學從朱熹到王陽明當然是一條主流，是以道德修養為主的。或者用儒家的舊名詞說，就是「尊德性」之學。和尊德性相對的，還有「道問學」的一方面，道問學相當於我們現在所說的求實在的學問知識。所謂尊德性之學就是肯定人的德性是本來已有的，但不免為物慾所蔽，因此你要時時在這方面用工夫，保持德性於不墜。但是尊德性也要有道問學來扶翼，否則不免流於空疏。這本來是儒家的兩個輪子，從《大學》、《中庸》以來，就有這兩個輪子，不能分的。儒家傳統中還有其他的名詞和這兩個輪子相應的。比如說「博學」和「一貫」，或者「博」與「約」，或者「聞見之知」和「德性之知」，或者「居敬」與「窮理」，這些都是成套的，你不能把它割裂開來看。

所有宋、明的儒家都是尊德性的，把德性之知放在第一位，這當然不成問題。但另外一方面講，尊德性之下，還有問題在，即要不要知識呢？要不要道問學呢？比如宋朝人說他們把握到了孔孟之道。但你怎麼知道所把握到的真是孔孟之道呢？要不要看孔、孟、六經之書呢？經學上的問題，要不要處理呢？因此雖同是尊德性，儒家自身便不免要分為兩個不同的流派了。陸象山和朱子的分別，從一種意義上來說正是在這裡。照陸象山說，他是讀了《孟子》以後，心中便直接得到了儒家的義理。事實上，很可能他是心中先有了義理，然後才在《孟子》中得到印證罷了。象山雖然並不主張完全廢書不觀，但他畢竟認為讀書對於成德的功夫而言祇是外在的，不是直接相干的。而朱熹則可以說是走的另外一條路子。朱子當然也是尊德性的，但是他特別強調在尊德性的下邊大有事在，不是祇肯定了尊德性就一切都夠了。比如朱熹講《詩經》，他就不贊成只用「思無邪」三個字來概括三百篇的全部意義，這三個字不能概括《詩經》的豐富內容。我們真要懂得《詩經》，總得要將一部《詩經》從頭到尾好好地讀一遍。所以朱子的《詩集傳》對《詩經》提出了特別的看法，新穎的見解。這就充分表現出朱子喜歡研究學問，注重知識的一方面。所以至少在朱子一系的新儒學中，知識是一個佔有中心位置的問題。事實上這是世界思想史上一個具有普遍性的問題，我們可以說幾乎每一個重要的宗教傳統或道德傳統中都存在著知識的問題。我們怎樣處理它，對待它？這是頗費斟酌的事，以西方文化為例，知識與宗教之間的關係，便屢經變遷，而尤以近代科學知識興起以後，雙方的交涉，更為複雜。John H. Randall 有一本講演集，叫做 *The Role of Knowledge in Western Religion*，便是特別討論這個問題的。

世界上似乎有兩類人，他們性格不同（姑不論這種性格是天生的，還是後來發展出來的）：一類人有很強的信仰，而不大需要知識來支持信仰，對於這類人而言，知識有時反而是一個障礙。學問愈深，知識愈多，便愈會被名詞、概念所糾纏而見不到真實的道體。所以陸象山才說朱子「學不見道、枉廢精神」。另外一類人，並不是沒有信仰，不過他們總想把信仰建築在堅實的知識的基礎的上面，總要搞清楚信仰的根據何在。總之，我們對自己所持的信仰是否即是放諸四海而皆準，這在某些人可以是問題，而在另一些人不是問題。如果根據這個粗疏的分類，我們可以說陸象山是那種性格上有極強的信仰的人，王陽明也可以說是如此；朱熹這一派人強調窮理致知，便是覺得理未易察，他們雖然一方面說「理一」，而另一方面則又說「分殊」，所以要一個個物去格，不格物怎麼知道呢？這裡面顯然牽涉到怎樣求取知識的問題。在尊德性之下，是否就可以撇開知識不管，還是在尊德性之後，仍然要對知識有所交代，這在宋明理學傳統中是中心問題之一。

談到宋明理學，有一點應該先說明，即至少在北宋時代，所謂理學，尚非儒家的主流。講求心性的理學，要到南宋以後，才開始當令，在北宋時還看不出這種局面的。北宋時儒學再生了，規模十分宏闊，周、張、二程的義理尚不過是儒學的一支而已。根據胡瑗的弟子劉彝的說法，聖人之道包括了三個方面：一是講「體」，一像君臣、父子、仁義、禮樂，歷世不可變的體；一是講「用」，怎樣拿儒家學問來建立政治社會秩序，即所謂經世濟民；最後還有「文」，即指經、史、子、傳，各種文獻。任何宗教傳統或道德傳統或文化傳統，一定有它一套基本文獻；文獻怎麼處理，如何解釋，這是一個大問題。所以至少在北宋時，除了少數人講心，講性以外，還有更多的新儒家講其他的問題，如經史問題，政治改革問題等等。下逮南宋儒學始偏重於體的方面，而且是偏於體的哲學方面，或者說要建立道德的形而上學的基礎。體是永久性的、絕對的，不是暫時的、相對的。要確定這種永久性、絕對性，便不得不從形而上方面著眼。總之，南宋以後，儒家注重體的問題過於用了。何以是如此呢？因為在北宋時儒家覺得在政治上還有很多機會可以發揮經世的效用，范仲淹的改革，王安石的改革，都是發揮儒家致用的精神。到王安石變法失敗以後，事功的意味轉淡，大規模的經世致用是談不上了。在理論上，朱子強調「體生用」，呂祖謙也教人不要過分看重用。陳亮、葉適等人比較傾向事功，但在儒學中已不是主流了。

現在要談到文的一方面。北宋可以說在疑經和考古方面都有重要的開始。歐陽修、司馬光這些人整理儒家傳統中的文獻，而成就了他們的經史之學。特別是歐陽修，開始了經學的辨偽門徑。他的《易童子問》辨〈繫辭〉非聖人之言，又疑《周禮》為最晚出之書，這些都是淨化儒家原始經典的重要努力。下至南宋，朱子也還是繼承了這種傳統。所以他說：「如果照著我的意思說下去，只怕倒了六經。」這就是說，儒家經典裡面有很多問題。朱熹是一個很重知識傳統的人，因此他對整理經典知識有極高的興趣，在南宋可稱獨步。朱子特別重智，他提出了「乾道主知」的說法。什麼是「乾」，「乾」是動的，是 active reason。這可以看出他對知識本身的特別強調。這一點很重要，可是我在此只能略為一提，不能發揮得太多。總之，在朱熹的學術系統裡面，雖然第一是尊德性，但是在尊德性之下，他還特別注重知識的基礎。正因有此重視，他才大規模地做經典考證的工作（包括史學、經學、文學各方面），我們讀一讀錢穆先生的《朱子新學案》，便可以看出朱子興趣之廣、方面之多，也可以看出他是怎樣一個重知識的人。他在儒家這一個道德的大傳統裡面，卻處處不忘記要把道德建立在知識的基礎上面。可惜朱子這個傳統，後來沒有能夠好好的繼承下去。為什麼沒有繼承呢？

第一個牽涉到利祿問題。朱子之學變成了正學，《四書集註》變成科舉考試的標準教本，在這種情形下，大家唸朱子的書，感受是不會一樣的。許多讀朱子書的人並不關心什麼道德的知識基礎，他們只關心考試，得功名，做官。這樣一來，把朱子弄壞了。朱學的傳統跟俗學連在一起，不是真的學問了。第二層原因則是由於自南宋到明代，儒學正處在「尊德性」的歷史階段。「尊德性」的路沒有走到盡頭，「道問學」中的許多問題是逼不出來的。而朱子所重視的知識基礎的問題因此也就不大受到注意了。

(三)從「德性之知」到「聞見之知」

明代理學最盛，而王學的出現更是儒家「尊德性」的最高階段。但也正是在這一階段，「道問學」的問題不可避免地凸顯出來了。王陽明的思想發展便是一個很好的例子。他的良知之說，可以說主要是和朱子奮鬥的結果。儘管我們在思想史上常說陸、王，其實陽明跟陸的關係並不很深，反而是和朱的關係深些。他自早年起就被格物之教所困擾，他格竹子的故事，也是依照朱子之教，希望最後能一旦豁然貫通。格了三天無結果，覺得此路不通，聖人無分。當然他那時只是一個十幾歲的小孩子，格竹子的經過連王陽明思想起點都談不上。那不過是一個年輕人的好奇罷了。可是後來他在龍場頓悟，還是起於對格物發生了新解，他忽然覺得要把格物的物字認作心中之物，一切困難都沒有了。如果要格外物，一件件地去格，最後得到統貫萬事萬物的理，那是做不到的。所以王陽明一生基本上都是在和朱子奮鬥之中，他心中最大的問題之一還是如何對待知識，如何處理知識。在王陽明的《傳習錄》中，我們清楚地看到他和他的學生歐陽崇一討論到聞見之知和良知的關係。這是宋明理學中的一個大問題。我們要不要用耳朵聽，用眼睛看呢？還是閉目靜坐、正心誠意便可以悟道了呢？雖然從《傳習錄》上看，好像歐陽崇一聽了王陽明的話，承認「聞見之知」只是「良知」的發用而無助於我們「良知」的當下呈現。可是如果我們讀一讀歐陽崇一的文集，特別是他和羅整菴的往復討論，就可以看出來，這裡面還有問題，不像《傳習錄》裡說得那樣簡單。

總而言之，我覺得宋明理學傳統裡面關於如何對待儒家文獻的問題，即「文」的問題始終是一個中心問題。這一點，到明代特別顯著，因為明代的思想界，從陳白沙到王陽明，都走的是一條路子，都是想直接的把握住人生的道德信仰，並在這種信仰裡面安身立命。他們因此把知識問題看成外在的，不相干的，或外緣的，看成跟道德本體是沒有直接關係的。正因為如此，他們反而不能對知識問題完全避而不談。從某種意義上說，王陽明的「良知」說便是想要解決這個問題的。王氏的「致良知」之教，雖然後來流入反知識的路向，但陽明本人則並不取反知的立場。他正視知識問題，並且要把知識融入他的信仰之中。所以他和柏格森一樣，是「超知識的」(Supraintellectual) 而非「反知識的」。王陽明自己說過，他的「良知」兩字是經過百死千難得來的，不得已而與人一口道盡。陽明經過艱苦深刻的奮鬥，最後發明了良知學說，解決了知識問題對他的困擾。但是後來的人沒有經過「百死千難」，就拿到了良知，那就是現成良知，或「偽良知」。抓住這個欛柄，(當時明朝人如陳白沙喜歡用「欛柄入手」這個說法。) 他們認為是找到了信仰的基礎，因此不免形成一種輕視「聞見之知」的態度。而且有了這種「欛柄」，他們更自以為在精神上有了保障，再也不怕任何外魔的入侵。

我們知道，從朱子、陸象山到王陽明，儒學主要是在和禪宗搏鬥的，道家還在其次。儒家的心性之學雖然說早在孔、孟思想中已有了根苗，事實上宋明理學是深入了佛教（特別是禪宗）和道家之室而操其戈。可是到了明代，禪宗已衰歇了，理學講了五、六百年講到了家，卻已失去了敵人。不但如此，由於王陽明和他的一部分弟子對於自己「入室操戈」的本領大有自信，他們內心似已不再以為釋、道是敵人，因而也就不免看輕了儒、釋、道的疆界。陽明說：釋氏說一個「虛」字，聖人又豈能在「虛」字上添得一個「實」字?老氏說一個「無」字，聖人又豈能在「無」字上添得一個「有」字?這種議論後來便開啟了王學弟子談「三教合一」的風氣。但是對於不願突破儒學樊籬的理學家而言，這種過分的「太丘道廣」的作風是不能接受的。那麼，怎樣才能重新確定儒學的領域呢？這就逼使一些理學家非回到儒家的原始經典中去尋求根據不可，儒家的「文」的傳統在這裡便特別顯出了它的重要性。

再就儒家內部來說，朱、陸的義理之爭，在明代仍然繼續在發展，羅整菴和王陽明在思想上的對峙便是最好的說明。這種思想理論上的衝突最後也不免要牽涉到經典文獻上面去。例如程、朱說：性即理，象山說：心即理。這一爭論在理論的層次上久不能決，到明代依然如此。例如羅整菴是程、朱一派的思想家，服膺「性即理」的說法，然而他覺得祇從理論上爭辯這個問題已得不到什麼結論，因此他在《困知記》中徵引了《易經》和《孟子》等經典，然後下斷語說：論學一定要「取證於經書」。這是一個非常值得注意的轉變。本來，無論是主張「心即理」的陸、王或「性即理」的程、朱，他都不承認是自己的主觀看法；他們都強調這是孔子的意思、孟子的意思，所以追問到最後，一定要回到儒家經典中去找立論的根據，義理的是非於是乎便只好取決於經書了。理學發展到了這一步就無可避免地要逼出考證之學來。不但羅整菴在講「性即理」時已訴諸訓詁的方法，其他學人更求救於漢唐註疏。例如黃佐就很看重十三經註疏，他認為鄭玄對於《中庸》「道不可須臾離也」那句話的解釋最簡單但也最正確。「道」便是「道路」之意。黃佐更進一步說，如果我們仍以為鄭康成不是真儒，仍以為求孔、孟之「道」祇有靠「明心見性」的路子，那麼我們便真是甘心與禪為伍了。又如稍後東林的顧憲成更明白地提出了為學必須「質諸先覺，考諸古訓」的口號。這豈不就是後來清儒所謂「訓詁明而後義理明」、「漢儒去古未遠」這一類的說法的先聲嗎？

由此已可見晚明的考證學是相應於儒學發展的內在要求而起的，問題尚不止此，晚明時代不但儒學有這種轉變，佛教也發生了同樣的變化。陳援菴先生研究這一時期雲南和貴州的佛教發展，曾指出一個極有趣而又重要的現象。他說：「明季心學盛而考證興，宗門昌而義學起，人皆知空言面壁，不立語文，不足以相懾也，故儒釋之學同時丕變，問學與德性並重，相反而實相成焉。」援菴先生的觀察真是深刻，可惜治明清學術思想史的人一直都沒有留心他這一精闢的論斷。我最初討論儒家智識主義的興起時，也沒有發現他的說法。後來寫《方以智晚節考》，涉及晚明佛教的情況，細讀《明季滇黔佛教考》，才注意到這一段話，我當時真有說不出的佩服和興奮。這一段話使我對自己的看法更有信心。因為援菴先生並不是專治思想史的人，而他從不同的角度竟然得到了和我極為相近的結論，足見歷史知識的確有它的客觀基礎。更值得注意的是，援菴先生所說的佛教主要是指禪宗而言，禪宗本來是「直指本心、不立文字」的，但現在也轉入智識主義的路向上來了。又根據援菴先生的考證，明末許多禪宗叢林中都有了藏經樓，大量地收集佛教經典，可見佛教和儒家一樣，內部也有了經學研究的要求。羅整菴「取證於經書」的觀點不但適用於儒學，並且對禪宗也同樣的有效。

我剛才曾提到「德性之知」和「聞見之知」的問題，這一點在王陽明之後也有重要的發展。陽明死在一五二八年，十年之後（一五三八）王廷相寫《雅述》便特別指出見聞的重要，強烈地反對所謂「德性之知」。他說：人的知識是由內外兩方面造成的。內在的是「神」，即是認知的能力；外在的是見聞，即是感官材料。如果不見不聞，縱使是聖人也無法知道物理。把一個小孩子幽閉在黑房子裡幾十年，等他長大出來，一定是一個一無所知的人，更不用說懂得比較深奧抽象的道理了。所以王廷相認為人雖有內在的認知能力，但是必須通過見聞思慮，逐漸積累起知識，然後「以類貫通」。他最不贊成當時有些理學家的見地，以為見聞之知是小知，德性之知是大知。這個分別他認為只是禪學惑人。專講求德性之知的人，在他看來，是和在黑房子裡幽閉的嬰兒差不多的。

再舉一個明顯的例子。明末的劉宗周是宋明理學的最後大師，在哲學立場上，他接近陸、王一派。但是在知識問題上他也十分反對「德性」、「聞見」的二分法。他在《論語學案》裡註釋「多聞擇善、多見而識」一章，便肯定地說人的聰明智慧雖是性分中所固有，可是這種聰明智慧也要靠聞見來啟發。所謂德性之知也不能不由聞見而來。王學末流好講現成良知，認為應該排斥聞見以成就德性。劉宗周便老實不客氣地指出這是「隳性於空」，是「禪學之談柄」。

王廷相、劉宗周的觀點可以代表十六、七世紀時儒家知識論發展的新方向。這個發展是和儒家「文」的傳統的重新受到重視分不開的。換句話說，這一發展是為儒家的經典研究或文獻考訂提供了一個最重要的理論基礎，清代考證學在思想史上的根源正可以從這裡看出來。說到這裡，我們已可以清楚地瞭解為什麼清代漢學考證的興起不能完全歸咎於滿清入主這一簡單的外在因素了。如果沒有儒家思想一番內在的變化，我很懷疑漢學考證能夠在清代二三百年間成為那樣一種波瀾壯闊而又持久的學術運動。正因如此，王、劉的觀點在乾隆時代才有回響。戴東原雖然未必讀過王廷相的著作，但是戴的知識論卻正走的是王廷相的路數，而且比王廷相走得更遠、更澈底。而劉宗周的《論語學案》那一條註釋也特別受到《四庫全書》提要編者的重視。這些思想史上的重要事實，雖然相隔一兩百年，但決不是孤立的、偶然的。它們是儒家智識主義的興起的清楚指標。

(四)「經世致用」與顏李學派

講思想史最忌過分簡化，我雖然認定從明末到清代儒家是朝著智識主義的方向發展，但是我並不以為這個發展是當時思想史上唯一的動力。事實上，在十七世紀（即明、清之際），儒學在體、用、文三個方面都發生了新的變化。就「體」而言，儒學的重心從內聖的個人道德本體轉到了外王的政治社會體制。黃梨洲的《明夷待訪錄》便有意要為傳統的政治社會秩序指出一條澈底改造的道路；王船山的《噩夢》、《黃書》，取徑也大體相同。顧亭林在《日知錄》和文集中則留心於歷代風俗以及封建制和郡縣制的利害得失。依照傳統的看法，清初這三位大儒的學問都是所謂「有體有用」的。但這裡所謂「體」已不是指內聖方面的道德本體，而是指外王方面的政治社會體制而言了。外王的「體」，更離不開「用」；政治社會的改造如果完全無從實踐，那就要比空談心性還要缺乏意義。所以顧亭林給黃梨洲的信，一方面欣喜彼此的見解相近，另一方面則盼望將來有王者起，把他們的理想付諸實現。

談到外王方面的「用」的問題，這尤其是儒學的一大癥結。儒家的「用」集中地表現在「經世致用」的觀念上。但是「經世致用」卻由不得儒者自己作主，必須要靠外緣。所謂外緣便是顧亭林說的「王者」，因此無論是顧亭林或黃宗羲都要有所「待」。從歷史上看，儒家所期待的「王者」似乎從來沒有出現過，宋神宗也許算是一個例外。可是即使是號稱「得君行道」的王安石仍只落得個倉皇而去的下場，終不能不發出「經世才難就」的浩歎。（今天有人曲說王安石是法家，真不值一駁。姑且不論當時的人曾一度把安石比做孟子，也不論他的變法根據主要是在儒家的經典，僅僅從他的詩篇中我們便清楚地看到他對孔、孟——特別是孟子——是何等的仰慕嚮往。他的〈中牟〉詩有「驅馬臨風想聖丘」之句，這當然是暗用《論語》上「吾豈匏瓜也哉？焉能繫而不食」那段話。可見王安石的用世精神正是來自孔子，安石對孟子更是心嚮往之。他在答歐陽修的詩中就說「他日若能窺孟子」的話。他又有〈孟子〉一詩，說：「沉魄浮魂不可招，遺編一讀想風標。何妨舉世嫌迂闊，故有斯人慰寂寥。」這首詩最足以說明孟子是安石的理想主義的精神泉源。至於安石欣賞商鞅的地方，不過取其「能令政必行」一點而已。古人說「詩言志」，一個人的真感情在詩歌中最不容易隱藏，我們判斷王安石是儒是法，必須根據第一手資料，不可用當時或後世的政敵和論敵的攻訐文字作為證據。）

北宋王安石變法的失敗是近世儒家外王一面的體用之學的一大挫折。南宋以下，儒學的重點轉到了內聖一面，一般地說「經世致用」的觀念慢慢地淡薄了，講學論道代替了從政問俗。少數儒者雖留心於社會事業如朱子倡導社倉、鄉約之類，但已遠不能和王安石變法的規模相比了。所以「經世致用」這一方面可以說完全要靠外緣來決定。不過從主觀方面看，儒家的外王理想最後必須要落到「用」上才有意義，因此，幾乎所有的儒者都有用世的願望。這種願望在缺乏外在條件的情況下當然只有隱藏不露，這是孔子所說的「用之則行，舍之則藏」。但是一旦外在情況有變化，特別是在政治社會有深刻的危機的時代，「經世致用」的觀念，就會活躍起來，正像是「痞者不忘言，痿者不忘起」一樣。明末的東林運動，晚清的經世學派都是明顯的例子。馬克斯曾說：從來的哲學都是要解釋世界，而哲學的真正任務是要改造世界。這句話對於西方哲學史而言也許有相當的真實性，但對於中國思想史來說則是適得其反。至少從儒學史的發展看，改造世界或安排世界的秩序才是中國思想的主流，至於怎樣去解釋世界反而不是儒學的精采的所在。

清初處在天翻地覆之餘，儒家經世致用的觀念又顯得非常活躍，前面提到的顧、黃、王三大儒都抱有用世之心。但是清初把經世致用的思想發揮到極端，並且自成一個系統的卻要數顏元和李塨，一般稱作顏李學派。如果我們講清代思想史是以儒家智識主義為其最中心的內容，那麼我們把顏李學派安排在怎樣一個位置上呢？我們又怎樣去解釋顏李學派的興起及其終歸於消沉呢？這些緊要的問題當然都不宜輕率作答。現在我姑且提出一點初步的意見，以供大家參考。

顏李的基本立足點是在「用」，講「實用」一旦講到極端便不免要流於輕視知識，尤其是理論知識。在理學的傳統中，這就牽涉到所謂「知」和「行」的問題。特別強調「用」的人一般是重「行」過於重知，而且往往認為理論知識、書本知識是無用的。王陽明便已明顯地有這種傾向；陽明雖不是反智識主義者，但是從他的理論中卻可轉出反知的方向。另一方面，儒家智識主義者則堅持知先於行，先要明體然後才能達用。朱子便是一個典型的例證。顏習齋是一個最極端的致用論者，而同時他又是一個最澈底的儒家反智識主義者，他反對朱子的讀書之教，態度最為激越而堅決，上自漢唐箋註訓詁，下至宋明性理討論，他都以「無用」兩個字來加以否定。讀書不但無用，而且還有害，所以他把讀書比作吞砒霜，並懺悔式地說，他自己年輕的時候也是吞砒霜的人。把知識看作對人有害的東西，以前儒家的反知論者也表示過這個意思。陸象山在給朋友的信中就說過知識有時反而害事的話；黃東發在《黃氏日抄》中也指出象山一派曾把知識比作毒藥。明代的陳白沙則嫌書籍太多，希望再來一次秦火，把世界上不相干的著作燒掉。但是無論是象山或白沙都沒有達到顏習齋那樣激烈的程度。習齋可以說是把儒家反智識主義的一派思想發展到了最高峰。習齋特別欣賞象山「六經皆我註腳」那句名言，決不是偶然的。

從「實用」、「實行」的觀點走上反智識主義的路向並不限於儒家。西方基督教中也有這個傳統。Richard Hofstadter 研究美國生活中的反智識主義便特立專章討論它在宗教上的根源。政治、社會方面的反智識主義又常常和哲學上對理性 (reason) 或智性 (intellect) 的懷疑合流。美國實用主義大師威廉．詹姆士 (William James) 就是從「用」的觀點出發而傾向反智識主義，和顏習齋很相近。如果更推廣一點看，Gilbert Ryle 分別 “Knowing How” 和 “Knowing That” 也和儒家講知行先後的問題有密切相應的地方。“Knowing How” 相當於「行」，

"Knowing That" 相當於「知」。而照 Ryle 的分析，在我們學習事物的過程中，總是實踐先於理論，而不是先學會了理論然後才依之而行。("Efficient practice precedes the theory of it") 換句話說，我們是先從實際工作中摸索出門徑，然後才逐漸有系統地掌握到理論和方法。Ryle 這一「寓知於行」的說法，我們很容易從日常經驗中得到印證。王陽明的「知行合一」說固是建立在這種經驗的基礎之上，顏習齋的致用論也正是以此為根據。所以習齋曾特舉彈琴和醫病為例證。學琴一定要手到才能心到，不是熟讀琴譜就算會彈琴的；學醫也得從診脈、製藥等等下手，決不是熟讀醫書便可以成良醫的。習齋堅決地認定讀書無用，空談性理無用，著書也無用，從他的思想路數說，都是很順理成章的。

我們現在可以稍稍談一談顏李學派為什麼終歸於消歇的問題了。這個問題有內外兩個方面。從外在方面說，顏李的經世致用必須和政治外緣結合才真正能發揮作用；而事實上，我們知道，這個外緣條件對顏李來說是根本不存在的。李恕谷雖一生南北奔走，但是也始終沒有找到有力的支持來幫助他實現社會改革的理想。我們今天稍稍知道一點顏李學術的精神還是靠他們留下來的一些紙墨文字，這真是對他們的反智識主義的一個絕大的諷刺！

在我看來，內在的因素更為重要。內在的因素是指顏李學派並不能跳出儒家的圈子，最後還是擺脫不掉儒家經典文獻的糾纏，並且終於走向自己立場的反面，和智識主義匯了流。

顏習齋論學，也和許多其他清代儒家一樣，非常強調孔、孟和程、朱之間的不同；其中最大的不同，在他看來，乃在於孔、孟的學問是講實用實行的、是動態的，而程、朱則祇講求靜坐和讀書，是靜態的，因此完全是無用的。真正的聖學在堯、舜之世只有所謂六府（金、木、水、火、土、穀）、三事（正德、利用、厚生），在周公、孔子的時代祇有所謂「三物」。「三物」是指六德（知、仁、聖、義、忠、和）、六行（孝、友、睦、婣、任、卹）和六藝（禮、樂、射、御、書、數）。由此可見，習齋是要恢復古代的原始儒學，以代替宋以後的新儒學。所以他一方面講實用、實行，是進步的、動態的，但另一方面卻給人以抱殘守闕、復古保守的印象。這一點在習齋早年的思想中便已有根源。我們知道，習齋在三十多歲以前是自號「思古齋」的，以後才改成「習齋」。講實用、實行一定要因時變化，容不得泥古不化；因此習齋的經世致用和復古主義之間是有著不可調和的內在矛盾的。而他之所以要復古，則是由於他托庇在儒家的旗幟之下的緣故。

習齋自己足不出鄉，根本不甚理會外面學術界的發展，所以他的內在矛盾一時尚不致暴露出來。到了他的大弟子李恕谷這一代，情形就不同了。恕谷四方交游，希望找到同志來實現習齋的經世致用的理想。在恕谷的朋友之中有許多講經學考證的人，如毛西河、閻百詩、萬季野、方望溪等等。這些經典考證恰恰和顏李學說的根據有密切的關係。例如「六府、三事」是出於《古文尚書》(《大禹謨》)的,「鄉三物」是出於《周禮》的。而閻百詩則說《古文尚書》是偽書,方望溪又認為《周禮》是偽書。在這種疑古潮流之下,李恕谷自然不能不受到波動,所以他的文集中頗有一些討論《古文尚書》和《周禮》真偽問題的文章和信札。恕谷又花了很大的功夫寫成《大學辨業》一書,更顯然是受了當時新興的考證學風的影響。他所根據的版本便是從毛西河那裡得來的所謂《大學古本》。恕谷當然不是考證家,也無意要在文墨世界中與人爭勝。可是他所持的儒家經世致用的立場終使他不能不維護某一部分經典,或對某些原始的儒家文獻加以新的解釋。這樣我們就看到,儘管顏李學派從激烈的反智識主義出發,但它仍不免一步一步地向智識主義轉化,最後還是淹沒在清代考證學的洪流裡。

(五)清代儒學的新動向——「道問學」的興起

我在前面提到王陽明以後,明代的儒學已逐漸轉向「道問學」的途徑。在這一轉變中,以前被輕視的「聞見之知」現在開始受到了重視。到了清代,這一趨勢變得更為明顯了。

清初三大儒顧亭林、黃梨洲、王船山都強調「道問學」的重要性。亭林的口號是「博學於文,行己有恥」。這可以看作是把知識和道德清楚地分別開來。他非常反對明人的空談心性,認為他們是捨「多學而識」來求什麼「一貫之方」。這一路的思想後來到了戴東原的手上又得到更進一步的發揮。

黃梨洲則繼續劉宗周對「聞見之知」的重視，提倡用淵博的知識來支撐道德性的「理」。因此他說：「讀書不多，無以證斯理之變化。」梨洲在思想方面本屬於王學的系統，現在他竟主張從「讀書」來證定儒家的「理」，(也就是通過「道問學」而進至「尊德性」，)這裡最能看出思想史的動態。而且梨洲要人讀書不限於經學，因為食古不化是無用的。要想有用必須同時讀歷史；越是時代接近的歷史，用處也就越大。可見梨洲和顏李學派一樣，也非常注重「用」的觀念。所不同者，顏、李一方面排斥書本知識，以為無用，另一方面又不免信古，把他們關於政治社會的種種新觀點掛搭在少數古經籍上，如《古文尚書》和《周禮》之類。梨洲則並不是極端主「用」論者，他沒有顏李的內在矛盾。至於在心性修養一方面梨洲也對王學有重要的修正。王學末流好講「現成良知」，不需要「工夫」便可直透「本體」。梨洲卻直截了當地說：「心無本體，功力所至，即其本體」，這雖是「尊德性」範圍中的事，但是在取徑上也恰和他主張由「道問學」進至「尊德性」的先後層次相應。後來乾嘉時代的章學誠便以梨洲這些觀點為起點，完成了王學的智識化。

王船山在三大儒中理學的興趣最高，因此他曾正面地從哲學上討論到「聞見之知」的問題。船山仍在宋明理學的傳統之中，依然承認人的認知能力得之於天。但是他同時又強調多見多聞的重要性，離開了見聞，人將沒有知識可言。所以他提倡程朱一派的「格物窮理」之學；而勸人不要學陸王一派的孤僻，祇講「存神」兩字；人的心之所以有靈明，是要靠見聞知識來培養和啟發的。更值得注意的是船山很佩服方以智、方中通父子的科學思想，認為「格物」應該是「即物以窮理」，而不應該是「立一理以窮物」。前一種方法是客觀的，後一種方法則是主觀的。

我在前面又提到，儒家由「尊德性」轉入「道問學」的階段，最重要的內在線索便是羅整菴所說的義理必須取證於經典。這個趨勢在王陽明的時代已經看得見了，入清代以後更是顯露無遺。每一個自覺得到了儒學真傳的人，總不免要向古經典上去求根據。陸象山最富於獨立的精神，然而他也仍然要說他的思想是受到了《孟子》的啟示以後才自得於心的。王陽明在龍場頓悟之後便寫了《五經臆說》，他顯然是要把自己所悟得的道理和五經上的道理相印證。到了清初，顧亭林正式提出了「經學即理學」的說法，這條思想史上的線索就越發彰顯了。當然，顧亭林並沒有親自寫下「經學即理學」這五個字，這五個字是後來全謝山根據亭林給友人論學的一封信總結出來的，但大體上是符合亭林的本意。亭林因為不滿意晚明心學流入純任主觀一路，所以才提倡經學研究。在他看來，儒家所講的「道」或「理」當然要從六經孔、孟的典籍中去尋求，離開了經典根據而空談「性命」、「天道」則祇有離題愈遠。因此古代僅有「經學」，沒有所謂「理學」。亭林又曾提出「明道」和「救世」兩大目標；「救世」是屬於「用」的一方面，我們在上面已經提過了。「明道」則非研究經學不可，這就是亭林心目中的「理學」。所以他又堅決地宣稱，凡是「不關於六經之旨、當世之務」的文字，他都一概不為。其實，亭林這番意思不但遠在明代已呼之欲出，即在當時也頗有同調。黃梨洲一方面提倡「學者必先窮經」，另一方面又說「讀書不多無以證斯理之變化。」這也顯然是要把經學和理學打成一片，方以智晚年在江西青原山講學，出入三教，在儒學方面他明確地提出「藏理學於經學」的主張，更和亭林的說法如出一口。清初這幾位大師，背景和學術淵源各不相同，居然不期而然地得到共同的結論，這就可以看出當時思想史上的一種新的動向了。不過由於亭林的口氣最為堅決，又處身於儒學傳統的樞紐的地位，因此影響也最大。後來的人都尊奉亭林為清學的開山宗師，當然是有理由的。

但是亭林之所以特別為群流所共仰還不僅是因為他有理論、有口號，更重要的是他有示範性的著作，足為後人所取法。《日知錄》中關於經學的幾卷以及音學五書都是這樣的著作。我們知道，學術史上每當發生革命性的變化時，總會出現新的「典範」（“Paradigm” 這是採用孔恩 Thomas S. Kuhn 在 *The Structure of Scientific Revolutions* 一書中的說法）。在任何一門學術中建立新「典範」的人都具有兩個特徵：一是在具體研究方面他的空前的成就對以後的學者起示範的作用;一是他在該學術的領域之內留下無數的工作讓後人接著做下去,這樣便逐漸形成了一個新的研究傳統。顧亭林和後來清代考證學的關係便恰是如此。當然,亭林的考證並不是前無所承,但經學考證發展到他那樣的規模和結構才發生革命性的轉變,那也是無可否認的。

(六)經學考證及其思想背景

「經學即理學」要成為一個有真實內容的學術思想的運動,當然不能停留在口號的階段,而必須以具體的研究成績來說服人。從清初到乾、嘉的經學考證走的便是這一條路。但是「經學即理學」卻建立在一個過分樂觀的假定之上:即以為六經、孔、孟中的道或理祇有一種正確的解釋,經過客觀的考證之後便會層次分明地呈現出來。事實上,問題決不如此簡單。清代經學考證直承宋、明理學的內部爭辨而起,經學家本身不免各有他自己獨特的理學立場。理學不同終於使經學也不能一致,這在早期尤為明顯。一個人究竟選擇某一部經典來作為考證的對象往往有意無意之間是受他的理學背景支配的。這樣的史證可以說不勝枚舉,姑擇幾個最著名的例子說一說。劉宗周的弟子陳確在清初寫了一篇轟動一時的大文章,叫做〈大學辨〉。「辨」即是辨偽的意思。他列舉了許多項理由,證明《大學》這篇經典不是聖賢的經傳,而是秦以後的作品。這些理由中當然有很多是哲學性的（他稱之為「理」），但是也有好幾項是歷史考證方面的（他稱之為「迹」）。後來他又寫了許多書信和同志輩繼續討論這篇「偽書」的問題。從這些信裡，我們清楚地看到，他之所以對《大學》的真偽發生興趣主要是要解決義理系統上的困難。陸、王一派從來不滿意朱子的《格物補傳》，從王陽明到劉宗周尤其為了《大學》的問題傷透了腦筋。王陽明的《大學古本》已是一種校刊的工作，而劉宗周一直到晚年仍然對《大學》一篇不能釋然無疑。現在陳確則用快刀斬亂麻的手段，乾脆斷定「大學非聖經」，乃後世的偽作，把這個複雜問題簡單地解決了。他的是非得失是另一問題，但他這篇著作卻清楚地把理學兩派的爭鬥從義理的戰場移到考證的戰場。

再舉清初考證《易經》為例來說明我們的論點。最早從事這個工作的大概要算是黃梨洲和黃宗炎弟兄，稍後又有毛西河（奇齡），都是浙東的王學一派。他們主要的目標是要考出宋以後易學中所謂先天、太極諸圖是從道教方面傳來的，跟儒家沒有關係。表面上，這好像是出於歷史的興趣，而暗地裡則是在攻擊朱子。因為朱子的《周易本義》的開頭便列了九個「圖」。我們可以斷言，黃氏弟兄以及毛西河之所以從易圖下手考證是有他們的義理的動機的。我們應該記得，關於《太極圖》的問題，朱子生前便已和陸梭山、象山兄弟展開了激辯。二陸當時就認為周敦頤的《太極圖》出於道家，可能根本不是濂溪所作。朱子則特別看重周子的《太極圖》。所以易圖問題本是朱陸異同中的一筆舊賬。當然，易圖的考證要到稍後的胡渭手上才定讞，而胡氏則不一定有黃、毛諸人那樣的哲學背景。但攻難既起之後，易圖問題已成經學上一大公案，這種情形自然又當別論了。另一方面，從清初以至中葉，凡是為《周易本義》辯護的人則都是在哲學立場上接近或同情朱子的。他們的辯護方式也出之於考證校讎一途，顧亭林在《日知錄》中便立專條，指出朱子的《周易本義》在明代修《五經大全》時被割裂殽亂了，以致後人已看不到朱子訂正的原本。在胡渭的《易圖明辨》問世之後，王白田（懋竑）曾寫了一篇〈易本義九圖論〉為朱子洗刷。他的結論是「九圖斷斷非朱子之作……蓋自朱子既沒，諸儒多以其意，改易本義，流傳既久，有所纂入，亦不復辨。」戴東原早年在《經考》裡面也有好幾條筆記是專為朱子的易學開脫的。例如他在「先後天圖」條中說朱子《易學啟蒙》中載邵雍所傳的先天、後天之圖不過是用來釋易理的。朱子自己並沒有說先天圖是伏羲造的，後天圖是文王造的。關於《周易本義》，東原比亭林更進一步考出朱子原本的被攪亂早起於宋寶祐（一二五三～一二五八）中董楷所編的《周易傳義》。以上這三個人之中，王白田是一生治朱子之學的，固不必說，戴東原在《經考》時代也仍然信奉程、朱的「理精義明之學」。至於亭林，儘管後人把他當作漢學的開山大師，又有人說他是清初反理學的先鋒，事實上他在學術思想方面是屬於朱子的系統。這一點章實齋早已指了出來。亭林生前十分尊敬朱子；他的文集中有〈華陰縣朱子祠堂上梁文〉，又有〈與李中孚書〉提到他自己曾捐四十金為朱子建祠。嚴格地說，亭林只是反陸、王一系的心學，而不是毫無區別地反對整個宋明理學的傳統。所以清初易經考證的經過最可以說明：理學立場不同則經學也不能不隨之而異。

最後讓我們舉閻百詩（若璩）和毛西河關於《古文尚書》的爭論，來看看清代經學考證的思想背景。閻百詩的《古文尚書疏證》是兩百多年來大家公認的一部最成功的考證傑作。當然，百詩是一個典型的考證學者，他喜歡從事考據工作，而且《古文尚書》也的確是南宋以來經學史上的一個大問題。他花了一生的功夫來考證這部偽書，當然基本上是受了純學術興趣的吸引。但是在純考證興趣之外，百詩也還另有一層哲學的動機。偽古文〈大禹謨〉有所謂十六字心傳，便是「人心唯危，道心唯微，唯精唯一，允執厥中。」這十六個字又叫做「虞廷傳心」或「二帝傳心」，是陸、王一派最喜歡講的。明末的王學家尤其常常援引它。「人心」、「道心」的分別雖然朱子有時也引用，但朱子是不談「傳心」的，因為這個說法和禪宗的「單傳心印」太相似了。而且，朱子又是最早懷疑《古文尚書》乃後世偽書的一個人。所以我們可以說，這十六字心傳是陸、王心學的一個重要據點，但對程、朱的理學而言，卻最多祇有邊緣的價值。到了清初，朱學中人往往特別提出這一點來加以猛烈的攻擊。例如《日知錄》「心學」一條便根據黃東發的議論痛斥「傳心」之說。閻百詩雖然不是理學中人，但是他的基本哲學立場則確為尊程、朱而黜陸、王。因此《疏證》中時有攻擊陸、王的議論，並於「十六字心傳」為偽作一點鄭重致意。黃梨洲為《疏證》寫序也一改往日對此十六字深信不疑的態度，虛心接受百詩的發現。可見這十六字在全書中佔有特殊的分量，而百詩也的確有意識地藉辨偽的方式來推翻陸、王心學的經典根據。當時反對朱子最激烈的毛西河在思想上相當敏感，他讀了百詩的《疏證》之後，便立刻感到這是在向陸、王的心學進攻。因此他寫了一封信給百詩，說你考證《古文尚書》真偽，為什麼忽然要罵到金谿（陸）、姚江（王）的頭上，這豈不是節外生枝嗎？其實百詩辨偽本有一層哲學的涵義，並非節外生枝。毛西河也不是不瞭解這一點，所以他後來寫《古文尚書冤詞》時也特別強調十六字心傳不是後世偽造的。閻、毛兩人在《古文尚書》問題上的針鋒相對更可以讓我們看清楚清初考證學和宋明理學之間的內在關聯。當時的考證是直接為義理思想服務的，也可以說是理學爭論的戰火蔓延到文獻研究方面來了。我們要個別地檢查每一個考證學者的思想背景，宗派傳承，看他的考證究竟有什麼超乎考證以上的目的。這樣一檢查，我們就會發現，顧亭林、閻百詩的考證是反陸、王的，陳乾初、毛西河的考證是反程、朱的，他們在很大的程度上依然繼承了理學傳統中程、朱和陸、王的對壘。我們決不能籠統地說清代經學考證單純地起於對宋明理學的反動。以前有人持這樣的看法，是因為他們一方面沒有辨別出清初考證學者的思想動機，一方面又沒有察覺到十六世紀以後儒學從「尊德性」階段轉入「道問學」階段的新動向。

(七)戴東原和章實齋

當然我並不是說清代每一個考證學家都具有思想的動機。到了清代中期，考證已形成風氣，「道問學」也取代了「尊德性」在儒學中的主導地位，這時候的確有許多考證學者只是為考證而考證，他們身在考證運動之中，卻對這個運動的方向缺乏明確的認識。但這祇是就一般的情形而言。至於思想性比較強的學者則對清代學術在整個儒學傳統中的位置和意義有深刻的自覺。戴東原和章實齋便是最突出的例子。章實齋在清代學者中最以辨別古今學術源流見長，因此他對清代儒學的歷史淵源有非常深刻的觀察。我個人重新整理清代思想史，主要也還是靠實齋現身說法時所提供的線索。《文史通義》中有兩篇重要的文章，一篇是〈朱陸〉，一篇是〈浙東學術〉。〈朱陸〉篇大概寫於東原死後（一七七七）不久，可以說是實齋對於東原學術所作的一種「定論」；〈浙東學術〉則寫於實齋逝世的前一年（一八〇〇），是他自己的「晚年定論」。

照實齋的講法，朱、陸兩系到了清代已變成了所謂「浙西之學」和「浙東之學」。浙西之學始於顧亭林，經過閻百詩等一直傳到實齋同時的戴東原。浙東則始於黃宗羲，經過萬氏弟兄（充宗、季野）、全謝山等傳到實齋本人。浙西之學的特色，實齋稱之為「博雅」，這是繼承了朱子「道問學」的傳統。但「博雅」並不是泛濫無歸，而是像實齋所說的，「求一貫於多學而識，寓約禮於博文，其事繁而密，其功實而難。」浙東之學的特點則是「專家」。所謂「專家」也就是與「博」相對的「約」，是先求大體的瞭解再繼續深入研究。實齋是很自重同時也是很自負的。儘管他在當時學術界的地位遠不能和戴東原相比，但他卻把自己看作是乾隆時代的陸象山，東原當然是並世的朱子了。東原是經學大師，實齋則提出史學來和他相抗。所以他不但發明了一套「六經皆史」的理論，而且說「浙東之學言性命者必究於史，此其所以卓也。」總而言之，清代朱陸變成了浙西和浙東的分流，博雅和專家的對峙，經學和史學的殊途。這一劃分在我們現在看來未免太過於整齊單純，其中包含了不少實齋自己的主觀嚮往的成分，因此和清代學術思想發展的實際情形必然有相當的距離。不過就實齋和東原兩個人的學術異同來說，大體上確是如此。

最值得我們注意的是實齋不肯說浙東和浙西的不同在於一個偏重「尊德性」，一個偏重「道問學」，雖然他明明知道這是朱陸異同的傳統分野。從這種地方我們便不難察覺到清代儒學的基調已變，「道問學」已成為一個主要的價值，在通常情形下人們不大會懷疑它。實齋雖宗主陸、王，但對「道問學」則仍然採取積極的肯定態度。甚至後來攻擊漢學考證最烈的方東樹在不知不覺中也接受了考證學家的「道問學」觀點，否則他就不必極力為程朱辯護，說他們並非「舍學問，空談義理」了。

實齋說他自己屬於陸、王一系，這話確有根據。他是繼承了陸、王的「先立其大」的精神。但是陸、王的「先立其大」是指「尊德性」而言的，或者套用現代流行的名詞來說，是「道德掛帥」。實齋所謂「由大略而切求」卻已改從「道問學」的觀點出發了，他講的是求知的程序。所以我認為實齋是把陸、王澈底的知識化了，也就是從內部把「尊德性」的陸、王轉化為「道問學」的陸、王。這種轉化還可以從其他種種跡象上看得出來。例如他用學術性情來重新界說王陽明的「良知」；學者的「良知」不是別的，正是他求知的直覺傾向。他把「致良知」的「致」字說成「學者求知之功力」，也同樣是轉德成智的一種表現。

戴東原也十分瞭解清學的歷史地位。他早年已認定不知「道問學」便根本談不上什麼「尊德性」。晚年他的哲學論著——《孟子字義疏證》——完成以後，他更明確地提出「德性資於學問」的命題。所以有人說他持「知識即道德」的見解。我們通觀東原一生思想的發展，便知道他早年走的是程、朱「道問學」的路，中年以後開始和程、朱立異，晚年自己的思想系統漸次成熟才正式攻擊朱子。他在三十歲以前對程、朱只有維護，並無敵意；相反地，他對陸象山、陳白沙、王陽明則公開地加以指責。我們可以說早年的戴東原和顧亭林十分相似，他並不是籠統地反對宋明理學，而是站在「道問學」的立場上排斥陸、王的心學。清初經學考證背後的思想動機在東原的早期著述中還留下了明顯的痕跡，像《經考》和〈與是仲明論學書〉都可以為證。

東原晚期對程、朱系統的批評牽涉很廣，有的關於純哲學方面的，如理、氣、才、性等問題，也有雖是哲學問題，然而卻富於政治、社會的涵義，如理和欲的關係問題。但是在我看來，東原和程、朱的最大分歧還是在對待知識的態度上面。程、朱一方面講「進學在致知」，另一方面則更重視「涵養須用敬」。東原對「敬」的方面似乎缺乏同情的瞭解，因為他認為「主敬」是從釋氏教人認「本來面目」變易的方法而來，而且「主敬」並不能使人得到事物之「理」。總而言之，他覺得程、朱在「敬」的方面講得太多，在「學」的方面說得太少。但東原畢竟還是一個儒者，他不但沒有完全拋棄了儒家所說的「德性」，而且基本上仍然承認人的「德性」是內在的、先天的，不是後天從外面獲得的，否則他就會捨孟子而取荀子了。不過德性雖內在於人，但卻必須靠後天的知識來培養，使它得以逐漸發展擴充。他毫不遲疑地宣稱人的「德性始乎蒙昧，終乎聖智」，中間則全是用學問來擴充德性的過程。所以整個地看，知識的分量在東原的哲學系統中遠比在程、朱傳統中為重。我們可以說，東原是從內部把程、朱的傳統進行了改造；加強了它的知識基礎並削減了它的道德成分。他晚年雖然批評程、朱，但是在程、朱和陸、王之間我們很清楚地可以看出他的偏向是在程、朱一邊。對於程、朱，他祇覺得他們「道問學」的程度尚不足，對於陸、王，他則認為和老、釋一樣根本就廢棄了「道問學」。由此可知，東原晚年雖同時攻擊程、朱和陸、王，但攻擊之中大有輕重之分。他既不是籠統地排斥宋儒，也不是因為宋儒講「義理」之學才加以排斥。一言以蔽之，東原的哲學徹頭徹尾是主智的，這是儒家智識主義發展到高峰以後才逼得出來的理論。以往的儒者縱使在個別的論點上偶有和東原近似之處，但是從來沒有人想要建立一套以智為中心的哲學系統。

㈧結　語

根據章實齋的指示，再加上我們對實齋和東原的理論文字的疏解，我們就確切地知道六百年的宋、明理學傳統在清代並沒有忽然失蹤，而是逐漸地溶化在經史考證之中了。由於「尊德性」的程、朱和陸、王都已改換成了「道問學」的外貌，以致後來研究學術思想史的人已經分辨不出它們的本來面目了。清代當然還有許多號稱講理學的人，但是在章實齋的眼中，他們不過是「偽程、朱」、「偽陸、王」而已。其中少數傑出之士，認真地提倡朱學或陸學，如王白田、李穆堂諸人，也都採用了「道問學」的方式。王白田用一生的精力考證朱子的生平和著作，李穆堂也遍讀朱、陸之書，而且肯為陸象山一兩句近禪的話翻遍釋藏，尋找出處。這些都顯然是以考證講義理，以「道問學」說「尊德性」。王、李諸人的著作雖仍不免有門戶之見，但是較之以前王陽明的《朱子晚年定論》和陳建的《學蔀通辨》要客觀多了，也謹嚴多了。在考證運動興起之後，沒有嚴肅的學者敢撇開證據而空言義理了。

段玉裁晚年頗有推崇理學的表示，又自責生平喜言訓詁考證，捨本逐末。這個例子好像表示「尊德性」的空氣仍然籠罩著乾、嘉的學術界，以致像段玉裁這樣的考證大師都要懺悔自己太過於追求「道問學」了。其實這個問題並不能如此簡單地處理。本來儒學的重心確在它的道德性、宗教性的方面，而儒學的這一部分則正托身在它的「尊德性」的傳統裡面。清儒的考證之學雖然發揚了儒家的致知精神，但是同時也不免使「道問學」和「尊德性」越來分得越遠。和「尊德性」疏離之後的「道問學」當然不可能直接關繫到「世道人心」，也不足以保證個人的「成德」。乾、嘉之世，儒家統一性的「道」的觀念尚未解體，一意追求知識(儘管是關於儒家經典的知識)的學者在離開書齋的時候難免會懷疑自己的專門絕業究竟於世何補、於己何益。段玉裁類似悔恨的言論應該從這種心理的角度去瞭解。(至於專講「尊德性」是否必然有補於「世道人心」，甚至是否可以保證個人「成德」，則純是一事實問題。這裡可置之不論。）十六世紀時歐洲有些基督教的人文學者 (Christian Humanists) 在從事訓詁考證 (Philology) 之餘也往往流露出歉疚之情，覺得他們的訓詁工作無補於弘揚基督教之道。但是如果細察他們生平研治訓詁的經過，那真可以說得上是全幅生命都貫注在裡面。他們事實上是把虔敬上帝的宗教熱誠轉移到學術研究上面去了。換句話說，學術研究已成為他們的宗教使命了。段玉裁和許多其他乾、嘉學者也是如此；他們「尊德性」的精神、「主敬」的精神都具體地表現在「道問學」的上面。段玉裁一方面說他平生不治理學，追悔已晚，一方面卻因為不知道「之」、「脂」、「支」三部的古音分別何在，而寫信給江有誥說：「足下能知其所以分為三乎？僕老耄，倘得聞而死，豈非大幸！」孔子曾說過「朝聞道，夕死可矣」的話。現在段玉裁竟把儒家這種最莊嚴的道德情操移用到「聞」古音之「道」上面，這豈不可以說明清儒是用「尊德性」的精神來從事於「道問學」嗎？我說清代思想史的中心意義在於儒家智識主義的興起和發展，我所指的正是這種「道問學」的精神。「智識主義」不過是「道問學」的現代說法而已。其實把清代看作儒家「道問學」的歷史階段並不是我個人的什麼特殊發現，清代學者自己就是這樣說的。段玉裁的外孫龔自珍告訴我們：儒家之道不出「尊德性」和「道問學」兩大類的學術，清代學術雖廣博，但「其運實為道問學」。他說這話是表示對清代儒學的偏向發展有所不滿，可是他所下的歷史斷案卻是動搖不了的。但是歷史是一種經驗知識，我們並不能以一兩句富於真知灼見的斷語為滿足。清代之運何以為「道問學」，其中仍有無數的曲折在。怎樣把這許多曲折原原本本地整理出來，使大家都能看清這一段學術思想發展的內在理路，這纔是現代史學工作者的任務。

我在開始時就說過，我對清代思想史提出一種新解釋是因為我覺得以前從外緣方面來處理清代學術的幾種理論不能完全使我信服。無論是「滿清壓迫」說或「市民階級興起」說最多都祇能解釋清初學術轉變的一部分原因，而且也都太著重外在的事態對思想史的影響了。「反理學」之說雖然好像是從思想史發展的本身來著眼的，但事實上也是外緣論的一種伸延。因為追溯到最後，「反理學」的契機仍然是滿洲人的征服中國激起了學者對空談心性的深惡痛絕。但是我雖然批評了以上多種解釋，卻並不否定它們在一定限度內各有其有效性。我自己提出的「內在理路」的新解釋更不能代替以上各種外緣論，而不過是它們的一種補充、一種修正罷了。學術思想的發展決不可能不受種種外在環境的刺激，然而只講外緣，忽略了「內在理路」，則學術思想史終無法講得到家、無法講得細緻入微。所以我的新解釋決沒有全面性，因而也並不必然和上面提到的任何一種舊說處在勢不兩立的地位。事實上，我的新解正是乘舊說的間隙而起。「內在理路」既是思想史的一個客觀的組成部分，以前的外緣論者也都多少接觸到了它，不過沒有達到自覺的境地，更沒有在這一方面作過比較有系統的、全面的探討而已。倘使沒有章太炎先生以來的許多思想史先輩留下的種種線索，我不相信我今天能夠提出這樣一種初步的看法。所以我的新解釋的產生，其本身便是思想史「內在理路」的一個最好見證。至於我的說法究竟站不站得住，那當然完全是另外一個問題。最後我必須鄭重聲明一句，根據「內在理路」來整理清代思想史！我自己的工作也不過剛剛有個初步的頭緒。這中間牽涉到無數具體而專門的問題，需要耐心地去解決，而且也決不是我個人的才力和精神所能夠承擔得起來的。我懇切地盼望有更多的同道來開闢清代思想史研究的新方向！

古史地理論叢

錢穆　著

本書彙集考論古代歷史、地理長短散文，主要意義有二：一則古代歷史上之異地同名來探究古代各部族遷徙之跡，從而論究其各地經濟、政治、人文進化先後之序，為治中國古代史者提出一至關重要應加注意之一節目。二為泛論中國歷史上南北兩地域經濟、政治、人文演進之古今變遷，同為治理中國人文地理者所當注意。

秦漢史

錢穆　著

你知道秦始皇如何統治龐大的帝國？焚書坑儒的真相又為何？漢帝國對外擴張遇到什麼樣的問題？重農抑商背後的事實是什麼？賓四先生以嚴謹的史學研究方法，就學術、政治及社會各層面，深入淺出地對秦漢史加以探討。不但一解秦漢史學的疑惑，更能提高讀者的眼界。

中國歷代政治得失

錢穆　著

本書提要鉤玄，專就漢、唐、宋、明、清五代治法方面，敘述其因革演變，指陳其利害得失，要言不煩，將歷史上許多專門知識，簡化為現代國民之普通常識，於近代國人對自己的傳統政治、傳統文化多誤解處，一一加以具體而明白的交代，實為現代知識分子所必讀。

中國史學發微

錢穆　著

史籍浩繁，尤其中國二十五史乃及三通九通，數說無窮。但本書屬提綱挈領，探本窮源，所為極簡要極玄通。讀者即係初學，可以由此得其門戶。中人可以得其道路。老成可以得其歸極。要之，可以隨所超詣，各有會通。人人有得，可各試讀。

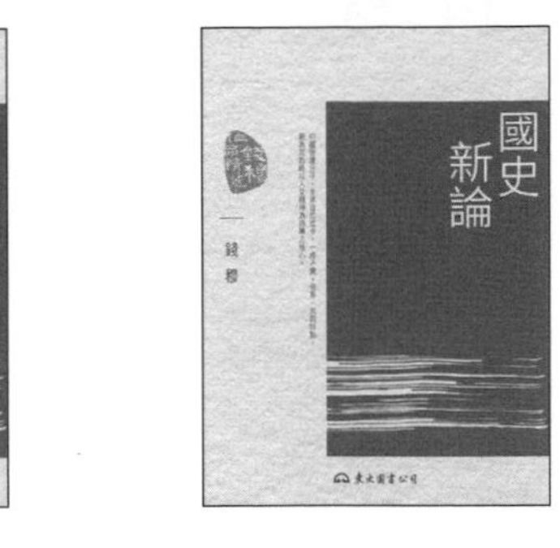

國史新論

錢穆　著

中國近百年來，面臨前所未有之變局，而不幸在此期間，智識份子積極於改革社會積弊，紛紛針貶傳統中國政治、社會文化等特質，卻產生中國自古為獨裁政體、封建社會等錯誤見解。錢穆先生務求發明古史實情，探討中國歷史真相。並期待能就新時代之需要，為國內一切問題，提供一本源可供追溯。

中國史學名著

錢穆　著

此書不單講述《史記》、《漢書》、《資治通鑑》等史學名著，舉凡為學之方、治史之道無不散見書中，更見錢穆大師殷殷期勉之意。曾謂：「我們今天的史學，已經到了一個極衰微的狀態之下了。……我希望慢慢能有少數人起來，再改變風氣，能把史學再重新開發出一條新路。」一言猶在耳，吾人可不自惕哉！

中華文化十二講

錢穆　著

本書乃賓四先生初定居臺灣期間，在各軍事基地之演講辭，共十二篇，大體討論中國文化問題。賓四先生認為中國文化有其特殊之成就、意義與價值，縱使一時受人輕鄙，但就人類生命全體之前途而言，中國文化必有其再見光輝與發揚之一日。或許賓四先生頌讚或有過分處，批評他人或有偏激處，要之讀此一集，即可見中國文化影響之悠久偉大。

人生十論

錢穆　著

本書為錢賓四先生之講演稿合集，由「人生十論」、「人生三步驟」以及「中國人生哲學」等三編匯集而成。所論人生，雖皆從中國傳統觀念闡發，但主要不在稱述古人，而在求古今之會通和合。讀者淺求之，可得當前個人立身處世之要；深求之，則可由此進窺古籍，乃知中國傳統思想之精深，以及與現代觀念之和合。做人為學，相信本書皆可以啟其端。

中國歷史精神

錢穆　著

中國的歷史源遠流長，其間治亂興替，波譎雲詭，常令治史的人望洋興嘆，無從下手，讀史的人望而卻步，把握不住重點。本書作者錢穆博士，以其淵博的史學涵養，敏銳的剖析能力，帶領讀者得窺中國歷史文化的堂奧，獲得完整的歷史概念，深入瞭解五千年來歷史精神之所在。

莊子纂箋

錢穆　著

《莊子》一書為中國古籍中一部人人必讀之書，但義理、辭章、考據三方面，皆須學有根柢，乃能通讀此書。本書則除郭象注外，詳採中國古今各家注，共得百種上下，斟酌選擇調和決奪，得一妥適之正解。全部《莊子》一字一句，無不操心，並可融通，實為莊子一家思想之正確解釋，宜為從古注書之上品。讀者須逐字逐句細讀之始得。

論語新解

錢穆　著

《論語》為歷代學者必讀之作，諸儒為之注釋不絕，習《論語》者亦必兼讀其注，然而學者往往囿於門戶之見而刻意立異。賓四先生因此為之新解。「新解」之新，乃方法、觀念、語言之新，非欲破棄舊注以為新。一則備采眾說，折衷求是；二則兼顧文言剖析之平易，與白話語譯之通暢。讀者藉由本書之助，庶幾能得《論語》之真義。

朱子學提綱

錢穆　著

本書為《朱子新學案》一書之首部。中國宋元明三代之理學，朱子為其重要一中心。儻論全部中國學術思想史，則孔子為上古一中心，朱子乃為近古一中心。《朱子新學案》乃就朱子學全部內容來發揮理學之意義與價值，但過屬專門，學者宜先讀《宋元學案》等書，乃可入門。此編則從全部中國學術思想之演變來闡述朱子學，範圍較廣，但易領略，故宜先讀此編，再讀《朱子新學案》全部，乃易有得。

國家圖書館出版品預行編目資料

論戴震與章學誠：清代中期學術思想史研究／余英時著.－－四版二刷.－－臺北市：三民，2024
面；　公分.－－（余英時作品）

ISBN 978-957-14-7531-8（平裝）
1. 學術思想 2. 清代

112.7　　111014078

余英時作品

論戴震與章學誠
——清代中期學術思想史研究

作　　者｜余英時
創 辦 人｜劉振強
發 行 人｜劉仲傑
出 版 者｜三民書局股份有限公司(成立於 1953 年)

三民網路書店
https://www.sanmin.com.tw 

地　　址｜臺北市復興北路 386 號　(復北門市)　(02)2500-6600
臺北市重慶南路一段 61 號(重南門市)　(02)2361-7511

出版日期｜初版一刷 1996 年 11 月
三版一刷 2020 年 11 月
四版一刷 2023 年 1 月
四版二刷 2024 年 4 月
書籍編號｜S110190
I S B N｜978-957-14-7531-8

三民書局